权威·前沿·原创

皮书系列为
"十二五""十三五""十四五"时期国家重点出版物出版专项规划项目

BLUE BOOK

智 库 成 果 出 版 与 传 播 平 台

新疆法学会重点研究课题资助项目

新疆蓝皮书
BLUE BOOK OF XINJIANG

新疆法治发展报告（2022）

ANNUAL REPORT ON THE RULE OF LAW IN XINJIANG (2022)

主　　编／丁守庆　赵　妤

执行主编／郭　蓓

社会科学文献出版社
SOCIAL SCIENCES ACADEMIC PRESS（CHINA）

图书在版编目（CIP）数据

新疆法治发展报告. 2022 ／丁守庆，赵妤主编；郭
蓓执行主编.--北京：社会科学文献出版社，2023.12
（新疆蓝皮书）
ISBN 978-7-5228-2999-9

Ⅰ.①新… Ⅱ.①丁… ②赵… ③郭… Ⅲ.①社会主
义法制-建设-研究报告-新疆-2022 Ⅳ.①D927.45

中国国家版本馆 CIP 数据核字（2023）第 237500 号

新疆蓝皮书
新疆法治发展报告（2022）

主　　编／丁守庆　赵　妤
执行主编／郭　蓓

出 版 人／冀祥德
责任编辑／张炜丽　路　红　孙慧娟
责任印制／王京美

出　　版／社会科学文献出版社（010）59367194
　　　　　地址：北京市北三环中路甲 29 号院华龙大厦　邮编：100029
　　　　　网址：www.ssap.com.cn
发　　行／社会科学文献出版社（010）59367028
印　　装／天津千鹤文化传播有限公司

规　　格／开本：787mm×1092mm　1/16
　　　　　印张：30　字数：439 千字
版　　次／2023 年 12 月第 1 版　2023 年 12 月第 1 次印刷
书　　号／ISBN 978-7-5228-2999-9
定　　价／168.00 元

读者服务电话：4008918866

《新疆法治发展报告（2022）》编委会

主要编撰者简介

丁守庆　新疆社会科学院党委书记、副院长，新疆社会科学界联合会副主席，新疆法学会副会长，二级教授、博士研究生导师，兼任中国科学社会主义学会副会长，享受国务院政府特殊津贴专家。长期从事政治学、科学社会主义理论研究和干部教育工作，是自治区党委理论专家库特约宣讲员。出版《中国西北发展报告（2021）》《新疆跨越式发展的变革领导力研究》等著作和教材6部。入选国家文化名家暨全国宣传文化系统"四个一批"人才、新疆天山领军人才、中央"新疆智库"专家、新疆党建智库学术委员会委员。

赵　妤　新疆社会科学院党委委员、副院长，正高二级职称，享受国务院政府特殊津贴专家，新疆高级法院法官员额遴选特聘专家。曾长期从事报刊采编工作，策划组织并撰写过大量有关法治建设、反恐维稳、去极端化的专题专栏文章和调研报告，荣获多项国家及新疆新闻奖。主持编写书籍《民族团结在新疆》、策划编写《援疆足迹》系列图书，担任"新时代党的治疆方略研究丛书"其中两本书的主编，担任"铸牢中华民族共同体意识系列丛书"副主编。

郭　蓓　新疆社会科学院法学研究所研究员、知识产权研究室主任，美国俄亥俄州立大学莫里茨法学院、中国人民大学法学院访问学者。主要研究方向为立法学、知识产权、新疆治理。兼任新疆法学会学术委员会委员、新疆人大工作理论研究会常务理事、中国立法研究学会理事、新疆行政立法咨询专家、首届新疆网信智库专家、首届新疆科技伦理咨询委员会委员等。主持国家社科基金项目 3 项、省部级课题 7 项；入选新疆文化名家暨"四个一批"人才项目、入选首届和第二届天山英才项目，获得自治区哲学社会科学奖二等奖、16 省市哲学社会科学图书奖、自治区普法先进个人等奖项。出版专著《新疆地方立法的理论思考与实践评估》，合著《新疆工作总目标与推进治理体系和治理能力现代化》。

沈雁南 中国社会科学院二级编审，享受国务院政府特殊津贴专家。主要研究方向为欧洲一体化及中欧关系。曾担任《欧洲研究》编辑部主任和执行主编（1983~2001）、《欧洲发展报告》（欧洲蓝皮书）执行主编（1996~2012），曾任中国社会科学院欧洲研究所学术委员会委员、中国欧洲学会副会长等职。2014 年起担任社会科学文献出版社审稿专家、社会科学文献出版社编辑委员会委员，先后兼任清华大学国家战略研究院、同济大学全球治理和发展研究院高级研究员。

摘　要

依法治疆是全面依法治国战略的新疆篇章，是新时代党的治疆方略的重要内容。从第二次中央新疆工作座谈会提出"依法治疆、团结稳疆、长期建疆"，到第三次中央新疆工作座谈会提出"依法治疆、团结稳疆、文化润疆、富民兴疆、长期建疆"，依法治疆的重要地位始终未变，新时代党的治疆方略的内涵不断丰富深化。党的十八大以来，新疆法治工作取得了重大成效。这些成绩是党中央坚强领导的结果，也是坚持全面依法治疆的具体成效。

《新疆法治发展报告（2022）》是新疆社会科学院主持编写的第一部关于依法治疆的年度报告。汇集了新疆法律教育、理论和实务界的专家、学者和业务骨干等，综合运用文献分析法、调查研究法、统计研究法、比较研究法、案例研究法，以科学立法、严格执法、公正司法、全民守法为逻辑线索，通过总报告、分报告、专题篇、案例篇四大部分，系统、全景式地展现法治新疆、法治政府、法治社会的总体样貌、成就经验和总结展望。

报告紧密结合新疆稳定发展实际，呈现新疆法治建设的亮点和鲜明特点。自治区及其下辖市县加强社会治理、民族宗教、文化润疆、高质量发展、民生保障等重要领域立法，以良法维护稳定、促进发展、保障善治。自治区党委政法委课题组汇报了新疆平安建设取得的引人注目的成就，群众安全感有明显的提升，一批标志性工作成果得到中央政法委的充分肯定。新疆检察机关积极稳妥推进公益诉讼工作，社会影响越来越大、公众参与度越来越高。新疆法院形成了综源治理新疆模式。新疆人民法庭工作在边远地区、民族地区具有代表性，其"党旗下的法庭""马背上的法庭""指尖上的法庭"建设成果得到最高人民法院的充分肯定。新疆公共法律服务在制度体系、服务平台、服务内容、服务方式、服务供给、服务质效等方面稳步发展。报告立足新疆"丝绸之路经济带"核心区区位优势的产业及民生热点领域，对旅游环境、"中巴经济走廊"建设下新疆对巴投资、商事服务、营商环境、公共卫生、文创产业方面法治建设进行了思索与展望。通过公民法治认同调研报告，新疆民族团结进步模范区创建，伊犁河流域湿地法律保护的现状、问题与思考，新疆城市社区志愿服务法治保障调研报告等，对推进相关法治工作进行理论开掘和学术研讨。

关键词: 习近平法治思想　法治建设　新疆

Abstract

Governing Xinjiang by law is the Xinjiang chapter of the strategy of exercising law-based governance on all fronts in China and a major part of the Party's strategy for governing Xinjiang in the new era. From the concept of "administer Xinjiang according to law, unite and stabilize Xinjiang, and construct Xinjiang for a long term" as proposed at the second central Xinjiang work symposium, to the concept of "administer Xinjiang according to law, unite and stabilize Xinjiang, promote cultural development, improve people's well-being, and construct Xinjiang for a long term." as proposed at the third central Xinjiang work symposium, the importance of advancement of law-based governance in Xinjiang persisted, and the implications of the Party's strategy for governing Xinjiang in the new era has been continuously enriched and deepened. Since the 18th CPC National Congress, Xinjiang's legal work has achieved significant results. These achievements are the results of the strong leadership of the Party Central Committee, as well as the concrete results of advancing law-based governance in Xinjiang.

Annual Report on the Rule of Law in Xinjiang (2022), compiled by the Xinjiang Academy of Social Sciences, is the first annual report on law-based governance in Xinjiang. Methods of documentation, survey research, statistical research, comparative research, and case study were used by experts, scholars and professional in legal sectors in Xinjiang in compiling the report. Stressing sound legislation, strict law enforcement, impartial administration of justice, and society-wide observance of the law, the general report, sub-reports, special topics and case studies systematically and holistically shows the overall performance, achievements, experiences and prospects of the construction of a law-based Xinjiang, a law-based government and a law-based society.

The report is closely integrated with the specific reality of the stable development in Xinjiang, and presents the highlights of achievements and distinctive features of the rule of law in Xinjiang. The Regional and local people's congresses and their standing committees continued to strengthen legislation in important areas including social governance, ethnicity and religion, cultural enrichment, high-quality development, and ensuring people's livelihood, aiming to use good laws to maintain stability, promote development, and ensure good governance. The research group of the Commission for Political and Legal Affairs of Xinjiang Regional Committee of the CPC reported the remarkable achievements in building a peaceful Xinjiang. A number of landmark work achievements have been fully affirmed by the Commission for Political and Legal Affairs of the CPC Central Committee. The public's sense of security has been significantly improved.

Xinjiang's procuratorial organs have steadily promoted their work on public interest litigation, gaining increasing social influence and increasing public participation. The courts have developed a Xinjiang model of tackling difficulties in enforcement. The work of Xinjiang People's Courts is iconic in remote areas and ethnic areas. Their achievements in the construction of "courts under the Party banner", "circuit courts on horseback" and "portable courts on fingertips" have been fully affirmed by the Supreme People's Court. Public legal services in Xinjiang have made steady development in terms of institutional systems, platforms, contents, methods, accessibility, quality and efficiency.

Based on Xinjiang's Industries with geographical advantage at the core area of the Silk Road Economic Belt and hot areas of people's livelihood, the report highlights the thoughts on and the prospects of improving rule of law in tourism environment, Xinjiang's investment in Pakistan under the construction of the China-Pakistan Economic Corridor, commercial services, business environment, public health, and cultural and creative industries. The Research Report on the People's Approval of the Rule of Law, Empirical Research on the Legal Protection in Model Areas for Ethnic Unity and Progress in Xinjiang, Current Situation, Problems and Reflection on the Legal Protection of Yili Wetland, Investigation Report on the Legal Protection of Volunteer Service in Urban Communities in

Xinjiang are some of the examples that carried out theoretical exploration and academic studies on promoting related legal work.

Keywords: Xi Jinping Thought on the Rule of Law; the Rule of Law; XinJiang

目 录 ↖

Ⅰ 总报告

Ⅱ 分报告

Ⅲ 专题篇

Ⅳ 案例篇

V 附 录

皮书数据库阅读**使用指南**

CONTENTS ↖↗

I General Report

II　Topical Reports

III　Special Reports

Ⅳ　Case Studies

V   Appendix

总 报 告
General Report

B.1
新疆法治发展报告（2022）

总报告课题组*

摘　要： 2021 年，新疆法治建设全面贯彻落实习近平法治思想，在党的坚强领导下，人大工作、法治政府建设、司法体制改革、基层社会法治建设和法治宣传教育方面取得了可喜进展。人大通过立法、监督、代表工作的生动实践丰富全过程人民民主。法治政府建设主体责任压紧压实，职能转化加快，行政决策制度机制不断健全，行政执法水平不断提高。法院着力构建新型审判权运行机制，深化诉讼制度改革、加强审判权制约监督体系建设，司法体制改革稳步推进。三治融合的基层治理体系不断健全，基层法治社会建设迈上新台阶。法治宣传凝聚共识浸润人心，各族群众法

* 课题组组长：郭蓓，新疆社会科学院法学研究所研究员、知识产权研究室主任，研究方向为立法学、知识产权、新疆治理。课题组成员：德全英，新疆财经大学法学院教授，法学博士，研究方向为理论法学、人权法学、国际政治；张晓彤，新疆高级人民法院研究室主任；韩永生，新疆维吾尔自治区党委政法委基层社会治理处处长；陈琪，新疆师范大学政法学院教授，研究方向为民商法学、地方法治；杨晓萍，新疆农业大学法学院副院长，副教授，研究方向为民商法；张世福，新疆维吾尔自治区司法厅普法与依法治理处处长。

治意识显著增强。新疆将把依法治疆放在更加突出的位置，在保稳定、促发展、惠民生、聚人心方面，提供坚强的法治保障和法律服务，营造良好的法治氛围。

关键词： 习近平法治思想　依法治疆　法治建设

2021年对于中国是具有不平凡历史性意义的一年。《法治中国建设规划（2020~2025年）》《法治社会建设实施纲要（2020~2025年）》《法治政府建设实施纲要（2021~2025年）》全部落地，形成了具有中国特色的社会主义法治建设的"一规划两纲要"的顶层设计和系统架构，为法治中国建设制定了"时间表"和"路线图"。新疆是中国陆地面积最大、接壤邻国最多、陆地边境线最长的省区。新疆深入学习贯彻习近平法治思想，切实把学习成效转化为完整准确贯彻新时代党的治疆方略、奋力建设法治新疆的生动实践。谋划了新疆的"一规划两纲要"，绘制了依法治疆的"总蓝图"，统筹推进科学立法、严格执法、公正司法、全面守法，在法治轨道上推进社会治理体系与治理能力现代化，一体建设法治新疆、法治政府、法治社会，积累了诸多新疆经验，展现了诸多新疆特点，推动全面依法治疆格局基本形成，交出了精彩的新疆答卷，实现了"十四五"良好开局。

一　坚持以习近平法治思想为指引推进依法治疆

新时代全面依法治国、全面提升国家治理体系和治理能力现代化，呼唤全新的法治思想理论体系指引前行。将习近平法治思想明确为全面依法治国的指导思想，这在中国特色社会主义法治建设进程中具有里程碑意义。

（一）习近平法治思想是全面依法治国的根本遵循和行动指南

全面依法治国这件大事能不能办好，最关键的是方向是不是正确、政治保障是不是坚强有力。走什么样的法治道路、构建什么样的法治体系、建设什么样的法治国家，是由一个国家的基本国情决定的。中国是世界上最大的发展中国家，中国共产党领导人民进行经济建设、政治建设、文化建设、社会建设、生态文明建设，取得了一系列重大成就。2020 年，区域性整体贫困得到解决，完成了消除绝对贫困的艰巨任务，解决了十几亿人的温饱问题，为全球减贫事业发展和人类发展进步做出了重大贡献。① 今天，人民对美好生活的需要日益广泛，在民主、法治、公平、正义、安全、环境等方面的要求日益增长。同时，各领域发展不平衡不充分问题尚未解决，发展质量和效益还不高，创新能力不够强，经济水平有待提高，生态环境保护任重道远。新时代党治国理政必须坚持从中国实际出发，探索符合中国国情的法治道路。习近平法治思想深刻回答了中国作为一个有 14 亿人口的发展中大国为什么实行全面依法治国、怎样实行全面依法治国等重大理论和实践问题，把马克思主义国家与法的原理同中国发展实践相结合，同中华法系优秀传统和鲜活的中国法治实践相结合，是从理论上自觉把握法治的"中国经验"的产物，开辟了马克思主义法治理论中国化的新境界，是习近平新时代中国特色社会主义思想的重要组成部分。

习近平法治思想是在实现中华民族伟大复兴的波澜壮阔的时代背景下形成的科学理论，是一个内涵丰富、论述深刻、逻辑严密、系统完备的中国马克思主义法学理论体系。习近平法治思想对全面依法治国的指导地位和作用是由习近平法治思想的科学性、人民性、实践性、时代性决定的，也是经过

---

① 《人类减贫的中国实践》（白皮书），中华人民共和国国务院新闻办公室网，2021 年 4 月 6 日，http://www.scio.gov.cn/ztk/dtzt/44689/45216/index.htm。

实践检验和历史验证的。① 习近平法治思想的核心要义和理论精髓凝聚为"十一个坚持"②，概括了中国特色社会主义法治基本理论，提出了全面依法治国的战略地位、政治方向、战略布局、中心任务、关键环节、重要保障、内在要求等，深刻回答了事关全面依法治国理论和实践的方向性、根本性、全局性等重大问题。

（二）在习近平法治思想指导下推进依法治疆方略

依法治疆是习近平法治思想重要组成部分和重要地方实践。依法治疆方略，形成于全面依法治国提出的关键时期，又与新疆实现社会稳定和长治久安总目标相契合，是稳疆、治疆、兴疆的基本方略和重要动力。2014 年 5 月 28 日，在第二次中央新疆工作座谈会上习近平总书记发表重要讲话指出，新疆工作的总目标是社会稳定和长治久安，提出坚持"依法治疆、团结稳疆、长期建疆"。③ 新时代党的治疆方略突出了依法治疆的重要性和在新疆工作中的制度基础地位，是全面依法治国基本方略在新疆的部署和落实。

为全面落实党的十八大、十八届四中全会和第二次中央新疆工作座谈会精神，根据《中共中央关于全面推进依法治国若干重大问题的决定》，2014 年 11 月 25 日，自治区第八届委员会第八次全体会议通过《自治区党委关于全面推进依法治疆建设法治新疆的意见》④，以"反暴力、讲法治、讲秩序"

---

① 张文显：《习近平法治思想是全面依法治国的根本指导思想》，《法学》2021 年第 12 期，第 12 页。

② "十一个坚持"：一是坚持党对全面依法治国的领导；二是坚持以人民为中心；三是坚持中国特色社会主义法治道路；四是坚持依宪治国、依宪执政；五是坚持在法治轨道上推进国家治理体系和治理能力现代化；六是坚持建设中国特色社会主义法治体系；七是坚持依法治国、依法执政、依法行政，共同推进法治国家、法治政府、法治社会一体建设；八是坚持全面推进科学立法、严格执法、公正司法、全民守法；九是坚持统筹推进国内法治和涉外法治；十是坚持建设德才兼备的高素质法治工作队伍；十一是坚持抓住领导干部这个"关键少数"。

③ 《新疆自治区传达学习第二次中央新疆工作座谈会精神》，《新疆日报》（汉）2014 年 6 月 4 日，第 1 版。

④ 《中共新疆维吾尔自治区委员会关于全面推进依法治疆建设法治新疆的意见》，《新疆日报》（汉）2014 年 11 月 28 日，第 1 版。

为工作方针，走符合新疆区情特点的法治建设道路。2017 年 10 月 30 日，自治区第九届委员会第四次全体会议通过《中国共产党新疆维吾尔自治区第九届委员会第四次全体会议关于深入学习宣传贯彻落实党的十九大精神　以习近平新时代中国特色社会主义思想为指导开创新疆社会稳定和长治久安新局面的决议》，① 打出"反恐维稳组合拳"，坚定推进依法治疆。

2020 年 9 月 26 日，在第三次中央新疆工作座谈会上，习近平总书记系统阐述了新疆工作的方针、政策、原则和措施等，坚持把社会稳定和长治久安作为新疆工作的总目标，提出了"依法治疆、团结稳疆、文化润疆、富民兴疆、长期建疆"。② 讲话充分体现了"四个全面"战略思想和适应"新常态"的理论思维，完善和丰富了新时代党的治疆方略，是习近平新时代中国特色社会主义思想的重要组成部分，是治理多民族地区的新智慧新方案。两次重要讲话蕴含着习近平总书记对新疆局势的深刻洞察和对新疆工作的战略谋划。实践证明，新时代党的治疆方略完全正确，必须长期坚持。③

2022 年 5 月 15 日，自治区第十届委员会第三次全体会议通过了《中国共产党新疆维吾尔自治区第十届委员会第三次全体会议关于深入学习贯彻习近平法治思想完整准确贯彻新时代党的治疆方略奋力推进新疆社会稳定和长治久安的决议》（以下简称《治疆方略决议》）。④《治疆方略决议》强调要弘扬法治精神、筑牢法治思维，这是新疆治理的基础性工作。《治疆方略决议》在充分调研现阶段新疆社会、经济、生态、文化、开放多领域区情基础上提出，当前和今后一个时期，要深入学习贯彻习近平法治思想，牢牢扭住社会稳定和长治久安总目标，把依法治疆摆在更加突出位置，统筹推进科学

① 《自治区党委第九届四次全会召开》，《新疆日报》（汉）2017 年 10 月 31 日，第 1 版。
② 《习近平在第三次中央新疆工作座谈会上强调坚持依法治疆团结稳疆文化润疆富民兴疆长期建疆努力建设新时代中国特色社会主义新疆》，《党建》2020 年第 10 期，第 4～7 页。
③ 《习近平在第三次中央新疆工作座谈会上强调坚持依法治疆团结稳疆文化润疆富民兴疆长期建疆努力建设新时代中国特色社会主义新疆》，《党建》2020 年第 10 期，第 4～7 页。
④ 《中国共产党新疆维吾尔自治区第十届委员会第三次全体会议关于深入学习贯彻习近平法治思想完整准确贯彻新时代党的治疆方略奋力推进新疆社会稳定和长治久安的决议》，《新疆日报》（汉）2022 年 5 月 18 日，第 1 版。

立法、严格执法、公正司法、全民守法；统筹推进依法治疆、团结稳疆、文化润疆、富民兴疆、长期建疆。"两个统筹"理念充分运用"法与经济""法与社会""法与文化""法与宗教"等多维综合视野，将全面依法治国方略和新时代党的治疆方略紧密结合，确保新疆各项工作在法治轨道上运行。

（三）把握领会依法治疆的理论内涵

1. 依法治疆是新时代党的治疆方略的首要之治

"依法治疆、团结稳疆、文化润疆、富民兴疆、长期建疆"的总体要求，凸显了新时代党的治疆方略的重要使命和历史责任。治疆方略从"治、稳、润、兴、建"五个维度形成相互依托、相互促进的有机整体。依法治疆作为首要之治，既是前提，又起到引领和保障作用。从治理视角来看，法治作为衡量社会进步、政治文明的普遍准则和核心价值观之一，是新疆治理现代化的根本保障之一。依法治疆既是对新疆治理经验的深刻总结，是对新疆社会发展趋势和现代化进程的科学判断，也是新时代党的治疆方略和理念的升华。[①] 从基础思维和工作方法论视角来看，新疆工作是一个系统工程，需要树立法治思维，把法律制度、法治精神、法治意识、法治文化等各个法治要素整合起来，以法治保证系统规范运行，增强治理的系统性、整体性和协同性。

2. 依法治疆是实现新疆社会稳定和长治久安的重要基石

新疆在国家总体安全观、国家整体利益中都具有特殊重要的战略地位。只有法律的规范性、公开性和稳定性能为长治久安提供便利和最为有力的保障。治理现代化只有在稳定的政治、社会环境中才能顺利进行。新疆社会的稳定承担着维护国家主权、领土完整和加强国际话语权的重任。必须全面准确贯彻新时代党的治疆方略，把维护社会稳定和长治久安作为第一要义，运用法治思维和法治方式防范风险、打击犯罪、处理问题、化解矛盾，保持社

---

① 郭蓓：《以依法治疆推进治理体系和治理能力现代化》，《新疆日报》（汉）2021 年 12 月 10 日。

会大局持续稳定，① 建设稳定、平安的新疆。

3. 依法治疆是铸牢中华民族共同体意识的重要保障

法治不仅是国家和社会建设的基本工具，更是一种凝聚共识的治国方略的全新的组织和生活方式。2022 年 7 月，习近平总书记在新疆视察时强调，要深刻认识发展和稳定、发展和民生、发展和人心的紧密联系，推动发展成果惠及民生、凝聚人心；要铸牢中华民族共同体意识，促进各民族交往、交流、交融。铸牢中华民族共同体意识，聚焦治疆根本性、基础性、长远性工作，是依法治疆的重要任务。法治为铸牢中华民族共同体意识提供了制度化、规范化框架。宪法作为根本大法为"中华民族"设定了根本法源和法理基础，要在新疆树立宪法法律权威，要完善健全有利于铸牢中华民族共同体意识的政策制度，营造铸牢中华民族共同体意识的良好法治氛围，增强各民族的国家意识、公民意识和法治意识，促进平等、团结、互助、和谐的社会主义民族关系和各民族共同繁荣发展，这也是团结稳疆、文化润疆、富民兴疆、长期建疆所蕴含的法治需求。

二 坚持党对依法治疆工作的集中统一领导

坚持党的领导是社会主义法治的根本要求。习近平法治思想核心要义"十一个坚持"，首先强调的是"坚持党对全面依法治国的领导"。新时代以习近平同志为核心的党中央的坚强领导是推进新疆事业发展的根本保证。

（一）把党的领导落实到依法治疆全域

1. 安排部署党领导依法治疆工作

自治区党委多次在自治区党委会议、政府工作会议和全面依法治疆会议

---

① 《完整准确贯彻新时代党的治疆方略　努力建设新时代中国特色社会主义新疆》，中国共产党新闻网，2022 年 5 月 11 日，http://theory.people.com.cn/n1/2022/0511/c40531 - 32419000.html。

上强调坚持党的领导，发挥党总揽全局、协调各方的核心作用。2021年1月18日，自治区党委全面依法治疆工作会议指出，要坚持党的领导，加强党委对依法治疆的统一领导、统一部署、统筹协调，切实把党的领导贯彻到依法治疆全过程和各方面。① 2021年5月，自治区再次召开党委全面依法治疆委员会会议，研究审议了《自治区党委全面依法治疆委员会2021年工作要点》《自治区行政复议体制改革实施方案》，安排部署了2021年全面依法治疆工作，要求各地各部门要坚持党对法治建设的集中统一领导，以更高站位、更严标准、更实举措推进法治建设各项工作。2021年10月的自治区党委全面依法治疆委员会会议研究审议了《关于党政主要负责人履行推进法治建设第一责任人职责情况列入年终述职内容工作的实施方案》《自治区贯彻落实〈法治政府建设实施纲要（2021～2025年）〉实施方案》《新疆维吾尔自治区法治政府建设与责任落实督察工作实施办法》等。

自2021年12月25日马兴瑞履职新疆维吾尔自治区党委书记以来，在多个会议、多个场合强调党的领导和依法治疆。2022年1月，自治区召开党委全面依法治疆委员会2022年第一次会议。会议听取了有关立法、执法、司法、守法、普法等工作情况汇报；研究审议了《自治区人大常委会2022年立法工作计划》《关于开展2022年法治督察工作的方案》《关于第一批自治区法治政府建设示范创建地区和项目命名的决定》《自治区教育系统"法治讲堂·法治教育基层行"工作方案》《关于加强新时代司法所建设的意见》。② 2022年2月自治区召开党委政法工作会议，要求各级党委政法委牵头抓总、统筹协调、督办落实，促进政法工作规范化、科学化。③ 新疆维吾尔自治区党委十届三次全会再次指出，把坚持党的领导体现在党领导立法、

---

① 《自治区党委全面依法治疆工作会议召开 陈全国出席并讲话》，新疆维吾尔自治区人民政府网，2021年1月18日，http：//www.xinjiang.gov.cn/xinjiang/xjyw/202101/86b50a76f35c40f298ef5e52231932dd.shtml。

② 《马兴瑞主持召开自治区党委全面依法治疆委员会2022年第一次会议》，搜狐网，2022年1月21日，https：//www.sohu.com/a/518068084_748852。

③ 《新疆维吾尔自治区党委政法工作会议召开》，中国长安网，2022年2月14日，http：//www.chinapeace.gov.cn/chinapeace/c100067/2022-02/14/content_12594664.shtml。

保证执法、支持司法、带头守法上，确保党的主张贯彻到依法治疆全过程和各方面。

2. 推动党内法规制度建设

2013 年，《新疆维吾尔自治区党内法规制定办法》《新疆维吾尔自治区党内规范性文件备案办法》公开发布，对加强新疆党内法规制度建设，推进党建规范化、科学化，具有重要的制度价值。《自治区党委党内法规制定工作第二个五年规划（2018～2022 年）》为党内法规制定进一步规划设计。新疆持续完善党的组织法规制度、领导法规制度、自身建设法规制度和监督保障法规制度，逐步形成与中央党内法规制度相配套、符合自治区实际的党内法规制度体系。全疆各地（州、市）、各厅局纷纷以党务学习、党内法规工作培训等形式深入学习习近平总书记关于制度治党、依规治党的重要论述。2022 年 3 月 7 日召开的自治区党内法规工作会议在肯定新疆党内法规制度建设取得成绩的同时，提出系统开展党内法规学习教育、做好中央党内法规配套制定工作、加强党内法规宣传教育和监督执行、扎实做好备案审查工作、抓好党内法规的贯彻执行等工作任务。2021 年 3 月 22 日，在疫情防控常态化形势下举办了全区党内法规工作专题研讨班学习小结会议。①

3. 以强有力的政治监督保障党的领导落地见效

自治区不断健全督查问责机制，实施清单化监督，贯通协同纪律监督、监察监督、派驻监督、巡视监督，严肃党的政治纪律，持续净化政治生态。为确保党中央重大决策部署在新疆落实见效，围绕教育医疗、养老社保、粮食购销、食品药品安全、生态环保、安全生产、执法司法等领域 18 类腐败和作风问题开展专项治理。开展巩固拓展脱贫攻坚成果同乡村振兴有效衔接、优化营商环境专项监督。开展政法队伍教育整顿，下发《关于在第一批政法队伍教育整顿单位开展以案促改工作的通知》，建立重点案件挂牌督

---

① 《热爱新疆　扎根新疆　奉献新疆　建功新疆——自治区党内法规工作专题研讨班学习小结》，搜狐网，2021 年 3 月 22 日，https：//www.sohu.com/a/456819692_ 120207622。

办、线索专班研判、审核把关等机制，通过制发纪检监察建议、开展专项治理等方式深化标本兼治。在第二批政法队伍教育整顿期间，自治区政法单位领导班子成员及干警代表 6000 余人次接受教育，进一步使广大政法干警知敬畏、存戒惧、守底线。2021 年 11 月，全国政法队伍教育整顿中央第十六督导组到新疆督导工作。①

从严治党，坚持依法治疆和依规治党有机统一。自治区党委印发《贯彻落实〈中共中央关于加强对"一把手"和领导班子监督的意见〉的实施意见》，出台《自治区各级纪委与下级党委班子成员集体谈话和纪委书记与下一级党委书记谈话办法》等，制发协助党委落实全面从严治党主体责任办法等，着力构建对"一把手"监督的常态化机制。自治区党委修订《自治区各级党委（党组）运用"第一种形态"实施办法》，将党委（党组）运用"第一种形态"情况纳入党风廉政建设和反腐败工作年度考核。2021年，全区纪检监察机关开展谈话函询 26944 件次，发出纪检监察建议书1907 份。运用"四种形态"批评、教育、帮助和处理 86513 人次，运用第一、二、三、四种形态分别占 65.2%、27.8%、4%、3%。②

持续深化巡视巡察工作，进行政治体检。九届自治区党委第十二、第十三轮巡视工作在 31 个自治区部门和单位稳妥推进，实现一届党委任期内巡视巡察全覆盖。自治区党委第六巡视组对自治区高级人民法院党组开展了常规巡视。2021 年 9 月 29 日，自治区党委巡视组向自治区高级人民法院党组反馈了巡视意见。③ 针对巡视意见，自治区高级人民法院党组在关于落实党的理论路线方针政策和党中央重大决策部署、全面从严治党战略部署等方面

---

① 《围绕完整准确贯彻新时代党的治疆方略　推动纪检监察工作高质量发展　以优异成绩迎接党的二十大胜利召开》，新疆维吾尔自治区纪委监察网，2022 年 1 月 28 日，http：//www.xjjw.gov.cn/show/522-157648.html。

② 《围绕完整准确贯彻新时代党的治疆方略　推动纪检监察工作高质量发展　以优异成绩迎接党的二十大胜利召开》，新疆维吾尔自治区纪委监察网，2022 年 1 月 28 日，http：//www.xjjw.gov.cn/show/522-157648.html。

③ 《中共新疆维吾尔自治区高级人民法院党组关于九届自治区党委第十三轮巡视整改进展情况的通报》，新疆维吾尔自治区纪委监察网，2022 年 4 月 6 日，http：//www.xjjw.gov.cn/show/505-157758.html。

制定整改目标、召开推进会，高质高效推动巡视整改，深化巡视整改成果运用，建立长效机制，做好巡视"后半篇文章"。2022 年 4 月，十届自治区党委第一轮巡视精心部署动员，5 月 31 日，10 个巡视组完成巡视进驻工作，依规依纪依法开展巡视。

（二）抓住依法治疆"关键少数"

1. 切实履行推进法治建设第一责任人职责

"关键少数"的法治水平直接决定依法治疆的进程和效果。落实《自治区实施〈党政主要负责人履行推进法治建设第一责任人职责规定〉办法》，自治区党政主要领导带头履行党政主要负责人推进法治建设第一责任人职责，各厅局陆续制定了"主要负责人履行推进法治建设第一责任人职责清单"。召开自治区党委常委会会议、自治区人民政府常务会议多次研究法治建设工作，制定自治区贯彻落实法治建设"一规划两纲要"实施方案，安排部署依法治疆、依法行政重点工作。[①] 把能不能遵守法律、依法办事作为考察各级干部的重要内容，开展定期检查和专项督察，以刚性标准把党政主要负责人履行推进法治建设第一责任人职责情况纳入政绩考核指标体系，将法治政府建设纳入年度（绩效）考核指标体系。自治区及地（州、市）法治建设年度报告均将党政主要负责人推进法治建设第一责任人履职情况作为第一内容。

2. 建立领导干部法治讲堂工作机制

严格落实领导干部学法制度，提升领导干部法治思维和法治能力。全疆自 2014 年开展"一把手"法治宣讲以来，对全区普法宣传模式产生了巨大影响。截至 2021 年 4 月，直接受教育的各族干部群众达 2240 万人次。[②]"七五"普法期间，自治区党委先后两次组织理论学习中心组开展宪法专题

---

① 《新疆 2021 年法治政府建设工作报告》，新疆维吾尔自治区人民政府网，2022 年 3 月 20 日，http://www.xinjiang.gov.cn/xinjiang/xjzfgzbg/202203/3fcf1f2cc1ee4905a74d44f8365eaf15.shtml。

② 《新疆：让"一把手"挑起"法治"担子》，澎湃新闻网，2021 年 4 月 8 日，https://www.thepaper.cn/newsDetail_ forward_ 12108320。

学习活动。继续严格落实政府常务会会前学法制度，2022 年 5 月 20 日下午，新疆维吾尔自治区第十三届人民政府常务会议举办"深入学习贯彻习近平法治思想全面建设法治政府"法治专题讲座。自 2022 年 5 月 9 日起，面向全疆国家公职人员和法治工作队伍的新疆"法治讲堂·逢九必讲"工作常态化展开，推动国家工作人员尊崇法治、敬畏法律，带头了解法律、掌握法律，使"关键少数"带动"绝大多数"的示范作用更显著。

3. 述法工作扎实推进

述法工作的"硬约束"是对"关键少数"运用法治思维和法治方式能力重要的自省机制和监督机制。"本人积极履行推进法治建设第一责任人职责……"是各地党政负责人述法报告中都会出现的一句话。2022 年 1 月，自治区党委全面依法治疆委员会 2022 年第一次会议暨述法工作会议召开，研究审议了 2021 年度述法工作安排和党政主要负责人履行推行法治建设第一责任人职责清单。一个月后，第二次会议暨述法工作会议召开，14 个地（州、市）党政主要负责同志围绕领导干部法治学习情况、重大事项依法决策情况、依法履职情况等总结经验，查找问题，加强改进工作，分别进行了述法。截至 2022 年 3 月，自治区、地（州、市）、县（市、区）三级共召开 128 场述法会，各级党政主要负责人进行述法，实现了县级及以上党委和政府主要负责人全覆盖。① 在阿克苏地区，拜城县、乌什县、柯坪县将述法工作会议延伸召开至村级，将党中央依法治疆的方略决策贯彻到基层。在阿勒泰地委全面依法治地委员会 2022 年第一次会议暨述法工作会议召开前一个月，阿勒泰地区组成 6 个调研小组，对 6 县 1 市 1 景区、34 个执法部门开展全覆盖调研。述法工作会上，将调研中发现的 6 个共性问题、39 个个性问题一一"晾晒"，并明确了整改时限。

4. 法治督察规范展开

2022 年 5 月，自治区党委依法治疆办牵头组织开展第一阶段自治区法

---

① 隋云雁：《"关键少数"述法为法治新疆加码》，天山网，2022 年 5 月 16 日，https：//www.ts.cn/xwzx/fzxw/202205/t20220516_ 6898959. shtml。

治督察工作，召开了动员和培训会议，并发布《关于征集法治建设领域突出问题线索的公告》。把握法治督察工作的政治属性，主要督察各地各部门单位深入学习贯彻落实习近平法治思想情况、"一规划两纲要"的推进落实情况、党政主要负责人履行推进法治建设第一责任人职责情况以及上级党委、政府关于法治建设的各项工作部署落实情况等13项内容。2022年7月30日，部署了第二阶段法治督察工作，结合习近平总书记视察新疆重要讲话指示精神，发现和解决法治建设突出问题。

三　以人大工作实践丰富全过程人民民主

坚持人民当家作主，是社会主义民主政治的本质特征，发展全过程人民民主则深刻阐明了中国式民主的鲜明特色和显著优势。在经济、政治、文化、社会和生态文明"五位一体"建设中，政治建设既是中国特色社会主义民主政治建设的核心，又是人民当家作主的核心保障。人大从实现"中华人民共和国一切权力属于人民"这一基本原则出发，践行全过程人民民主，在新疆政治生活中的作用与影响力与日俱增。

（一）在立法工作中贯彻全过程人民民主理念

1. 聚焦稳定与安全立法，推进社会稳定和长治久安

社会平安和谐，人民安居乐业是新疆长治久安的前提，更是各族群众最基本的民生需要。自治区通过健全、完善相关立法为稳定和谐的社会环境提供强有力的法治保障。如《新疆维吾尔自治区实施〈中华人民共和国反恐怖主义法〉办法》《新疆维吾尔自治区去极端化条例》《新疆维吾尔自治区民族团结进步模范区创建条例》等地方性法规的相继颁布与实施既满足了新疆特定的法治需求和法治状况，又凸显了反恐维稳、社会治理中的安全为民理念。新疆也因此成为我国反恐去极端化地方立法体系最为完备的省区。

2. 注重民生社会事业进步立法，助力"乡村振兴"战略实施

关注民生立法、增进民生福祉是法治为民最生动的体现。为进一步巩固脱贫成果，把国家乡村振兴战略切实贯彻落实到新疆基层每一寸土地，自治区陆续出台了《新疆维吾尔自治区实施〈中华人民共和国农村土地承包法〉办法》《新疆维吾尔自治区农村供水管理办法》《新疆维吾尔自治区乡村振兴促进条例》等地方法规和规章。为打造地方优势特色产业，以产业兴旺促进乡村振兴，各地（州、市）、县（市、区）也积极出台了相关地方性法规、单位条例，如《巴音郭楞蒙古自治州红枣产业促进条例》《木垒哈萨克自治县鹰嘴豆产业促进条例》《昌吉回族自治州优质农产品生产条例》《伊犁哈萨克自治州新疆黑蜂遗传资源保护条例》等。

3. 强化生态环境立法，推动美丽新疆建设

环境权与每个公民的健康与安全密切相关，是每个人都应平等享有的权利，这在我国宪法、法律和诸多纲领性文件中都达成了共识。新疆环境权的实现程度是我国生态安全的重要一环，它影响着中国乃至国际环境保护状况。自治区关于生态环境方面的立法数量较多，截至 2021 年 8 月，新疆现行有效的生态环境类地方性法律法规已达 80 余部。① 2018 年 9 月 21 日，自治区第十三届人民代表大会常务委员会第六次会议决定对 7 部涉及生态环境的地方性法规做修改。② 2020 年 11 月 27 日，自治区人大常委会第二十次会议一并审查批准了 4 部生态环保地方性法规。从立法主体来看，5 个民族自治州、6 个自治县都相继制定了生态保护单行条例。从立法涉及领域来看，包括水资源、湿地、草原、矿产、大气、农田保护、自然保护区以及环保综

---

① 《生态环境法律法规 80 余部！新疆法治筑起生态屏障》，中国长安网，2021 年 8 月 27 日，https：//www.chinapeace.gov.cn/chinapeace/c100067/2021-08-27/content_ 12529561. shtml。

② 《新疆维吾尔自治区人民代表大会常务委员会关于修改〈新疆维吾尔自治区自然保护区管理条例〉等 7 部地方性法规的决定》所涉及 7 部地方性法规分别是：《新疆维吾尔自治区自然保护区管理条例》《新疆维吾尔自治区煤炭石油天然气开发环境保护条例》《新疆维吾尔自治区环境保护条例》《新疆维吾尔自治区实施〈中华人民共和国森林法〉办法》《新疆维吾尔自治区义务植树条例》《新疆维吾尔自治区野生植物保护条例》《新疆维吾尔自治区实施〈中华人民共和国渔业法〉办法》。

合规定等各个方面。这些地方立法实践以加大美丽新疆建设力度、筑牢国家生态安全屏障、保护居民生存质量作为总体思路，为西部大开发新格局从生态环境方面划定了"底线"、描绘了"底色"，为新疆绿水青山提供了有力法治保障。

4. 建立基层立法联系点，开启社情民意"直通车"

2020年初，自治区人大常委会在乌鲁木齐市水磨沟区、石河子市、昌吉市、伊宁县、温宿县等地设立首批9个基层立法联系点。同年4月15日，第10个基层立法联系点在塔什库尔干塔吉克自治县提孜那甫乡设立。同时，区人大制定了《新疆维吾尔自治区人大常委会基层立法联系点工作规则》。基层立法联系点一方面发挥着体现人民群众立法意愿"直通车"作用，另一方面发挥着展示和宣传民主、法治实践的"宣传站"作用，其工作过程和运行机理，展示了基层群众有序立法参与全过程。

基层立法联系点的确定，立足当前立法工作的需要，既体现了基层性、广泛性，又兼顾了专业性、代表性。自治区消费者协会充分借助市场监管和行业协会智库优势，组建了专业人才库；自治区律师协会基层立法联系点建立立法联系点工作领导小组以及专家委员会，为更好发挥专业优势，服务自治区地方立法提供了有力的人才和组织保障。① 石河子大学基层立法联系点作为高校立法联系点，组建了由11名不同学科方向的法学博士、硕士为成员的基层立法联系点工作团队，为《中华人民共和国反食品浪费法》《新疆维吾尔自治区气候资源保护和开发利用条例》《新疆维吾尔自治区人大常委会关于加强检察公益诉讼工作的决定》等法律法规的制定修改提供了非常有益的建议。

（二）在监督工作中贯彻全过程人民民主理念

1. 实现多个"第一次监督"，强化监督力度和成效

为了加大统筹协调力度，对常委会监督工作协调小组及其办公室进行健

---

① 《基层立法联系点：开启直通车 让民意直达立法机关》，新疆维吾尔自治区人大常委会官网，2021年5月10日，http://www.xjpcsc.gov.cn/article/1293/lfgz.html。

全完善，增强监督工作合力。第一次实现了与地（州、市）人大联合组成执法检查组和专题调研组开展监督工作和联合专题询问；在跟踪监督中第一次引进了第三方评估，使得立法项目与监督项目第一次实现同步谋划和实施；把执法检查、听取报告、专题询问等三种监督形式进行了有机结合，提高了工作效能；对专题询问方式进行了改革与完善，例如从部门答问到政府答问的转变、从线下询问到线上联动的转变、从一年两问到一年三问的转变；持续监督、跟踪监督、上下联动监督使得地方国家权力机关的权威得到彰显。

2. 坚持以民为本，统筹稳定与发展

自治区人大常委会坚持把维护社会稳定和高质量发展作为人大监督的重要内容，不断加大监督力度。2021 年，自治区人大常委会听取审议 19 个报告，开展 6 次执法检查、3 次专题询问、14 次专题调研，监督力度大、效果好；同时，依法任免国家机关工作人员 604 人次。[1] 一方面，把维护社会稳定要求融入人大各项工作中，积极维护网络安全，以营造和谐健康、安全清朗的网络空间为目标，检查《新疆维吾尔自治区防范和惩治网络传播虚假信息条例》的落实情况。另一方面，按照"稳增长、促改革、调结构、惠民生、防风险、保稳定"的要求，以乡村振兴联系点、联系重点项目、重点企业等工作为核心，助力"六稳""六保"，推动"十四五"规划实施。[2] 具体如下：强化"事前"监督、聚焦"事中"监督、做实"事后"监督，以预算审查监督重点向支出和政策拓展，建成全疆预算联网监督平台；推动现代种业发展、保障粮食安全，着重检查《中华人民共和国种子法》及自治区实施办法的落实情况，更好满足各类市场主体对营商环境的期待；为管好用好国有资产加上一道"安全门"，听取审议 2020 年度国有资产管理情况、国有自然资源（资产）管理情况的报告；持续改善生态环境，促进绿

---

① 《自治区人民代表大会常务委员会工作报告》，新疆维吾尔自治区人大常委会官网，2022 年 2 月 8 日，http：//www.xjpcsc.gov.cn/article/1826/40zhounian.html。

② 《自治区人民代表大会常务委员会工作报告》，新疆维吾尔自治区人大常委会官网，2022 年 2 月 8 日，http：//www.xjpcsc.gov.cn/article/1826/40zhounian.html。

色低碳发展，听取审议 2020 年度环境状况和环境保护目标完成情况的报告、节约能源工作情况的报告；组织开展以"依法监督固体废物污染防治、助力高质量发展"为主题的 2021 年天山环保行执法检查等。

3. 践行民生无小事，持续强化监督

就业、教育、医疗等与老百姓的生活息息相关，持续推进这些领域的监督，就是对全过程人民民主最生动的实践。例如以《中华人民共和国义务教育法》及《新疆维吾尔自治区实施〈中华人民共和国义务教育法〉办法》的落实检查为契机，推动义务教育的巩固发展。对公共卫生服务体系建设工作情况进行听取审议和专题询问，切实做好公共卫生服务项目工作。对《新疆维吾尔自治区关于进一步做好稳就业工作的实施意见》的落实情况进行专题询问和跟踪视察，推动实现高质量就业。还对《新疆维吾尔自治区物业管理条例》的落实情况进行检查和专题询问，确保物业服务水平。此外，2021 年，自治区人大常委会还首次听取自治区监委专项工作报告，即关于扶贫领域腐败和作风问题专项治理工作情况的报告，这也进一步体现了人大监督的刚性要求。

4. 以监督促公正，努力让人民群众感受公平正义

为了加大对司法机关的监督力度，自治区人大常委会印发《自治区人大常委会制定加强和改进对司法机关监督的意见》。2022 年 3 月，新疆维吾尔自治区人大常委会通过 2022 年监督工作计划，听取和审议专项工作报告 19 项，听取和审议执法检查（视察）报告 8 项，调研工作 13 项，专题询问工作 4 项。① 为确保人民合法权益得到充分尊重和保障，2022 年 5 月 27 日，新疆维吾尔自治区十三届人大常委会通过《新疆维吾尔自治区人民代表大会常务委员会关于加强新时代检察机关法律监督工作的决议》，推行正确监督、有效监督、依法监督。

---

① 《突出监督实效　保障依法治疆——自治区人大常委会 2022 年监督工作计划解析》，新疆维吾尔自治区人大常委会官网，2022 年 3 月 22 日，http：//www.xjpcsc.gov.cn/article/1963/jdsc.html。

（三）在代表工作提级中贯彻全过程人民民主理念

1. 深入推进代表联系服务

自治区人大持续扩大代表对常委会、专门委员会工作参与的深度和广度，每年确定一个主题，常态化开展"万名代表进万家"主题实践活动。2021年，开展"百年辉煌感党恩、万名代表进万家"等主题实践活动，听取和反映群众意见建议1.94万条，解决群众困难诉求4.8万件，切实解决了人民群众急难愁盼的问题，有力推动了习近平新时代中国特色社会主义思想"飞入寻常百姓家"，增强了各族群众感党恩、听党话、跟党走的坚定性。

认真贯彻落实《关于完善人大代表联系人民群众制度的实施意见》《新疆维吾尔自治区人民代表大会代表议案处理办法》。截至2021年2月，全疆各级人大优化站点布局，以"覆盖城乡、功能完备、管理规范、贴近群众"为目标，已建成5923个"家室站"，基本实现了站点建设和代表进站活动全覆盖。① 并制定代表"家室站"建设的指导意见和"十有"规范，推进"家室站"规范建设，明确建设标准、功能定位、活动内容。"家室站"为代表打开了新的民情通道、提供了新的履职平台，日益成为各级人大代表联系群众、执行职务、开展活动的重要依托。② 有的地方还创设"代表联系点"作为代表联络站的分支，以弥补代表联络站接待、服务选民时间和地域的局限，让各族群众可以就近、就便向人大代表反映问题、寻求帮助。

2. 有效办理代表议案建议

自治区人大常委会为把群众的呼声和愿望转变为推进工作的动力和目标，深入基层、深入群众开展调查研究，切实解决群众关切的现实问题；推进代表议案建议内容高质量、办理高质量，探索代表提出建议前与有关部门沟通机制，落实代表议案建议办理各项制度，完善代表议案建议交办协调工

---

① 《自治区人民代表大会常务委员会工作报告》，新疆维吾尔自治区人大常委会官网，2021年2月8日，http://www.xjpcsc.gov.cn/article/1155/rdyw.html。

② 《自治区人民代表大会常务委员会工作报告》，新疆维吾尔自治区人大常委会官网，2021年2月8日，http://www.xjpcsc.gov.cn/article/1155/rdyw.html。

作机制，督促有关部门加强与代表的联系沟通。2021 年，自治区人大常委会第一次向代表及原选举单位逐一通报代表建议的交办情况，第一次组织部分提出建议的人大代表与承办单位具体负责人、人大专门委员会督办人员面对面沟通交流，第一次安排代表建议承办单位向常委会会议报告代表建议办理工作情况。① 据了解，自治区十三届人大四次会议期间代表提出的 10 件议案和 450 条建议全部办理完毕，代表所提问题得到解决或计划逐步解决的占 77.3%，代表议案建议办理质量进一步提高。②

完善创新代表工作载体。为了减小新冠疫情对工作带来的影响，自治区人大常委会积极探索以互联网为载体的培训机制，培训各级人大代表 8 万多人次。自 2020 年 9 月 26 日自治区人大常委会首次举办"云端"开放日活动以来，通过机关开放日、人代会开放日等活动，把大会盛况、常委会会议情况和代表履职相关情况向人大代表全景式介绍，让人民群众用一种新的方式走近人大、监督人大。此外，新疆人大代表议案建议办理系统也于 2022 年 1 月在自治区十三届人民代表大会第五次会议期间正式运行，代表议案建议将首次实现网上提交办理。

3. 圆满完成县乡换届选举

依照宪法规定，新疆的选举工作坚持实行普遍、平等、直接选举、间接选举以及差额选举相结合的原则。新疆选举产生第十三届全国人民代表大会代表 61 名，其中少数民族代表 38 名，占 62.30%。③ 新疆维吾尔自治区第十三届人民代表大会共有代表 548 名，其中少数民族代表 353 名，占 64.42%。④ 2021 年 3 月，自治区人大常委会根据 2020 年第 7 次修改的《中华人民共和国全

---

① 《自治区人民代表大会常务委员会工作报告》，新疆维吾尔自治区人大常委会官网，2022 年 2 月 8 日，http：//www.xjpcsc.gov.cn/article/1826/40zhounian.html。

② 《自治区人民代表大会常务委员会工作报告》，新疆维吾尔自治区人大常委会官网，2022 年 2 月 8 日，http：//www.xjpcsc.gov.cn/article/1826/40zhounian.html。

③ 《新疆各民族平等权利的保障》，中华人民共和国国务院新闻办公室网，2021 年 7 月 14 日，http：//www.scio.gov.cn/zfbps/32832/Document/1708580/1708580.htm。

④ 《新疆各民族平等权利的保障》，中华人民共和国国务院新闻办公室网，2021 年 7 月 14 日，http：//www.scio.gov.cn/zfbps/32832/Document/1708580/1708580.htm。

国人民代表大会和地方各级人民代表大会选举法》，第四次对《新疆维吾尔自治区县级以下人民代表大会代表直接选举实施细则》进行修正。2022年5月26日，自治区人大常委会选举办公室发布的《关于自治州（市）、县（市、区）、乡（镇）人大换届选举情况的报告》表明，根据新修改的地方组织法依法增加代表名额，进一步优化代表结构。全区县乡两级共增加人大代表名额10073名，其中县级人大代表较上届增加2229名；乡级人大代表较上届增加7844名。州（市）、县（市、区）、乡（镇）人大代表中基层一线代表、妇女代表数量均有增长，并严格控制了党政领导干部代表人数，按照法律规定保证少数民族代表名额，保障了人大代表的广泛性和先进性。截至2022年2月，全区州（市）、县（市、区）、乡（镇）人大换届选举共选出三级人大代表71726名。① 此次换届，州（市）、县（市、区）人大普遍设立了专门委员会，明确了职责，优化了组成人员结构。人大常委会组成人员专职比例明显提高，基层人大组织更加完善。

四　法治政府建设走深走实

法治政府的建设既是国家治理体系至关重要的一环，也是全面依法治国的必然要求。新疆制定了自治区贯彻落实全面依法治国"一规划两纲要"实施方案，确立了"十四五"时期法治新疆建设的路线图和施工图，充分发挥了法治政府建设统筹职能，为自治区改革发展稳定提供了有力法治保障。

（一）夯实法治政府建设主体责任，加强依法行政工作组织与监督

自治区人民政府在"十三五"期间，全面完成本级以及市、县政府机构改革，构建起职责明确、依法行政的政府治理体系，通过依法执政、依法行政共同推进政府职能的深刻转变，为建设法治政府提供了改革平台。自治区党委、自治区人民政府高度重视法治政府建设工作，多次召开自治区党委

---

① 《新疆州县乡人大换届选举圆满完成全区县乡两级人大代表名额增加10073名》，《中国日报》中文网，2022年5月30日，https://xj.chinadaily.com.cn/a/202205/30/WS6294b4dca3101c3ee7ad7ffb.html。

常委会、自治区党委依法治疆委员会会议、自治区人民政府常务会议等研究部署法治政府建设工作。2021年，自治区党政主要领导对依法治疆、法治政府建设工作做出29次工作部署。各级政府坚持党对法治政府建设的领导，认真落实法治政府建设工作任务。自治区人民政府将夯实法治政府建设主体责任与组织监督的工作着力点放在了加强依法行政工作组织领导，强化制约机制，保证行政权力依法正确行使方面（见图1）。

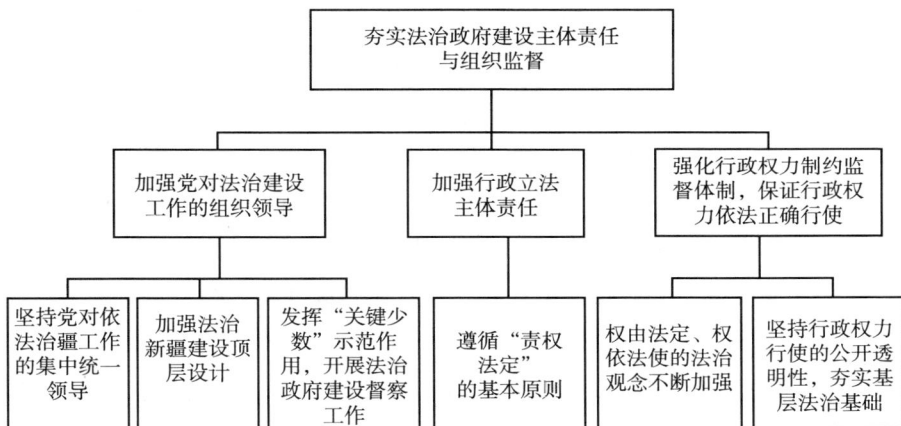

图1 夯实法治政府建设主体责任与组织监督框架图

资料来源：作者根据新疆维吾尔自治区人民政府网资料整理所得。

夯实法治政府建设主体责任与组织监督，遵循"责权法定"的基本原则。行政权力的规范运行离不开监督。自治区坚持党内监督主导，推动各类监督协调、贯通。高质量推进巡视巡察全覆盖，深化政治巡视，加强对"一把手"的监督，强化整改落实。建立行政监督与其他监督方式协同配合机制，增强政府督察专业性、开放性。建立责任追究等配套制度，推动形成纪检监察监督和审计监督贯通衔接的配套制度体系，放大监督治理效能。通过完善行政机关工作人员的日常考核、奖惩机制，提高行政决策主体依法决策的意识和能力。2021年，自治区人民政府自觉接受人大监督、民主监督，认真办理各级人大代表建议5650件、政协提案6671件；加强和规范行政负责人出庭应诉工作，提升行政应诉工作水平；全面落实政务公开，全区主动公开政府信息 390799 条；全国信用信息共享平台（新疆）归集政务失信主体相关信息 46 条，查询涉及公务员录用、调任人员社会信用记录 9661 人次。①

（二）简政放权，政府职能加快转变

1. 政府"简政放权"进程

"简政放权"始终是新疆法治政府建设的高频词。在新疆政府力推"简政放权"的进程中，行政机关对职能职权的再配置活动愈加频繁。第二次中央新疆工作会议后，新疆的"简政放权"集中体现在行政机关行使的行政职权"下放"，原本由行政机关行使的行政复议权被集中到行政复议委员会，缩减"三公"经费。近年"放管服"改革向纵深发展，深化相对集中行政许可权改革，规范相对集中行政许可权实施，实现审管有效衔接，消减、压缩交叉重复或不合理的行政职权，优化营商环境，释放市场活力。

2. "放管服"举措

取消、调整、清理下放行政审批事项逐年增长。2018 年下放审批事项 832 件，比 2014 年增加 72.97%（见图 2）。

推动相对集中行政许可权改革。依据精简、统一、效能的原则，按照《关于印发自治区政务服务大厅进驻运行工作方案的通知》要求，行政许可权集中至自治区政务服务大厅或行政审批局（处）。自治区政务服务大厅于 2019 年 12 月正式启动运行，共进驻厅局级单位 27 家，可办理各类行政审批和公共服务事项 660 项，其中即时办件 61 项。开设新疆维吾尔自治区投资项目在线审批监管平台，将在新疆投资建设的项目，从提出申请到开工建设所涉及的主要审批事项和部门全部纳入一个平台，实行网上联合审批运行模式，实现全自治区投资项目审批"一网告知、一网受理、一网办结、一

---

① 《新疆维吾尔自治区 2021 年法治政府建设工作报告》，新疆维吾尔自治区人民政府网，2022 年 3 月 30 日，http：//www.xinjiang.gov.cn/xinjiang/xjzfgzbg/202203/3fcf1f2cc1ee4905a74d44f 8365eaf15.shtml。

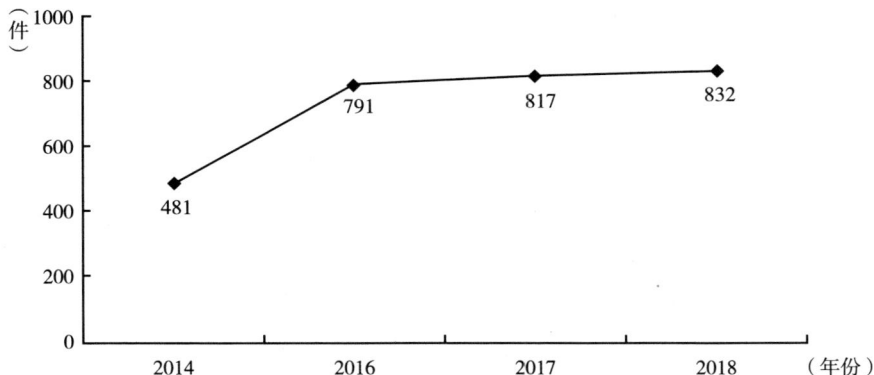

图 2　2014~2018 年自治区人民政府取消、调整、清理下放行政审批事项情况

资料来源：作者根据新疆维吾尔自治区人民政府网资料整理所得。

网公开、一网监管"全程阳光可预期的目标。①

不断完善权责清单管理制度。2021 年 11 月 1 日起施行的《新疆维吾尔自治区促进政务服务便利化条例》规定政务服务事项实行清单管理。自治区严格落实"全国一张清单"管理模式，印发的《市场准入负面清单（2022 年版）》列有禁止准入事项 6 项，许可准入事项 111 项，共计 117 项，相比《市场准入负面清单（2020 年版）》减少 6 项，② 市场准入限制持续放宽，有利于更多资本进入新疆。

深化"最多跑一趟"改革。完成 100 项"证照分离"改革任务。落实"多证合一"，实现"二十六证合一"，实现"一门一次一网"办证，一般企业开办时间压缩至 4 个工作日内，登记注册时间压缩至 2 个工作日内，新设企业网上登记率超 45%，投资兴业的"脚底成本""时间成本"大幅减少。③ 在

---

① 《新疆维吾尔自治区投资项目联合审批办事大厅简介》，新疆政务服务网，http://www.xjtzxm.gov.cn/indexlink/dtjjeq.jspx，最后访问日期：2023 年 9 月 29 日。

② 《新疆全面实施市场准入负面清单制度推动 6+111 项"非禁即入"普遍落实》，新疆维吾尔自治区人民政府网，2022 年 6 月 6 日，http://www.xinjiang.gov.cn/xinjiang/bmdt/202206/a76e60938f3f417682e44961787756bb.shtml。

③ 《2021 年新疆维吾尔自治区人民政府工作报告》，新疆维吾尔自治区人民政府网，2022 年 3 月 30 日，http://www.xinjiang.gov.cn/xinjiang/xjzfgzbg/202203/3fcf1f2cc1ee4905a74d44f8365eaf15.shtml。

户籍迁移、医保结算、公积金业务、养老保险转移接续等一批关系老百姓切身利益的政务服务事项办理中实现"一网通办""跨省通办",极大地方便了各族群众。实现了一般行政许可事项当场办结、其他审批事项一站式审批、群众只跑一次的政务服务。

在其他便民服务方面推进政务服务事项集成改革,对关联性强、办事频率高的多个政务事项进行集成整合,优化业务办理流程。印发《自治区关于加快推进政务服务"跨省通办"工作方案的通知》,附加140项高频"跨省通办事项"清单,在新疆政务网建设"跨省通办"专区,统一业务规则和标准,落实异地"代办代收"等。开展"减证便民"行动,收集整理自治区各厅(局)和各地(州、市)全面推行证明事项情况,制定《司法行政系统开展证明事项告知承诺制工作实施方案》。

3. 释放市场活力成效显著

从我国简政放权实践看,地方政府不但是改革的直接获益者,也是在改革过程中破解体制弊端,引领制度创新的关键力量。[①] 新疆各级人民政府及各部门从"简政放权"入手,推动"放管结合"和"优化服务",用政府的"减法"换取市场活力的"乘法"。"放管服"已成为新疆转变政府职能的主要抓手,在促进有效市场和有为政府更好结合方面发挥了重要的、积极的作用(见图3)。

"简政放权"释放市场活力的实际效果即为基础经济数据、社会消费品零售总额、城镇居民人均可支配收入、农村居民人均可支配收入四项数值的持续地、较为稳定地增长(见图4)。尤其是政府转变职能,对"三农"减负具有正向影响,为巩固扩展脱贫攻坚战与乡村振兴有效衔接,走向共同富裕奠定了坚实的法治基础,创建了良好经济环境。新疆营商环境得到明显改善。[②]

---

① 杨凡:《地方政府深化简政放权改革的困境与突破—基于行政生态学视角的分析》,《陕西行政学院学报》2019 年第 5 期,第 23 页。

② 杨凡:《地方政府深化简政放权改革的困境与突破—基于行政生态学视角的分析》,《陕西行政学院学报》2019 年第 5 期,第 23 页。

自治区人民政府"简政放权"
优化营商环境的举措与成效

2018年

重点举措

实施优化提升营商环境十大行动

优化国有企业布局和结构

推进国资国企改革

支持民营经济发展

成效

区本级监管企业公司制改制
率达91.6%

稳步推进棉花目标价格改革
和小麦收储制度改革

落实援疆资金159.62亿元，引进
经济合作项目资金2560.45亿元

2019年

重点举措

推进"放管服"改革，推进94
项政务改革

落实优化提升营商环境十大行动方
案，推行"二十六证合一"

成效

企业开办、施工许可、获得电力、
产权登记、工业产品生产许可证等
办理时间明显压缩

清理政府部门、国有企业拖欠民营
企业账款183.3亿元

19个援疆省市投入援疆财政类资金
188.19亿元，实施援疆项目1935个，
援疆资金投入民生领域和县及县以
下基层的比例达到80%以上，援疆
省市820个乡镇（村）与受援地774
个乡镇（村）建立了结对帮扶机制，
对口援疆综合效益不断提高

2020年

重点举措

实行清单之外无审批制度

推动"多审合一、多证合一、多
规合一""证照分离"改革，持
续压缩企业开办时间

成效

累计下放审批权限27项，取消
审批事项217件

推进"双随机、一公开"监
管全覆盖

2021年

重点举措

深化行政审批、"证照分离"等改革

编制《自治区涉企经营许可事项改革
清单（2021版）》

成效

推动实施496项涉企经营许可事项全覆
盖清单管理

工程建设项目平均审批用时由2020年
的120个工作日压缩到85个工作日以内

取消和免征6项自治区行政事业性
收费项目

落实失业保险和工伤保险降费政策

落实区外招商引资项目5134个，引进
区外到位资金5429.9亿元，增长35.7%

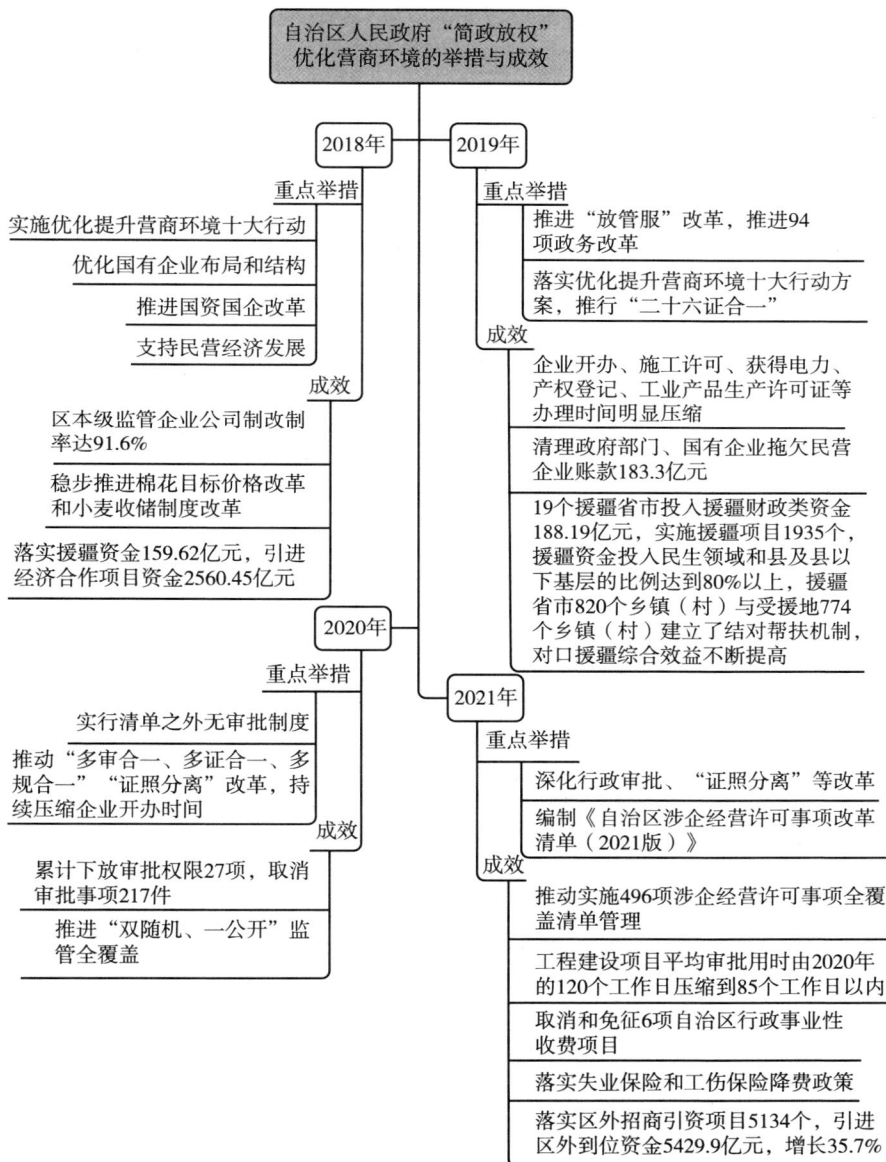

图3 2018~2021年自治区政府"简政放权"优化营商环境的重点举措与成效

资料来源：作者根据新疆维吾尔自治区人民政府网资料整理所得。

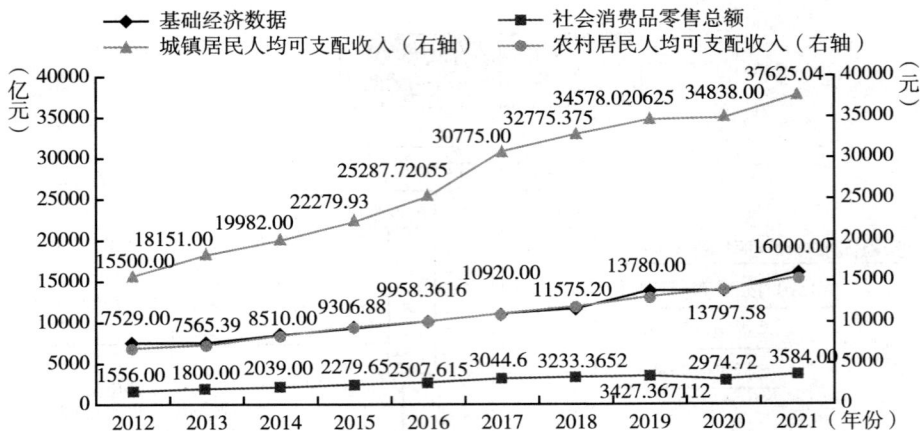

图4 2012~2021年新疆维吾尔自治区社会持续向稳发展

资料来源：新疆维吾尔自治区2012~2021年政府工作报告。

（三）行政决策制度机制不断健全，确保行政决策规范化

"行政决策是行政过程的起点，'无决策，即无行政'，决策也是为行政执行和行政监督提供依据。"① 行政决策科学、民主、合法，是法治政府建设的衡量标准之一。自治区将行政决策制度机制建设的着力点放在了以下两个方面，并在不断健全制度机制的过程中持续完善依法行政制度体系。

1. 健全依法决策制度保障

自治区于2022年2月1日起实施《新疆维吾尔自治区行政规范性文件管理办法》，全面加强行政规范性文件的制定、监督、管理，全面推行行政规范性文件合法性审核机制。2022年4月1日起施行的《新疆维吾尔自治区重大行政决策程序规定》完善重大行政决策程序，为科学民主依法决策提供了立法保障。自治区公安厅为严格落实重大行政决策程序，完善议事决策机制，制定并修订完善《自治区公安厅"三重一大"决策工作规范》《自治区公安厅重大决策合法性审查工作规范》《公安厅党委在执法工作中发挥领导作用规

① 本书编写组编著《党的十九届四中全会〈决定〉学习辅导百问》，党建读物出版社、学习出版社，2019，第256页。

定》等制度，进一步规范决策行为和决策机制。[①]

2.提高行政决策质量

提高行政决策质量包括增强公众参与实效、提高专家论证风险评估质量和加强合法性审查等。重大行政决策事项广泛听取民意，提高文化教育、医疗卫生、资源开发、环境保护、公用事业等重大民生决策事项公众参与度。如自治区民政厅对民政规划、最低生活保障审核确认实施办法、养老机构管理实施细则等切实履行重大行政决策法定程序，做出重大行政决策前，坚持深入调查研究，坚持集体讨论，加强与相关部门的沟通协商，通过网上征求、座谈讨论等方式扩大群众有序参与。[②] 落实重大决策社会稳定风险评估机制等必须提高专家论证风险评估质量。如自治区商务厅贯彻落实《公平竞争审查制度实施细则》，坚持"谁起草谁审查"原则，为防止商务领域出台妨碍统一市场和公平竞争的政策措施，切实推动公平竞争审查治理体系和治理能力现代化，建立以厅法规处为主体，吸收常年法律顾问的重大行政决策合法合规性审查队伍，通过合法性审查、案例分析、庭审解析等，高效落实法律顾问机制，有效提高依法行政决策能力。[③] 此外，优化审批流程，压缩审批时间和成本，也是进一步提高行政决策效能的重要措施。2022年自治区发改委从优化审批流程、政策和服务三个方面，提出10条具体工作举措，提高审批服务效率，支持重大项目建设。

（四）严格规范公正文明执法，行政执法水平不断提高

1.不断加强合法性审查管理，从源头规范行政权力行使

自治区政府加强行政规范性文件制定监督管理，全面推行行政规范性文

---

① 《中央第五生态环境保护督察组向新疆维吾尔自治区和新疆生产建设兵团反馈督察情况》，腾讯视频，2022年6月1日，https://V.qq.com/x/page/t3341s4ebkk.html。

② 《自治区民政厅政府信息公开工作年度报告》，新疆维吾尔自治区民政厅官网，2022年2月9日，http://mzt.xinjiang.gov.cn/xjmzt/c113052/202202/1f0772656c/e4fodbb7ec72aa5372644.shtml。

③ 《自治区商务厅2021年度政府信息公开工作年度报告》，新疆维吾尔自治区商务厅官网，2022年2月16日，http://swt.xinjiang.gov.cn/swt/ndbggk/202202/5b65a/60ca/d4d6d9cba41f5441010bd.shtml。

件合法性审核机制，着力推动应审尽审、有审必严、有错必纠。"十三五"期间，累计提请自治区人大常委会审议地方性法规草案 33 件，颁布地方政府规章 16 件，废止和修改政府规章 46 部，废止行政规范性文件 1635 件。[①] 2021 年，自治区司法厅共审查完成 6 部地方性法规和 9 部政府规章。对 64 件行政规范性文件进行合法性审核；对 164 件行政规范性文件进行备案审查，其中备案登记 161 件，不予备案 3 件。开展 4 轮次地方性法规、政府规章和行政规范性文件清理。全区备案审查行政规范性文件 417 件，废止 659 件。[②] 2022 年，自治区司法行政部门对行政规范性文件合法性审核 47 件，备案审查 153 件。[③]

2. 推进综合行政执法体制改革

通过一系列改革配套制度的建设性工作，统筹配置行政执法职能和执法资源，减少执法队伍的种类，减少执法层级，下沉执法力量，建立健全统一指挥、跨区协作、部门配合、整体联动的综合执法工作机制（见图5）。

3. 践行执法为民宗旨，彰显执法温度和力度

全面落实《新疆维吾尔自治区规范行政裁量权办法》，推行行政裁量基准制度。全面推行行政执法公示、执法全过程记录、重大执法决定法制审核三项制度，在加强行政规范性文件制定监督管理的过程中进一步提高依法行政的能力和水平。

"十三五"期间市场监管机构改革全面推进，市场监管工作体制机制和监管方式得到进一步完善和改进，新疆"大市场"监管格局基本建立。2021 年，自治区人民政府加大关系人民群众切身利益重点领域和治理难点的执法力度。突出表现在，在食品药品、公共卫生、自然资源、生态环境、种子农药、交通运输等关系群众切身利益的重点领域，扎实开展各类行政执

---

① 《新疆维吾尔自治区政府工作报告（2021 年 2 月 1 日 雪克来提·扎克尔）》，网易新闻网，2021 年 2 月 2 日，https：//www. 163. com/dy/article/G3CI5EII0519QIKK. html。

② 《自治区司法厅 2021 年法治政府建设年度报告》，法治新疆网，2022 年 2 月 24 日，http：//sft. xinjiang. gov. cn/xjsft/index. shtml。

③ 《新疆维吾尔自治区 2022 年法治政府建设情况报告》，新疆维吾尔自治区人民政府网，2023 年 3 月 29 日，http：//www. xinjiang. gov. cn/xinjiang/xjzfgzbg/202303/e179c7ce84b142e9a1be8fcbb920f45e. shtml。

深入推进综合行政执法体制改革，持续推动改革配套制度建设

配套制度层面 ──印发── 深化市场监管 / 生态环境保护 / 文化市场 / 交通运输 / 农业 ── 综合行政执法改革实施意见

整合执法资源层面 ──融合组建── 自治区市场监管 / 文化市场综合执法队伍

减少执法队伍种类层面 ──统筹推进── 生态环境保护综合行政执法改革 / 省以下生态环境机构监测监察执法垂直管理制度改革

目标 ── 统筹配置行政执法职能和执法资源 / 减少执法队伍的种类 / 减少执法层级 / 下沉执法力量

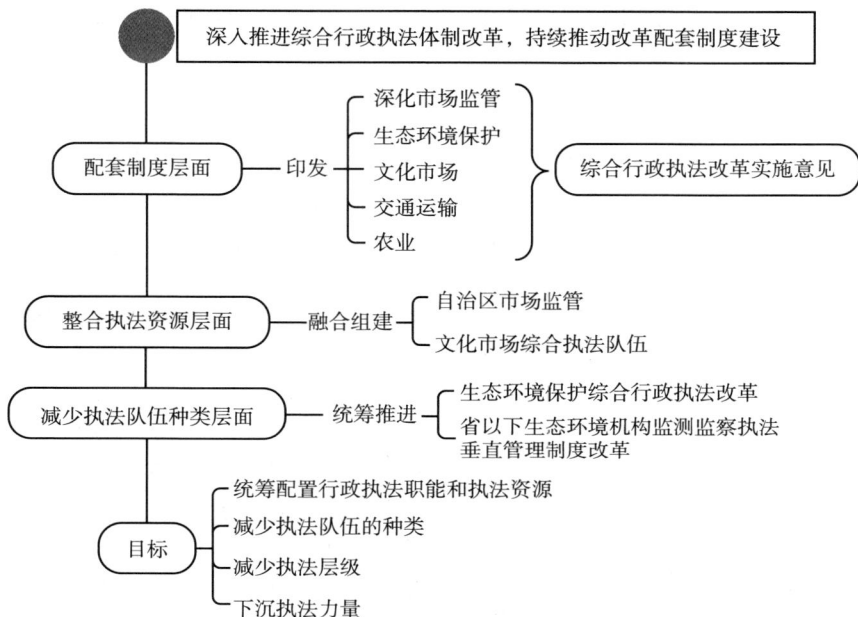

图 5　自治区推进综合行政执法体制改革措施-目标一览图

资料来源：作者根据新疆维吾尔自治区人民政府网资料整理所得。

法专项整治重点行动，查处违法案件 23020 起，涉案金额 6.96 亿元。[1] 凸显加大执法力度、践行执法为民的决心。自治区公安厅深入开展"我为群众办实事"实践活动，紧盯群众反映强烈的"急难愁盼"问题，制定并完成"10+10+N"[2] 工作措施 38 项，推出项目清单 59 项，在户政、交通管理、证

[1] 《新疆维吾尔自治区 2021 年法治政府建设工作报告》，新疆维吾尔自治区人民政府网，2022 年 3 月 30 日，http://www.xinjiang.gov.cn/xinjiang/xjzfgzbg/202203/3fcf1f2cc1ee4905a74d44f8365eaf15.shtml。

[2] "10+10+N" 即 "10+10+N" 工作方案。第一个 10 系指抓好为民办实事的十个惠民项目，涉及社保、健康、教育、水利、安居、农补、生态、文化、扶贫和科技十大领域。第二个 10 系指开展为民办实事的十项重点任务，涉及我是群众"领头雁"，我是群众"服务员"，我是群众"贴心人"，我与群众"面对面"，我与群众"先锋行"，我与群众"展风采"，我为群众"谋发展"，我为群众"圆心愿"，我为群众"送温暖"，我为群众"上党课"。N 即指相关职能部门围绕"我为群众办实事"这一主题开展的一系列专项活动。

照管理服务、出入境、助力乡村振兴等方面，推动各项便民利民措施的落实（见图6）。①

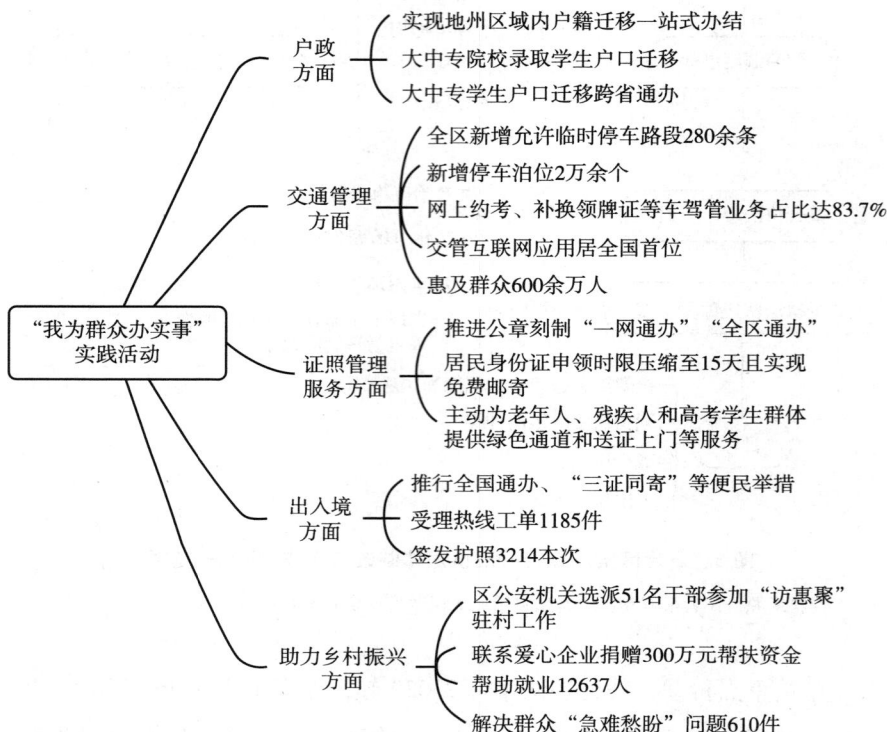

图6结构：

"我为群众办实事"实践活动

- 户政方面
  - 实现地州区域内户籍迁移一站式办结
  - 大中专院校录取学生户口迁移
  - 大中专学生户口迁移跨省通办
- 交通管理方面
  - 全区新增允许临时停车路段280余条
  - 新增停车泊位2万余个
  - 网上约考、补换领牌证等车驾管业务占比达83.7%
  - 交管互联网应用居全国首位
  - 惠及群众600余万人
- 证照管理服务方面
  - 推进公章刻制"一网通办""全区通办"
  - 居民身份证申领时限压缩至15天且实现免费邮寄
  - 主动为老年人、残疾人和高考学生群体提供绿色通道和送证上门等服务
- 出入境方面
  - 推行全国通办、"三证同寄"等便民举措
  - 受理热线工单1185件
  - 签发护照3214本次
- 助力乡村振兴方面
  - 区公安机关选派51名干部参加"访惠聚"驻村工作
  - 联系爱心企业捐赠300万元帮扶资金
  - 帮助就业12637人
  - 解决群众"急难愁盼"问题610件

图6 2021年自治区公安厅开展"我为群众办实事"实践活动成效

资料来源：新疆维吾尔自治区公安厅2021年法治政府建设工作情况报告。

4. 化解社会矛盾纠纷能力的增强

在深化平安建设、促进社会和谐稳定方面，自治区各行政职能部门齐头并进，聚焦总目标，在依法化解社会矛盾领域均有建树（见图7）。

---

① 《新疆维吾尔自治区公安厅2021年度政府信息公开工作报告》，新疆维吾尔自治区公安厅官网，2022年1月29日，http://www.xjgat.gov.cn/Home/Index/zfcontent/id/2224734/tid/2.html；《2021年，新疆公安民警这样走过》，兵团在线，2021年1月10日，http://www.btzx.com.cn/web/2022/1/10/ARTI1641802666022923.html。

自治区主要厅级单位2021年化解
社会矛盾纠纷工作情况

自治区公安厅

工作重点

发挥"枫桥式公安派出所"
化解矛盾纠纷示范效应

完善排查、调处、流转、通
报、反馈、跟踪、责任倒查
等矛盾纠纷化解工作机制

工作成效

全区新授牌30个自治区级"枫
桥式公安派出所"

全区公安机关共排查化解纠纷
12万余起

自治区民政厅

工作重点

重视行政复议、行政调解和
人民调解工作

依法执行信访工作制度，探
索群众合理诉求"最多访
一次"机制

工作成效

全年无行政复议和应诉案件
发生

厅本级接待困难群众信访诉求
382批次、932人次

解决临时困难救助资金7.06万
元，办结满意率达100%

自治区应急管理厅

工作重点

做好信访工作，做好信息
公开工作

工作成效

2021年应急管理厅共接收各类
信访事项45件（人）次，受理
32件次

2021年应急管理厅网站公开信
息800余条，其中行政处罚信
息7条、行政许可信息147条，
13件法规规章标准规范性文件
公开征集意见建议10次

自治区应急管理厅未收到行政
复议申请，未被申请行政复议，
未被提请行政诉讼

自治区农业农村厅

工作重点

促进平安乡村建设

开展农村公共法律服务

优化乡村基层治理水平

具体做法

坚持开展"送法上门"和
"田间讲法"等活动
建立健全涉农投诉举报-
通报制度，建立健全涉农
矛盾纠纷统一管理服务平
台，依法分类处理信访投
诉请求，努力将矛盾化解
在基层

全面推行清单制、积分制，开
展乡村治理试点示范创建，加
快构建党组织领导的"三治融
合"的乡村治理体系，形成"共
建共治共享"的社会治理新格局

工作成效

2021年全区21个乡村列为第二
批全国乡村治理示范乡村

自治区自然资源厅

工作重点

健全社会矛盾纠纷行政预防调处
化解机制，健全依法化解纠纷机
制，维护社会公平正义

工作成效

2021年以来，受理行政应诉案
件21件，结案21件；受理行政复
议案件27件，结案27件

针对行政复议、应诉案件逐年
增加的情况，形成《自治区自
然资源厅行政复议、行政应诉
及信访案件情况分析报告》，
编印《自治区自然资源领域行
政复议案件典型案例选编》，
发至各地（州、市）自然资源
局，供学习借鉴

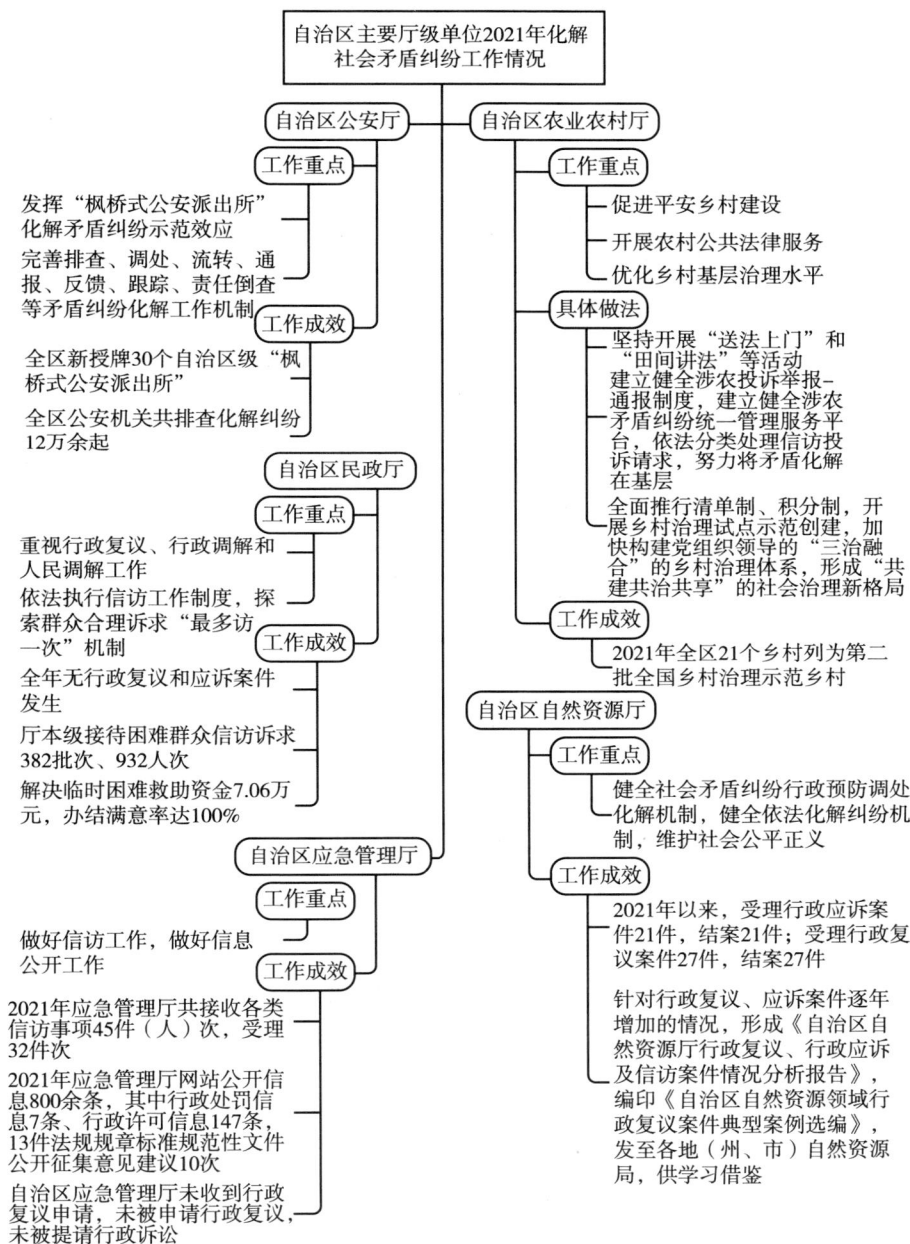

图7　新疆维吾尔自治区主要厅级单位2021年化解社会矛盾纠纷工作重点与成效

资料来源：作者根据新疆维吾尔自治区主要厅级单位官网资料整理所得。

五　法院司法体制改革稳步推进

司法体制改革是中央部署的重大改革任务。党的十八大以来，新疆法院紧紧围绕"努力让人民群众在每一个司法案件中感受到公正"的工作目标，在自治区党委坚强领导、最高人民法院有力指导下，坚定不移推进司法改革，司法体制改革逐步从总体部署向综合配套进阶式转变，以全面落实司法责任制为核心的重大基础型改革基本落地，以专业审判为引领的关键领域体制机制性改革取得明显突破，以人民为中心的司法便民利民改革举措全面推开，以互联网司法改革、民事诉讼繁简分流改革、四级法院审级职能定位改革试点为代表的开拓性、引领性改革快速推进，司法体制改革取得重大成效，审判体系和审判能力现代化水平显著提升。

（一）健全完善人员分类管理改革

1. 全面实施法官员额制

持续优化员额配置，组织常态化员额选任，建立递补工作机制，进一步完善"能进能出"的员额动态管理机制；按照以案定额、全区统筹、倾斜基层、总量控制原则，将法官员额向基层倾斜、向人案矛盾突出的法院倾斜，为案件体量较大的基层法院在预留的中央政法编制内调配增加编制。

2. 落实院庭长办案责任

建立院庭长办案刚性约束机制，统筹考虑院庭长监管职责和员额法官平均办案量，科学合理确定三级法院院庭长最低办案量；依据最高人民法院《关于进一步完善"四类案件"监督管理工作机制的指导意见》，督促院庭长重点办理"四类案件"、发回重审案件；定期对院庭长办案数量、类型、质量等进行网上公示和考核监督，充分发挥院庭长办难案、办好案的示范引领作用。2021年全区法院院庭长办案40.2万件，占结案总数的41.35%。[①]

---

① 新疆维吾尔自治区高级人民法院内部工作资料。

3. 健全完善审判辅助人员管理制度

围绕法官助理职务序列改革和聘用制书记员管理制度改革，完善培训考核、培养选拔机制，打造专业化审判辅助人员队伍，构建分类科学、结构合理、符合司法职业特点的人员分类管理体系。积极协调相关部门，落实法官助理招录放宽政策，与清华大学等十余所高校共建法学生实习实践基地，吸收研修学者、法学院校学生等参与司法辅助工作，多措并举解决边远地区特别是南疆四地州法官助理数量短缺问题。强化聘用制书记员岗位等级管理，进一步完善聘用制书记员招录、管理、考核、经费保障等工作机制，确保书记员队伍结构长期稳定。

4. 健全司法职业保障制度

按照法官职业特点，实行有别于其他公务员、体现法官职业特点的法官单独职务序列管理。改革后，按期晋升实现常态化，择优选升稳步开展，地方法院择优选升一级、二级高级法官 20 人，高院本级开展按期晋升 20 人次，择优选升 6 人，打通了法官的职业发展通道。[①] 依据《法官单独职务序列规定》精神，不断完善与法官单独职务序列相衔接的薪资等职业保障机制，改善法官职业环境。

（二）着力构建新型审判权运行机制

1. 科学优化办案团队

围绕专业化、类型化、职业化要求，结合地区实际和案件特点灵活组建审判团队，加强审判团队精细化管理，明晰法官、法官助理、书记员的职责分工，赋予法官对法官助理的工作分配权、奖惩建议权，强化办案团队作为办案单元和自我管理单元的功能。截至 2022 年 10 月，全区组建劳动争议、建设工程、公司类纠纷等专业审判团队 1100 余个，年度最高办案量达 2560 件。[②]

---

① 新疆维吾尔自治区高级人民法院内部工作资料。
② 新疆维吾尔自治区高级人民法院内部工作资料。

2.完善法律统一适用机制

进一步理顺合议庭、专业法官会议、审判委员会协调衔接机制，落实关联案件和类案检索制度，加强案例指导工作，健全完善法院内部法律适用分歧解决机制，推动形成"类案件检索初步过滤、专业法官会议研究咨询、审判委员会讨论决定"的统一法律适用新模式，最大限度避免类案不同判。全区法院累计组建专业法官会议 500 余个，仅 2021 年累计讨论案件 3000 余件，意见采纳率达 90% 以上；改革后审委会讨论案件数下降近 30%，法官会议过滤机制和统一裁判尺度功能有效发挥。[1]

3.优化绩效考核制度

创新"质效考评+帮助指导"鞭策助推模式，优化党建引领业务的考评体系，出台严格审限管理 21 条措施。合理确定奖励性绩效考核奖金档次标准和人员比例，综合考虑办案数量、办案质效等因素，兼顾组织参与专项工作、审判调研、业务指导等内容，区分人员类别、岗位特点以及案件类型，分级分层制定绩效考核办法。以考核为抓手，全区法院审判质效发生深刻变化。全区法院结案率、结收比、执行"3+1"核心指标位居全国前列，"一审服判息诉率""人均办案量"均高于全国平均水平。[2]

（三）切实加强审判权制约监督体系建设

1.落实审判权责清单制度

根据最高人民法院指导意见，新疆维吾尔自治区高级人民法院（以下简称"新疆高院"）率先修订完善审判权责清单，细化 7 类办案人员 98 项权责范围，并指导各分、中院因地制宜细化权责清单，划定"权力边界"、明确"高压红线"，防止行权错位、缺位、越位。通过构筑规范权力运行的制度轨道，全区已形成了一套相对健全的逐级备案审核机制。

---

① 新疆维吾尔自治区高级人民法院内部工作资料。
② 《新疆高院以考核为抓手全力推动党建与业务深度融合　全区法院呈现"三个深刻变化"》，澎湃新闻网，2021 年 10 月 26 日，https：//www.thepaper.cn/newsDetail_ forward_ 15089896。

2. 健全审判监督管理机制

立足地区案件和队伍实际，按照循序渐进的放权思路，修订完善《新疆维吾尔自治区高级人民法院各庭室会议庭签署案件权力备案清单（试行）》，制发《新疆维吾尔自治区高级人民法院关于强化院庭长监督管理职责的办法》，有效厘清依法监管与不当干预过问案件的界限，以制度化、规范化压实院庭长监管职责，确保有序放权和有效监督高度统一。2021年至2022年5月底，累计4472件"四类案件"通过"人工+智能"双重识别方式高效监管。

3. 完善法官惩戒工作机制

2021年11月，成立了第一届法官惩戒委员会（下设办公室），配套下发委员会章程和工作规则；贯彻法官惩戒工作程序规定，进一步理顺法官惩戒与纪检监察的关系，推动建立惩戒委员会专业审查前置机制，为追究法官违法审判责任提供权威依据，也是为法官依法独立审判提供深层保护。

（四）持续深化诉讼制度改革

1. 深化以审判为中心的刑事诉讼制度改革

认罪认罚从宽制度常态化适用，在确保案件办理提速不降质的前提下，推广速裁程序、简易程序，并及时总结试点经验，以点拓面推动律师辩护全覆盖；修订常见犯罪量刑指导意见实施细则，制定全疆刑事案件基本证据标准，明确69类106种常见刑事案件证据标准，全方位助力刑事审判效能提升，有效防范冤假错案。2021年，排除非法证据26案，宣告16人无罪，准予检察机关撤回起诉56件，对4172名被告人判处缓刑、管制或免予刑事处罚，认罪认罚从宽制度适用率达78.38%。[①]

2. 大力推进民事诉讼繁简分流改革

新疆高院按年度对小额诉讼标的额进行动态调整，并进一步调整基层法院诉讼服务中心人员配置，增设分流员和速裁团队，初步形成"智

[①] 新疆维吾尔自治区高级人民法院内部工作资料。

能识别为主、人工分流为辅"的繁简分流规则和工作机制；新修订民事诉讼法实施后，主动学习借鉴试点法院在案件繁简识别、司法资源配置、诉讼平台建设等方面的成熟做法，指导全疆各级法院及时完善工作流程，科学配置资源，优化司法力量，健全配套机制，有效应对修法带来的影响变化，推动建立更加科学合理的递进式分层过滤纠纷解决体系。2022年以来，累计适用小额诉讼程序11972件、二审独任审理333件、电子送达19.76万件（次），简易程序适用率达43.2%，实现了审判效率的有效提升。①

3. 深入实施审级职能定位改革试点

制定下发全疆法院审级职能定位改革实施方案，聚焦完善案件提级管辖机制和改革再审程序两项重点，细化责任分工、明确时间节点，完善再审申请资料和报请提审材料的流转机制，并立足案件下移的实际，及时对高院民口、审监口审理案件类型进行调整，确保人员的合理、均衡配置。

（五）全面推进便民诉讼服务体系建设

1. 加快推动诉讼服务中心转型升级

按照规范化标准，全面建成"厅网线巡"为一体的多功能诉讼服务中心，网上立案、跨域立案实现100%，近90%的法院诉讼服务中心实现送达、保全、委托鉴定事项集约办理。2020年，昌吉州中级人民法院、伽师县人民法院被最高人民法院表彰为"全国法院'一站式'多元解纷和诉讼服务体系建设先进单位"。

2. 加大诉源治理工作力度

把非诉讼纠纷解决机制挺在前面，推动更多资源力量向引导和疏导端用力，形成以165个中心法庭辐射带动99个巡回法庭、1200个法官工作点和便民服务站四位一体的多元解纷服务网，与基层组织纠纷联调、问题联治，推动近五成的矛盾吸附在当地、化解在前端；积极整合资源，先后与区市场

---

① 新疆维吾尔自治区高级人民法院内部工作资料。

监管局、中国人民银行、工商业联合会等 8 家单位建立在线诉调对接机制，推动成立调解室 1756 个，引进调解组织 2366 个，吸纳特邀调解员 4857 人，2021 年，累计调解成功 40.5 万件，占全部民事纠纷的 47.88%。①

3. 持续巩固立案登记制成果

为实现"有案必立，有诉必理"，多措保障当事人诉权，积极构建以当场登记立案为主，网上立案、自助立案、跨域立案等为支撑的全覆盖、立体式、多元化的立案新格局。同时，对全疆法院立案工作开展检查和督导，坚决制止另设条件限制立案的做法，防止立案难问题反弹回潮。2021 年，全区法院网上立案 39 万件、跨域立案 2177 件、12368 热线接电 4.3 万余通、电子送达 78.84 万次。其中，行政诉讼案件立案 3513 件，较 2020 年同期上升 41%，受案数创近五年新高。②

（六）大力建设智慧法院

1. 聚焦信息基础建设

健全人民法院在线服务、调解、电子送达、网上保全、律师服务、道交一体化、12368 热线等应用平台，实现移动办公办案、远程执行指挥、12368 诉讼服务热线等 20 多个系统全覆盖；推动建立了系统对接和数据共享机制，2020 年 6 月 1 日起"公检法司法安案事件协同平台"上线政法大数据协同办案平台、减刑假释业务协同平台，实现全疆法院案件信息实时推送至区党委政法委大数据平台，截至 2021 年底，累计协同办理案（事）件 2 万余件。③

2. "云端法庭"在全区法院普遍推广

依托人民法院调解平台、人民法院在线服务、电子送达等现代化诉讼服

---

① 新疆维吾尔自治区高级人民法院内部工作资料。
② 《诉前调解成功案件近 10 万件　新疆法院努力让司法更有力量更有温度》，中国长安网，2022 年 10 月 12 日，https：//www.chinapeace.gov.cn/chinapeace/c100067/2022－10/12/content_ 12678277.shtml。
③ 《网上立案、手机庭审，给案款办"身份证"？看新疆法院如何"智慧武装"》，中国长安网，2002 年 5 月 20 日，https：//www.chinapeace.gov.cn/chinapeace/c100067/2022－05/20/content_ 12628260.shtml。

务体系应用，拓宽网上诉讼参与度，实现了网上开庭、举证、在线签名、全程录音录像等无接触办理。2021 年，累计云间庭审 1.7 万场次，在线调解 46.58 万件。[①]

3. 促进审判智能化

依托各类智能化平台，将法信、法智罗盘、智审等嵌入信息化审判，提供电子卷宗同步生成、类案推送、文书纠错等智能服务；搭建绩效管理平台，全面启用类案检索、态势分析、智图统计等应用，实现 100 多项管理指标实时更新、数据随时抓取、报表自动生成，有力提升办案质效。2021 年 10 月，开发使用了"多语种智能互译语音云平台"，使多语种语言案件审理时间缩减了 50%。[②] 全区有 237 个科技法庭应用率达 100%。[③]

（七）稳妥实施自治区以下地方法院人财物统管改革

报请自治区党委全面深化改革委员会审议下发《关于自治区以下地方法院、检察院人财物统一管理改革方案》，确立"分步实施"的改革思路，并纳入自治区党委改革办和全面依法治疆委员会办公室年度工作要点，确保改革高位推动、高标准落实、高质量完成。财物资产统管方面，制定下发了《自治区以下地方法院财物统一管理改革细化方案》，并联合财政等部门开展经费、资产上划和非税收入级次调整等工作，初步实现了县（市、区）级法院财物资产由地（州、市）级财政部门统管的阶段性目标。编制人员统管方面，主动对接区党委组织部，协调解决编制统一管理过程中的难点问题，2021 年，配合地方党委组织部，协管考察中院班子副职 4 名。[④]

[①] 新疆维吾尔自治区高级人民法院内部工作资料。
[②] 新疆维吾尔自治区高级人民法院内部工作资料。
[③] 新疆维吾尔自治区高级人民法院内部工作资料。
[④] 新疆维吾尔自治区高级人民法院内部工作资料。

（八）健全服务高质量发展法治保障机制

1. 服务保障优化营商环境

自觉融入自治区党委重点工作，首创制发系统集成的服务保障经济高质量发展"1+N"制度体系，九项86条"硬核"措施协同发力，聚焦精准服务，拓展广度深度；推动搭建霍尔果斯"中哈联合纠纷化解平台"，与新疆大学共建"丝绸之路经济带"沿线国家法律查明研究中心，创建中欧班列、国际铁路运输案件专业化审判机制，高效助力"一港、两区、五大中心"和"口岸经济带"建设。

2. 服务保障产业结构升级

先后出台《新疆维吾尔自治区高级人民法院关于加快破产案件审理工作指南》《新疆维吾尔自治区高级人民法院关于执行案件移送破产审查衔接工作指南（试行）》《新疆维吾尔自治区高级人民法院企业破产案件管理人管理办法》等8个规范性文件，夯实产权保护制度基础；推进执转破和"僵尸企业"出清工作，健全涉产权冤错案件有效防范和常态化纠错机制，支持企业家专心创业、放心投资、安心经营。

3. 服务保障创新驱动

加强知识产权审判专业化建设，率先在高院和乌鲁木齐中院开展知识产权"三合一"审判试点工作，设立了乌鲁木齐知识产权法庭，集中管辖、受理全区第一审知识产权民事、行政案件；制定知识产权犯罪量刑指南和侵权损害赔偿数额确定指南，严格适用惩罚性赔偿制度，审结涉阿迪达斯、国窖、伊利等一批社会影响较大的知识产权案，在保护创新、激励创业方面发挥了积极作用。

4. 服务保障大美新疆建设

持续深化环境资源审判改革创新，会同区财政厅、区自然资源厅等11家单位制发《新疆维吾尔自治区生态环境损害赔偿资金管理实施细则（试行）》，落实最严格的生态环境保护制度；调整铁路运输两级法院受案范围，跨行政区管辖全区涉环境资源刑事、民事、行政案件，配套出台"环境资源案件巡回审判工作意见""建立涉环境资源民事纠纷中立评估机制的意见""环境资源诉讼案件执行回访制度"等规范性文件，着力提升全区环境资源类刑事案件审理水平。2021年1月法院案件管辖范围调整以来，共受理涉环境资源刑事案件190件、民事案件4237件、行政案件70件。[①]

六 法治赋能基层社会治理创新

习近平总书记在第二次中央新疆工作座谈会上指出，要把抓基层、打基础作为稳疆安疆的长远之计和固本之举。新疆的基层社会治理不仅关系到国家宏观政策目标在新疆的落地实现、影响着国家治理的整体水平，而且直接决定着实现新疆工作总目标的整体效果。新疆各地各部门运用法治思维和法治方式推进社会治理现代化，努力探索符合边疆民族地区特色、具有新疆特征的社会治理模式，社会治理体系不断完善，社会治理载体不断创新，社会治理根基不断夯实。[②]

（一）健全完善城乡基层治理体系

1. 完善构建多元共治新格局

新疆以加强基层社会治理为抓手，探索完善构建政治、法治、德治、自治、智治"五治融合"的基层治理体系，推动社会治理主体由一元向多元转变，推进形成共建共治共享基层治理新格局。作为全国市域社会治理现代化工作第一批试点城市和新疆唯一一个"全国法治政府建设示范市"，克拉玛依市把城市运行指挥中心建设与社会治理智能化综合平台建设有机结合，打造出具有克拉玛依特色的市域社会治理体系。乌鲁木齐市累计投入3.44

---

① 《喜迎二十大·新疆法院十年答卷 ｜ 新疆法院以法为刃全力守护绿水青山》，克拉玛依市白碱滩区人民法院微信号，2022年10月13日，https：//mp. weixin. qq. com/s？__biz=MzI3MDQwMjIyOQ= =&mid = 2247493723&idx = 3&sn = 546b3b43e6a0925da1c10015eb1d6796&chksm = ead33f81dda4b697b929ee5cf8eda121e3a003c95ca89d4d022d87fb4fdd04fa9dbdf47515a4&scene=27。

② 《新疆市域社会治理现代化试点工作推进会召开》，人民政协网，2022年4月12日，http：//www. rmzxb. com. cn/c/2022-04-12/3093282. shtml。

亿元推进"综治中心+网格化+信息化"建设，推动"一网统筹"、深化"多网合一"，打造"全周期网格"综合试点，构建全域覆盖、全时可用、全程可控的社会综合治理网，形成以综治中心为枢纽、以综合网格为单元、以信息化为支撑的基层治理工作体系。伊犁州构建"县市-街道-社区-网格-党员（联户）"五级联动体系，形成上下共同发力、整体推进的治理体系。其中，霍城县朝南社区以治理机制健全、公共服务资源下沉为治理方向，成为基层治理服务精准化的样本。形成"访惠聚"工作组（队）、村（社区）"两委"①、警务室"三位一体"工作格局，实现了单一的管理方式向多元交互的治理方式的转变，受到了习近平总书记的充分肯定。

2. "访惠聚"工作推进基层法治化

自2014年以来，"访惠聚"驻村工作队带着重要工作任务和目标覆盖了全疆的重点村和社区，这是党的村民路线的边疆版本，其实践行为关照并推动了新疆基层法治建设。② "访惠聚"驻村工作队身处乡村法治一线，具备面对面开展基层宣传教育工作的条件，使基层法治宣教工作逐步走向了常态化、制度化，有效推动了各族村民法律素质的提升，为"送法下乡"添加了浓墨重彩的一笔。促进了基层组织的法治化运转。各级工作队主导或协助创建《村民议事大会规则》《村民自治章程》等规范文件，与村委会建立民主协商、联席会议等制度，引导和帮助"两委"建立责任清单，规范工作程序，推进村务公开，为重大决策、重要事项提供法律意见，落实各项绩效考核制度，逐步提高村干部的法治意识，对培养"两委"办事依法、解决问题靠法制的治理能力发挥了积极作用。各级工作组也是基层矛盾排查调处的主力。工作组建立研判机制、排查和化解机制，梳理排查矛盾纠纷，尤其是政法系统的工作组利用专业优势多元化解工作难题，对涉及群众利益的社保、"三农"、交通事故等各类纠纷，做到了及时发现和及时化解。

---

① "两委"即村党支部委员会和村民委员会。

② 郭蓓：《"访惠聚"活动推进南疆乡村法治化研究》，《新疆警察学院学报》2017年第3期，第41~46页。

3. 社会主体参与治理释放能量

只有动员和组织起来的群众，才是基层治理的最大资源，才能有效应对各项任务。群团组织和社会组织是基层治理的重要力量，在共建共治共享的理念下，要统筹基层党组织和群团组织资源。以工会组织为例，近年来，新疆工会把工作的重点放在基层，健全完善乡镇（街道）、社区、企业"小三级"工会组织网络。全区百人以上企业工会组建率动态保持在95%以上。①构建服务职工工作体系，健全企事业单位民主管理制度，推动全区公有制企业厂务公开建制率98%、职代会建制率96%。② 通过开展"提升职工生活质量"行动、劳动技能竞赛、"双争"等活动，创建"职工之家"品牌，在活跃职工群众文体生活、保证身心健康等方面进行探索。通过开展集体协商和进行职代会民主管理等方式，积极维护职工合法权益。推进工会女职工组织建设，截至2019年底，南疆4地州规模以上纺织服装企业已全部建立工会组织和女职工组织，在维护女职工权益以及劳资关系和谐方面提供了支持，激发了基层职工群众自我治理的活力。

4. 建章立制规范基层事务

基层"两委"班子在开展依法治理、创建"民主法治示范村"的实践中，以"四议两公开"③ 为基础，推进基层综合治理不断完善。一是建立和健全以村民委员会会议、村民代表会议为主要形式的民主管理制度。村里的大事，尤其是与村民切身利益密切相关的事项，按照"一事一议""四议两公开"制度，提交村民委员会会议或村民代表会议讨论，参考多数人的意见做出决定。二是建立健全以公约合同，包括《维护祖国统一、民族团结

---

① 《「奋斗百年路　启航新征程　工会工作巡礼」在推动新疆繁荣发展中凸显"工"力量》，工人日报网百家号，2021年6月17日，https：//baijiahao.baidu.com/s？id＝1702774366083344485&wfr＝spider&for＝pc。

② 《新疆工会：打出提升职工生活质量"组合拳"》，搜狐网，2022年9月4日，https：//gov.sohu.com/a/582315106_257321。

③ "四议两公开"，又称"4+2"工作法，是指村党组织领导下对村级事务进行民主决策的一套基本工作程序，是基层在实践中探索创造的一个行之有效的工作方法。"四议"是指村党支部会提议、村"两委"会商议、党员大会审议、村民代表会议或村民会议决议；"两公开"是指决议公开、实施结果公开。

公约》、《爱国卫生公约》、生产合同书、经济合同书、社会治安合同书、计划生育和教育目标管理合同书、村规民约等为主要内容的民主管理制度。三是健全和完善民主监督制，落实以党务、干部考核评议、财务公开为主要内容的村务公开。在公开过程中，严格规范程序和标准，为党员、群众参与村务监督管理提供有效载体，创造有利条件，使村干部各项管理行为接受广大群众的监督。

5. 建立基层新型自治公约体系

包括村规民约、居民自治公约等在内的基层自治公约体系是基层各主体达成的治理共识。2014 年 11 月，《中共新疆维吾尔自治区委员会关于全面推进依法治疆建设法治新疆的意见》，明确提出要"发挥市民公约、乡规民约等社会规范在社会治理中的积极作用"。2016 年，自治区印发了《关于推进新型村规民约（社区公约）建设提升基层社会治理能力的意见》，指导各地依法制定和完善新型村规民约、社区公约。新疆已开展了两届优秀村规民约和居民公约评选。和田墨玉县塔木艾格勒村是修改完善村规民约的典范。村干部在前期调研、广泛征求民意的基础上制订形成 45 项条款，按照程序修订，坚持实用可行，新的村规民约既有义务要求，又有与之相符的权利赋予。修订后的村规民约力求简单明了，被编成快板向群众宣传。博湖县针对全县 32 个村（社区）修订完善的村规民约、居民公约开展书面合法性审查工作①，保证了村规民约、居民公约制订工作的规范性、合法性和制订程序的民主性。

通过制订、学习、宣传基层自治公约和严格兑现遵规守约承诺书等，明确了社会治理主体的权利、义务和责任，是村居民探索自治的重要实践。共同参与和民主协商程序蕴含了法治精神，强化了村居民的自我约束以及规则意识，自治强基不断稳固。同时，在基层自治公约的普遍性规制下，借助道德共识和舆论压力，达到了德治的治理效果，民间纠纷、治安案件、刑事案件和非法宗教活动等基层管理的热点难点得到有效治理。

---

① 郭城：《博湖开展村规民约居民公约修订完善"回头看"》，《巴音郭楞日报》（汉）2022年 4 月 8 日，第 5 版。

（二）深化和完善多元纠纷化解机制

多元纠纷化解机制因其在预防和解决纠纷、构筑和谐稳定社会方面推崇共治，具有消除对立等独特功能，成为社会转型时期各阶层沟通对话的制度性渠道和司法改革的目标之一。自 2010 年起，新疆把构建"大调解"工作体系纳入领导责任制和目标管理责任制管理，逐步建立起覆盖全疆各层级的社会矛盾预防化解领导小组和"大调解"工作平台，并已从法院系统主导的多元纠纷解决机制制度体系的组成部分上升为社会现代治理体系的组成部分，形成了一系列机制、措施，在新疆预防和化解纠纷、拓宽救济途径和促进基层多元主体协同共治方面发挥着重要的作用。

1. 建章立制，进行程式化建设

新疆出台了多项规范性文件，使得多元纠纷解决机制在自治区与地州、各政府机关之间以及政府机关内部建立起推行、管理和监督的层阶制度，并产生了一定的约束力。在自治区层面主要有《全区构建"大调解"工作体系实施意见》《关于进一步健全完善"大调解"工作体系切实加强矛盾纠纷预防化解工作的意见》《关于加强行政调解工作的意见》《矛盾纠纷排查调处工作规程（试行）》；作为多元调解主要实施部门的自治区司法厅下发了《关于建立完善以人民调解为基础的大调解工作格局的指导意见》《关于构建人民调解、司法调解、行政调解联动机制实施意见》《关于深化诉讼调解与人民调解衔接机制改革的实施意见》《人民调解员管理办法》《司法行政机关行政调解工作制度》等。2022 年 12 月 1 日《新疆维吾尔自治区人民调解条例》正式施行，旨在规范和加强人民调解工作，有效预防、及时化解民间纠纷，维护社会和谐稳定。

2. 多元纠纷解决机制的健全完善

（1）"诉调对接"机制

"诉调对接"对整个多元纠纷解决机制的运行起到枢纽作用。新疆加强驻基层人民法院人民调解室建设，县级司法局在基层人民法院派驻人民调解室实现了 100% 覆盖，乡镇司法所在有条件的人民法庭建立人民调解工作室，或在辖区挂牌建立诉讼调解点、法官工作站。全疆现已形成了遍布乡、镇、村的诉讼和调解网络。为加强"诉调对接"，自治区高级人民法院与司法厅联合下发《关于进一步推进人民调解与诉讼调解衔接工作的实施意见》，与新疆知识产权局签署《专利民事纠纷司法审判与行政调处衔接机制合作备忘录》。自治区公安厅和司法厅联合下发《关于推行交通事故民事赔偿人民调解实施意见》。2014 年 1 月起，开全国先例，自治区高级人民法院将受理的民事申请再审案件委托调解组织进行调解。2016 年 8 月，自治区高级人民法院与自治区司法厅联合，着手建立"一站式"纠纷解决服务平台，集诉讼服务、立案登记、诉调对接、涉诉信访等多项功能于一体。2022 年 5 月起，新疆法院与银行系统启动在线诉调对接，实现上下联动、有序衔接、资源共享、业务协同，促进金融纠纷多元解纷。

（2）人民调解考核补贴机制

《中华人民共和国人民调解法》明确了对人民调解工作的经费保障制度。新疆人民调解工作经费的主要来源是司法行政机关通过争取同级人民政府的支持取得的专项拨款。目前，新疆"一案一补"政策已全面落实。各地正进一步健全完善工作考评激励机制，充分调动了人民调解员的积极性，大力推动了人民调解工作的良性发展。

（3）行业性、专业性人民调解委员会建设

医疗卫生、物业管理、道路交通、环境保护等领域行业规则复杂，其矛盾纠纷解决难度大、影响面大、当事人要求高，已经成为关系人民群众切身利益的热点难点问题。为适应新形势、新要求，新疆有重点、有目标地积极稳妥拓展专业性、行业性调解组织覆盖范围，建立第三方参与的矛盾纠纷调处化解机制。截至 2021 年 2 月，全区建立驻法院调解室 135 个，道路交通事故、医疗纠纷等行业性、专业性人民调解组织 569 个，企事业单位调解组织 329 个，驻公安调解室 463 个，律师调解室 407 个。[①]

[①] 《新疆：提高矛盾纠纷多元化解水平 群众烦心事家门口就能解决》，澎湃政务网，2021 年 4 月 12 日，https：//m. thepaper. cn/baijiahao_ 12159546。

3. 创新调解方式和调解品牌

新疆积极利用信息化手段提升矛盾纠纷化解便捷服务水平。2017 年，乌鲁木齐市新市区人民法院成为新疆首个网上法院。目前，自治区实现了在信息化司法行政基层管理系统全覆盖，自治区级人民调解工作平台与司法部工作平台对接联调。"智慧调解信息平台""新疆睿调解"两个平台，实现电脑和手机端同步操作矛盾纠纷的排查预防、案件办理等。2021 年，自治区人社厅印发了《自治区"互联网+调解仲裁"工作实施方案》。在民风淳朴、习俗众多的新疆，多元纠纷解决机制有着旺盛的生命力。昌吉市的"盖碗茶调解室"利用风俗民情化解矛盾纠纷，福海县的"冬不拉调解室"奏起冬不拉促成邻里调解，木垒哈萨克自治县的"佳克斯法庭"、塔什库尔干塔吉克自治县的"牦牛背上的巡回法庭"等具有地域特点的法庭，正在发挥就地化解矛盾纠纷的作用；伊犁哈萨克自治州组织各族"爱心妈妈"调解室，如阔克苏村"热依汗古丽·阿不来提"调解工作室、特克斯镇霍斯库勒村"丁力努尔·毛兰"调解室、乔拉克铁热克镇"爱心妈妈"协会等参与家庭矛盾调解，并创新了"四化十法"等工作经验；乌鲁木齐米东区与兵团第六师 101 团建立了新疆首家兵地联合调解委员会，就今后两地之间发生的一般性民事纠纷调解达成共识，该举措是打破兵地行政和地域藩篱，及时化解兵地间矛盾纠纷，维护兵团和地方毗邻地区的社会稳定，促进兵地融合发展的新开端。

七　法治宣传凝聚共识浸润人心

法治宣传教育是全面推进依法治疆、建设法治新疆的长期基础性工程。2021 年 7 月 28 日，自治区第十三届人民代表大会常务委员会第二十七次会议审议通过《关于在全疆公民中开展第八个五年法治宣传教育的决议》。各地各部门（单位）坚持党委（党组）负总责，制定工作规划和年度工作计划，将法治宣传教育纳入精神文明建设、综合治理体系、绩效考核制度，认真落实普法经费保障标准，形成了党委领导、人大监督、政府各部门组织实施、全社会广泛参与的普法工作格局。新疆普法依法治理工作以提高普法工作针对性和实效性为着力点，制定实施方案，细化责任清单，落实联席会议制度，将系统普法与社会普法有机结合，在全社会大力营造尊法、学法、守法、用法的良好氛围，使社会各界法治观念显著增强，依法治疆基础更加牢固。

（一）深学笃行习近平法治思想

2021年7月1日起施行的《新疆维吾尔自治区法治宣传教育条例》第三条规定了法治宣传工作的首要原则，即"法治宣传教育应当以习近平新时代中国特色社会主义思想为指导，全面贯彻习近平法治思想"。自治区把学习宣传习近平法治思想作为全民普法的重大政治任务，将其纳入各级党委（党组）理论学习中心组学习内容，纳入干部教育体系、国民教育体系和社会教育体系，纳入党政主要负责人学法述法内容。自治区先后主持召开自治区党委全面依法治疆工作会议、委员会会议，对习近平法治思想再学习、再领会、再对表。把学习宣传习近平法治思想同学习《中共中央关于党的百年奋斗重大成就和历史经验的决议》、第三次中央新疆工作座谈会精神结合起来，深入领会"两个确立"①的决定性意义，深入领会以史为鉴、开创未来的重要要求，进一步增强学习贯彻习近平法治思想的政治自觉、思想自觉和行动自觉。

（二）有目标、有重点地推进法治宣传教育

1.把宪法学习宣传摆在首位

自治区司法厅会同自治区党委宣传部联合印发《关于开展自治区第十八个"宪法法律宣传月"活动的通知》，对重点宣传内容、主要任务、工作要求进行安排部署。组织开展自治区"宪法宣传周"和"12·4"国家宪法

---

① "两个确立"即"党确立习近平同志党中央的核心，确立习近平新时代中国特色社会主义思想的指导地位"。

日活动。有效开展宪法法律"十三进"活动①,形成上下一体、横向到边、纵向到底的全区宪法法律宣传教育格局,有效营造了尊崇宪法、学习宪法、维护宪法的良好氛围。

2. 深入开展维护社会稳定法治宣传教育

把法治宣传教育置于实现社会稳定和长治久安总目标大局中来谋划和推进,将国家安全、反恐怖主义、去极端化、扫黑除恶等与维护稳定相关的法律法规作为各级国家机关的共性普法责任,② 开展了"尊法学法守法用法切实维护社会稳定和长治久安"、"服务总目标普法行"、"4·15"国家安全日等主题实践活动和扫黑除恶法治宣传教育活动。南疆四地州开展去极端化大宣讲,实现法治教育全覆盖。

3. 广泛开展"美好生活·民法典相伴"活动

《中华人民共和国民法典》颁布实施后,自治区印发了《"美好生活·民法典相伴"主题宣传方案》安排部署宣传工作,集中落实好"十二项"任务③。活动期间,各地各部门组织民法典活动1.52万场次,举办领导干部和国家工作人员专题讲座9712场次,受众达82.62万人次;译制1.5万册《美好生活·民法典相伴(维吾尔语版)》系列挂图、折页,免费向各地(州、市)、县(市、区)司法局,各乡镇(街道)、村(社区)发放,解决基层双语法治宣传资料短缺问题,让民法典走到各族群众身边和心里。

---

① "十三进"活动指普法活动进机关、进单位、进学校、进农村、进社区、进企业、进公共场所、进媒体、进网络、进宗教活动场所、进军营、进景区、进万家。

② 《新疆深入开展法治宣传教育　普法成果惠及各族群众》,光明网,2020年12月9日,https://m.gmw.cn/baijia/2020-12/09/1301918701.html。

③ "十二项"任务,即加强国家工作人员民法典普法;加强青少年民法典普法;加强基层群众民法典普法;组建普法讲师团,做好民法典讲师选聘工作;制作高质量民法典普法宣传品;建好用好民法典普法阵地;在新闻媒体开辟民法典学习宣传专栏专题;加强新媒体、新技术在民法典普法中的运用;组织开展民法典网络知识竞赛和新媒体传播竞赛;广泛开展以民法典普法为重点的群众性法治文化活动和志愿服务活动;推动民法典普法与基层治理有机结合;认真落实"谁执法谁普法、谁管理谁普法、谁服务谁普法"普法责任制。

4. 开展"防控疫情、与法同行"专项行动

结合常态化疫情防控工作，各地各部门（单位）采取线上和线下联动、执法和普法联动、服务和普法联动的方式，编印疫情防控法律宣传资料 500 万余份，线上推送各类疫情防控法治咨询、典型案例 55.67 万次（条），网上阅读量达 1100 万人次，为打赢统筹疫情防控攻坚战营造了浓厚的法治氛围。

（三）巩固深化"谁执法谁普法"责任制

自治区制定了《进一步巩固深化国家机关"谁执法谁普法"普法责任制的意见》，推动"谁执法谁普法"向"谁管理谁普法、谁服务谁普法、谁用工谁普法"延伸，健全完善自治区落实普法责任制联席会议制度。2021年8月召开自治区落实普法责任制联席会议第四次会议，通报了各地各部门（单位）落实"谁执法谁普法"普法责任制情况，审议《自治区落实普法责任制联席会议成员单位普法责任清单》。该清单将自治区落实普法责任制联席会议成员单位从 36 个调整到 48 个，明确了国家机关在法律实施过程中传播法律知识、弘扬法治精神、建设法治文化、塑造法治信仰的重要职责。自治区高级人民法院、人民检察院通过庭审直播、典型案例通报、新闻发布等形式以案释法。自治区纪委监委机关、党委网信办、妇联、保密局等单位结合实际建立法治教育基地（室），定期开展党规党纪教育、网络安全法治教育、家风家教维权教育和保密法治教育；自治区公安厅、林业和草原局、交通运输厅等重点执法单位抓住行业法律法规颁布实施纪念日等重要时间节点，深入社区、学校、机场、口岸、娱乐服务场所开展主题法治宣传教育活动。

（四）强化差异化、分众化普法释法

坚持精准施策、靶向发力的原则，把领导干部、青少年、基层群众、宗教人士、流动人口等作为重点普法对象。建立健全领导干部党委（党组）理论学习中心组学法制度、重大事项会前学法制度，国家工作人员日常学法

考试、法治培训等制度。70万国家工作人员利用新疆"智慧普法依法治理云平台"开展日常学法考试，合格率达90%以上；组织宪法、民法典、行政处罚法等内容的"学法达人月月赛"活动，截至2021年底，全区国家工作人员累计220万余人次参与无纸化答题活动，微信公众号关注用户60万余人。在第29个全国税收宣传月期间，开设"新疆古丽讲税说费"政策解读栏目，上线36天点击量超过5300万人次。①

自治区印发《关于进一步加强青少年法治教育的指导意见》，完善"政府、司法机关、学校、社会、家庭"五位一体青少年法治教育格局。建好用好4个自治区级青少年法治教育实践基地，每年为6万名师生提供生动形象的法治实践教育。配齐配强各级各类学校法治副校长、法治辅导员、法治课教师，截至2020年底，全区中小学配备法治副校长4753名，组织开展法治讲座、模拟法庭、课前讲法等形式多样的校园法治宣传教育活动。

各地定期组织法官、检察官、律师、行政执法人员深入乡村，广泛开展"法治进巴扎、进牧区""法治进乡村、进社区""法治进企业、进工地"活动，结合民族宗教法律法规宣传月，开展"法治进宗教活动场所"等活动，深化基层群众法治宣传教育。巴音郭楞蒙古自治州组建巾帼法律咨询服务志愿者队伍和"马背普法小分队"，持续推进"1+1"法律援助志愿者行动。② 结合"访惠聚"驻村工作和"民族团结一家亲"结亲周活动，常态化开展国旗下宣讲、农牧民夜校培训、入户释法等法治宣传教育活动，实施乡村"法律明白人"培养工程，将法治宣传教育与思想发动、心理疏导、依法管理结合，增强基层干部群众法治意识、法治观念。

（五）促进法治文化共建共享

2021年，自治区印发了《自治区贯彻落实〈关于加强社会主义法治文

---

① 新疆维吾尔自治区司法厅内部工作资料。
② 新疆维吾尔自治区司法厅内部工作资料。

化建设的意见〉的具体措施》把法治文化建设作为"文化润疆"工程的重要内容，促进全区各县（市、区）"五个一"、乡镇（街道）"四个一"、村（社区）"三个一"法治文化阵地建设，县、乡、村三级基本实现了法治文化阵地全覆盖，相继建成了一批法味浓厚的公园、文化街、长廊、景观带等。各地各部门（单位）将法治文化与民俗文化、机关文化相结合，开展学法用法演讲、法治文艺演出、法治书画摄影作品展、法治征文、法律知识竞赛等法治文化活动。开展"新媒体+法治宣传"行动，"法治新疆""新疆纪检监察""新疆高院""新疆检察""法治博州""法治庭州""法治阿克苏""法治喀什"等组成新疆普法宣传矩阵。利用微信、抖音等客户端，注重受众需求，提供活泼亲民的普法产品，变单向灌输为双向互动，吸引数百万网友参与，提高了法治宣传质量。

（六）推进普法与依法治理深度融合

自治区各地各部门坚持法治宣传与法治实践相结合，深入推进地方、行业、基层依法治理。2021 年出台的《新疆维吾尔自治区司法行政系统开展"乡村振兴 法治同行"活动实施方案》，加强了乡村法治宣传教育工作，并充分利用、调动乡镇（街道）、村（社区）公共法律服务平台和村（社区）法律顾问，引导基层群众在矛盾纠纷调处，法律服务、法律援助中学习法律、宣传法律、运用法律，凝聚普法依法治理合力。全区 45 所高校成立了大学生网信普法志愿者服务队，聘任 3 批共 966 名志愿者，壮大普法志愿者队伍，开展了 2021 年青年普法志愿者法治文化基层行活动。[①]

截至 2021 年初，全区有 31 个县（市、区）被评为"全国法治县（市、区）创建活动先进单位"，62 个村（社区）被评为"全国民主法治示范村（社区）"，56 个村（社区）被命名为"自治区民主法治示范村（社

[①] 《"学史力行·普法惠民"网信普法专题活动举行》，澎湃政务网，2021 年 10 月 13 日，https://m.thepaper.cn/baijiahao_ 14896681。

区）"。霍尔果斯海关法治教育基地被确定为"全国法治宣传教育基地"，克拉玛依市荣获"全国法治政府建设示范市"称号，命名表彰第一批 54 个村（社区）为"自治区民主法治示范村（社区）"。根据中央宣传部、司法部、全国普法办关于"七五"普法评选表彰工作部署，推荐全国普法工作先进单位 35 个、全国依法治理创建活动先进单位 15 个、全国普法先进个人 29 人；评选表彰自治区普法工作先进单位 161 个、自治区依法治理创建活动先进单位 55 个、自治区普法先进个人 216 人。[①]

八 展望

2022 年是实施"十四五"规划、法治"一规划两纲要"的重要阶段。新疆坚定不移贯彻党中央决策部署，坚定不移走中国特色社会主义法治道路，坚持把习近平总书记重要讲话精神和新时代党的治疆方略作为做好新疆工作的根本遵循，牢牢扭住社会稳定和长治久安总目标，把依法治疆摆在更加突出位置，坚持法治思维，善用法治方式，努力建设更高水平的平安新疆、法治新疆，以实际行动迎接党的二十大胜利召开。

（一）全面推进反恐维稳法治化、常态化、专业化，确保新疆社会大局持续稳定、长期稳定

历史和现实一再证明，社会稳定与经济社会等各项事业的发展呈正相关关系。新疆反分裂斗争是政治常态，必须从长计议、实施治本之策，主动适应新形势新任务新要求。

1. 健全法规政策体系

反恐维稳的法规政策体系构建适应了新疆维护稳定的需要，取得了显著成效。当前要进一步完善多层次的法规政策体系，注重反恐维稳政策法律的

---

① 潘丛武：《凝聚普法整体合力 打造特色普法品牌 让法治宣传教育强起来实起来暖起来》，《法治日报》2021 年 4 月 8 日，第 1 版。

系统性、完整性和长期性，设计应急治理和常态治理的协同过渡机制，追求权利保障和权利规范、限制的有机统一，将反恐维稳"组合拳"植入发展型治理的长效机制。加强各项改革措施与反恐维稳体制机制有机衔接，努力实现良法善治。适时开展《新疆维吾尔自治区实施〈中华人民共和国反恐怖主义法〉办法》《新疆维吾尔自治区去极端化条例》立法后评估，为相关条款的修订、细化做准备。

2. 完善法律政策实施体系

一方面，保持对暴力恐怖犯罪依法严打高压态势不动摇。大量事实表明，只有严加防范、及时处置可能出现的局部骚乱和暴乱事件，对于敌对势力的各种渗透、破坏、颠覆、分裂、暴力恐怖活动，严厉打击、决不手软，才能确保新疆社会稳定和长治久安。另一方面，加快构建全方位、立体式、智能化社会治安防控体系，加快"站室合一、警网融合"勤务机制改革，从源头上进行防范和治理。继续优化维稳反恐机制，用专业的人干专业的事，以专业化支撑法治化常态化。同时，提升"两站三警"快速反应、便民服务等效能，尤其要注重运用信息化管理、"大数据"等互联网时代的信息技术精准研判优势，建立跨地区、跨部门信息合作机制，构建畅通、高效的情报信息体系，织严织密防范恐怖主义活动的法网。

3. 加强理论研究和指引

新疆反恐维稳工作积累了丰富的实践经验和知识，需要系统总结经验，以指引和反哺实践，实现与实务的互构与互促。反恐维稳理论内蕴一方面要和我国的大政方针相契合，全面践行国家总体安全观；另一方面，要高度概括总结新疆经验，凸显新疆特点和谋划。反恐维稳的初衷与归宿是人民对美好生活的向往。将恐怖威胁压制在可控范围内，需要进一步优化政策策略和方式方法以提升群众安全感，制度机制安排更多地致力于实现安全与自由、公平、秩序等价值的平衡，以捍卫来之不易的法治成果，同时以和平促发展，更广泛、深入地促进人权保障，从根源上杜绝恐怖主义极端主义的发生。

（二）坚持法治引领，推动发展成果惠及民生、凝聚人心

高质量发展应当是更为安全稳定的发展。[①] 发展的最终目的是利民惠民，厚民生才能聚民心。在深刻认识发展和稳定、发展和民生、发展和人心的紧密联系基础上，夯实民生法治建设主体责任和"第一责任"，把重心放到"让老百姓生活越来越好"上，尤其是加快推动南疆实现更有利于长治久安的根本性变化上。

1. 加强重点领域立法

落实自治区人大常委会 2022 年立法工作计划和自治区人民政府 2022 年行政立法工作计划，扎实推进重点领域立法。地方立法的制订和修订应将"铸牢中华民族共同体意识"作为基本原则，在民族团结、伊斯兰教中国化、文化认同、学校教育、家庭教育、公共服务劳动就业、反恐维稳等方面，将宪法法律和政策要求内容具体化为权利、义务等行为规范和行为预期，明确铸牢中华民族共同体意识的具体路径。

2. 依法科学精准、快速高效处置疫情

毫不动摇坚持"动态清零"总方针，严格落实第九版防控方案，抓好常态化疫情防控工作，依法科学精准、快速高效处置局部疫情，防止疫情出现规模性输入和反弹。[②] 同时针对疫情防控反映出来的问题，加快应急地方立法的立、改、废，加强应急评估工作和应急预案修订，培育安全文化，不断完善突发事件的应对和事后恢复机制。突出稳增长，做硬做实疫情期间的民生保障工作，对于中小企业面临的资金、税负、房租、用工、用能等问题，健全复工复产帮扶机制，助力企业尽早走出困境。

3. 助力巩固拓展脱贫攻坚成果和乡村振兴有效衔接

保持主要帮扶政策总体稳定，保持机构队伍总体稳定。健全返贫风险预

[①] 张来明、赵昌文：《推动高质量发展需要处理好的若干重大关系》，《红旗文稿》2022 年第 4 期，第 4~11 页。

[②] 《中国共产党新疆维吾尔自治区第十届委员会第三次全体会议关于深入学习贯彻习近平法治思想完整准确贯彻新时代党的治疆方略奋力推进新疆社会稳定和长治久安的决议》，《新疆日报》（汉）2022 年 5 月 18 日，第 1 版。

警机制，完善产业扶贫资金和项目的管理落实政策和标准，健全乡村振兴中财税、金融、医疗、社保等相关法治的衔接与回应规则等。市场化、法治化促进产业发展和脱贫人口稳定就业。强化基层行政主体的权力和责任，加大乡村振兴督察工作，健全违法违纪滥用职权的监督和惩罚机制。

4. 加强生态环境保护

在生态环境保护法治建设中应当进一步强化生态文明的理念和价值，彰显新疆生态保护的责任和潜力；妥善处理好生态环境保护与经济发展、劳动就业、民生改善等的关系；构建利益相融机制，使生态环境优先保护与生态恢复或修复并重，生态保护与环境保护同步，兼顾生态责任与绿色发展规划一致，坚持区域生态环境协同治理。

5. 强化知识产权保护

继续深入推进知识产权强区建设重点任务，健全《新疆维吾尔自治区知识产权"十四五"规划》《关于强化知识产权保护的实施意见》的落实保障机制，探索特色知识产权强区建设模式。构建立体化的知识产权保护网络，积极推动《新疆维吾尔自治区专利促进与保护条例》的修订，优化知识产权保护衔接程序，加大对侵权假冒行为的惩戒力度。畅通专利技术交易转化渠道，推进专利转移、转化、导航实施专项计划，深入开展知识产权质押融资入园惠企行动；研究制定地理标志助力乡村振兴三年行动方案，充分发挥地理标志区域优势。支持知识产权社会化服务机构面向中小微企业开发更为丰富、便利的知识产权信息服务产品。

（三）持续深化"放管服"改革，打造市场化、法治化、国际化营商环境

加快建设服务型、信用型法治政府，以市场需求为导向，持续降低准入门槛，不断推进投资便利、贸易便利，培育重商安商氛围，营造新疆"东联西出""西引东来"创新、创造、创业的发展优势。

1. 进一步实现市场准入规则公平、公正、公开、透明

实施《市场准入负面清单（2022年版）》，定期清理不合理限制和隐

性壁垒。国内外市场主体"非禁即入",持续扩大外资市场准入。对于清单内的管理措施,明确审批条件和流程,落实配套制度。

2. 推进政务服务规范化、标准化

推进政务事项、实施清单和服务(办事指南)的标准化。推进政务服务向基层延伸,建立各级各部门政务服务事项基本目录,并在政府网发布。依法编制并公布地(州、市)、县(市、区)行政许可事项清单,各级清单事项同源、统一规范。对于行政备案事项、公共服务事项、执法抽查等,对照国家和自治区政务服务事项基本目录,动态调整并公布自治区各级政府部门权责清单。

3. 进一步提供政务便利化服务

简化企业开办流程、便捷注销流程。深化投资审批制度改革,推进整合自治区项目在线审批监管平台系统互联互通、数据共享。推行行政审批告知承诺制。健全首问责任、一次告知、一窗受理、自助办理制度。全面推进"跨省通办",推广"异地可办、区内通办",深化"一件事一次办""证照分离"等政务事项集成化办理,探索实现"一证准营"、跨地互认通用。

4. 促进各类市场主体竞相发展

建立良好的政企沟通机制,完善政商交往正负面清单。为诚信企业推出"信易+"等借贷项目,建立"免罚清单"和信用修复制度,支持并指导企业修复信用。营造一个诚信经营的市场环境。在企业用电用水用气等基础设施配套服务上进一步简化审批程序、优化接入流程。推行"综合查一次",避免打扰企业正常经营。

5. 强化政策、执法的透明度和可预期性

深化政府信息公开平台建设,拓展信息公开范围,加快推进行政规范性文件数据库和行政规范性文件统一公开查询平台建设,提升数据共享质量、时效性和完整性;推行"互联网+监管"执法的重点应用,便捷透明执法,并为打破行政监管和执法地域、领域、部门等阻隔创造条件。

6. 开展营商环境专项治理

维护市场主体合法权益,同时严格企业监管。落实公平竞争审查制度,

及时清理废除妨碍统一市场和公平竞争的各种规定和做法。依法编制并公示年度涉企执法检查计划，优化执法资源和效能，推进跨区域跨部门联合执法、联合会商。严肃清查整治以各种名义设立的变相许可。除有法定依据外，严禁各级政府采取要求特定区域或者行业、领域的市场主体普遍停产停业的措施。制定营商环境法治评估指标，将法治化营商环境建设情况纳入政府年度工作报告和政府督察、纪律作风巡查范围。[①]

（四）以文化涵养法治，以法治沁润人心

文化认同是最深层次的认同。法治文化是法治的精神构成。深入实施《新疆维吾尔自治区法治宣传教育条例》和《自治区贯彻落实〈关于加强社会主义法治文化建设的意见〉的具体措施》，深入宣传普及习近平法治思想，宪法、民法典等与维护稳定、促进民族团结密切相关的法律法规，以及与推动高质量发展密切相关的法律法规、党内法规。突出习近平法治思想的指导作用，弘扬社会主义核心价值观，结合新疆特点用法治文化祛邪扶正，以社会主义法治文化认同建设为抓手铸牢中华民族共同体意识。

1. 充分发挥自治区党委全面依法治疆委员会守法普法协调小组作用

及时请示报告全民普法工作，协调解决重大问题，推动自治区"八五"普法规划各项工作任务落地落实。加强普法依法治理工作制度、机制、人员、经费保障，加大工作指导、检查督导力度。加强调查研究，总结特点规律，有效破解难题，推动法治文化建设工作提质增效。

2. 巩固深化普法责任制的制度约束

细化、公布普法责任清单，落实以案释法的遴选、报送、审核、发布制度，全面推行责任单位年度履职报告评议制度。

---

① 《关于印发〈自治区法治政府建设2022年工作要点〉的通知》，新疆维吾尔自治区人民政府网，2022年6月17日，http://www.xinjiang.gov.cn/xinjiang/c112545/202206/ea6aceacc3044ba18a11f3f0d9f23a95.shtml。

3.实行公民终身法治教育制度，普法的重点对象是国家公职人员、青少年和基层群众

坚持落实党政领导干部、国家工作人员学法讲法活动，严格组织好法治宣传教育评估和考核工作。加强全区普法依法治理干部专业化培训，督促司法行政系统健全普法依法治理组织机构、配齐普法人员。增加公务员录用考试中法治知识的内容占比，推动《关于进一步提升青少年法治教育针对性实效性的指导意见》落地落实，深入实施乡村"法律明白人"培养工程。

4.结合文化润疆需求，推动法治文化建设

把法治文化阵地建设纳入城乡规划，在公共空间和公共设施中融入法治元素，指导各地县（市、区）法治文化阵地建设从有形覆盖向有效覆盖转变。加强全国、自治区级"民主法治示范村（社区）"动态管理和创建工作。加强法治文化产品特别是少数民族语言法治文化产品供给。促进中华优秀传统法律文化"双创"研究，锤炼法治文艺精品，充分运用重点媒体、智能媒介，开展法治人物、法治事件评选活动，形成新疆法治品牌，讲好新疆法治故事，壮大法治声音，通过有效传播使法治文化深入人心。

（五）德法兼修，加强法治工作队伍建设和法治人才培养

新疆工作总目标的实现首先需要人才队伍的支撑。人才是第一资源，也是核心竞争力。推进法治新疆事业，急需一批高素质专业化的法治工作队伍。

1.用好用足各项人才工作政策

《关于贯彻落实鼓励引导人才向艰苦边远地区和基层一线流动意见的实施方案》《关于加强和改进新时代人才工作的实施意见》①，基本形成了新疆的人才政策体系。面对全国的"人才"抢夺大战，新疆只有打破制度壁

---

① 《为新疆经济社会高质量发展提供有力人才支撑——新疆维吾尔自治区党委组织部负责同志就印发实施〈关于加强和改进新时代人才工作的实施意见〉答记者问》，法治新疆网，2022年6月13日，http://sft.xinjiang.gov.cn/xjsft/zcjdzcjd/202208/1fd464cb1a8440c5860e2825bcf7fd2b.shtml。

垒，认真贯彻落实国家、自治区的引才留才政策，全面理解人才政策制度，定期调研督察，及时解决困难问题，抓好人才工作重大政策落实，尤其要更新人才理念，打好"引育用留"组合拳，用制度留人、待遇留人、感情留人。

2. 关注关爱政法工作队伍

"政法队伍是和平年代奉献最多、牺牲最大的队伍。对这支特殊的队伍，要给予特殊的关爱。"① 一是依据《关于新形势下加强政法队伍建设的意见》，建立完善符合政法职业特点和职业规律的各项制度，在业务考核方面注重考察政治素养、法治品格；建立法官单独职务序列配套的工资制度，建立非员额法官、检察官职务晋升机制，以及专门人才差别化管理办法等。二是明确政法工作人员应享受的福利政策和待遇，落实带薪年假和疗养制度，探索政法干部弹性退休的资格条件，包括荣誉退休制度、政法干警延迟退休等，稳定好现有政法队伍。三是畅通法治队伍人才交流渠道，探索建立法律职业从业者之间开放和良性互动的人才吸纳机制，优化法律职业共同体人力资源配置。

3. 发挥高校人才培养第一阵地作用

法学教育和法治人才培养，是法治工作队伍建设的基础和希望。要将"努力培养造就更多具有坚定理想信念、强烈家国情怀、扎实法学根底的法治人才"作为培养目标，法学学科建设要"以我为主、兼收并蓄、突出特色"，为依法治疆输出经世致用的法治人才。法治人才培养模式创新要遵循社会需求规律，优化课程设置，继续采取和扩大高校与检察院、法院、律师事务所等共同合作模式，引入实务部门资深力量参与课程体系设计和教学，将社会实践制度化、规范化，搭建兼具理论教学和实践教学的培养平台。

4. 注重"一带一路"涉外法治人才培养

把涉外法治人才队伍建设摆在推进"一带一路"倡议的战略高度谋篇

---

① 《习近平出席中央政法工作会议并发表重要讲话》，中国政府网，2019 年 1 月 16 日，http：//www.gov.cn/xinwen/2019-01/16/content_ 5358414. htm。

布局，确立培养目标、培训规划和实施方案，建立涉外法治人才库。有侧重地开展新疆周边国家国别法研究和教学工作，推进发展国际法学科以及知识产权等传统涉外法学学科教育，有针对性地培养知识产权国际保护，恐怖主义、网络犯罪打击，气候与生态保护，污染治理等方面人才，设计实施"法律+外语+N"的课程体系，尽快补齐法治人才外语能力不足的短板，创新开展"境内+境外"联合培养模式，突出培养涉外法治人才的实务操作能力尤其是国际规则适用能力。

分 报 告

Topical Reports

B.2
新疆地方立法报告（2022）

李学军　刘姗*

摘　要：2021 年，新疆维吾尔自治区地方立法工作紧扣新时代党的治疆
方略，围绕自治区稳定改革发展大局，加强反恐维稳、社会治
理、民族宗教、文化润疆、高质量发展、民生保障等重要领域立
法，加强对设区的市、自治州、自治县报请批准（以下简称
"报批"）法规的指导和审查，加速推进备案审查工作，以良法
维护稳定、促进发展、保障善治，充分发挥地方立法在实现新疆
工作总目标进程中的引领、规范、推动和保障作用，为全面推进
依法治疆提供有力的法制保障。

关键词：　地方立法　高质量发展　依法治疆

李学军，新疆维吾尔自治区人大常委会法制工作委员会社会立法处处长；刘姗，新疆维吾尔
自治区人大常委会法制工作委员会报批法规工作处副处长。

2021 年，新疆维吾尔自治区地方立法工作坚持以习近平新时代中国特色社会主义思想为指导，深入贯彻习近平总书记关于坚持和完善人民代表大会制度的重要思想，贯彻落实第三次中央新疆工作座谈会精神，按照自治区党委完整准确贯彻新时代党的治疆方略做出的一系列决策部署，紧紧围绕新疆工作总目标，坚持依法治疆、团结稳疆、文化润疆、富民兴疆、长期建疆，深入推进科学立法、民主立法和依法立法，不断提升地方立法质量和效率，[①] 以高质量立法保障新时代党的治疆方略落地生根，以依法治疆促进高质量发展。

一 2021年自治区地方立法概况

（一）自治区本级立法情况

完整准确贯彻新时代党的治疆方略，统筹立改废释，按计划、分步骤、有重点地推进涉及自治区稳定改革发展大局的重要领域立法，为依法治疆提供有力的法制保障。2021 年，新疆维吾尔自治区人大及其常委会共审议通过地方性法规 10 件，法规性决议决定 2 件，内容涉及反恐维稳、社会治理、民族团结、文化润疆、高质量发展、民生保障等重要领域。新疆维吾尔自治区人民政府制定政府规章 6 件，废止政府规章 4 件。

（二）设区的市、自治州、自治县立法情况

加强对设区的市、自治州、自治县立法工作的指导，科学规划报批法规的审查工作，深入开展立法调研，有针对性地进行提前介入指导，严把合法性审查标准，维护国家法治统一，提升地方立法整体质量。2021 年共审查批准地方性法规、单行条例 19 部，内容涉及社会治理、高质量发展、民生保障、生态环境保护等多个领域。

---

① 肖开提·依明：《自治区人民代表大会常务委员会工作报告》，《新疆日报》（汉）2022 年 2 月 8 日，第 2 版。

（三）备案审查工作情况

自治区各级人大常委会着力增强备案审查制度刚性，坚持"有件必备、有备必审、有错必纠"，坚持备案审查工作报告制度，指导和督促地（州、市）、县（市、区）人大依法落实备案审查制度。自治区人大常委会建成规范性文件备案审查信息平台并投入运行，实现了自治区人大常委会与全区县级及以上人大常委会备案审查信息平台的联通，人大常委会与政府、监察委员会、检察院、法院备案审查信息平台的联通，推进了规范性文件审查工作信息化管理。首次开展《新疆维吾尔自治区各级人民代表大会常务委员会规范性文件备案审查条例》执法检查。在全区范围内开展了与《中华人民共和国行政处罚法》《中华人民共和国人口与计划生育法》等国家新制定、修改法律相关的地方性法规、单行条例、规范性文件的清理。

二 以高质量立法为重点领域工作提供法制保障

（一）以高质量立法推进治理能力建设

1. 制定《新疆维吾尔自治区平安建设条例》，推进市域社会治理和基层社会治理体系、治理能力现代化，助力实现社会稳定和长治久安总目标

新疆的社会稳定和长治久安直接关系国家的统一、安全和核心利益。近年来，自治区党委完整准确贯彻新时代党的治疆方略，反恐维稳和去极端化成效显著，已连续五年多没有发生暴恐事件。根据依法治疆与时俱进的新要求，亟须通过地方立法总结提升维护稳定和社会治理的有益实践经验，指导新形势下的社会建设。自治区人大常委会经审慎研究，将制定平安建设法规作为重点项目列入 2021 年度立法工作计划，经自治区党委批准启动制定工作。2021 年 9 月 28 日，在自治区十三届人民代表大会常务委员会第二十八次会议上，《新疆维吾尔自治区平安建设条例》（以下简称《建设条例》）全票通过。

作为全国首批出台的平安建设地方立法之一,《建设条例》高度契合新疆反恐维稳和去极端化取得阶段性成效、各方面全面发力实现社会稳定和长治久安总目标的发展要求,以法治思维引领平安新疆建设,凝练和固化了维护稳定、社会治理和服务创新的有益实践经验,针对自治区经济体制改革、社会结构变动和利益格局调整的现实情况及社会治理领域出现的新问题,聚焦贯彻落实习近平总书记关于平安中国建设的新理念新思想新战略,贯彻落实自治区党委关于平安新疆建设的一系列安排部署,创新社会治理格局,深化平安建设重点任务,明确工作体制机制,压实职责,依法动员、组织公民和社会组织积极参与平安创建活动,强化依法履职的法律责任,对依法开展平安建设做出了科学的制度安排。

《建设条例》坚持主动谋划和前瞻立法,营造共建共治共享的社会治理格局,明晰社会治安综合治理中心(网格化服务中心)的基本职能和运行机制,确定平安创建责任,① 具有创新性、引领性,充分发挥了立法的引领、推动和保障作用。《建设条例》坚持人民至上,秉持让人民群众成为平安新疆建设最大受益者的理念,积极拓宽群众参与社会治理的渠道,最大限度调动群众参与社会治理的积极性、主动性、创造性。② 《建设条例》第四章"社会参与"部分的七条内容从组织动员、引导参与、企事业单位与社会组织的社会责任、村居民做好辖区平安建设相关工作、双联户创建、志愿服务等角度,对平安建设依靠群众、平安建设服务群众做了较为详尽的规定,体现了立法为民、为民立法的理念。③ 《建设条例》坚持问题导向,深入拓展新时期新疆"枫桥经验",规定了网格化服务中心组织协调辖区矛盾纠纷多元化解工作机制,促进社会矛盾纠纷及时化解。《建设条例》坚持以法治方式开启平安建设新局面,在高度凝练新疆平安建设实践经验的基础上,依法精准深化严打暴恐专项斗争;完善立体化社会治安防控体系,发挥网格化服务中心、便民警务站、公安检查站等联防联控作用,构建党政军警

---

① 《新疆维吾尔自治区平安建设条例》第五条、第十四条、第十五条。
② 《新疆维吾尔自治区平安建设条例》第三十一条。
③ 《新疆维吾尔自治区平安建设条例》第三十九条、第四十一条。

兵民协调联动的社会治安防控运行机制，增强整体防控能力；① 动员、组织社会力量参与平安创建活动。

2. 以《新疆维吾尔自治区警务辅助人员管理条例》规范警务辅助人员管理，推进维护稳定等社会治理措施有效实施

为推进平安建设、网格化管理等维护稳定的社会治理措施有效实施，丰富维护稳定的地方法规"工具箱"，依照立法计划，审议通过了《新疆维吾尔自治区警务辅助人员管理条例》，明确了辅警的法律地位、职责权限、职业保障、管理使用等，填补了地方立法空白，规范了相关工作，为辅警协助公安机关维护社会治安、打击违法犯罪、开展服务群众等提供了有效法制保障。

3. 聚焦深化"放管服"改革要求，营造良好发展环境，制定《新疆维吾尔自治区促进政务服务便利化条例》

近年来，自治区深入贯彻落实党中央、国务院关于全面深化"放管服"改革的重大决策部署，在推进政务服务便利化方面取得了明显成效。但是，在实际工作中仍然存在一些地方和领域的政务服务标准不统一、服务质量和效率参差不齐、政务服务资源整合不到位、办证多、办事难等问题，影响了新疆"放管服"改革的深入推进和政务服务水平的提升。自治区人大常委会坚持"民有所呼，我有所应"，主导制定《新疆维吾尔自治区促进政务服务便利化条例》（以下简称《便利化条例》），聚焦深化"放管服"改革要求，以推进"政务服务"便利化为抓手，营造良好发展环境。

《便利化条例》聚焦"责"，重点解决政务服务便利化工作中政府及有关行政机关职责不清晰、责任不明确问题；聚焦"快"，推行线上线下融合，推进政务服务大厅和一体化平台协同运行、融合发展；聚焦"简"，优化办理流程、简化办理环节、减少申请材料、缩短办理周期、降低办事成本；聚焦"便"，对群众关心、基层需求迫切的养老、医疗、教育、就业、

---

① 《新疆维吾尔自治区平安建设条例》第十七条。

社会保障、社会救助、户籍管理等政务服务事项，实行就近就地办理；① 聚焦"督"，严格政务考核，完善好差评制度，实行外部内部共同监督机制，建立投诉举报处理机制。

（二）以高质量立法助力民族团结

自治区全面贯彻习近平总书记关于新疆工作的重要讲话、重要指示批示精神，落实党中央决策部署，全面开展民族团结进步模范区创建工作，取得丰硕成果。自治区人大常委会参照总结新疆民族团结进步事业的创新做法和成功经验制定了《新疆维吾尔自治区民族团结进步模范区创建条例》（以下简称《创建条例》），《创建条例》紧密结合新疆实际，特色鲜明，可操作性强，得到自治区第十三届人民代表大会第四次会议与会代表一致认可，获全票通过。

《创建条例》一是贯彻党中央民族团结进步工作的新思想新要求，重点突出铸牢中华民族共同体意识这一主线，践行社会主义核心价值观，坚持新疆伊斯兰教中国化方向，强调做好意识形态领域工作，坚定实施文化润疆工程。② 二是将近年来自治区党委、政府开展民族团结进步宣传教育和创建工作的好经验、好做法，如反分裂斗争教育、民族团结进步创建"十进"③"三进两联一交友"④、各族学生混合编班共同学习生活、共同成长进步、兵地融合创建、军地融合创建、推动与国内其他省区群众交流交往等措施上升为法规内容。三是完善民族团结进步创建工作机制，明确政府作为创建工作主体的职责，⑤ 明确社会协同责任，鼓励群众参与互嵌式社会结构建设，促进各民族和睦相处、和衷共济、和谐发展。四是秉持"重在平时、重在交

---

① 《新疆维吾尔自治区促进政务服务便利化条例》第四条、第三十六条。
② 《新疆维吾尔自治区民族团结进步模范区创建条例》第一条、第五条、第六条、第四十五条。
③ "十进"即进机关、进学校、进企业、进乡镇（街道）、进村（社区）、进军（警）营、进团场连队、进宗教活动场所、进景区、进窗口单位、进其他社会组织等。
④ "三进两联一交友"即进班级、进宿舍、进食堂，联系学生、联系家长，与学生交朋友。
⑤ 《新疆维吾尔自治区民族团结进步模范区创建条例》第十一条。

心、重在行动、重在基层"的理念，坚持巩固发展平等团结互助和谐的社会主义民族关系，凸显新疆地方特色，为巩固加强各民族大团结提供了有力法制支撑。

（三）以高质量立法推进文化润疆

自治区人大常委会贯彻落实第三次中央新疆工作座谈会精神，将文化润疆融入相关立法项目，研究通过普及哲学社会科学来倡导民族团结，反对民族分裂、暴力恐怖、宗教极端的有效途径，制定《新疆维吾尔自治区社会科学普及条例》（以下简称《普及条例》），总结、提炼和升华自治区社会科学普及实践经验，牢牢把握铸牢中华民族共同体意识这一主线，建立完善社会科学普及长效机制，用法治方式动员全社会力量、整合社会资源，弘扬主旋律、汇聚正能量、引领社会思潮、引导社会舆论，提升公众社会科学素质和思想道德素质，促进社会科学普及事业健康发展，确保意识形态领域安全，推进文化润疆深入开展。

《普及条例》突出政治性，强调"以习近平新时代中国特色社会主义思想为指导，巩固马克思主义在意识形态领域的指导地位，巩固各族人民团结奋斗的思想基础"，深入推进文化润疆工程，让中华民族共同体意识根植各民族心灵深处。注重普及新时代党的治疆方略、社会主义核心价值观等，有力批驳境内外敌对势力的歪理邪说，使各族人民正确认识国家、历史、民族、文化、宗教等问题，对于保障党对意识形态工作的绝对领导，牢牢扭住新疆工作总目标，完整准确贯彻新时代党的治疆方略，具有重大意义。①《普及条例》强调全民性，"坚持政府推动、社会支持、全民参与、资源共享、服务大众的原则"，"构建共建共享、人人参与、人人受益的社会科学普及新格局"。《普及条例》着眼于切实管用，研究解决新疆社会科学普及资源分布不平衡的实际问题，通过建立区域合作机制，统筹城乡社会科学普及资源，实现资源共享，符合自治区社会科学普及工作实践现状，增强了条

---

① 《新疆维吾尔自治区社会科学普及条例》第三条。

例的操作性和实效性。《普及条例》凸显地方特色，将党的民族理论和民族宗教政策、胡杨精神、兵团精神、新疆地方与祖国关系史、新疆工作系列白皮书及相关内容等作为社会科学普及的重要内容加以明确，客观总结、提炼了新疆社会科学普及实践经验，要求发掘和利用新疆历史人文资源开展普及活动，讲好新疆故事。① 同时，结合新疆地缘优势和"一带一路"建设实际，对支持自治区社会科学界联合会多领域、多渠道、多层次组织开展交流与合作活动做了规定。

自治区十三届人民代表大会常务委员会第二十五次会议还审议通过了《新疆维吾尔自治区法治宣传教育条例》，依法健全法治宣传教育体制机制，明晰普法责任主体，推动落实普法责任要求，确定每年4月为自治区宪法法律宣传月，明确开展法治宣传教育是全社会的共同责任，将领导干部和青少年作为法治宣传教育的重点对象，探索创新工作机制，增强工作实效，培育全社会法治信仰。

（四）以高质量立法推动经济发展

1. 制定《新疆维吾尔自治区旅游促进条例》，保障实现旅游兴疆目标

旅游兴疆是自治区党委立足国家发展战略、新疆工作总目标、新疆经济社会发展战略、新疆旅游资源优势确定的高质量发展目标。但自治区旅游业尚处于由传统旅游向现代旅游发展的转型阶段，要实现由旅游大区向旅游强区迈进，需要调动全社会积极性，加速各方面资源、要素向旅游业聚集。自治区人大常委会落实地方立法服务自治区中心工作、立法决策与重大改革决策紧密结合的要求，加强旅游法治建设，废止了与新时期改革要求及新疆发展战略不符的《新疆维吾尔自治区旅游条例》，主导制定了《新疆维吾尔自治区旅游促进条例》（以下简称《促进条例》）。

《促进条例》立足自治区实际，强化"促进"功能，明确新疆旅游发展规划，打造"新疆是个好地方"品牌，坚持创新、协调、绿色、开放、

---

① 《新疆维吾尔自治区社会科学普及条例》第三条。

共享的发展理念，建立综合协调机制，规定产业扶持政策，制定新业态培育措施，统筹城乡旅游基础设施建设，建立和完善旅游公共服务体系，加强旅游秩序治理，推进旅游诚信体系建设，着力营造良好环境，高位推动旅游发展。

2. 出台《新疆维吾尔自治区实施〈优化营商环境条例〉办法》，健全和完善营商环境法治保障体系，推进丝绸之路经济带核心区建设

为了持续优化营商环境，激发市场活力和社会创造力，推动经济高质量发展和丝绸之路经济带核心区建设，制定了《新疆维吾尔自治区实施〈优化营商环境条例〉办法》（以下简称《办法》）。作为新疆维吾尔自治区优化营商环境的基础性行政立法，《办法》的出台标志着自治区以地方行政立法为各类市场主体投资兴业提供法制保障迈出了实质性步伐。《办法》围绕推进丝绸之路经济带核心区建设，以坚持市场化、法治化、国际化作为优化营商环境的基本原则，通过立法破解自治区当前营商环境改革中的痛点难点问题，强调通过优化营商环境推进园区、开发区改革创新发展，对乡村产业发展环境优化、人才保障支持、自治区营商环境评价制度的建立都做出了部署。《办法》的出台为健全和完善营商环境法治保障体系奠定了基础。

（五）以高质量立法促进乡村振兴

1. 制定《新疆维吾尔自治区乡村振兴促进条例》，全面推进乡村振兴

作为原全国深度连片贫困地区所在省区，2021年新疆取得脱贫攻坚战全面胜利，"三农"工作重心实现历史性转移，新疆站在了全面推进乡村振兴、创造更加美好生活、实现共同富裕新的历史起点上。自治区人大常委会深入研究地方立法在乡村振兴中的保障和推动作用，贯彻落实党中央发展战略和自治区党委关于乡村振兴地方立法工作指示批示精神，成立了乡村振兴立法工作领导小组，制定工作方案，召开启动会、推进会、专家咨询会，深入开展立法调研，梳理解决乡村振兴过程中的难点、痛点、堵点，努力使地方立法体现人民意愿，维护人民利益，增进人民福祉，切实增强农民群众对全面建成小康社会的获得感，推进乡村治理体系和治理能力现代化。《新疆

维吾尔自治区乡村振兴促进条例》经自治区十三届人民代表大会第五次会议审议通过，成为新疆实施乡村振兴战略的基础性、综合性法规，为自治区实施乡村振兴战略，推进农业全面升级、农村全面进步、农民全面发展奠定了坚实的法制基石。[①]

2. 修订《新疆维吾尔自治区实施〈中华人民共和国农村土地承包法〉办法》，巩固脱贫攻坚成果、保障乡村振兴战略实施

为切实落实好《中华人民共和国民法典》和修改后的《中华人民共和国农村土地承包法》，巩固脱贫攻坚成果、保障乡村振兴战略实施，对《新疆维吾尔自治区实施〈中华人民共和国农村土地承包法〉办法》（以下简称《实施办法》）进行了修订。鉴于土地承包牵涉面广，关乎农民群众切身利益，修订工作小组深入农村田间地头，向农民群众和村两委干部广泛征求意见，修订坚持了稳定性、与时俱进和大稳定小调整的原则，将加快城镇化进程与实施乡村振兴战略结合起来，坚持农村土地集体所有权，推进土地承包权和土地经营权分离，规范土地承包经营权流转途径，保障流转收益归承包户所有，维护妇女在土地承包中的平等权益。《实施办法》充分保护农民权益，促进增加农民收益，推进现代农业发展，为巩固脱贫攻坚成果、维护自治区农村和谐稳定提供坚强法制保障。

三 加强对报请批准法规的指导与审查

（一）依法开展报请批准法规的合法性审查

一是确保报批法规的合法性。按照《中华人民共和国立法法》《新疆维吾尔自治区人民代表大会及其常务委员会立法条例》的相关规定，开展报批法规的审查工作，确保提交审议的地方性法规和单行条例符合立法法确定的立

---

① 肖开提·依明：《自治区人民代表大会常务委员会工作报告》，《新疆日报》（汉）2022年2月8日，第2版。

法权限，与宪法、法律、行政法规和自治区地方性法规的内容不抵触。二是加强对报批法规的政治审查。注重在地方性法规中体现党总揽全局、协调各方的领导核心作用，从法规和制度上保证党的理论路线方针政策的贯彻实施，更好地推动形成完备的全区地方法规规范。三是充分考虑报批法规的合理性、可行性。对报批法规相关规定是否合理、是否切实可行进行论证，并与立法单位充分沟通协商，确定修改建议并及时反馈，对存在重大合理性问题的，督促修改后报批。四是着力提高立法技术，增强立法能力。五是修改完善报批法规工作规程，规范法规报送审查程序。

（二）提前介入、分类指导，提升报请批准法规立法质量

基于各设区的市、自治州、自治县立法能力不均衡，有的地方已经积累了一些立法经验，有的地方立法人员短缺、经验不足，还有个别地方尚未开展地方立法的情况，开展有针对性的提前介入指导工作。

一是建立完善法规一审后介入指导工作的机制。通过"走出去"实地调研、座谈和"请过来"共同研究讨论相结合，具体咨询和广泛征求意见相结合的方式，对报批法规内容进行全面研究、充分沟通并指导修改，切实提高提请常委会审查的地方性法规和单行条例的质量。

二是开展有针对性的立法帮助和指导。对立法工作起步较晚、立法经验欠缺的县市，全方位帮助其开创立法工作。比如塔什库尔干塔吉克自治县是全疆六个自治县中唯一一个没有开展地方立法的自治县，为帮助塔什库尔干塔吉克自治县填补立法空白，2021年对其立法工作进行了全面指导和帮助，深入实地调研并具体指导了《塔什库尔干塔吉克自治县旅游促进条例》的起草审议、报批工作。塔什库尔干塔吉克自治县首部单行条例《塔什库尔干塔吉克自治县旅游促进条例》的出台，标志着新疆地方立法实践实现了全覆盖，自治区享有地方立法权的主体均已开展了地方立法实践。[①] 对有一

---

① 《新疆地方立法实践实现全覆盖》，中国人大网，2021年12月3日，http：//www. npc. gov. cn/npc/kgfb/202112/b2965754553945eb807e1431db49d3df. shtml。

定立法经验的地方，根据具体情况帮助其逐步提升立法质量，做好对国家和自治区立法的跟进落实。对立法实践经验相对丰富的地方，鼓励先行先试、创新立法。同时，统筹推进各自治县制定立法条例，依法规范立法权限和立法程序，充分行使和发挥好法律赋予的立法权限，依法推动经济社会高质量发展。

三是开展报批法规清理工作。为确保现行地方性法规、单行条例的合法性、科学性，推进与国家法律体系相配套的地方性法规规范建设，提高地方立法质量，2021年开展了设区的市、自治州、自治县地方性法规、单行条例清理工作，设区的市、自治州、自治县经自查共报送需修改、废止法规23部，均已制定修改（废止）工作计划，统筹列入2022年、2023年报批法规工作安排，依法予以修改（废止）。后续将坚持立改废释并举，持续开展法规清理，确保国家法制的统一。

（三）设区的市、自治州、自治县立法工作特色鲜明、成效显著

在推动地方立法、保障自治区各项重点工作开展的同时，自治区人大常委会统筹协调和科学指导设区的市、自治州、自治县及时跟进国家和自治区立法，做好贯彻实施、配套实施、落地实施，鼓励有条件的设区的市、自治州、自治县先行先试，创新立法，形成了全区立法机关协同发力，以高质量立法为新疆"十四五"发展规划保驾护航，促进高质量发展的良好局面。

设区的市、自治州、自治县人大及其常委会主动作为，适时制定和修改了一批适应新时代要求、体现地方特色的法规，推动社会治理体系和治理能力现代化、促进经济高质量发展、推进民生保障和改善、加强生态环境保护等方面的地方立法数量显著增加，立法服务地方经济社会发展的成效显著。

推动社会治理体系和治理能力现代化方面，《乌鲁木齐市突发公共卫生事件应急管理条例》，结合疫情防控工作实际，规范突发公共卫生事件应急准备、监测预警、处置措施和监督措施，为科学精准开展常态化疫情防控，有效预防、控制和减少各类突发公共卫生事件的危害，全面提高依法防控依法治理能力提供了有力的法制保障。《昌吉回族自治州城乡网格化管理服务

条例》紧紧围绕自治区中心工作，在法治轨道上推进治理体系和治理能力现代化，通过立法明确网格化管理体制机制，规范网格化管理服务工作事项，建立网格员工作规范和保障措施，推动网格化管理信息资源共享，构建共建共治共享的社会治理格局。《克拉玛依市社会信用条例》通过立法明确社会信用信息范围，规范社会信用信息管理办法，保护社会信用主体合法权益，推动社会信用体系建设，创新社会治理机制，优化营商环境，提升社会信用整体水平。

促进经济高质量发展方面，《昌吉回族自治州全域旅游促进条例》《塔什库尔干塔吉克自治县旅游促进条例》《巴里坤哈萨克自治县旅游发展促进条例》科学规划旅游资源保护与开发，制定促进旅游发展具体举措，发挥自然资源和生态环境优势，突出地域文化特色，推进旅游产业融合，规范景点建设和管理，大力发展乡村旅游，助力推动乡村振兴，推进经济建设与生态文明协调发展成效明显。《昌吉回族自治州绿色优质农产品生产条例》规范优质农产品的生产和监督管理，加强优质农产品质量监督，推进农业高质量发展。《巴音郭楞蒙古自治州红枣产业促进条例》制定红枣产业规划，建立扶持机制，明晰种植、加工、产地保护、监管责任，加强品牌建设与保护，促进红枣产业高质量发展，带动农民增收，推动经济生态协调发展。《巴音郭楞蒙古自治州库尔勒香梨产业高质量发展促进条例》科学规划库尔勒香梨产业发展路径，制定种植管理、质量监督制度，加强品牌建设与保护，加大产业扶持与服务力度，促进库尔勒香梨产业高质量发展，推动经济、社会、生态协调发展。《木垒哈萨克自治县鹰嘴豆产业促进条例》制定鹰嘴豆产业规划，保护鹰嘴豆集中种植区域，规范鹰嘴豆种植、生产、加工等环节，加强品牌保护和产品营销力度，促进鹰嘴豆特色产业高质量发展，推动乡村振兴。

民生保障和改善方面，《昌吉回族自治州城镇供热条例》《哈密市城市供热用热管理条例》规范供热、用热和设施管理，明晰各方权利义务，保障供热用热双方合法权益，有利于保护环境、节约能源和改善民生。《克拉玛依市养犬管理条例》完善养犬管理机制，增加养犬核查、巡查制度，建立养犬信息系统，充分发挥基层群众在养犬管理工作中的作用，推动提升社会治理能力和水平，维护良好社会秩序。《吐鲁番市城乡环境卫生管理条例》合理确定城市和农村环境卫生责任区与责任人，明确政府和有关部门的管理职责，规范和引导群众参与环境卫生治理，推动营造整洁、文明的人居环境。这些法规紧贴群众生活，主动回应人民群众对立法工作的期盼，围绕民生实际中的急难愁盼问题，系统研究、科学谋划、精准解决人民群众反映突出的现实问题，规范相关部门管理和服务工作，用法律方式保障人民群众的获得感、幸福感、安全感。

生态环境保护方面，《博尔塔拉蒙古自治州温泉新疆北鲵自然保护区管理条例》加强新疆北鲵自然保护区自然环境保护和北鲵物种的保护研究，维护新疆北鲵生存繁衍的栖息环境和自然生态系统。《乌鲁木齐市大气污染防治条例》明确大气污染防治的监管责任，完善大气污染防治突出问题应对措施。《伊犁哈萨克自治州新疆黑蜂遗传资源保护条例》贯彻人与自然和谐共生新发展理念，规范新疆黑蜂遗传资源保护区的建设与管理，加强对新疆黑蜂遗传资源的科学保护，有序推动新疆黑蜂遗传资源的合理利用，有利于推动生态文明建设，促进可持续发展。

四　加速推进备案审查工作

（一）不断加强备案审查工作的组织领导和支持力度

自治区人大常委会组织开办了覆盖全疆的备案审查工作专题培训班，并对各地如何开展备案审查工作做出了明确的安排部署。各州市结合本地实际，完善了备案审查工作相关制度，制定了备案审查工作规定、办法和工作流程。报备主体主动接受人大监督的意识增强，报备规范性文件数量逐年增多，呈现良好的态势。审查工作见成效，衔接联动机制初步建立。自治区、设区的市和自治州人大常委会已全面落实听取和审议备案审查工作报告制度，县一级正逐步推进。

（二）备案审查信息平台正式运行，开展了全疆范围的平台暨业务培训

2021年12月，自治区人大常委会备案审查平台二期建设全面完成，平台各项功能开发较为先进、完善。2021年4月、5月开展了全疆平台培训暨备案审查工作业务培训，自治区人大有关专门委员会及常委会各工作委员会、各州市人大常委会、各地区人大工作委员会、县市区人大常委会（人大工委），特别是兵团办公厅、自治区"一府一委两院"、兵团管理的自治区直辖县级市人大常委会等部门、单位共260余人参加现场培训。7月30日，自治区人大常委会召开信息化应用平台上线运行启动仪式，通过网络和信息化平台，有序扩大公众对立法工作的参与，拓宽民意表达渠道，提高立法决策的科学化民主化水平。

（三）开展《新疆维吾尔自治区各级人民代表大会常务委员会规范性文件备案审查条例》执法检查，以查促改，提高自治区备案审查工作质量和水平

自治区人大常委会组织开展了《新疆维吾尔自治区各级人民代表大会常务委员会规范性文件备案审查条例》执法检查，推动备案审查工作依法有序开展。针对执法检查发现的问题，进一步明确加强备案审查制度和能力建设、切实提高备案审查工作质效的工作目标。一是充分发挥各级人大及其常委会的主导作用；二是多措并举提升备案审查工作水平，坚持"有件必备、有备必审、有错必纠"，继续落实听取和审议备案审查工作报告制度；三是深入推进备案审查数字化建设，实现备案审查全过程规范化、信息化、智能化；四是加强备案审查队伍和能力建设，不断夯实工作力量；五是加强备案审查宣传，积极推动备案审查工作广泛参与。

五 为全面推进依法治疆提供更加有效的法制保障

总结近年来的立法工作，新疆维吾尔自治区地方立法工作坚持党对立法

工作集中统一领导的政治原则，全面履行宪法法律赋予的职责，不断加强和改进新时代地方立法工作，坚持科学立法、民主立法、依法立法，健全和完善地方立法工作体制机制，以良法保障善治、促进发展，充分发挥立法在依法推进和保障社会稳定和长治久安总目标进程中的引领和推动作用。一是坚持以习近平新时代中国特色社会主义思想为指导，贯彻落实党中央精神；二是坚持党的领导，紧紧围绕自治区党委中心工作谋划立法工作；三是坚持以人民为中心，做到立法为人民、立法依靠人民；四是坚持完整准确贯彻新时代党的治疆方略，保证维护稳定和长治久安各项工作有法可依；五是坚持"不抵触、有特色、可操作"的地方立法原则；六是坚持质量和效率并重，不断提高立法的精细化和精准化水平。

2022年地方立法工作要坚持以习近平新时代中国特色社会主义思想为指导，增强"四个意识"、坚定"四个自信"、做到"两个维护"、捍卫"两个确立"，弘扬伟大建党精神，以党对立法工作的领导为根本，紧扣大局，结合自治区的实际，着眼急需，在围绕重点、体现特色上下功夫，特别是紧紧围绕党和国家工作重心，按照自治区党委总体部署努力在保障国家统一、边疆巩固、长治久安、构建中华民族共同体意识、保障和改善民生、高质量发展、生态环保等领域，构建与国家立法相配套的地方法律规范上下功夫，统筹地方立法资源，在推进立法精细化上下功夫，做到精准选题、精良设计、精炼表达，在高质量立法上持续精准发力，为推进全面依法治疆，建设团结和谐、繁荣富裕、文明进步、安居乐业、生态良好的新时代中国特色社会主义新疆提供坚实的法制保障，以优异的成绩迎接党的二十大胜利召开。

（一）围绕自治区稳定改革发展大局开展地方立法工作

坚持党对立法工作的领导，把准立法方向，服务中心大局，坚持急用先行，因需、应时、统筹、有序开展立法，加强维护稳定、高质量发展、民生保障、民族团结、宗教和谐、文化润疆、乡村振兴、生态环保、公共卫生等重要领域立法，制定和修改自治区便民警务站条例，实施促进科技成果转化法办法、人口与计划生育条例、老年人权益保障条例、消防条例，实施中小企业促进法办法，实施土地管理法办法，实施水污染防治法办法、塔城重点开发开放试验区条例等法规。①

（二）积极实践全过程人民民主

在立法工作全流程各环节中推进实现"全过程人民民主"的原则要求，增强立法工作透明度和公众参与度，充分发挥基层立法联系点、代表联络"家室站"的载体功能，完善代表全程参与地方立法的工作机制，通过向社会公开征集对立法项目的意见建议、广泛邀请人大代表参与地方立法调研、全覆盖征求基层立法联系点意见建议等多种方式、多种途径扩大包括人大代表在内的人民群众有序参与立法、表达意愿的途径，把人民民主贯彻到立项、起草、审议、论证、评估、监督和宣传等立法工作的全过程和各方面，使立法工作更加接地气、察民情、聚民智，使每一项立法都符合中央精神、彰显时代特点、体现人民意志、保障人民权益、激发人民创造活力、得到人民拥护。

（三）提高立法质效，丰富立法形式

一是提高立法质量，体现地方特色。在提高立法质量、体现地方特色上下功夫，在推进立法精细化上下功夫，做到精准选题、精良设计、精炼表达。二是增强立法针对性，着力解决实际问题。坚持实事求是、问题导向、对症下药，需要解决什么问题，就立什么法，避免宣誓性、口号式、简单化立法，立一部法力求解决一些实际问题，做到立得住、行得通、真管用。三是丰富立法形式，积极实践"小切口"立法，探索区域协同立法。吃透党中央精神，从本地实际出发，守正创新、不拘形式、大胆探索，正确处理好"大部头"和"小快灵"的关系，实践和深化"小切口""干货式"立法。加强调查研究，探索区域协同立法，创造性地做好地方立法工作。

---

① 肖开提·依明：《自治区人民代表大会常务委员会工作报告》，《新疆日报》（汉）2022年2月8日，第2版。

（四）加强报请批准法规统筹指导和依法审查，推进备案审查工作

认真研究学习国家上位法，及时跟进国家立法进程，定期开展法规清理，坚持立改废并举。严把报批法规合法性审查标准，完善提前介入指导工作机制，推动设区的市、自治州、自治县人大常委会建立稳定、专业的立法队伍，进一步提高报批法规质量，积极引导和鼓励设区的市、自治州、自治县开展具有地方特色的立法探索。同时，切实加强备案审查工作制度和能力建设，坚持备案审查与地方立法协同发力。通过依法立法、依法审批、备案审查确保地方性法规、自治条例和单行条例符合宪法法律精神，推进新疆地方立法工作依法科学有序开展，充分体现地域和时代特色。

（五）进一步完善地方立法工作体制机制

坚持"党委领导、人大主导、政府依托、各方参与"的地方立法工作格局，坚持系统观念和问题导向，发挥好人大在确立立法选题、组织法案起草、审议把关等方面的主导作用，充分调动各方优势，形成立法合力，增强立法的系统性、整体性、协同性。完善立法听证、论证、评估等制度，完善立法咨询专家库建设，探索专家库动态科学管理机制，优化立法咨询专家工作机制，提高专家学者在立法咨询论证、法规意见征集、立法评估中的参与度，充分发挥外脑智囊作用。推进基层立法联系点建设并全面深入开展工作。加大法规宣传力度，确保立法质量稳步提升，立法工作目标任务圆满完成、富有成效。

新疆政府透明指数报告（2022）

——以政府网站信息公开为视角

孟涛 谭雪娇[*]

摘 要： 本报告围绕决策公开、管理服务公开、执行和结果公开以及政务平台建设等，对自治区级 49 个部门、14 个地（州、市）级政府以及 106 个县（市、区）级政府的信息公开工作展开第三方评估。评估结果表明，2021 年度自治区政务公开整体遵循《2021 年政务公开工作要点》的要求稳步推进，及时规范政府信息公开报告，财政、民生等重大领域信息公开情况良好，网上办事便利。同时，评估发现，自治区信息公开在法治政府建设报告、规划计划、债务情况等方面仍存不足。未来，自治区各级政府仍需进一步提升政务公开平台建设，提高政府信息透明度。

关键词： 政务公开 法治指数 新疆法治

政府信息公开对于保障公民知情权、加强政府与公众信息交流、建设透明廉洁政府具有重要意义。严格依法行政，接受公众监督，让权力在制度的轨道上运行。这是信息公开的促进作用，也是法治政府的运行要求。本报告根据法治政府建设的要求，对新疆维吾尔自治区 2021 年各级政府的网站信息公开情况进行了归纳总结。从整体指标上来看，自治区各级政府的评分情况较

---

* 孟涛，中国人民大学法学院副教授，博士生导师，全国法治政府建设评估专家，研究方向为法治、人权、党内法规、纪检监察、紧急状态法等；谭雪娇，中国人民大学法学院法律硕士，研究方向为行政法、食品安全法。

为理想，规划计划公开及时，财政、防疫等信息公开准确，政务平台建设情况良好，政府信息公开工作在《2021年政务公开工作要点》的指导下平稳进行。

一 评估对象、指标及方法

2021年的评估对象包括49个自治区级政府部门（包括政府组成部门、直属机构和其他机构）、14个地（州、市）级政府部门以及106个县（市、区）级政府部门（包括除新星市外10个自治区直辖县级行政单位）。

本报告根据《中华人民共和国政府信息公开条例》《国务院办公厅关于印发2021年政务公开工作要点的通知》《新疆维吾尔自治区实施〈政府信息公开条例〉办法》《新疆维吾尔自治区人民政府机关信息公开指南》等，制定了新疆维吾尔自治区级政府部门及地（州、市）、县（市、区）级政府部门政透明度指标评估体系，一级指标包括决策公开、管理服务公开、执行和结果公开、政务公开平台建设四项。收集评估参数截至2022年3月20日。

如表1、表2所示，决策公开指标主要考察自治区级政府部门、地（州、市）级及县（市、区）级政府部门发展规划公开、规范性文件公开以及政策解读情况。

管理服务公开指标主要考察自治区级政府部门、地（州、市）级及县（市、区）级政府部门权责清单公开、政务服务信息公开以及监管执法信息公开情况。

执行和结果公开指标主要考察自治区级政府部门建议提案办理结果以及财政信息公开情况。对于地（州、市）级及县（市、区）级政府部门主要考察建议提案办理结果、债务信息、审计结果、法治政府建设情况年度报告、统计信息以及卫生防疫领域公开情况。

政务公开平台建设指标主要考察各级政府部门网站建设、政府信息公开规定及报告情况。对地（州、市）级及县（市、区）级政府部门，本报告还考察了政民互动情况。

在透明度评分的具体占比上，本报告依据《中华人民共和国政府信息公开条例》，对各项一、二级指标做出具体权衡，依据《国务院办公厅关于印发 2021 年政务公开工作要点的通知》，加强规划信息、财政信息、政策解读、平台建设等重点的评估比例，并将卫生防疫信息公开作为地（州、市）、县（市、区）政府网站执行和结果公开的二级指标予以体现。

关于二级指标的具体评分，在决策公开及执行和结果公开上，本报告结合自治区级政府部门、各地（州、市）以及各县（市、区）级政府部门网站的具体情况以及决策信息的性质，制定出更新时间、更新信息相关度以及频繁度等具体评估要求。在管理服务公开上，除最近更新时间和频率外，将首次更新情况作为重要考察指标。在权责清单公开及政务服务信息公开上，本报告分别增加信息全面性和政务服务平台建设情况等细化指标。在政务公开平台建设上，以政务公开栏目设置、网站服务便捷度以及稳定性为考察重点，对县（市、区）级政府部门还考察政民互动栏目的处理情况以及更新时间等。

表 1　新疆政府透明度指标评估体系（自治区级政府部门）

一级指标	二级指标
决策公开（30%）	发展规划公开（40%）
	规范性文件公开（30%）
	政策解读（30%）
管理服务公开（20%）	权责清单公开（30%）
	政务服务信息公开（30%）
	监管执法信息公开（40%）
执行和结果公开（25%）	建议提案办理结果公开（40%）
	财政信息公开（60%）
政务公开平台建设（25%）	网站建设（50%）
	政府信息公开规定及报告（50%）

表 2　新疆政府透明度指标评估体系〔地（州、市）、县（市、区）级政府部门〕

一级指标	二级指标
决策公开（30%）	发展规划公开（40%）
	规范性文件公开（30%）
	政策解读（30%）

续表

一级指标	二级指标
管理服务公开（20%）	权责清单公开（30%）
	政务服务信息公开（30%）
	监管执法信息公开（40%）
执行和结果公开（25%）	建议提案办理结果公开（15%）
	债务信息公开（25%）
	审计结果公开（25%）
	法治政府建设情况年度报告（15%）
	统计信息公开（10%）
	卫生防疫信息公开（10%）
政务公开平台建设（25%）	网站建设（40%）
	政府信息公开规定及报告（40%）
	政民互动（20%）

二　政府透明度指标评估结果总体情况

2021年度的政府透明度指标评估结果中，新疆维吾尔自治区级政府部门排在前列的有：自治区财政厅、自治区交通运输厅、自治区林业和草原局、自治区自然资源厅、自治区发展和改革委员会、自治区市场监督管理局（见表3）。地（州、市）级政府排在前列的有：克孜勒苏柯尔克孜自治州、昌吉回族自治州、乌鲁木齐市、喀什地区（见表4）。县（市、区）级政府排在前列的有：阜康市、昌吉市、天山区、阿合奇县、温泉县、玛纳斯县、哈巴河县、布尔津县、岳普湖县、克拉玛依区、米东区、且末县、伊州区、奇台县（见表5）。

从总体情况来看，新疆维吾尔自治区2021年的政府信息公开透明度情况较好，大多数自治区级政府部门，地（州、市）、县（市、区）级政府的信息公开工作令人满意。在自治区级政府部门信息公开上，2021年度自治区级政府部门信息公开透明度指数 60 以上的有 30 家，占比 61.22%。在所有一级指标中，政务公开平台建设结果较为理想，评估指数在 80 以上的部门有 28 家，占比 57.14%。从具体指标来看，2021 年度自治区级政府部门政务公开平台建设情况是一大亮点。

在 14 个地（州、市）级政府中，有 12 个信息公开透明度指数在 60 以上。其中，一级指标政务公开平台建设的透明度指数在 80 以上的政府有 12 个，占比 85.71%。从市级政务公开平台建设的总体情况上来看，政府网站栏目设置具体而合理，信息公开及时高效。

在 106 个县（市、区）级政府中，共有 70 个信息公开透明度指数在 60 以上。其中，11 个政府的总体透明度指数在 80 以上。在管理服务公开和政务公开平台建设上分别有 48 个和 60 个评估对象的透明度指数在 80 以上。从一级指标的情况来看，县（市、区）级政府信息公开网站的建设、政务服务信息的公开情况较优，权责清单公开全面及时，监管执法信息透明。

结果也表明，各部门、各地方政务公开存在不小差距。自治区级政府部门中，政府透明度指数最高为 87.37，最低仅为 31.82；地（州、市）级政府中，最高为 90.09，最低仅为 14；县（市、区）级政府中，最高为 85.96，最低为 0（见表 3、表 4、表 5）。

政务信息公开建设呈现区域集中化的特征，而地（州、市）级与县（市、区）级建设情况不统一。地（州、市）级政府网站的建设要求反映在所辖地政府的政务公开上。在本次评估中，县（市、区）级政府透明度指数排名前 10 的有一半来自地（州、市）级政府，政府透明度指数排名前 3 的依次为克孜勒苏柯尔克孜自治州、昌吉回族自治州以及乌鲁木齐市。而在剩下的 5 名中，有 4 名分别来自排名较为靠后的哈密市、阿勒泰地区以及博尔塔拉蒙古自治州。由此可见，下级政府与上级政府排名存在不匹配情况，上级政府政务公开的有序推进对下级政府信息公开水平的提升具有一定影响。

表3 2021年新疆自治区级政府部门透明度指数评估结果前十位

排名	评估对象	政府透明度指数	决策公开	管理服务公开	执行和结果公开	政务公开平台建设
1	自治区财政厅	87.37	84.35	90.54	85.96	89.85
2	自治区交通运输厅	87.05	86.06	94.14	87.56	82.05
3	自治区林业和草原局	86.45	83.15	91.24	86.76	86.25
4	自治区自然资源厅	84.87	89.49	86.64	83.04	79.75
5	自治区发展和改革委员会	84.22	73.82	92.06	89.20	85.45
6	自治区市场监督管理局	82.40	88.02	66.80	84.40	86.15
7	自治区商务厅	80.11	82.65	57.60	87.92	87.25
8	自治区住房和城乡建设厅	76.76	51.36	86.78	85.04	90.95
9	自治区教育厅	76.07	82.15	64.64	87.44	66.55
10	自治区人民政府国有资产监督管理委员会（特设机构）	74.13	84.93	63.76	54.96	88.65

资料来源：新疆维吾尔自治区各政府单位2021年年度工作报告。

表4 2021年新疆各地（州、市）级政府透明度指数评估结果前五位

排名	评估对象	政府透明度指数	决策公开	管理服务公开	执行和结果公开	政务公开平台建设
1	克孜勒苏柯尔克孜自治州	90.09	88.09	92.00	90.59	90.48
2	昌吉回族自治州	89.05	91.75	97.20	76.59	91.76
3	乌鲁木齐市	88.78	83.97	96.20	86.09	91.32
4	喀什地区	85.019	85.36	92.58	73.72	89.86
5	阿克苏地区	84.80	85.77	93.70	70.11	91.20

资料来源：新疆维吾尔自治区各政府单位2021年年度工作报告。

表5 2021年新疆各县（市、区）级政府透明度指数评估结果前二十位

排名	评估对象	政府透明度指数	决策公开	管理服务公开	执行和结果公开	政务公开平台建设
1	阜康市	85.96	86.64	92.84	83.60	82.00
2	昌吉市	85.53	85.88	90.76	84.06	82.40
3	天山区	85.18	82.59	86.50	82.81	89.60
4	阿合奇县	84.06	87.38	77.00	83.40	86.40
5	温泉县	83.41	83.77	90.54	80.49	80.20

排名	评估对象	政府透明度指数	决策公开	管理服务公开	执行和结果公开	政务公开平台建设
6	玛纳斯县	82.89	84.93	91.76	75.01	81.24
7	哈巴河县	81.97	83.65	91.16	70.56	84.00
8	布尔津县	81.00	88.11	91.44	58.72	86.40
9	岳普湖县	80.98	83.13	92.08	69.50	81.00
10	克拉玛依区	80.60	81.60	93.10	64.46	85.52
11	米东区	80.35	80.20	91.86	66.87	84.80
12	且末县	79.55	82.94	90.52	60.64	85.60
13	伊州区	79.41	88.28	87.80	57.66	83.80
14	奇台县	78.97	61.51	94.06	84.42	82.40
15	阿图什市	78.37	82.36	77.00	65.63	87.40
16	富蕴县	77.81	85.47	83.90	55.55	86.00
17	阿克陶县	77.64	81.99	77.00	62.25	88.32
18	尉犁县	77.36	81.80	94.80	57.06	78.40
19	精河县	77.05	80.35	91.48	57.40	81.20
20	奎屯市	76.32	80.56	85.30	55.85	84.52

资料来源：新疆维吾尔自治区各政府单位2021年年度工作报告。

三　评估发现的亮点

（一）政府信息公开得到进一步加强，报告及时规范

本次评估中政府信息公开指南及报告是一大亮点。

首先，政府信息公开制度完整且全面。在所调查政府部门中有45个自治区级政府部门、14个地（州、市）级政府以及99个县（市、区）级政府有明确的本级政府信息公开指南。部分政府网站每年及时更新政府信息公开相关规范。同时，各级政府的信息公开相关制度规范涵盖中央至本级人民政府的相关文件，覆盖范围较广。

其次，政府信息公开报告及时、准确且完善。在本次评估中，有44个

自治区级政府部门、14 个地（州、市）级政府以及 98 个县（市、区）级政府设置政府信息公开报告、政府信息公开指南及政府信息公开制度专栏，且绝大多数评估对象每年准时更新政府网站信息公开报告及政府网站报表。栏目设置醒目，方便公众查找。部分地（州、市）级政府及县（市、区）级政府同时公开本级政府部门信息公开报告，较为全面。

（二）政务服务信息完善，网上办事便利

政务服务信息公开条目划分细致，服务便民。大多数评估对象完整公开政务服务相关信息。除 13 个县（市、区）级政府及 8 个自治区级部门外，其余自治区级、地（州、市）级及县（市、区）级政府（部门）皆完整公开了政务服务的相关信息，总体比例达到 87.57%。政务服务的相关信息划分较为明确细致，根据不同的申请主体，办事渠道被分为个人办事和法人办事两大模块，网站同时提供部门检索途径以及跨省通办等特色服务。所有具体公开政务服务事项的自治区级部门、地（州、市）级以及县（市、区）级政府皆与新疆政务服务网站或新疆生产建设兵团政务服务网站相链接，其政务服务信息公开由上述网站进行具体规定。部分评估对象专门提供更为细化的服务平台，如新疆维吾尔自治区医疗保障局同时公开新疆医保服务和新疆药品采购信息。

新疆政务服务网站明确公开公共服务事项、不见面办理事项等清单，并由政策直通车栏目明示相关具体规定。服务网站的页面左上角能够便捷切换部门及地区，覆盖新疆维吾尔自治区从省至区县的各级人民政府及部门，涵盖范围极广。由于自治区级政府部门及地（州、市）级、县（市、区）级政府服务事项各有不同，相关网站的政务服务事项也有所区别。自治区级政府部门公开及办理事项集中于行政处罚、行政强制、行政许可等，而地（州、市）级政府及县（市、区）级政府划分更为细致，包括个人社会保障、就业创业，法人司法公证、设立变更等各项具体服务。为服务新冠疫情防控工作，网站特设了疫情防控专栏，提供疫情动态、地域风险等级、疫苗核酸信息查询等服务。网站服务栏目划分细致，每一栏中具体事项均有服务

指南，为网上办事提供具体指引。同时，网站右侧设咨询投诉、智能客服等通道，解答群众常见疑惑帮助其快速理解办理流程。为便利老年公民查询及网上办事，网站提供老年人模式，充分考虑不同公民具体需求。将整个自治区各级政府部门（除新疆生产建设兵团直管市）政务服务信息及事项纳入，提升服务效能。

新疆生产建设兵团政务服务网站同样系统规定了政务服务事项。网站划分了多次办、全程网办、最多跑一次专区，明确办事流程，方便群众了解情况，减少因不清楚办事流程多跑、少跑等情况的发生。全程网办及最多跑一次专区事项分别为 390 个、805 个，而多次办仅为 23 个，符合近年简化政府办事流程、服务便民的趋势。

新疆维吾尔自治区政务服务网站的总体建设情况较好，政务服务信息较为完善，服务指南明确，办事指引清晰。统一的政务服务网站也提升了政务服务效率，便利了自治区群众。

（三）规范性文件分类查询，规划计划公开稳步推进

规范性文件公开及时明确。在本次评估中，有 47 个自治区级政府部门、13 个地（州、市）级以及 92 个县（市、区）级政府设置规范性文件专栏公开具体信息，分别占比 95.92%、92.86% 及 86.79%。其中，大多数评估对象更新及时，公开了 2022 年规范性文件的相关信息。在文件相关度方面，大部分评估对象公开的规范性文件主要涉及本部门或本级政府颁布的相关规定。不少评估对象按照行政层级将规范性文件划分为国务院文件、自治区文件及本级政府文件，为群众提供了分类查询途径，公开范围全面，浏览方便快捷。

规范性文件公开平台建设情况较好，例如昌吉回族自治州政府建立了自治州内跨区县的文件库。内容涵盖辖区内全部 8 个区县政府所发文件，涉及综合政务、财政税收、国民经济、民政扶贫、科教文卫等各个领域，并依照公文种类予以区分，公开全面彻底、分类准确。

规划计划公开情况持续推进。新疆维吾尔自治区级政府部门、地（州、

市）级及县（市、区）级政府重大决策公开率分别为48.98%、86.67%以及67.92%。其中，绝大多数政府（部门）网站设置重大决策或规划计划专栏，并公开本级政府"十四五"规划，部分政府（部门）公开其国民经济发展计划及执行情况。虽然，大多数政府（部门）规划计划公开从2019年才开始，起步较晚，但自治区各级政府重大决策公开情况整体呈现稳步推进的态势。

政策解读范围较为具体明确，更新及时。在本次评估中，有32个自治区级政府部门、13个地（州、市）级政府以及73个县（市、区）级政府在政府网站上公开政策解读相关内容。其中，除5个县（市、区）政府外，上述评估对象公布的政策解读内容涉及本级政府颁布的规范性解读文件。部分评估对象发布的政策解读文件比较完善，与其公开的规范性文件形成较好对应关系，便利群众理解文件相关内容。多数评估对象在政策解读内容中列出解读的核心内容，解读形式也呈现多样化特征，不少评估对象采用图解等方式发布解读内容。

（四）执法信息公开具体明确，有序规范行政行为

监管执法信息公开较为全面。有37个自治区级政府部门、13个地（州、市）级政府、75个县（市、区）级政府公开了行政执法相关信息，分别占比75.51%、92.86%、70.75%。公示信息涵盖行政执法、行政许可、行政处罚等各类行政行为信息。行政执法信息公开也较为具体。部分评估对象公开的行政处罚信息包括行政处罚依据、行政处罚对象及社会信用代码、行政处罚对象的违法事实等各方面具体信息，清楚透明。"双公示"情况良好是本次评估中绝大多数评估对象所呈现的特征。部分政府为"双公示"设专栏公示相关信息。部分评估对象的执法工作情况公开还呈现专业化特点。例如自治区教育厅，将教育综合管理分为阳光招生、"六稳、六保"、业务工作、教育督导等内容。

部分评估对象行政执法平台建设情况较好。例如阿勒泰地区行政公署建设了覆盖地（州、市）、县（市、区）两级的行政执法信息公示平台，公示

信息覆盖行政许可和行政处罚。平台设置"行政相对人"、"社会信用代码"以及"入库时间"的查询条件。平台同时提供统一信用代码的查询途径，每条行政许可或行政处罚信息都包括许可或处罚事项、时间、相对人及机关等内容。乌鲁木齐市、克孜勒苏柯尔克孜自治州等也建立了相应的公示平台。

"双随机、一公开"是《国务院办公厅关于推广随机抽查规范事中事后监管的通知》中要求推行的新型监管模式。在本次评估中，"双随机、一公开"的整体实施效果较好。在 14 个地（州、市）级政府和 106 个县（市、区）级政府中，一共有 89 个评估对象公示"双随机"相关信息，包括随机抽查结果、计划等。部分评估对象更新较为及时，以月份为单位进行结果公示，且公开的部门较为全面。部分地（州、市）、县（市、区）级政府在门户网站上发布随机事项抽查清单的部门数量较多。例如，昌吉回族自治州 15 个政府部门发布了随机抽查事项清单，乌鲁木齐市 12 个政府部门发布了随机抽查事项清单，吉木萨尔县 33 个政府部门发布了随机抽查事项清单。吉木萨尔县同时还对执法人员名录和市场主体名录进行公开。部分政府部门抽查事项公开较为具体。例如博尔塔拉蒙古自治州将抽查依据、内容、方式、要求、抽查人员和审核人员等进行了统一公示。

（五）财政预决算公开精准落实，财政信息公开透明

本级财政预决算执行情况公布及时。43 个自治区级政府部门、12 个地（州、市）级政府及 79 个县（市、区）级政府均公开其财政预决算相关信息。大多数评估对象及时公开年度政府预算及年度政府决算信息，且基本能做到每年按时更新。部分政府网站预决算信息公布时间跨度较大，能够查询到 2012 年及以前的政府财政信息。部分县（市、区）级政府除本级政府整体预决算，还同时公开本级政府部门预决算情况。自治区政府部门及各级政府财政信息公开呈现时间跨度大、更新频率高、部门涵盖范围广的特征。

财政信息分类公开，类目明确。87.76%的自治区级政府部门和地（州、市）级政府以及 74.53%的县（市、区）级政府网站设置财政信息专栏。其

中，部分政府（部门）网站财政信息公开分类细致，分为财政预算、财政决算、三公经费、扶贫资金、政府债务、财政资金直达基层等各专栏，便利群众浏览查询。多数县（市、区）级政府同时公开预算执行效果，接受公众监督。

（六）重大领域公开栏目完善，民生领域信息高效公开

本次评估中，涉及民生重大领域总体公开情况较为理想。在本次评估中，12个地（州、市）级政府与79个县（市、区）级政府公布重点民生领域相关信息，分别占比85.71%与74.53%。其中，多数评估对象以"重点领域公开"栏目将公共卫生、环境保护、市场监管、教育服务等民生信息囊括，部分评估对象采用直接单设栏目的形式。不少政府民生领域公开较为全面，涵盖教育服务、医疗卫生、市场监管、风险管理、环境保护、食药安全等。也有部分政府仅公开其中的几项。本次评估选取其中的教育服务、医疗卫生两个方面进行考察。

在本次评估中，有84个地（州、市）级及县（市、区）级评估对象设置了教育领域专栏公开相关民生信息。包括本辖区的招生信息、教育督导检查、教育资助政策及结果、校外机构管理等方面内容。部分评估对象教育信息公开专栏呈现精细化的特征。例如阿合奇县政府教育领域公开分为重点工作、重要公告、义务教育招生、学前教育、教育资助等。克孜勒苏柯尔克孜自治州将教育领域信息公开分为重点工作、教育收费、义务教育招生、行政执法、义务教育资助、义务特殊教育等专栏。

有73个地（州、市）及县（市、区）设置了医疗卫生专栏，以公开相关领域信息，内容涵盖医疗惠民活动、医保信息、行政执法以及卫生科普等，范围较广。个别评估对象将医疗保障等资金信息独设一栏公开。

（七）政民互动平台建设稳步推进，意见回复具体高效

政民互动平台建设整体情况较好。有46个自治区级政府部门，13个地（州、市）级政府以及100个县（市、区）级政府网站开设政民互动专区。

其中，除 1 个自治区级政府部门外，均开设领导信箱栏目，且整体回复率较高，更新及时，便于公众查询。政民互动专区栏目的设置呈现多样化特征。大多数评估对象除领导信箱栏目外，还设置调查访谈、建议监督、献言献策等多样化环节，聆听群众意见，充分保障公民的建议权、监督权。栏目所涉话题多关乎群众衣食住行等民生问题，意见建议处理高效。

（八）统计信息及时发布，多样化展示清晰明了

统计信息展示具体，条目分明。部分县（市、区）级政府单设统计信息专区，利用图表形式展示国民经济生产总值，第一、二、三产业生产总值等历年数据信息。同时在该专区下分设统计公报、经济运行分析等栏目，例如，昌吉市、奇台县、吉木萨尔县等政府网站还提供数据开放资源下载途径。多数统计信息公开网站信息更新及时准确，能够查询到 2022 年相关统计信息。统计公报配合图片的公开方法，使统计信息公开更为明确，便利公众查询。

四 政府透明度指数评估过程中发现的问题

（一）政府网站稳定性仍需加强

县（市、区）级政府网站的稳定性不足。本次评估中，自治区级政府部门及地（州、市）级政府官方网站的流畅性较好。除 1 个地（州、市）级政府外，上述两级政府（部门）网站的信息查询没有障碍。而县（市、区）政府网站稳定性仍需提升。大多数县（市、区）级网站建设情况较好，但仍有部分政府网站存在间歇性页面丢失等情况。5 个县（市、区）级政府网站存在页面丢失或政府信息公开具体栏目加载失误等情况。

（二）文件公开信息重复度高，准确性与全面性仍不理想

部分评估对象栏目划分较为粗糙，准确性有待提高。部分政府（部门）在官方门户网站上不区分各民生领域信息，仅以重点领域一栏公布所有涉及

医疗卫生、教育服务、扶贫补贴等信息，浏览存在困难。除此之外，在规范性文件专栏，多数评估对象未区分国家、自治区及本级政府规定。此举虽使信息公开更为全面，但也增加了检索的难度。部分政府栏目内容较为混乱。

规范性文件清理信息公开不理想。首先，本级政府规范性文件公开仍需提升。在本次评估中，部分政府规范性文件公开以国家级和自治区级的文件为主，少有本级政府部门规范性文件。其次，规范性文件清理结果公开情况不佳。在本次评估中，仅有 15 个自治区级政府部门、8 个地（州、市）级政府以及 29 个县（市、区）级政府在其官方门户网站上公开规范性文件清理结果。其中，部分评估对象规范性文件清理结果公开不及时、不全面，仅有部分部门或者部分年份的相关信息。最后，规范性文件备案审查信息公开存在不足。47 个自治区级政府部门、10 个地（州、市）级政府以及 87 个县（市、区）级政府未公开规范性文件备案审查相关信息，分别占比95.92%、71.43%以及 82.08%。在所有公开相关信息的 25 个评估对象中，公示的主要是备案审查相关制度规定，其中国家级文件和自治区级文件占大多数，少有规范性文件备案审查情况。这方面信息公开仍需加强。

（三）法治政府建设年度报告尚需重视

法治政府建设年度报告公开情况有待提高。14 个地（州、市）级政府中有 8 个公开法治政府建设年度报告，106 个县（市、区）级政府中仅有26 个公示相关信息，分别占比 57.14%及 24.53%。其中，仅有 1 个地（州、市）级政府及 3 个县（市、区）级政府设置法治政府建设年度报告专栏，分别占比为 7.14%及 2.83%。其余政府网站的法治政府建设年度报告需要通过页面的搜索功能进行查询，且查询界面准确度有待提升。部分政府网站检索页面缺乏提高准确性的搜索条件，搜索结果众多，杂糅国家级及自治区级相关内容，法治政府建设报告检索存在困难。并且，法治政府建设年度报告更新较为滞后，多数政府仅公开了 2020 年的建设报告，报告的年份出现缺失，开始公开的起步时间也较晚。个别政府网站设置依法行政专栏，但仅涉及执法相关情况，没有公开法治政府建设相关内容。法治政府建设年度报告已经成为《法治中国建设规划（2020~2025年）》《法治社会建设实施纲要（2020~2025年）》《法治政府建设实施纲要（2021~2025年）》要求的硬性公开内容。法治政府是依法治国的关键。法治政府建设年度报告是依法行政在信息公开上的重要体现。在依法治国的整体方略运行下，加强法治政府建设需要强化法治政府建设情况的年度信息公开。

（四）政府债务信息公开存在短板

地（州、市）级政府及县（市、区）级政府债务信息公开不够透明及时。本次评估中，有6个地（州、市）级政府及56个县（市、区）级政府信息公开缺乏政府债务信息相关内容，分别占比42.86%、52.83%，与未公开财政预决算的14.29%、25.47%形成鲜明对比。多数政府债务信息公开年份较少，只能查询到2018年及以后的信息，2017年及以前的政府债务信息则有缺失。除此之外，多数评估对象的债务信息公布较为混乱。本级政府总体债务情况信息与本级政府各部门债务情况信息被置于同一栏目中，多数仅涉及本级政府债券资金使用安排、债务预算情况等，债务具体使用情况、偿债率等信息公开度较低。

（五）卫生防疫领域信息公开仍有欠缺

自治区《2021年政务公开工作要点》中强调做好常态化卫生防疫信息公开。少数政府将卫生防疫归纳在卫生健康一栏，且所公开信息涉及疫情内容较少，多为医保、医院、义诊等医疗卫生领域相关信息，缺乏卫生防疫专栏的设置。

（六）规划计划公示程度不佳

规划计划公开仍需加强。在本次评估中，所有的评估对象中仅有62个地（州、市）级及县（市、区）级评估对象未公开规划计划相关信息，占比36.6%，其中自治区级政府部门、地（州、市）级政府、县（市、区）级政府分别为25个、3个以及34个，占比分别为51.02%、21.43%

及32.08%。

《2021年政务公开工作要点》强调紧扣"十四五"做好各类规划主动公开。在本次评估中，各级政府（部门）的国土空间规划等公开情况不佳。在120个评估对象中，仅有42个评估对象公开本级政府"国民经济和社会发展第十四个五年规划和2035年远景目标纲要"，占比35%。绝大多数评估对象未公开国土空间规划、专项规划等，部分政府（部门）官方网站的规划信息专栏为法治政府建设报告、新闻报告等无关信息。

（七）执法信息公开工作尚有较大提升空间

绝大多数政府（部门）行政执法公示平台建设情况不理想。在本次评估中，仅有3个地（州、市）级政府按照国务院文件要求设置符合规范的行政执法平台，统一公示执法信息。个别评估对象链接信用中国（新疆）平台进行"双公示"，而本级政府公示平台的建设存在欠缺。并且仅有的3个设置本级行政执法公示平台的市级政府，其公开内容仅涉及行政许可与行政处罚，与《国务院办公厅关于全面推行行政执法公示制度执法全过程记录制度重大执法决定法制审核制度的指导意见》的公示要求仍有差距。

执法信息公开程度仍需加强。在14个地（州、市）级政府中，有2个评估对象未公开执法相关内容；在106个县（市、区）级评估对象中，有31个未公开执法相关信息。

执法信息栏目精确度尚需提升。有51个政府（部门）在进行执法信息公开时仅开辟一个专栏公示所有执法结果。不少评估对象的执法结果或者执行一栏中兼有行政处罚、行政许可以及"双随机、一公开"等内容，信息混杂，浏览存在困难。除此之外，部分评估对象执法信息公开信息不全面。部分政府在门户网站上公布的行政处罚结果在时间上较为零散，仅公布某一特定时间段内的行政处罚结果信息。

"双随机、一公开"程度不够。首先，专栏设置不全面。在89个公开了相关信息的地（州、市）级以及县（市、区）级政府中，仅有36个评估对象设置"双随机、一公开"专栏。其余评估对象随机抽查结果等的公示信息仅能从"综合执法信息""政务五公开"等栏目或者网站的搜索功能中获取。其次，"双随机"相关名录清单公示不足，公开全面性存在欠缺。仅有个别评估对象公布随机抽查事项清单、执法人员名录和市场主体名录；大多数评估对象公开的抽查结果部门数量较少，多为消防大队等，其他部门公开情况不佳，公示时间跨度较小，更新频率较低。

行政处罚信息公开。在 120 个地（州、市）级及县（市、区）级评估对象中，仅有 53 个评估对象进行了行政处罚结果公示。部分评估对象以文件形式进行公开。其中，个别评估对象上传的文件内容在下载后呈现丢失状态。

（八）教育领域信息公开仍有欠缺

教育领域信息公开的全面性有待加强。在 120 个地（州、市）级及县（市、区）级评估对象中，公开招生咨询电话的仅有 8 个，进行校外机构检查、许可等公示的仅有 16 个，公开教育资助信息的有 48 个，进行招生工作及计划公开的仅有 42 个，分别占比 6.67%、13.33%、40% 及 35%。在公开的信息中，多数政府公开的信息较为片面。例如招生信息仅公开个别学校、个别年份的招生简章、计划，资助信息仅公开部分资金流向、结果或资助政策。

教育领域信息公开专栏建设需加强。在本次评估中，仅有 11 个政府（部门）将教育领域专栏进一步细化，有 36 个评估对象未设置教育领域信息公开专栏。多数政府（部门）教育信息公开较为混乱，国家、自治区、地（州、市）以及县（市、区）等不同层级政府的资助、招生、检查等不同方面的信息文件杂糅，给信息查找带来不便。

五　推进政务信息公开的对策建议

全面推进政务信息公开，建设阳光透明的法治政府，对于提高国家治理体系和治理能力现代化、建设富强民主文明和谐的社会主义国家有着重要意义。中共中央、国务院印发的《法治政府建设实施纲要（2021~2025年）》强调全面建设数字法治政府，推进信息化平台建设，健全政务数据协调机制，加快权责清单动态公开。中共中央办公厅、国务院办公厅印发的《关于推进社会信用体系建设高质量发展促进形成新发展格局的意见》中也明确提出加强公共信用信息平台建设，建立数字化信用监管机制，深化互联网诚信建设。国务院办公厅印发的《公共企事业单位信息公开规定制定办法》为公共企事业单位的信息公开工作提供了进一步指引。从自治区政府（部门）及各级政府信息公开的总体情况来看，政务信息公开平台建设情况较为理想，各方面信息公开全面完善，建议提案回复及时准确，政务服务有序便民，平台建设兼具美观与功能性。规划计划、执法信息、财政信息等各方面信息的公开具有长足进步，但法治政府建设情况公开等方面也存在着一些不足。法治新疆、法治政府、法治社会一体化建设对信息公开提出了更高的要求，结合2021年度自治区的政务公开情况，今后自治区的政务信息公开工作需从如下几个方面继续努力。

首先，政务公开以人民群众的普遍需要为出发点、落脚点，继续向服务型政府职能转变。应继续优化政务公开专栏设置，注重提升政务信息查询的便利度、流畅度，简化服务申请程序，加快政务服务"互联网+"建设的步伐，以更为简洁清晰的界面提升用户使用效率。

其次，加强政务统一公开平台建设。将执法信息等进行整合，统一公示，提高行政执法信息公开的完整度。推进区域化统一公示平台建设，以统一化信息公开促进区域信息数据交流，引导各地方落实公开要求。

再次，完善规范性文件信息公开。加强本级政府及部门的规范性文件公开，按照部门层级划分文件种类，便利查询。提高更新频率，强化法规清理工作。同时，法治中国建设要求提升政府依法行政水平，这部分体现在政务公开上，各地方应该提升法治政府建设的公开水平。法治政府年度报告是对该年度政府依法依规行政情况的总结，是对成就的展现与不足的审视。在全面依法治国的背景下，加强自治区的法治政府年度报告信息公开的建设是当务之急。自治区政府部门及各级政府需严格执行法治政府建设年度报告制度，及时公开本年度法治政府建设年度报告，推进权力在法治的轨道上持续顺利运行。

最后，继续加强政务信息公开力度，总结政务公开工作中的经验教训，更加及时全面公布政务信息。优先推动民生保障、公共服务、市场监管等领域政府数据向社会有序开放，充分保障公众的知情权。从使用者角度出发改良官方网站专栏设置，优化检索条件。以服务为民的态度加强政府信息公开透明化，以依法行政为指导推进法治政府建设，使政务公开在标准化、规范化、法治化的轨道上持续运行。

B.4
新疆平安建设报告（2022）

韩永生 罗建国 李家南[*]

摘　要： 平安是极重要的民生，是国家的福祉，也是最基本的发展需求，更是社会和谐稳定的基石。新疆因其战略地位、地缘优势和独特的人文背景而成为平安中国建设的关键省区，经过三十多年尤其是党的十八大以来的发展，新疆社会治安综合治理和平安建设取得了引人注目的成就，进入了新的发展时期。本报告在总结、梳理历史经验的基础上，对2022年新疆平安建设的形势做了客观分析。本报告认为，平安新疆建设取得了显著成效，出现了一大批标志性成果和亮点，"党建+网格""维稳双联户"群防群治社会治理探索模式等特色亮点工作成效被中央政法委充分肯定，群众安全感有明显的提升。但新疆平安建设是一个动态发展、不断升级的过程。平安新疆建设需要继续把握社会发展新阶段的新特征，聚焦广大群众关切，不断提高运用法治思维和法治方式谋划和加强社会治理的能力，持续推进理念、体制、手段、载体等创新，以点带面，全力推动平安新疆建设的高质量发展，让人民群众切实感受到实实在在的平安。

关键词： 平安建设　社会治理　依法治疆

党的十八大以来，新疆各级各部门认真贯彻落实习近平总书记关于加快

---

* 韩永生，新疆维吾尔自治区党委政法委基层社会治理处处长；罗建国，新疆维吾尔自治区党委政法委基层社会治理处副处长；李家南，新疆维吾尔自治区党委政法委干部。

推进社会治理现代化、努力建设更高水平平安中国的重要论述和党中央关于平安建设的决策部署，完整准确贯彻新时代党的治疆方略，牢牢扭住社会稳定和长治久安总目标，坚持以市域社会治理现代化试点、基层社会治理体系建设、平安创建活动为着力点，扎实推进反恐维稳法治化常态化，持续深化系统治理、依法治理、综合治理、源头治理，既有效扭转暴恐活动多发频发势头、遏制宗教极端思想渗透蔓延，又注重强化教育疏导、法治规范、科技支撑等现代治理方式，推动新疆社会治理体系不断优化创新，开创了平安新疆建设工作的新局面。

一　新疆平安建设进入新的发展时期

自改革开放以来，新疆根据党中央、国务院关于加强社会治安综合治理工作的要求有计划地开展了社会治安综合治理工作，先后出台了一些相关的地方性法规和文件。如《新疆维吾尔自治区社会治安综合治理条例》《自治区党委、自治区人民政府关于深入开展平安县（市、区）建设的意见》《自治区创建平安畅通县（市、区）实施方案》《关于进一步深入开展平安建设的意见》《关于深入推进社会治安综合治理创新建设平安新疆的意见》《关于加快推进基层社会治理现代化　努力开创平安新疆建设新局面的意见》《新疆维吾尔自治区平安建设条例》等。全区各地结合这些法规政策，深入开展高标准、宽领域、大范围、多层面的平安创建活动，包括"平安家庭""平安学校""平安院""平安乡村""平安企业"等平安细胞创建，激活社会治理体系的基层细胞，促进问题联治、工作联动、平安联创，推动平安建设良性发展。

平安建设是社会治安综合治理工作在适应新形势、解决新任务、应对新挑战时，不断探索实践形成的创新性结果，是当下指引我们加强社会治理体系和治理能力现代化建设的关键举措，也是持续推进社会持续稳定长治久安的有力抓手，更是夯实党的执政根基、凝聚党心民心的基础工程。经过开展一系列平安建设工作，平安新疆建设取得显著成效，社会面防控由"乱"

到"治",平安创建从"单一"到"多样",市域社会治理现代化试点从"破题"到"样板",扫黑除恶从"专项斗争"到"常态长效",一大批标志性成果和亮点在平安新疆建设过程中纷呈涌现,"党建+网格""维稳双联户"群防群治社会治理探索模式等特色亮点工作成效被中央政法委充分肯定,并在全国政法工作创新交流会上得到推广。截至2021年12月,全区创建命名优秀平安地(州、市)6个、优秀平安县(市、区)91个、优秀平安乡镇(街道)584个。2021年底,伊犁州、博州、阿勒泰地区等3个地州、5个县市、5个集体、4名个人被授予"2017~2020年度平安中国建设先进"称号,其中博州荣获平安中国建设最高荣誉"长安杯",平安建设取得全方位进步、历史性成就。

二 新疆平安建设主要成效

(一)平安建设组织架构得到健全完善

自治区党委全面贯彻落实新发展理念,把平安建设工作作为推进社会治理体系和治理能力现代化的一项支柱性工程,融入新疆建设工作全局,与各项中心工作同部署、同推进、同落实,为推动工作提供了强有力组织保障,横向上在整合优化原综治、维稳、反邪教等议事协调机制和成员单位基础上,单设铁路护路联防工作组,增设群众工作组,形成权责明晰、高效联动的运转体系。纵向上构建区、地、县、乡、村五级平安建设组织架构,不仅层层压紧压实了各级党委(党组)"促一方发展、保一方平安"的政治责任,而且通过健全机制、创新手段等方式,在具体实践和探索中,及时系统总结,固化好的做法和经验,形成一套符合新疆实际、好用务实管用的社会治理新模式和维稳指挥体系(见图1)。①

---

① 《政治局就健全公共安全体系进行第二十三次集体学习》,央广网,2015年5月31日,http://china.cnr.cn/news/20150531/t20150531_518694433.shtml。

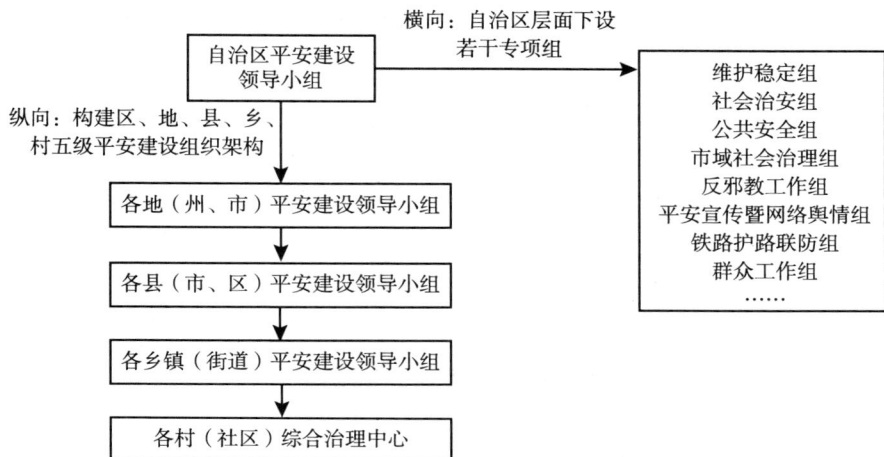

图1　自治区建设工作图示

资料来源：新疆维吾尔自治区党委政法委内部工作资料。

（二）维护稳定能力得到有效提升

自治区各级政法专业部门、各维稳力量保持严打高压态势不动摇，通过标本兼治、综合施策，持续深化严打斗争、群众工作、社会面防控，严厉打击、严密防范"三股势力"分裂破坏活动，坚决把暴恐活动摧毁在预谋阶段，一举扭转了过去一段时间暴恐活动多发频发、大量无辜群众伤亡的局面，2017年以来未发生一起暴恐案件，刑事案件、治安案件、危安案件、公共安全事件大幅下降，各族群众安全感持续提升。[①] 2021年，全疆群众安全感达到99.14%（见图2），为全国的社会稳定和反恐怖斗争做出了重要贡献。[②]

（三）法治新疆建设得到深入推进

制定《新疆维吾尔自治区平安建设条例》，相继出台了辅警条例、政务

---

① 《公安部：全国连续5年多未发生暴恐案事件，有效遏制邪教活动》，澎湃新闻网百家号，2022年4月15日，https://baijiahao.baidu.com/s?id=1730161831700048480&wfr=spider&for=pc。

② 《新疆公众安全感由87.58%提高到99.14%》，《法治日报》2022年8月27日，第1版。

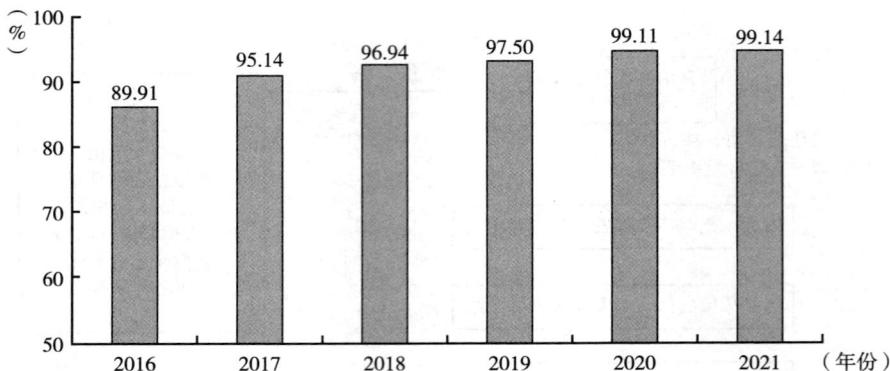

图 2　2016~2021 年新疆群众安全感情况

资料来源：2016~2021 年新疆维吾尔自治区政府工作报告。

服务便利化条例，修订了去极端化、网络安全管理、网格化服务管理等系列法规办法，着力提升各领域反恐维稳和社会治理现代化、规范化水平，有效解决了政法系统执法司法过程中存在的选择性执法、简单执法、粗暴执法等问题。《新疆维吾尔自治区平安建设条例》作为新疆推进平安建设工作的首部地方性法规，将近年来工作中积累的许多行之有效的制度经验通过地方立法的形式总结上升为法律规范，为平安新疆建设提供了有力的法治保障。

（四）社会面防控网络逐步织密筑牢

聚焦社会稳定和长治久安，围绕平安新疆建设，着力打造立体化、法治化、专业化、智能化社会治安防控体系，提升便民警务站防范处置能力，融合社区警务和社区网格，优化勤务模式，智慧布警、智慧巡防、智慧指挥、智慧安防，常态防范化解各类风险。截至 2021 年底，巴州、昌吉州、克拉玛依市等地 40% 以上的小区实现可防性案件"零发案"；乌鲁木齐市自 2019 年以来刑事案件连续三年保持下降趋势。[①] 社会治安防控整体性、协同性、精准性不断增强，社会面管控能力水平显著上升。

---

① 《新疆公安：加快推进社会治安防控体系建设》，中国日报网，2022 年 2 月 23 日，https://baijiahao.baidu.com/s?id=1725525087684751424&wfr=spider&for=pc。

（五）共建共治共享格局加速形成

充分发挥党的领导优势和群众工作优势，建成五级综治中心（网格中心）1.3万个，[①] 探索"基层党建+综治中心（网格中心）+维稳双联户"治理新模式（见图3），充分发挥网格员、联户长、民辅警等群防群治力量作用，形成了责任共担、利益共享、群防群治的基层治理新格局。截至2021年10月，全区共建立各类人民调解组织14420个，矛盾纠纷化解率连续多年保持在98%以上。[②] 截至2021年底，全区公安机关共排查化解矛盾纠纷12万余起。[③] 叶城县"石榴大妈"、昌吉市"张喇叭"、阿勒泰市"雪都义警"、库尔勒市"李巧嘴"等群防群治示范"名片"脱颖而出；乌鲁木齐市红庙子派出所和昌吉市建国路派出所被评为首批全国"枫桥式公安派出所"，形成了具有新疆特色的"枫桥经验"。

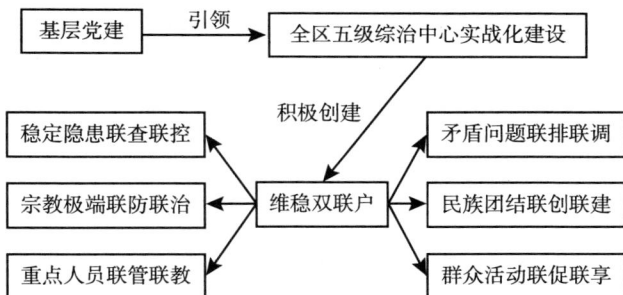

图3 "基层党建+综治中心（网格中心）+维稳双联户"治理模式

（六）平安创建根基持续巩固

大力开展"维稳双联户"创建表彰工作，让群众在创建评选活动中得

---

① 《用实干担当回应群众期盼》，澎湃政务网，2021年10月20日，https://m.thepaper.cn/baijiahao_ 14987261。

② 《用实干担当回应群众期盼》，澎湃政务网，2021年10月20日，https://m.thepaper.cn/baijiahao_ 14987261。

③ 《新疆公安厅召开社会治安防控体系建设"示范城市"创建活动新闻通气会》，新疆平安网，2022年2月23日，http://www.xjpeace.cn/content/2022-02/23/content_ 36136.html。

到鼓励、受到教育，激发广大群众积极参与社会治理的热情。2017～2021年，累计表彰"维稳双联户"2181个、联户家庭25824户、先进个人2180名、先进单位989个①，进一步筑牢了社会治理现代化的基层、基础、基石。广泛开展优秀平安地（州、市）、平安县（市、区）、平安乡镇（街道）等评选和平安校园、平安市场、平安家庭等平安场域创建活动，通过全民参与、层层创建，持续推动平安细胞创建向广度覆盖、深度延伸。目前，全区平安地（州、市）创建率100%，优秀平安地（州、市）创建率42.9%、优秀平安县（市、区）创建率93.8%、平安县（市、区）创建率99.0%、优秀平安乡镇（街道）创建率51.8%，②形成了全社会共建平安、共治平安、共享平安的工作格局。

（七）各族群众的平安感不断增强

2018年以来，自治区按照全国统一部署，深入推进为期三年的扫黑除恶专项斗争，以雷霆之势打击整治各类黑恶势力违法犯罪活动，夯实了基层政权、优化了营商环境、惩治了腐败现象、净化了社会风气。从2021年开始，常态化开展扫黑除恶斗争，深入推进重点行业领域整治，挖根除弊一批行业乱象和顽瘴痼疾，社会治安环境也大有改善，人民生活更加静谧美好，各族群众对社会稳定和长治久安的信心明显增强。2016～2021年，人民群众安全感持续增强，总满意度连续六年保持稳步提升态势，2021年达到98.73%（见图4），高于全国平均水平，信访积案化解质效位居全国前列。③

（八）智慧治理水平有了新提高

自治区先后立项建设新疆政法维稳信息平台、综治视联网、雪亮工程、跨部门大数据办案平台等重大项目，形成反恐维稳和社会治理一体化运行格

---

① 新疆维吾尔自治区党委政法委内部工作资料。
② 新疆维吾尔自治区党委政法委内部工作资料。
③ 《法治力量守护天山南北和谐安宁》，澎湃政务网，2022年8月17日，https：//m.thepaper. cn/baijiahao_ 19497427。

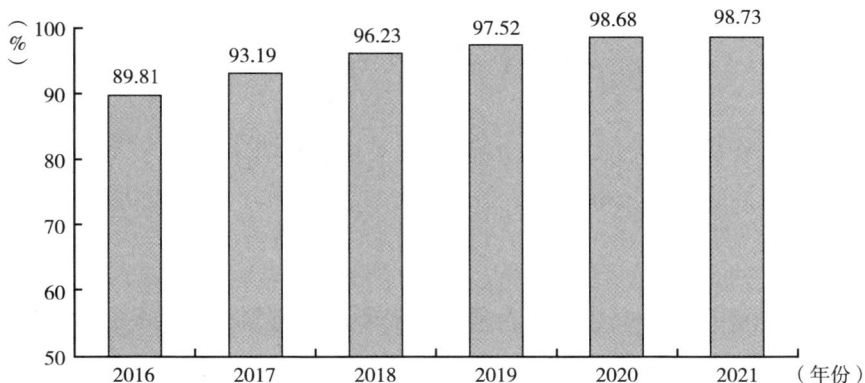

图4　2016～2021年新疆群众平安建设总满意度

资料来源：2016～2021年新疆维吾尔自治区政府工作报告。

局。依托综治"9+X"系统、综治视联网等综治信息技术，开通"新疆平安网"专设了"平安新疆"频道、"新疆平安网"微博，设立"新疆平安E家"微信公众号，畅通群众反映举报诉求困难、风险隐患、涉黑涉恶线索渠道，整合便民服务14类、政法服务15类，形成"一站式"服务窗口，实现"群众需求全收集、困难问题全解决、服务质量全监督"的运转体系（见图5）。

图5　新疆政法智能化可视化平台

资料来源：新疆政法智能化可视化平台。

三　新疆平安建设的主要做法

成绩的背后，是全区上下回应新时代人民需求的不懈努力，是对平安新疆、法治新疆建设的不懈追求，更是推动建设更高水平的平安新疆的生动实践。

（一）把贯彻新时代党的治疆方略作为根本遵循，始终把握正确政治方向

新疆曾经一段时间里深受极端主义、暴恐活动之害，20 世纪 90 年代以来，恐怖袭击事件频发，严重破坏了安定祥和的社会秩序，给新疆各族人民带来了巨大的伤痛。面对恐怖主义、极端主义的现实威胁，在以习近平同志为核心的党中央领导下，自治区党委团结带领各族干部群众，坚定坚决贯彻落实习近平总书记关于新疆工作的重要讲话和重要指示精神，聚焦新疆工作总目标，忠诚坚定、敢于担当，与"三股势力"[1] 进行了艰苦卓绝的斗争，付出了非比寻常的努力，进一步巩固了形势可控、大局稳定、趋势向好的局面，为建设更高水平的平安新疆、法治新疆奠定了坚实基础。[2] 站在新的历史起点上，全区上下坚持以习近平新时代中国特色社会主义思想为指导，完整准确贯彻新时代党的治疆方略，坚持把依法治疆摆在更加突出位置，把法治建设贯穿到各领域、各方面，持续推进反恐维稳法治化常态化专业化，既善于运用的党的领导、强化各方协调联动等传统治理方式，又注重强化自治、法治、德治、智治等现代治理方式，推进新疆社会治理体系和治理能力现代化，确保了社会大局持续稳定长期稳定。

（二）始终把严打严防暴恐作为首要任务，确保社会大局持续稳定

不打败"三股势力"，新疆就不得安宁。全区上下坚决贯彻落实习近平

---

①　"三股势力"指民族分裂势力、宗教极端势力、暴力恐怖势力。

②　《新疆的反恐、去极端化斗争与人权保障》（白皮书）前言。

总书记关于"反恐维稳是一场必须打赢的战争"的重要指示精神，严密防范和严厉打击"三股势力"。保持依法严打高压态势不动摇，坚持法治思维、运用法治方式对一切危害国家安全、公共安全、侵犯人民群众基本权利、破坏民族和睦交往的恐怖主义、极端主义依法予以严厉打击，仅2014~2019年期间，就打掉暴恐团伙1588个，抓获暴恐人员12995人，查处非法宗教活动4858起、涉及30645人，① 最大限度地保障了新疆各族人民群众免受"三股势力"侵害。始终依法依规开展各项工作，坚持依法行政，严格按照法定权限、规则、程序履行职责，全面贯彻执行宽严相济刑事政策，在依法惩治犯罪的同时，通过依法保障被告人的辩护权、使用本民族语言文字诉讼等权利，切实让群众在每一个执法决定、每一宗司法案件中感受到公平正义。坚持用系统思维开展对外斗争，坚持运用法治手段开展对外斗争，用事实说话，通过召开涉疆问题新闻发布会、开展"云宣介"活动、邀请涉外人员来疆实地参访等活动，多渠道、多层次传播新疆声音、讲好新疆故事，不断增进国际社会对新疆的认知。喀什地区以参加"一带一路与新疆发展"国际研讨会等途径，发布"真人真事真说"微视频，充分阐述新疆政策，讲清真相、澄清事实，对西方反华势力污蔑攻击进行"釜底抽薪"。

（三）把依法治疆作为基本方式，着力提升社会治理科学化、法治化水平

坚持依法治理、依法办事，是推进新疆社会治理体系和治理能力现代化的重要保障。全区上下高举社会主义法治旗帜，坚持法律面前人人平等，始终把党和人民的主张体现在社会治理的法律体系中，注重运用法治思维和法治方式深化改革、处理问题、化解矛盾、维护稳定，着力提高反恐维稳和社会治理法治化、规范化水平。昌吉州把网格化服务管理纳入地方立法规划，推动本地依法治理进程，以良法保障善治。严格公正文明执

---

① 《新疆的反恐、去极端化斗争与人权保障》（白皮书）第四章《依法严厉打击恐怖主义和极端主义》。

法，坚持严格执法、科学执法、精准执法，积极改进和完善社会面管控方式，推进严格规范公正文明执法，规范基层执法和管理行为，有效解决选择性执法、简单执法、粗暴执法等问题。强化法治宣传教育，扎实开展"六五""七五"普法，总结成功经验做法，接续推进"八五"普法，以弘扬社会主义法治精神、培育社会主义法治理念、推动法治实践为首要目标，以推进法治文化建设和法治创建为抓手，以"传统媒体+互联网"为媒介，教育引导各族干部群众增强法治意识，在全社会逐步形成自觉守法、遇事找法、办事依法的氛围。

（四）聚焦社会面防控，有效防范化解公共安全风险

坚持人民至上，牢固树立以人民为中心发展思想，全方位提升守护群众平安、保障群众权益的层次和水平。织密社会面防控网，完善以便民警务站和网格化管理为依托、以技术手段和大数据为支撑的防控模式，全面优化"两站+三警"查缉勤务，实现警网融合、站室融合，构筑社会面防控快速处置圈，进一步提升了防控规范化精准化水平。和田地区以"城市圈、城郊圈、农村圈"、网格化建设为抓手，以大数据科技建设为支撑，"人防、物防、技防"相结合，打造便民警务站+警务室+村（社区）党支部为一体的群防群治社会面防控体系，构建"三圈"反恐维稳体系。① 完善维稳指挥体系，不断优化完善党政领导、军警主责、专群结合的维稳机制和区、地、县、乡、村五级联动机制，规范各级维稳指挥中心职能，提升反恐维稳、应急管理和风险防控能力。强化重点要素管控，突出抓好重点目标、重点部位、重点场所安全防范，加强安防基础设施建设、危爆物品管理、物流寄递行业和新技术新业态监管，严格落实各项防范措施要求，确保绝对安全。哈密市坚持"雪亮工程"与人工智能、大数据深度融合，将全市辖区内矿山、危爆物品企业及水库等重点单位和重要点位的视频资源全部链入应急指挥系

---

① 杨宿灵等：《和田市"三圈"治理打造市域社会治理新样板》，《新疆法制报》2021年1月6日，第2版。

统，提升安全风险发现预警和快速处置能力。① 扎牢边境安全篱笆，以"党管边防"为主线，形成党委排兵布阵，各级各部门"立体化"协同、基层"一把手"火线指挥的防控格局，推动了传统警务模式向信息化、智能化升级，开创了党政军警兵民合力强边固防大格局，边境地区预知预警预防能力明显提升。

（五）把去极端化作为治本之策，着力解决影响稳定的深层次问题

全区上下深入开展去极端化工作，严防非法宗教活动、非法宗教宣传品网络传播，最大限度教育挽救受极端思想蛊惑人员，群众对宗教极端思想危害性的认识明显提高，有效遏制了宗教极端主义和民族分裂思想的滋生蔓延。② 依法管理宗教事务，全面贯彻党的宗教工作基本方针，坚持伊斯兰教中国化方向，坚持每年对全区伊斯兰教教职人员集中开展轮训，引导爱国宗教人士队伍发挥积极作用，团结信教群众确立正信、抵制极端。依法巩固意识形态领域阵地，广泛深入开展"基层法治建设年""国旗下讲法治""巴扎普法"等多种形式的法治宣传活动，引导各族群众明辨合法与非法界限，增强公民自觉抵御宗教极端思想渗透能力。③

（六）把防范化解矛盾风险作为重要任务，营造安全和谐的社会环境

有效防范和化解社会各类矛盾风险，关系到社会大局的和谐稳定。各级各部门争当坚持和发展新时代"枫桥经验"排头兵，加强和创新基层社会治理，建立健全社会矛盾问题排查预警机制，努力将矛盾消解于未然，将风险化解于无形。深入开展重大风险排查化解攻坚行动，推动涉民生、金融、环保等领域矛盾风险排查化解，做好涉众型经济利益受损等群体帮扶援助和教育引导工作，确保小事不出村、大事不出乡、矛盾不上交、就地能化解。健全多元化解矛盾纠纷机制，完善人民调解、行政调解、司法调解多元化解

① 《"雪亮工程"，你了解多少》，哈密检察微信公众号，2020年5月12日。
② 《新疆的反恐、去极端化斗争与人权保障》（白皮书）第五章《坚持把预防性反恐放在第一位》。
③ 《新疆的反恐、去极端化斗争与人权保障》（白皮书）第五章《坚持把预防性反恐放在第一位》。

纠纷联动工作体系，加强"一站式"矛盾调解中心建设，推进网格中心、信访接待中心、公共法律服务中心等平台融合，打造了一批以"小沙枣矛盾纠纷调解室""老冯群众说事室"为代表的基层调解阵地，结合"访惠聚"驻村、民族团结一家亲、"三官一律"进网格等活动，全区6万余名调解员深入基层认真倾听并解决群众困难诉求。做好重点群体管控，一方面坚持依法严厉打击暴恐分子，另一方面最大限度地团结凝聚人心，常态化做好被依法打击处理人员及其家庭的思想教育、法律宣传、解决困难等工作，做到有人帮扶、一户一策、解决问题、不贴标签、团结关爱并形成机制，使他们切身感受到党的关怀和祖国大家庭的温暖。加强对涉邪教人员、吸毒人员、具有肇事肇祸倾向精神障碍患者等特殊人群管理，严防个人极端案件发生。

（七）把创新完善社会治理体系作为基础性工程，不断夯实基层根基

新疆区情特殊，社会治理面临情况复杂，推进基层社会治理现代化是维护新疆社会和谐稳定、实现社会长治久安的必由之路。全区上下牢固树立现代治理理念，健全社会治理机制制度，打牢社会平安稳定的基础。大力开展平安创建活动，紧紧围绕"发案少、秩序好、服务优、群众满意"创建目标，深入开展平安家庭、平安校园、平安村（社区）等"平安细胞"创建工作，以基层"小平安"撑起新疆"大平安"。大力开展"维稳双联户"创建和表彰工作，延伸拓展以"联户平安稳定、联户团结和谐"为主题的"维稳双联户"职责任务，坚持区、地、县、乡、村五级联创，分级表彰，让群众在创建评选活动中得到鼓励、受到教育，激发广大群众积极参与社会治理的热情。加强综治中心建设，将各级综治中心（网格中心）作为平安建设工作平台，自治区对地、县、乡、村四级综治中心（网格中心）的机构设置有关事宜提出明确要求，因地制宜按需整合辖区内资源、人员、设施，充分运用信息化技术，创新社会治理方式，实现一体化运作、实体化运行、社会化服务。乌鲁木齐市构建管委会（乡镇）"大工委"—村（社区）"大党委"—网格党支部—楼栋（巷道）党小组—双联户长（十户长）网格五级组织体系，把全市村（社区）科学划分为多个网格，细化2

万余个楼栋（巷道）单元，做到了党的组织延伸到哪里、社会治理工作就跟进到哪里。[①]

四 新疆平安建设展望

多年的新疆平安建设实践进一步加深了全区上下对平安建设工作重要性和规律性的认识，即必须坚决贯彻习近平新时代中国特色社会主义思想，确保平安新疆建设始终朝着正确方向发展；必须完整准确贯彻新时代党的治疆方略，确保用新疆工作总目标统领平安建设各项工作；必须坚持以人民为中心的发展思想，把人民群众的安全感和满意度作为平安建设的检验标准；必须坚持平安建设与法治建设统筹推进，努力把平安建设纳入法治化轨道；必须坚持党的领导广泛动员各方力量齐创共建，形成推进平安建设的整体合力；必须着眼解决影响社会和谐稳定的源头性问题，增强平安建设的针对性和实效性；必须坚持改革创新精神，解决平安建设突出问题、筑牢工作根基。

面对已经取得的显著成绩，我们也应当清醒地看到，无论是思想观念、运行机制，还是工作体系、方法措施，平安新疆建设还存在着很多有待提升的地方；各种新情况、新问题层出不穷，平安建设仍然面临着许多有待解决的重大课题。新疆平安建设是一个动态发展、不断升级的过程，必须正确把握社会发展的新阶段新特征，深入思考、努力解决影响平安建设发展的理论和实践问题，突破重点、解决难点，以点带面，全力推动更高水平的平安新疆建设，使人民获得感、幸福感、安全感更加充实、更有保障、更可持续。

（一）完整准确贯彻新时代党的治疆方略，始终保持正确政治方向

深入贯彻落实总体国家安全观，为实现新疆社会稳定和长治久安提供坚

---

① 《乌鲁木齐市天山区"党建+N"工作法探索社区治理新模式》，中共中央党校（国家行政学院）微信公众号，2019 年 12 月 5 日。

强保障。① 深刻领会新时代党的治疆方略的重大意义，全面准确把握新疆工作的战略定位、指导思想、总目标和重点任务，坚定不移将其作为制定政策措施、推动工作落实、检验实践成效的标尺。坚持稳中求进，以加强党的建设统领平安建设，建立完善平安建设体系和治理能力现代化的体制机制、方法路径、措施办法，推动平安建设融入经济社会发展全过程，推动社会风险防控贯穿规划、决策、执行、监管各领域各环节，着力在补短板、强弱项、利长远上下功夫，真正把党的领导优势转化为平安建设效能。

（二）扎实推进反恐维稳法治化常态化，努力提升守护群众平安、保障群众权益的层次和水平

适应形势和任务的发展变化，推动反恐维稳法治化常态化取得实质性进展。优化完善反恐维稳指挥体制，规范各级维稳指挥中心运行机制和模式，实现反恐维稳由临战应急向规范精细常态转变，突出实战实用实效，科学精准配置资源，实现法治化、常态化、专业化发展。健全完善反恐维稳法规体系，系统研究新疆平安建设体系中的法治薄弱环节和空白点，按照急用先行的原则，加快建立健全与新疆工作总目标相适应的法律法规体系，重点解决好反恐维稳和社会治理等领域法治保障问题，以良法促进稳定、实现善治。加强执法司法规范化建设，坚持依法治疆、依法办事，提高干部运用法治思维和法治方式处理各类问题的能力，严格按照法定权限、规则、程序履行职责，依法依规管理和运用有关数据资源，落实严打斗争、平安建设法治保障措施。严格规范公正文明执法司法。更加注重执法方式和效果，准确把握法律政策尺度，落实宽严相济刑事政策，依法孤立打击极少数、团结教育挽救大多数，更好地维护各族群众合法权益，促进社会公平正义。加强法治宣传教育，推动崇法向善、循法而为成为全社会的自觉行动。

---

① 马兴瑞：《深入贯彻落实总体国家安全观　为实现新疆社会稳定和长治久安提供坚强保障》，《人民日报》2022 年 4 月 21 日，第 10 版。

（三）坚决维护新疆社会大局稳定，努力建设安全稳定局面更加巩固的平安新疆

聚焦发展所需、基层所盼、民心所向，让发展成果、稳定红利更多更公平地惠及群众。坚持依法严打方针，始终保持严打暴恐高压态势不动摇，综合运用多种方式手段，加强与其他省区市相关部门配合力度，不断增强主动发现和依法精准打击能力，深挖根除隐藏团伙和暴恐极端分子，坚决把暴恐威胁制止在萌芽状态、发展阶段。持续优化反恐维稳策略和方式方法，着力在依法规范精准上下功夫，优化城乡社会面防控网络，妥善处理好保持秩序和增强活力、打击敌人和方便群众的关系，既严防漏管失控，又保障群众正常工作生活秩序，营造安定有序、宽松和谐的社会环境。依法依规、精准精细做好重点群体服务管理工作，全覆盖做好被依法打击处理人员及其亲属的教育管理、帮扶关爱工作，及时化解风险隐患，确保思想稳定、安居乐业。依法加强网络治理，健全网络安全风险动态排查机制，依法打击网上各类渗透破坏活动，坚决封堵境外非法网络渗透、切断网络传播暴恐和宗教极端思想的渠道，确保网络空间安全。依法加强边境管理，持续深化防回流、防渗透、打派遣专项行动，加快推进"智慧边防"建设，坚决防范、化解"三股势力"回流风险。

（四）以市域治理现代化试点为突破口，努力打造治理效能更强的平安新疆

坚持重点突破和整体推进有机结合，推动市域平安建设不断取得实质性突破。健全平安建设体系，深化系统治理、依法治理、综合治理、源头治理，全面形成党委领导、政府负责、民主协商、社会协同、公众参与、法治保障、科技支撑的平安建设机制，打造共建共治共享的平安建设格局。[①] 加强项目分类指导，聚焦市域平安建设的特殊优势、特殊难题，探

---

① 郭声琨：《建设更高水平的平安中国》，《人民日报》2021 年 12 月 2 日，第 6 版。

索更多可复制可推广的治理经验，努力打造一批具有新疆特色、市域特点、时代特征的样板项目，按照成熟一项推广一项的原则，加快相关经验模式的落地，及时把矛盾风险控制在市域、化解在市域。抓好试点考评验收，注重进行渐进性、过程式评估验收，加强督促指导和考核评价，组织成立项目指导组，对试点地区进行全覆盖包联指导，帮助试点地区找准症结、完善方案、深化创新，确保试点地区创新经验经得起检验、取得最好效果。

（五）以共建共治共享为导向，努力建设基层基础更加扎实的平安新疆

完善重心下移、力量下沉、保障下倾工作机制，全面夯实基层平安建设根基。坚持和发展新时代"枫桥经验"，完善群众诉求表达、利益协调、权益保障制度，构建源头防控、排查梳理、纠纷化解、应急处置的社会矛盾综合治理机制，健全社会矛盾纠纷多元预防化解综合机制，坚决防止一般性社会矛盾纠纷和"三股势力"渗透破坏交织叠加，切实将矛盾消解于未然、将风险化解于无形。[1] 创建基层平安建设能力建设试点，以基层平安建设创新为基点，积极构建网格化管理、精细化服务、信息化支撑、开放共享的基层治理平台，完善"综治中心+网格化+信息化"治理模式，着力健全党组织领导的自治、法治、德治相结合的城乡基层治理体系，及时反映和解决人民群众各方面利益诉求，不断提升基层治理水平。[2] 加快推进综治中心规范化现代化建设，加强一站式社会矛盾纠纷调处化解平台和制度建设，促进各类治理资源融合联动，推动治理模式从事后应对向源头防范转型。推动领导干部下基层包案接访，加大治理重复访、化解信访积案力度，从源头防控化解矛盾风险。推进科技赋能增效，搭建大整合、高共享、深应用的智能化平

---

① 陈一新：《坚持和完善共建共治共享的社会治理制度》，《学习时报》2020年1月20日，第1版。

② 陈一新：《推动政法工作高质量发展 建设更高水平的平安中国》，《学习时报》2022年3月16日，第1版。

台，加强数据深度挖掘利用，运用新技术新手段分析潜在风险、监测危险指标、预判动态趋势，增强风险隐患防范能力。

（六）扎实推进平安创建活动，努力拓展平安新疆建设的广度和深度

践行人民主体的治理观，最大限度调动群众参与反恐维稳和平安建设的能动性、创造性，实现治理过程人民参与、成效人民评判、成果人民共享。深化平安创建活动，围绕"发案少、秩序好、服务优、群众满意"创建目标，深入开展高标准、宽领域、大范围、多层面的平安创建活动，激活平安建设体系的基层细胞。完善平安建设考核机制，坚持以人民满意为根本评价标准，健全平安建设绩效考评指标体系，完善发动群众、收集民意、协商互动机制，拓宽群众参与平安建设渠道，努力使考核导向、评价标准与群众意愿相符合，真正把评判"表决器"交到群众手中。严格落实平安建设领导责任制，推动构建权责明确、奖惩分明的责任体系，用好通报、约谈、挂牌督办、一票否决等责任追究制，敢于动真碰硬，确保措施落地，形成良好导向和工作格局，推动平安建设取得新成果。

B.5

新疆法院综源治理执行难工作报告（2022）

孙金梁　甘　露　答诗婕*

摘　要： 聚焦"切实解决执行难"目标要求，新疆法院不断探索具有地域特色、市域特点、时代特征的执行工作模式，经过不断实践，形成了以强化全局观念突出系统治理、坚持规则之治突出依法治理、运用"五治融合"突出综合治理、发扬新时代"枫桥经验"立足源头治理、强化多方参与健全协同治理为主要内容的综源治理执行难新疆模式。未来创新深化发展，重在巩固综源治理成果，着力做好四个方面工作，即服务优化：提供精准化、精细化、个性化的执行服务。权责明晰：构建分权、分流、分段、分级的执行监督模式。技术升级：打造"区块链+""大数据+小数据"智慧执行模式。机制革新：强化共建、共治、共享的执行工作考核评价体系。

关键词： 新疆法院　依法治疆　社会治理

长期以来，执行难问题是困扰人民法院执行工作的突出问题。党的十八届四中全会明确提出"切实解决执行难""依法保障胜诉当事人及时实现权

---

* 孙金梁，新疆维吾尔自治区高级人民法院一级高级法官，研究方向为执行理论与实务；甘露，新疆维吾尔自治区高级人民法院执行三庭庭长，三级高级法官，研究方向为执行理论与实务；答诗婕，新疆维吾尔自治区高级人民法院执行三庭二级法官助理，研究方向为执行理论与实务。

益"的执行工作目标。"切实解决执行难"既是法治实施的关键一环，也是提升法治实施水平的重要方面，新疆法院坚持以习近平法治思想和新时代党的治疆方略为指导，把"切实解决执行难"作为厉行法治实施的关键环节、提升法治实施水平的重要方面，创新探索实践执行难综合治理、源头治理，从源头破题，深入推进执行难综源治理①，在实现"基本解决执行难"阶段性目标后，坚定不移向着"切实解决执行难"目标迈进。

一 新疆法院综源治理执行难的定位与价值取向

（一）站稳以人民为中心的基本价值维度

遵循习近平总书记"努力让人民群众在每一个司法案件中感受到公平正义"②的要求，坚持人民至上，站稳人民立场，始终坚持以人民为中心破解执行难。2021 年，新疆三级法院开展"执行攻坚为民、执行解困为民、执行联动为民、执行监督为民、执行规范为民、执行宣传为民、执行沟通为民"专项行动，贯彻了公平、效率、便民、利民等为民理念。执行中的"民本"即"情同此心""心同此理"，通过"融情入理"和"扶危济困"以大多数人都认同的"公共的善"，达到双方、三方甚至多方的"共赢"。"融情入理"表现为：对于群众普遍关注的婚丧嫁娶等特殊时间节点，在执行措施时审慎尽责与群众"换位思考"。"扶危济困"表现为：重视帮扶老弱病残等弱势群体，积极拓宽执行救助渠道。针对涉民生案件类型多、数量大、执行难度大等特点，将执行重点放在追索劳动报酬、赡养、抚养、抚育案件、交通事故人身损害赔偿等直接影响群众切身利益的案件上，开辟"绿色通道"，组建 185 个快执团队，优先立案、优先执行、

---

① 执行难综源治理是新疆法院基于新时代党的治疆方略，创新性对执行难进行综合治理、源头治理，将执行工作深度融入基层社会治理的系列探索实践的统称。

② 习近平：《坚定不移走中国特色社会主义法治道路 为全面建设社会主义现代化国家提供有力法治保障》，《求是》2021 年第 5 期，第 13 页。

优先兑付。2021 年，新疆法院执行涉民生案件 1.76 万件，执行到位 14.65 亿元，发放司法救助金787 万元。[①]

典型案例：助力市场主体纾困解难

克州阿合奇县人民法院在受理执行某公司与某生物科技公司租赁合同纠纷一案时，了解到被执行人主要业务为沙棘生产加工，该企业系该县招商引资企业，曾被认定为"自治区农业产业化重点龙头企业"，因疫情影响被迫停产，无力支付租金。如强制被执行人腾出房屋，对生产机械设备进行拆除后评估拍卖，则企业既无法继续经营，资产可能贬值报废，也无法实现申请执行人的债权。如果该企业能够正常生产，不仅能保障上游沙棘种植户的利益，而且企业上千名员工也能保住饭碗。鉴于这种情况，执行法院积极与双方当事人调解商谈，依托该县万亩沙棘种植基地的优势，从生产前景、未来销路等方面分析，最终申请执行人同意继续租赁合作，被执行人也同意支付租金并增资共渡难关。随着企业生产经营步入正轨，不仅恢复了生产销售，还购置了新的生产设备，开始了新一轮招工，企业焕发了生机。该案例被最高人民法院微信公众号收录为"为疫情防控提供司法服务和保障"典型案例。

（二）立足社会治理的实践维度

新疆法院执行部门坚持主动融入共建共治共享的平安新疆、法治新疆建设，主动融入基层社会治理，坚持疫情防控和执法办案两不误、法律服务和脱贫攻坚共统筹，为全区扎实做好"六稳"工作，全面落实"六保"任务，打造了一批服务型、团结型的执行品牌，探索出一条具有边疆民族地区特色、切合新时代执行工作主题的特色之路。

新疆法院执行部门参与社会治理的主要内容是：充分发挥和拓展司法职

---

① 新疆维吾尔自治区高级人民法院内部工作资料。

能作用，保障区域经济发展，助力精准脱贫、减贫，防止返贫、服务乡村振兴等，为推进基层社会治理法治化贡献力量（见表1）。

表1 新疆法院执行部门参与基层社会治理工作情况

新疆法院执行部门	参与社会治理工作
乌鲁木齐市中级人民法院执行局	聚焦壮大特色产业，开展"亮剑天山"涉企专项执行行动，执行干警走访百家企业，了解企业对执行透明度、规范度等方面的需求；立足纾忧解困，梳理助企任务清单，发放简明法条，制定实施指南；与市工商联座谈，从合同履行、执行措施、品牌保护等方面提供法治保障
克拉玛依市中级人民法院执行局	开展"幸福油城·法律相伴"百名法官下基层普法利民活动，保障丝绸之路经济带核心区石油石化产业高质量发展；与市发改委联合下发信用承诺和信用修复机制实施办法，对做出信用承诺的企业及时信用修复；主动融入市域社会治理，推动干警到社区，参与矛盾纠纷多元调解
布尔津县人民法院执行局	多部门联动开展"矛盾纠纷双向协同化解执行"活动，强化与司法所、人民调解委员会协同，以联动执行守护平安布尔津；开展执行进景区活动，以"大篷车"式流动宣讲，宣传旅游纠纷、防范诈骗等与群众息息相关的法律法规，打造安心游、舒心游的法治环境
疏附县人民法院执行局	加大对乡村"地摊经济"的司法服务保障，根据"跳蚤市场"需求，开展"执行助力精准扶贫"活动，深入拓展包联的"早市""夜市""巴扎市场"，执行法官"摆摊"普法解"心结"，努力做到矛盾不积累、不升级、不激化
尉犁县人民法院执行局	主动融入社会治理，与第二师中级人民法院、乌鲁克垦区人民法院探索执行融合发展路径；帮助农牧民种植罗布麻，妥善执结罗布羊、罗布麻、罗布人村寨等特色物种和优势旅游资源案件，助力县域经济发展和产业振兴

资料来源：根据相关法院公开发布信息及内部工作报告，作者整理所得。

（三）立足新形势的发展维度

新疆法院立足丝绸之路经济带核心区高质量发展的机遇期，科学把握执行工作助力新疆社会治理体系和治理能力现代化新征程中护航发展的定位，统筹发展和安全、疫情防控和经济社会发展。面对市域治理中的政治安全、社会治安、社会矛盾、公共安全、网络安全"五类风险"挑战，坚持推动执行工作与基层矛盾纠纷排查化解"三级联动"相结合，与综治考核、法治建设、文明创建、诚信建设等深度融合，把基层党组织、社会组织等治理主体关联到一个系统中，定期与联动单位沟通，信息共享、风险共防，提高执行风险洞察、预防、化解能力。

及时制定《新疆维吾尔自治区高级人民法院关于为推动自治区经济高质量发展提供司法服务和保障的实施意见》，把新冠疫情对执行工作的影响降到最低；充分利用智慧执行模式，探索"互联网+执行"——财产网上查、标的网上拍、案款网上发、和解网上谈等模式，为当事人提供"非接触"执行服务，灵活采取分期支付、以物抵债、加工代偿等方式，切实保障各方合法权益。

典型案例：依法采取"活封"措施，让企业继续前行

乌鲁木齐市达坂城区人民法院受理执行的某乳业有限公司与某投资股份公司买卖合同纠纷一案，在执行中查明，被执行人系骆驼奶粉加工企业，企业员工主要为达坂城本地农牧民，原料骆驼奶主要来源于当地牧民养殖的骆驼，除了生产设备和原材料及成品、半成品，暂无其他可供执行财产，如对上述财产采取查封措施，将直接影响到企业生产及上游农牧民骆驼奶的销售。执行法院向申请执行人陈述被执行人面临的困难，并提出最佳执行方案建议。经法院耐心做工作，双方当事人终于摒弃前嫌，被执行人克服困难履行了100万元债务后，与申请执行人达成分期履行和解协议。同时，执行法院还跟踪了解公司的生产经营销售情况及用工、收购骆驼奶等情况，并就企业关心的如何加强农产品地理标志保护等问题，提出建设性建议，力促企业复工复产、行稳致远。

（四）立足执行规律的司法维度

新疆通常7月收获冬小麦、枸杞、甜瓜等；8~9月收获春小麦等粮食产品；9~10月进入棉花采摘期，同时收获石榴、香梨等林果产品；此外，8~10月也将进入新疆秋季牛羊出栏高峰期。新疆执行案件中的可执行标的物如棉花、小麦、牛羊牲畜等生产资料或农牧业产品，具有季节性生产和物品鲜活特征，债务履行也随之呈现明显的季节性、周期性。基于对这一规律的把握，新疆法院在执行实践中坚持能动执行，对于可执行标的物为农牧业生产资料、农牧产品的，将执行与农牧业生产规律互适，为涉农案件提供便利服务，满足农村稳定、农业发展、农民增收司法需求。

2021 年的执行指标显示，2021 年 1～3 月法院执行案件执结率为77.77%，1～6 月累计执行案件执结率为 88.57%，1～9 月累计执行案件执结率为 94.05%（见图 1）。可以看出，随着农牧业生产进入收获季，案件执结率也呈明显上升态势。

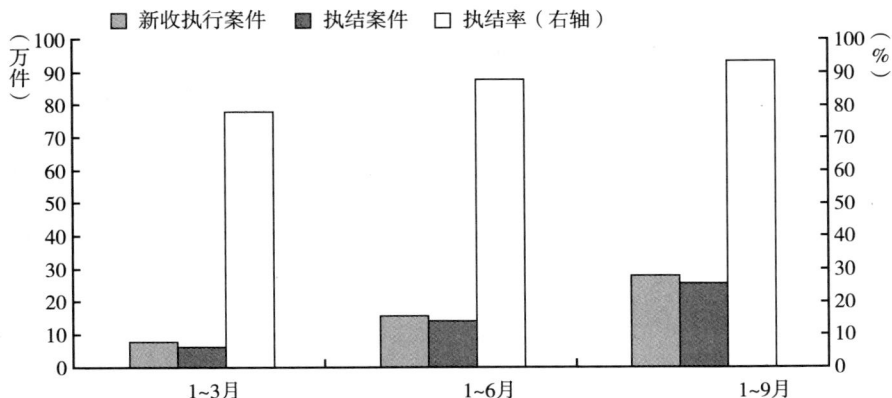

图 1　2021 年新疆法院 1～9 月执行案件收结案情况

资料来源：根据相关法院公开发布信息及内部工作资料，作者整理所得。

典型案例：先予执行护航春耕春播

2022 年 4 月，乌鲁木齐县人民法院依据萨尔达坂乡某村村委会先予执行申请，将 2700 亩耕地以及 5 口水井和灌溉附属设施交付村委会使用，案件仅用 2 小时就顺利执结，不误春耕不误农时。和田地区中级人民法院依据申请人刘某等 5 人的先予执行申请，将位于民丰县流动沙漠边缘的，系历时十多年沙漠开荒改造形成的 1000 亩耕地交付如期开耕，有效减小了因耕地沙化无法恢复而造成的损失。

（五）立足法治认同的文化维度

新疆法院执行工作坚持把"执法"和"说理"统一起来，通过引导群众尊法学法守法用法，努力让法治成为全民普遍共识和行为自觉。针对新疆市域治理点多、面广、线长等特点，执行干警一人一马、一车一骑头顶国徽送法到"最后一公里"，把与新疆群众朴素情感观对应的执行推理延伸到"巴扎市集""星光夜市""田间地头"，融情入理、以案说法、以法育人，让党旗始终在司法为民、执行为民的第一线高高飘扬，促进案结、事了、人和。

典型事例："党旗下""马背上"的执行

喀什地区塔什库尔干塔吉克自治县人民法院辖区平均海拔 4000 米以上，与平原地区相比缺氧 37%，执行干警克服恶劣的自然环境，紧扣与群众息息相关的"真金白银""头等大事"和影响百姓日常生活的"柴米油盐""关键小事"，化身为"雪域昆仑硬汉""牦牛马背法官"，在守护民生的边境线上，将执行服务和释法析理送至高原、牧场、山间、毡房，让"微执行"在服务乡村振兴、促进社会治理中发挥"大作用"。

二　新疆法院综源治理执行难的主要措施

执行难综源治理要契合"多元共治"的治理理念。通过构建"党委领导、政法委协调、人大监督、政府支持、法院主办、部门联动、社会参与"的综源治理大格局，广泛动员和依靠各执行联动单位、社会组织、律师甚至是公民个人参与，拓宽联动破解执行难的深度和广度。

执行难综源治理要运用法治与德治刚柔并济的治理逻辑。执行的目标是兑现胜诉当事人的合法权益，对于进入执行程序的案件首先要发挥社会主义核心价值观的引领作用，通过正向激励、道德引领，促使被执行人遵信守义、崇德向善、和谐敦睦；但是对恶意抗拒、规避执行的被执行人，应突出执行工作的强制性，依法惩戒失信行为，实现法治和德治的相辅相成、相得益彰。

执行难综源治理要创新丰富治理方式手段。综源治理执行难具有动态平衡性、整体协同性等特征，需要执行法官发挥主观能动性，依法高效善意文明执行，通过"小创造""微创新"来实现执行的目标。比如针对确无财产可供执行或者生产生活资料、农作物、畜牧产品等短期内无法变现的被执行人，积极引导执行和解，"放水养鱼"，最终实现双赢甚至多赢。

执行难综源治理要符合人民群众对执行的期待。执行的过程是司法活动中各种矛盾剧烈冲突、对抗性最强的过程。执行难综源治理要通过健全查人找物协作联动机制，完善失信被执行人联合惩戒机制，多部门协同发力打通执行工作的"堵点""难点"，让各族群众的司法获得感成色更足、幸福感更可持续、安全感更有保障。

根据上述思路，确立了执行难综源治理、融入共建共治共享的十大举措：以坚持党的绝对领导作为执行综源治理的首要政治原则；以综合治理服务大局为着眼点；以积极融入平安建设为拓展点；以营造良好执行环境为着力点；以善意文明执行为突破点；以健全审判权力运行机制为牵引点；以服务保障高质量发展为关注点；以阳光绿色执行为保障点；以兵地融合协同为创新点；以释法析理健全诚信体系为宣传点。

（一）强化全局观念，突出系统治理

不谋全局者，不足以谋一域。执行难的系统治理需要综合施策、联动治理、整体突破，化解制约执行工作高质量发展的体制性障碍、机制性制约因素。

建立健全科学的执行机制，形成执行联动联合的大格局。2019 年 7 月，中央全面依法治国委员会印发《关于加强综合治理从源头切实解决执行难问题的意见》，对综合治理、源头治理执行难做出系统部署，强调要积极推动建立由党委政法委牵头，人民法院承担主体责任，相关职能部门各司其职、通力协作、齐抓共管的执行工作部门协作联动机制。新疆立足本地实际，积极拓展多元共治的大格局。2020年4月，自治区依法治疆委员会出台文件，确定法院与公安、检察、自然资源、住房和城乡建设、市场监管等31家单位共同破解执行难的体制机制，形成执行查人找物、失信惩戒、合力破解执行难的执行合力。

以点带面，推广执行难综源治理的"疏勒经验"。"疏勒经验"是具有新疆特色的深度融入基层社会治理的创新举措，是受到最高人民法院周强院长高度肯定的执行经验。自治区高级人民法院向全区法院推广适用"疏勒经验"，同时鼓励全区法院大胆创新、勇于探索符合新疆特色的解决"执行难"综合治理和源头治理运行机制，为执行工作高质量发展找到新的引擎，形成更多优秀司法产品。巴州两级法院结合"三圈四级五网"社会治理体系建设，依托基层综治中心、群众工作中心等基层单位，由基层网格员协助执行，助力执行提质增效。轮台县人民法院加强与调解组织的对接，利用调解员"人熟地熟事熟"优势，引进来派出去变"单线执行"为"双向输出"；乌鲁木齐铁路运输法院引入银行业协会、公证机构引导当事人开展执行前和解工作，形成疏执源、强综源的强大合力；克拉玛依市中级人民法院利用克拉玛依市建设"信用城市"的有利契机，将惩戒范围拓宽至企事业招聘、招标投标、融资信贷等方面，充分利用法院微平台、城易平台等主流媒体发布执行信息，凝聚尊重执行、理解执行、协助执行的广泛共识。

推进兵地协同执行。克拉玛依市中级人民法院与兵团第七师、第八师中级人民法院开展"兵地法院手挽手，同行聚力促发展"专项活动，签署合作交流共建协议，助力形成攻坚执行难的合力。哈密市中级人民法院、兵团第十三师中级人民法院、哈密铁路运输法院建立区域融合执行联动工作机制，加强兵地铁法院协作交流，对区域互涉的涉民生、涉金融等案件在财产查控、失信惩戒、罚款拘留等方面协同执行，破解兵地偏远地区"查人找物难"。

典型事例：乡镇协同执行的疏勒执行模式

喀什地区疏勒县人民法院紧紧依靠党委领导，将执行工作深度融入基层社会治理，推进执行制度机制改革创新，在全县各乡镇成立协同执行工作小组，将乡镇协同执行纳入法治建设目标责任和社会治安综合管理目标责任考核范围，县委政法委每月通报乡镇协同执行情况，依托基层社会治理工作机制摸排被执行人财产，掌握被执行人财产动态。2021年疏勒县人民法院共向各乡镇推送1203件协同执行案件，执结454件，执行到位373万元。[①]

（二）坚持规则之治，突出依法治理

随着新疆对外开放由商品和要素流动型逐步向规则制度型转变，新疆法院以解决执行工作领域突出问题为着力点，将执行实效转化为依法治疆的生动实践，发挥法治固根本、稳预期、利长远的保障作用。

强化执行工作的规则之治。新疆法院紧紧围绕落实"一规划两纲要"，聚焦执法环节，健全完善有关执行流程管理、执行案件管理、执行案款管理、执行人员管理等方面的规章制度，严格禁止执行人员与当事人及其代理人、利害关系人同吃、同行、同住，划清执行人员行为边界，确保法定职责必须为，法无授权不可为，以"零容忍"态度查处群众反映的消极执行、选择性执行等突出问题。聚焦普法环节，落实"谁执法谁普法"主体责任，关注"小案件"中的大道理，开展以案说法、观摩庭审、送法下乡等形式多样的法治宣传教育，注重发挥案例引领道德风尚，践行规则之治作用。

加强执行监督，推进规范依法执行。紧盯可能存在的执行不廉、作风不正等问题，开展常态化案件评查回访工作，以上下联动、交叉评查方式，主动查找干警违纪违法问题线索，及时启动"一案双查"。自治区最高人民法院细化明确执行环节17个风险点，确定廉政风险等级，并通过执行局长述职、专项调度、案件评查、通报约谈等手段，强化执行条线监督。主动接受

[①]　新疆维吾尔自治区高级人民法院内部工作资料。

检察监督，新疆 115 家法院实现检察监督 100% 全覆盖，形成了自我加压"一案双查"和检察监督"双管齐下"的常态化监督模式。

牢固树立能动执行理念，将"生道执行""谦抑执行""善意执行"等理念融入执行过程。执行与当事人的人身权、财产权等息息相关，只有掌握现代法治中的比例原则、平衡原则，才能实现最大限度的"合和共赢"，护航市场化、法治化、国际化一流营商环境。新疆法院创新执行模式，针对涉困企业和个人最关心最直接最现实的生产、生活、生存问题，贯彻新发展理念，遵循市场规则、保障安全便捷，健全事物集约、甄别分流、快速反应的执行机制，做到"单位时间"执行效能产出最大化，以"筑巢养凤"执行方式，彩绘"固巢留凤"发展蓝图。

典型案例：善意执行

克拉玛依市白碱滩区人民法院受理执行的新疆某建设有限公司与某油脂化工有限责任公司建设工程施工合同纠纷案，执行法院了解到被执行人油脂公司是一家处理污油泥的环保企业，其中，旧厂区正在经营生产，新厂区因资金链断裂未完成建设，但已经投入资金 3200 万元。油脂公司的新厂区是国家支持的环保项目，盘活该项目就能为当地新增万吨污油泥处理能力，如顺利投产能在一定程度上缓解当地污油泥处置能力不足的现状。油脂公司还有残疾人员工 24 人，再就业困难。考虑到被执行人实际情况，执行法院本着挽救企业，稳定就业的生道执行理念，积极调整执行方案，引导油脂公司进行资产重组，将新厂区转让给第三方，由第三方承担债务的方式将案件执结，实现多方共赢。

（三）运用"五治融合"，突出综合治理

新疆法院将社会治理现代化理念运用到执行工作中，充分发挥其政治引领、法治保障、德治教化、自治强基、智治支撑的作用。

守牢政治引领制高点。新疆法院紧紧依靠党委领导，注重发挥制度优势和整体效果，拓展基层综合治理、平安创建、星级创建、诚信体系、基层政

权权威"五位一体"格局，在执行工作中切实发挥了社会主义制度集中力量办大事的优势。

发挥法治保障作用。与"放管服"深化改革同步，新疆法院充分发挥执行职能在优化法治营商环境上的作用，通过"执行事务一站式通办""执行事项全疆无差别受理、同标准办理、同要求考核""建立完善执行数据共享、执行信息共通、执行联动共治机制"等途径，注重把执行工作与助力培育壮大新疆特色优势产业、法治护航企业发展、带动群众就业等工作结合起来，畅通助民惠贫"服务圈"，营造增收致富"好环境"。针对因新冠疫情导致的务工就业、恢复生产、产品销售、企业资金周转等困难，采取更有力的措施，主动回应企业复工复产对执行工作提出的需求。对因疫情影响一时生产经营困难，但有发展潜力的企业，在征得申请执行人同意的情况下，积极修复信用，精准适用失信预警，给被执行人"缓冲期"，同时，告知不执行的后果，划定不执行的"高压线"，柔性引导与强制措施双管齐下，以法治之力为各类市场主体增动力、添活力。

发挥德治教化作用。基于各族群众对伦理、纲常、道义、风俗、宗教、习惯的朴素认知，在执行过程中融情入理、春风化雨，促使当事人诚信履行，2022年开展"诚信兴商　你我共筑"执行宣传活动，组织集中宣传活动258场次，走访企业305家，走访商铺5794家，开展座谈会181场，发放宣传册15487份，参与群众28481人，接受群众咨询3380人次，厚植"诚信为本、守法经营、公平竞争、长远发展"的法治沃土；同时讲好新疆"执行故事"，将看似"微小"的执行案件，用润物无声的常理、常情、常识讲述出来，变成生动的法治课，增强各族群众对中国特色社会主义法治的认同，实现"小案件推动民族大团结"。

发挥自治强基作用。主动对接群众所需所盼，注重发掘具有地方特色的基层智慧，新疆法院完善"党建+综治中心+执行部门+网格+志愿者"的执行治理模式，充分利用"访惠聚"工作队、"五老"力量等，问需于民、问计于民，积极探索创新执行公开机制、方法、内容，以"执行问题全收集全解决、执行线索全收集全反馈、执行评价全收集全改进"等方式，通过共商、合作等途径，引导各族群众最大限度凝聚共识，构建多方参与执行工作模式，切实打通基层神经末梢，画好新疆基层社会参与执行、见证执行、监督执行的同心圆。

发挥智治支撑作用。依托大数据、互联网、云计算，全面建设执行指挥应急调度服务平台和执行指挥中心，推进"执行案款管理""执行办案流程管理""执行GIS可视化管理"，综合运用"执行轨迹刻画""执行会商"等，健全线上查控、线上扣划、线上发款、线上送达等智能业务。探索运用"智慧执行2.0+时空大数据"，拓展社会治理场景应用，工作流程上做"减法"，执行效能上做"加法"，延伸移动执行功能，"掌上办""指尖办""智慧执行App办"助力各族群众与法官"屏对屏"，执行进度一键可查。

充分借力对口援疆资源。广大援疆干部为新疆法院带来了新理念新风尚，把解决眼前问题与长远规范发展结合起来，指导健全执行长效机制，既帮助"输血"更帮助"造血"，围绕执行队伍"四化"建设，采取挂职锻炼、跟班轮训、帮带提升方式，培养执行人才、积蓄骨干力量，为更可持续的执行提供"人才智力智慧支撑"。

典型事例：向社会公布执行团队微信公众号

乌鲁木齐市米东区人民法院于2022年3月正式对外公布8个执行团队专用微信号和1个信访专用微信号，截至2022年6月已有7325位执行当事人添加了团队微信号，执行团队致力于打造群众诉求回应解决的"最强客服"，线上"零距离""无障碍"解决当事人财产查控结果反馈、提交证据、在线沟通等需求，真正实现信息多跑路，群众少跑腿的执行为民服务理念。

（四）发扬新时代"枫桥经验"，立足源头治理

执行工作通过重心下移、力量下沉，将执行工作与夯实基层组织建设、

发挥群防群治、联防联治优势相结合，助力将矛盾纠纷化解于萌芽、止于未发。

坚持和发展新时代"枫桥经验"。新疆法院积极融入1128个无讼乡（社区）创建，千名法官积极融入诉源治理，通过"庭站点员"四位一体服务网深入基层掌握社情民意，多元预防化解纠纷，打通前端"梗阻"，缓解执行压力。以农牧区为主的法院在疏勒经验的基础上推陈出新，昌吉州木垒哈萨克自治县人民法院"预防为先"，将司法服务延伸到最基层，将执行融入多元解纷过程，以月亮地村为示范点，探索无讼乡村路径；以城市为主的法院建立社区综治网格员协助执行网络，如克拉玛依市两级法院在推进诉源治理和综源治理工作时，将"两源治理"嵌入社区网格化管理推进社会治理体系和公共法律服务体系建设，从源头上预防和减少矛盾纠纷，实现万人成诉率和新收案件数双下降。2022年以来，新疆7地（州、市）新收执行案件实现负增长，源头治理的效应日益显现。

构建立案审判执行全链条贯通模式。新疆法院将执行因子嵌入"立案和审判"环节，立案时提示提供被告或被执行人的信息，积极引导申请保全。审判时强调裁判的可执行性，特别是明确执行标的的种类、数量、特征，履行义务的时间、地点、方式，给付利息的起始时间、标准，防止因判项不明导致执行难，最终形成立案、审判、执行协调联动工作一体布局、一体推进的新模式。

利用基层"网格化"服务机制。新疆法院充分依托各乡镇（街道）、村（社区）为基本单元，村（社区）干部、人民调解员、访惠聚工作队员等为成员的基层协助执行网络，发挥基层组织"网格化"服务管理机制覆盖广、基层工作人员善做群众工作的优势，全区70余所法院已构建村（社区）基层组织协助人民法院做好执行工作机制，特别是在查找被执行人下落、督促当事人自动履行、促使达成执行和解方面发挥作用，最大限度把"人难找""财难寻""物难查""消极、抗拒执行"等风险防范在源头、化解在基层。

典型案例：调执结合、调解先行

塔城地区托里县人民法院受理执行的中国农业银行托里县支行与托里县某农产品购销农民专业合作社金融借款合同纠纷一案，执行法院通过实地走访，了解到该合作社系当地特色农作物"塔尔米"的生产、加工、销售企业，吸纳了十余名农牧民脱贫就业，但因生产经营不善，无法按期偿还借款。执行法院经分析认为如果对该合作社的质押物"塔尔米"及生产设备评估拍卖，不仅可能无人购买，也会使合作社彻底陷入绝境，本地农牧民失业后也存在返贫风险。在设身处地为双方考虑深入权衡利弊，释法说理后，申请执行人同意执行法院的建议，与合作社达成了执行和解。在执行法院的积极帮助下，合作社重振信心，恢复生产，打开销路，不仅按期偿还了借款，还获得专项资金扩大生产规模，将"塔尔米"的种植面积扩大到 2000 余亩，吸纳当地 30 名农牧民就业，被确定为托里县乡村振兴重点扶植企业，成为当地农牧民增收致富、就近就业的"带头人"。

（五）强化多元参与，健全协同治理

积极探索协同执行模式，积极调动当事人、社会团体、行业自律组织等共同参与执行、见证执行、监督执行，标本兼治破解执行难。

鼓励当事人参与执行。新疆法院在执行过程中，注重以沟通协商解决问题，找准双方利益平衡点，促成当事人协商一致，达成执行和解。2019 年至 2022 年上半年新疆法院以促成双方达成执行和解终结方式执结案件数量居全国前列。

鼓励引入专业力量参与见证执行。新疆法院已逐步建立健全仲裁、公证、律师、会计、审计等专业机构和人员参与执行的机制，充分发挥网络拍卖平台、拍卖辅助机构的专业优势，向市场主体定向推送拍卖信息并提供实地看样等相关服务，帮助各族群众认清"物品的真实货币价值"，确立"适当的折现率与愿意支付的成本"。乌鲁木齐市、克拉玛依市等地法院还探索了法院购买社会化服务和执行辅助性事务外包工作机制，凝聚了更广泛社会力量参与执行。

鼓励社会公众参与见证执行。针对被执行人下落不明，胜诉当事人权益难以实现的现实问题，新疆法院依法采取悬赏举报方式，将举报财产执行到位的部分金额作为悬赏金，发动社会各界提供被执行人及被执行财产线索。伊犁哈萨克自治州伊宁市人民法院、哈密市伊州区人民法院、乌鲁木齐铁路运输法院等都进行了有益探索尝试，并取得了较好效果。

典型案例：社会参与协同救助

塔城地区乌苏市人民法院探索引入"社会救助"模式，通过社工服务社提供救助"过桥"资金，让困难群众"困有所帮""弱有所扶"，深切感受到党的关怀和执行温暖。其做法是：在乌苏市委、市政府大力支持下，鼓励群众中有能力、有爱心的志愿者、公益人士参与成立社会公益组织——"绿桥社工服务社"。针对申请执行人陷入困境，但案件暂时无法执行到位的情况，为困难申请执行人垫付执行案款，待案件执行到位，再向服务社还款，循环利用公益基金，有效缓解社会矛盾。2019 年至今该社工服务社共为 60 案 60 名困难申请执行人搭建法律与人情的"绿色桥梁"，提供百余万"过桥资金"，"雪中送炭"抚慰人心。

三 新疆法院综源治理执行难的成效

2021 年，新疆法院遵循上述执行难综源治理的定位与价值取向，实施切合新疆实际的一系列综源治理措施，进一步树立涉民生案件"优先执行、主动执行、快速执行"的执行工作理念，以提高执结效率为执行工作目标，深入开展"亮剑'执行难'护航新发展"及"执行争一流"活动，持续开展各类专项执行行动，取得了较为显著的成效。

"切实解决执行难"优化措施提档升级。执行工作"3＋1"核心指标完成情况如下：（1）有财产可供执行案件法定审限内结案率为全国第1位；（2）无财产可供执行案件终本合格率为全国第1位（并列）；（3）执行信访案件办结率为全国第1位（并列）；（4）执行案件执结率为全国第7位。最高人民法院办公厅将新疆法院构建综源治理执行难大格局、深度融入基层社会治理的执行工作经验向全国法院推广，最高人民法院院长周强2022年3月8日在第十三届全国人民代表大会第五次会议上《最高人民法院工作报告》中，对新疆法院健全执行联动机制的做法给予充分肯定。

执行护航经济社会持续健康发展。防范化解重大风险，从严惩处高息揽储、非法集资、电信网络诈骗案件696件，挽回经济损失11.47亿元[1]，昌吉回族自治州中级人民法院设立的7个"金融纠纷多元化解中心"，2021年，帮助8家金融机构追回贷款2.8亿元。一批"放水养鱼"善意文明举措，一批安商惠企暖心实践活动，为企业增强造血功能、维持正常运转提供最大便利，让老百姓保住了饭碗、稳定了家庭。

服务保障产业升级做大做强。完善"立、审、执、破"流程，妥善处理巴州东辰公司等执行破产重整案件，盘活企业资产65亿余元，安置就业3500余人，将"拯救"功能发挥到最大。[2] 聚焦战略性新兴产业、文旅特色产业、农林果优势产业等，牵头建立"乌鲁木齐都市圈异地执法司法联动机制"，为推进外放型经济添动力，在乌鲁木齐国际陆路港设立"法官工作室"，让涉外纠纷法律服务"触手可及"；在昌吉紧盯准东经济技术开发区、昌吉高新技术开发区等法治需求，建立执行事物集约化模式，助力为种业、红酒、粮食等特色产业提供执行保障；在喀什对标产业兴、实体旺，对林果深加工、医疗保健品、特色工艺品等特色产业采取"法院+调解"多元解纷方式，以执行"软实力"为营商环境提供"暖支撑"；在伊犁探索派驻

① 《自治区高级人民法院工作报告》，新疆党建网，2022年3月3日，https：//www.xjkunlun. gov.cn/xw/jnxw/138129.htm。

② 《自治区高级人民法院工作报告》，新疆党建网，2022年3月3日，https：//www.xjkunlun. gov.cn/xw/jnxw/138129.htm。

执行小组入驻 4A 级景区，销号"执行清单"兑现疆内外游客"幸福账单"，护航旅游兴疆擦亮"大美新疆"名片。

（一）综源治理坚强有力

新疆维吾尔自治区高级人民法院在自治区党委的坚强领导下，推动平安建设（综合治理及源头治理执行难）纳入自治区重点工作，并且通过依法治疆委员会制发机制，形成长治长效。区内各地法院在所在地党委领导、政府支持下积极构建执行难综源治理大格局，2021 年，新疆综源治理执行难经验被最高人民法院向全国法院推介，"疏勒县执行经验"得到最高人民法院高度肯定，"压实分中院执行监管职能的十条措施""以保全促执行"等一批鲜活经验、成功做法、模范样本被最高人民法院向全国推广。

（二）执行质效稳中向好

通过综源治理执行难，新疆法院执行质效数据持续提升。从跨年度纵向时间轴来看，2018~2021 年的 4 年间，新疆法院首次执行案件实结占结案数比例、实际执结率、法定期限内结案率等质效指标数据呈现稳中有升态势。新疆法院首次执行到位率、执行完毕率分别高于全国平均值 15.12、19.67 个百分点，各项执行质效指标和执行综合管理指标均保持在全国前列。[①]

（三）执行工作满意度进一步提升

新疆法院通过全面设立执行信访接待窗口、12368 诉讼服务热线，推广智慧执行 App 当事人客户端、公开执行团队微信公众号等方式，畅通"线上+线下"信访渠道，广泛听取人民群众对执行工作的意见和建议，主动接受人民群众监督，回应人民群众诉求，不断提升信访矛盾实质性化解力度，

---

① 新疆维吾尔自治区高级人民法院内部工作资料。

及时依法解决人民群众急难愁盼，有效提升人民群众对执行工作满意度。从新疆执行信访率（案访比）指标来看，2019～2021年新疆法院执行信访率（案访比）指标连续三年低于全国平均值。①

（四）信用要素进一步激活

《国务院办公厅关于加快推进社会信用体系建设构建以信用为基础的新型监管机制的指导意见》强调，要探索建立信用修复机制。新疆法院一手抓信用惩戒，一手抓信用修复，充分发挥信用修复的"容缺性"，以"造血再生""修复赋能"的执行举措，帮助市场主体激活信用要素，实现"涅槃重生"。畅通惩戒措施救济渠道，对积极履行义务的被执行人依法解除惩戒措施。截至2021年12月，已对纳入失信名单但积极履行债务的自然人、法人或其他组织分别删除失信信息71721、12910人次（见图2）。

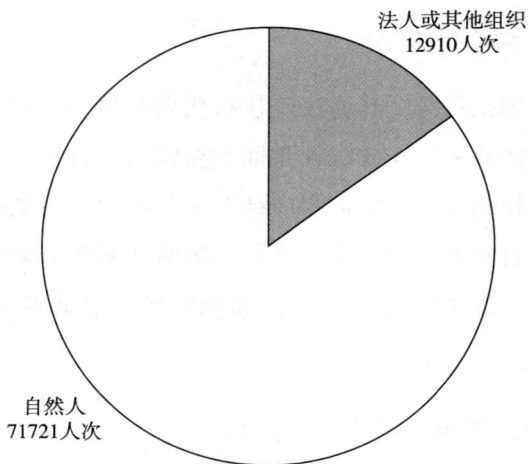

法人或其他组织
12910人次

自然人
71721人次

图2 截至2021年12月新疆法院删除失信信息进行信用修复情况

资料来源：新疆维吾尔自治区高级人民法院内部工作资料。

---

① 新疆维吾尔自治区高级人民法院内部工作资料。

四　新疆法院综源治理执行难的深化发展

当前，新疆正处于历史上最好的发展时期，人民对美好生活有了更高期待，新疆法院执行工作应以多元共治为导向，主动围绕中心、服务大局，在法治为民中深刻把握公平正义，把解决执行难与助力社会稳定和长治久安相结合，与助力经济社会高质量发展相结合，为推进治理体系和治理能力现代化贡献新疆法院执行力量。未来发展，重在巩固综源治理成果，主要从以下几个方面深化。

（一）服务优化：提供精准化、精细化、个性化的执行服务

1. 在法律框架内尊重当事人的意愿表达

随着各族群众法治意识的增强，会产生多元自我表达、利益满足、监督见证执行的需要，这就需要准确把握"需求-供给"的关系，要求法院既要当好执行者，又要当好当事人之间的沟通者、协调者、平衡者，采取既符合法律规定，又容易让相关方满意的执行措施，更好保障群众对执行的知情权、参与权、表达权、监督权。通过尊重当事人的意思表达，依法靶向匹配需求，深化"法院-当事人-公众-市场-社会"互动模式，不断增强人民群众对执行工作的认同度、满意度（见图3）。

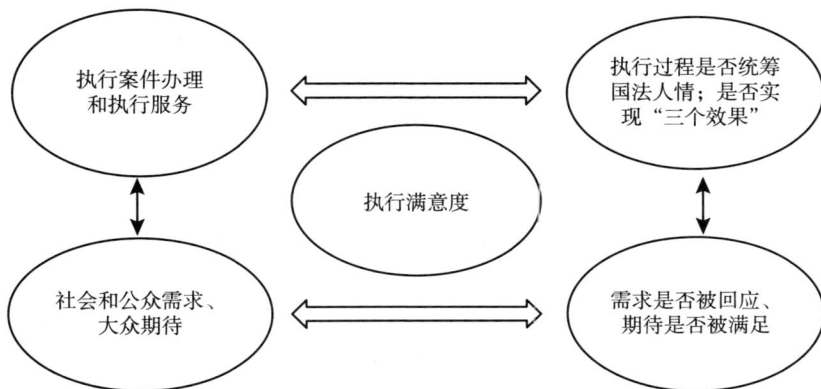

图3　执行工作中的"需求与供给"互动

受新冠疫情影响，很多被执行人认为财产之所以流拍是因为"行情不好"，导致财产被低价处置，故想以变卖、融资、重组等方式盘活财产，实现市场要素的价值最大化，这是"人之常情"，应予尊重。《最高人民法院关于在执行工作中进一步强化善意文明执行理念的意见》规定："网络司法拍卖第二次流拍后，被执行人提出以流拍价融资的，人民法院应结合拍卖财产基本情况、流拍价与市场价差异程度以及融资期限等因素，酌情予以考虑。"据此规定，财产两次流拍后，如果被执行人申请将财产变卖给指定的人，以便后期赎回或与买受人联合开发，又未对债权人实现债权产生不利影响，新疆法院可根据实际情况，酌情考虑。

2. 探索实行正向激励措施和失信预惩戒措施

他山石，可攻玉。吉林省、福建省、北京市等地人民法院已探索建立发放自动履行告知书、承诺书、预处罚通知等工作机制。宁波市中级人民法院在"信用红黑名单"基础上，探索实行信用修复"灰名单"措施①，在政策获得等方面给予信用修复。宁德市中级人民法院对失信被执行人进行信用修复评分，根据评分情况，精准发放"信用额度"，鼓励"信用有价值，守信有力量"。以上措施能够帮助一时陷入困境的被执行人解决"欲而不能""有心无力"之痛。新疆法院可以借鉴这些措施，综合运用风险提示、"纳失宽限期"等措施强化被执行人自动履行正向激励，对符合法定条件的依法屏蔽或删除，推动失信被执行人信用修复，对符合修复条件的给予1~3个月宽限期，或善用失信预警、守信激励等方式，促使被执行人主动履行法律义务。

3. 推动更高水平的高效公正善意文明执行

纵深推进破产重整、破产和解等措施。"在破产债权人有机会起死回生的情况下，陌生的破产债权人能够通过破产重整程序开展共同体合作，以普

---

① 宁波市中级人民法院信用修复"灰名单"："灰名单"是信用从"黑"恢复到"红"过程中的一种阶段性状态。根据执行主体在不同阶段的信用评价和履行义务情况，对已获信用修复资格的被执行人可适用"灰名单"管理，在政策获得等方面实施容缺受理，引导他们通过自身的努力提高履行能力，重塑自身信用，具有积极的正面引导效用。

遍增加各个债权人的利益。"① 要特别注重发挥破产重整特殊功能，对资金链暂时断裂，但仍有发展潜力、存在救治可能的企业，可通过和解分期履行、兼并重组、引入第三方资金等方式，盘活企业资产、优化资金、技术、人才等生产要素配置，帮助其重获生机、重返市场。

深化推进不动产分割查封措施。《最高人民法院关于人民法院办理财产保全案件若干问题的规定》第十五条规定，"可供保全的土地、房屋等不动产的整体价值明显高于保全裁定载明金额的，人民法院应当对该不动产的相应价值部分采取查封、扣押、冻结措施，但该不动产在使用上不可分或者分割会严重减损其价值的除外。"新疆法院在执行时，可采取分割登记措施。采取该措施后，被执行人能继续融资清偿债务，申请执行人债权也能得到兑现。新疆博州已有分割查封的探索，其经验可以在全区法院推广。

（二）权责明晰：构建分权，分流、分段，分级的执行监督模式

构建分权，分流、分段，分级的执行监督模式（见图4）。

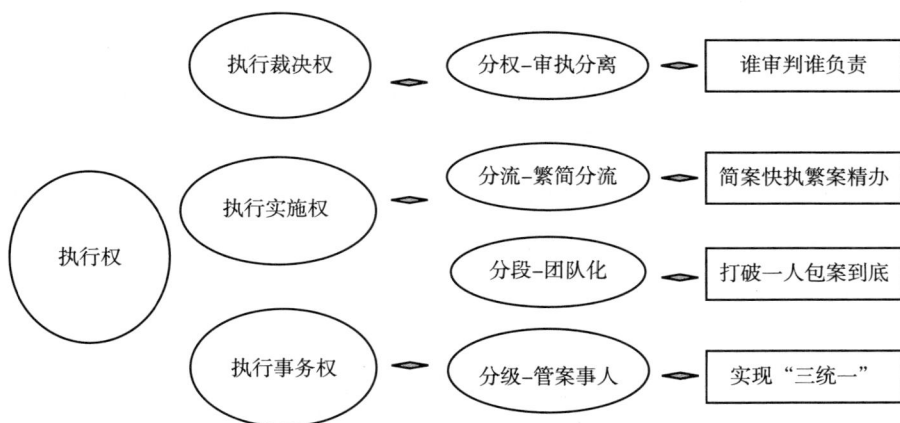

图4　分权，分流、分段，分级的执行监督模式

① 熊丙万：《私法的基础：从个人主义走向合作主义》，中国法制出版社，2018，第213页。

1. 分权：实行审执分离

深化审判权与执行权分离，通过审判程序明确当事人的权利义务关系，为执行权行使奠定基础，避免以执代审，通过执行权实现裁判目的，维护既判力，形成互相促进又互相制约的关系。通过优化执行队伍结构和健全执行权内部运行机制，由审判部门、执行裁决部门、专门合议庭行使执行审查权，解决执行过程中重大实体争议、判断执行行为是否依法规范，由执行人员行使执行实施权，处理涉财产调查、财产处置等程序性、事务性工作，实现执行裁决权对执行实施权的监督制约。

2. 分流、分段：实现团队化和流程化

可以在乌鲁木齐市和昌吉州两级法院试点集约执行、繁简分流的基础上，健全执行案件办理流程，按照"清单化""节点化""流程化""团队化"的思路，合理区分核心事务、执行综合事务、执行辅助事务，实行分人、分项、分段、定岗、定权、定责，通过明确办案权责，系统自动分案，简案快执、繁案精执，克服"一人包案到底"弊端。

3. 分级：实现上下级案、事、人"动态监督"

加强执行"三统一管理"，从体制机制上抵御重点领域、重点环节、重点人员存在的风险隐患，事前预警、执中监管、违法查究。聚焦管好"案"，可安排专人负责流程监管、重点事项督办，对执行案件流程节点、舆情办理、申诉信访等情况进行监管。在采取执行措施时必须配备执法记录仪等设备，做到全程能留痕、全程可追溯、全程受监督。聚焦管好"事"，强化执行指挥中心实体化运行及服务保障，每日巡检，不定时抽检；将执行领域突出问题纳入明察暗访、司法巡查、审务督察范围，把执行权晒在"探照灯"下，让执行干警心有所戒、行有所止。聚焦管好"人"，通过教育培训、定岗定责、质效考核、案件评查、"一案双查"等途径，规范执行行为、转变执行作风。

（三）技术升级：构建"区块链+""大数据+小数据"智慧执行模式

1. 构建"区块链+"执行工作模式

2022年5月印发的《最高人民法院关于加强区块链司法应用的意见》

明确指出，"探索建立符合条件的执行案件自动发起查询、冻结、扣划以及执行案款自动发放的智能合约机制。"明确了建立与社会各行各业互通互享的区块链联盟，并以智能合约、智能身份应用提升执行效率。新疆法院可加大区块链技术在执行领域的运用。把当事人身份核查至执行通知发出、财产查控、财产处置、案款发放、信用惩戒和信用修复等环节全流程"上链"，达到设定执行条件自动触发、各流程节点间闭环验证，互信快速通关，核验无误出具电子执行文书，对未自动履行一键推送的各联动单位，"链上"各单位相互交流互相监督，打破信息"海上漂浮"困境，确保数据实时更新、交流、查询等，助力执行工作低成本共享、共通、留痕。

2. 构建"大数据+小数据"执行工作模式

利用互联网各主体，依托大数据和小数据，结合被执行人的动产、不动产、收入、支付流水、消费频次、消费总额、地人均可支配收入等因素，构建"数字化"被执行人分级分类模型"拟人思考"分析模式，以精准的"身边的""限高"让群众对执行惩戒措施"敏感"。同时，拓展"点对点"查控领域，通过大数据方式对失信被执行人相关信息进行自主关联比对、锁定，以系统互联、共同监督方式限制高消费、督促履行义务。

（四）机制革新：强化共建、共治、共享的执行工作考核评价体系

1. 将法院"单打独斗"与多部门"联动执行"相结合

落实好国家发改委和最高人民法院牵头，人民银行、中央组织部、中央宣传部等44家单位签署的《关于对失信被执行人实施联合惩戒的合作备忘录》要求，齐抓共管、协力共治，在健全网络执行查控系统、健全查找被执行人协作联动机制、推进失信被执行人信息共享工作、完善失信被执行人联合惩戒和信用修复等方面履行好各自的职责，凝聚合力，构建综源治理执行难工作大格局，切实实现工作联动、平安联创。

2. 将执行业务考核与解决群众急难愁盼相结合

人民群众是执行工作的参与者、体验者、评判者，新疆法院应深入分析各族群众对执行工作的新期待，运用"指正+补强"模式，以"研究需求—

考核项目设计-决策-实施-考核-评估-健全"程序设置相关考核指标权重，把"执行完毕率""执行标的到位率"作为反映执行工作质效的核心考核指标，提高实际执行、执行到位效率。以依法规范执行作为基本要求，注重指标间的关联制衡，审慎确定实际执结率、终本率和终结率等指标的标准，合理设置执行完毕期限等结案期限的最小值、最大值和良性运行边界值，确保执行工作"质效并重"。

3.将执行业务考核与构建综源治理执行难评价体系相结合

将执行业务考核与构建综源治理执行难评价体系同规划、同部署、同考核，除了将执行工作"3+1"核心指标、15项执行质效考核指标、18项执行综合管理指标等执行业务指标纳入考核范围，也要将建立综源治理执行难大格局制度机制、推动本级法院相关部门将失信名单嵌入该部门工作系统、"点对点"联合惩戒失信行为等涉及综源治理执行难的项目，都纳入执行日常考核范围，推动从法院到全社会共同综合治理执行难，实现科学考核"价值裂变"的最佳效益。

4.将履行职责与综源治理执行难正向激励相结合

用好最高人民法院《关于人民法院进一步深化多元化纠纷解决机制改革的意见》规定的加强经费保障措施，主动争取党委和政府支持，将纠纷解决经费纳入财政专项预算。运用"标准案件-标准个人"或者"整案标准化时间法"等案件工作量评估法，强化可视化可量化考评、激励，在合适标准内对执行调解成功的、查找执行线索成功的、助力执行到位的参与主体给予精神鼓励及物质保障。

结　语

执行难由来已久，透过否定之否定基本规律，现代化执行模式建设必然是一条曲折前进又光明的道路。有行动，才有感动，切实解决执行难，以良法保善治，以执行护发展，用人本绘幸福底色，行绵绵力用久久功，必将在丝绸之路经济带核心区建设中发挥更大的作用。

B.6

新疆检察公益诉讼的实践
与探索工作报告（2022）

新疆维吾尔自治区人民检察院[*]

摘　要： 自 2017 年 7 月 1 日检察公益诉讼制度正式施行以来，新疆检察机关深入贯彻以人民为中心的发展思想，充分发挥公益诉讼检察职能，持续加大重点领域监督力度，积极稳妥推进公益诉讼工作，案件数量稳步增长、结构优化明显、社会影响越来越大、公众参与越来越广，取得明显成效。本报告梳理了 2021~2022 年全疆检察公益诉讼工作情况，对检察公益诉讼的实践经验进行了总结，围绕当前工作中存在的问题和困难，提出了相关建议。本报告认为公益诉讼应坚守维护公共利益的工作原则、健全公益诉讼履职机制、拓宽监督领域等发展道路，以对新疆检察公益诉讼工作高质量发展有所裨益。

关键词： 检察机关　公益诉讼　依法治疆

以人民为中心的检察公益诉讼[①]制度起源于新时代全面推进依法治国的战略布局，是党中央做出的重大决策部署。2017 年 6 月，在总结全国十三

---

* 执笔人：金利岷，新疆维吾尔自治区人民检察院党组成员、副检察长，一级高级检察官；买买提艾力·玛合木提，新疆维吾尔自治区人民检察院第八检察部主任，三级高级检察官；王妍，新疆维吾尔自治区人民检察院第八检察部四级高级检察官；刘清洋，新疆维吾尔自治区人民检察院办公室主任；张军，乌鲁木齐市天山区人民检察院综合业务部三级检察官。

① "公益诉讼"重点在"公益"，"公益"是目的，"诉讼"是手段。公益就是公共利益的简称。公益诉讼分为行政公益诉讼和民事公益诉讼。

个地区为期两年试点改革的基础上，第十二届全国人民代表大会常务委员会第二十八次会议修改《中华人民共和国民事诉讼法》①《中华人民共和国行政诉讼法》②，标志着我国以立法形式正式确立了公益诉讼检察制度。③ 同年7月1日，公益诉讼制度全面实施，新疆检察公益诉讼工作也同步启动。2018年10月和2019年4月又将公益诉讼检察职权相继写进修订后的《中华人民共和国人民检察院组织法》和《中华人民共和国检察官法》，为公益诉讼检察工作发展提供了基本的法律和规范依据。④ 检察公益诉讼在新疆全面推开的五年时间里，各级党委、人大和政府对公益诉讼工作越来越重视，社会认同度也在不断提高，新疆维吾尔自治区第十三届人民代表大会常务委员会第十六次、第三十三次会议相继通过《新疆维吾尔自治区人民代表大会常务委员会关于加强检察公益诉讼工作的决定》和《新疆维吾尔自治区人民代表大会常务委员会关于加强新时代新疆检察机关法律监督工作的决议》。新疆检察机关主动作为、乘势而上，推动公益诉讼不断发展壮大，公益诉讼机构、队伍不断充实，专业化建设得到了加强，公益诉讼办案力度不断加大，办案领域不断拓展，效果更加显著，是顺应时代要求、呼应人民期盼，捍卫全疆各族群众美好生活的忠实守护者。

---

① 《中华人民共和国民事诉讼法》第五十八条第二款规定：人民检察院在履行职责中发现破坏生态环境和资源保护、食品药品安全领域侵害众多消费者合法权益等损害社会公共利益的行为，在没有法律规定的机关和组织或者法律规定的机关和组织不提起诉讼的情况下，可以向人民法院提起诉讼。
② 《中华人民共和国行政诉讼法》第二十五条第四款规定：人民检察院在履行职责中发现生态环境和资源保护、食品药品安全、国有财产保护、国有土地使用权出让等领域负有监督管理职责的行政机关违法行使职权或者不作为，致使国家利益或者社会公共利益受到侵害的，应当向行政机关提出检察建议，督促其依法履行职责。行政机关不依法履行职责的，人民检察院依法向人民法院提起诉讼。
③ 张雪樵：《大道之行　天下为公——公益诉讼检察制度的成功要诀》，《人民论坛》2022年第1期，第6~7页。
④ 胡卫列、谢文轶：《〈人民检察院公益诉讼办案规则〉的理解与适用》，《人民检察》2021年第18期，第22~27页。

一　新疆检察公益诉讼整体工作情况

经历了 2017 年的基础薄弱期，2018 年，新疆检察公益破冰前行，2019 年稳进提升，2020 年争先创优，2021 年以来，新疆检察公益诉讼工作进入了提质增效、扩大影响期。2021 年初，第十五次全疆检察工作会议对公益诉讼工作提出"稳定规模、提升质量、优化结构、扩大影响"的要求，全疆公益诉讼检察工作持续向好。全年共立案 8259 件，发出诉前检察建议 7718 件，发出公告 191 件，稳居全国前列。与四川、西藏、云南、青海、甘肃五省区和兵团检察院共同签订青藏高原及周边区域生态保护跨区域协作机制①，与解放军乌鲁木齐军事检察院制定《关于加强军地检察机关公益诉讼协作工作的意见》，与自治区市场监督管理局、自治区药品监督管理局会签《关于加强食品药品领域公益诉讼工作协作配合的意见》，与自治区消费者协会共同印发《关于加强协作配合切实做好消费民事公益诉讼的工作意见》，与国家林业和草原局驻乌鲁木齐森林资源监督专员办事处建立了协作机制。制度机制的健全与完善，有力推动了新疆公益诉讼检察工作规范运行、走深走实。2022 年，新疆公益诉讼检察工作以开展"质量建设年"为契机，把握检察工作高质量发展服务经济社会高质量发展主题，2022 年 1～5 月，共立案 4207 件，发出检察建议和公告共 3405 件。与国家税务总局新疆维吾尔自治区税务局建立税务执法与公益诉讼工作衔接机制，充分发挥检察机关法律监督职能作用，促进行政机关提高依法行政水平。②

---

① 张超、刘彬：《建立跨区划检察协作机制共护青藏高原生态环境》，《检察日报》2022 年 1 月 9 日，第 1 版。

② 2015 年 5 月，习近平总书记在中央全面深化改革领导小组第十二次会议上指出，"党的十八届四中全会提出探索建立检察机关提起公益诉讼制度，目的是充分发挥检察机关法律监督职能作用，促进依法行政、严格执法，维护宪法法律权威，维护社会公平正义，维护国家和社会公共利益"。详见《习近平主持召开中央全面深化改革领导小组第十二次会议》，新华社 2015 年 5 月 5 日电。

（一）公益诉讼案件数量稳步增长

2021 年 1 月至 2022 年 5 月，共立案公益诉讼案件 12468 件，发出诉前检察建议和公告 11123 件，向法院提起诉讼 89 件，① 办案数量、质量已跃居全国前列。其中，发现行政公益诉讼案件线索 12444 件，同比上升 43.30%（2019 年 1 月至 2020 年 5 月是 8684 件）。行政公益诉讼立案 12116 件，同比上升 57.04%（2019 年 1 月至 2020 年 5 月是 7715 件）。从涉案领域分析，生态环境和资源保护领域立案数量占比最大，占立案总数的 45.01%；食品药品安全领域占立案总数的 19.66%；国有财产保护和国有土地使用权出让领域占比分别为 4.73%、1.51%；新领域（含新增法定领域）案件数量占立案总数的 29.09%（见图 1）。② 从区域分布看，立案数高于全疆平均值（立案总数/15=808）的地区分别是：阿克苏地区、乌鲁木齐市、喀什地区、伊犁哈萨克自治州、巴音郭楞蒙古自治州、塔城地区、昌吉回族自治州（见图 2）。

2021 年 1 月至 2022 年 5 月，全疆检察机关发现民事公益诉讼线索 417 件，同比增长 1.90 倍（2019 年 1 月至 2020 年 5 月是 144 件）。民事公益诉讼立案 352 件，同比增长 1.77 倍（2019 年 1 月至 2020 年 5 月是 127 件）。从涉案领域上看，食品药品安全领域立案数量占比最大，占立案总数的

---

① 公益诉讼办案流程为立案、诉前程序、提起诉讼、诉讼监督等。诉前程序包括公告和诉前检察建议。对于属民事公益诉讼范围的，发出公告，公告是否有其他有权主体提起诉讼，公告期满后，没有相应的组织提起，检察机关则提起民事公益诉讼。对于属行政公益诉讼范围的案件，检察机关依法向行政机关发出诉前检察建议，建议其履职或整改，在规定的期限内，行政机关履职或整改，公益得到了保护，案子了结，检察机关不再对行政机关提起公益诉讼。

② 办案领域：《中华人民共和国民事诉讼法》《中华人民共和国行政诉讼法》的修改，确定了公益诉讼四大传统领域即生态环境和资源保护、食品药品安全、国有土地使用权出让、国有财产保护等法定领域。随着《中华人民共和国英雄烈士保护法》《中华人民共和国未成年人保护法》《中华人民共和国安全生产法》《中华人民共和国军人地位和权益保障法》《中华人民共和国个人信息保护法》《中华人民共和国反垄断法》《中华人民共和国反电信网络诈骗法》《中华人民共和国农产品质量安全法》的制定和修改，英雄烈士保护、未成年人保护、安全生产、军人地位和权益保障、个人信息保护、反垄断、反电信网络诈骗、农产品质量安全、妇女权益保障等领域也成为公益诉讼的法定领域，目前法定领域为"4+9"共 13 个领域。新疆维吾尔自治区第十三届人民代表大会常务委员会第十六次会议审议通过的《新疆维吾尔自治区人民代表大会常务委员会关于加强检察公益诉讼工作的决定》，作为地方立法明确可以对卫生健康、产品质量、互联网公益、文物和文化遗产等领域开展公益诉讼。

图1　2021年1月至2022年5月行政公益诉讼涉案领域立案数占比

资料来源：2021年1月至2022年5月全疆公益诉讼办案数据。

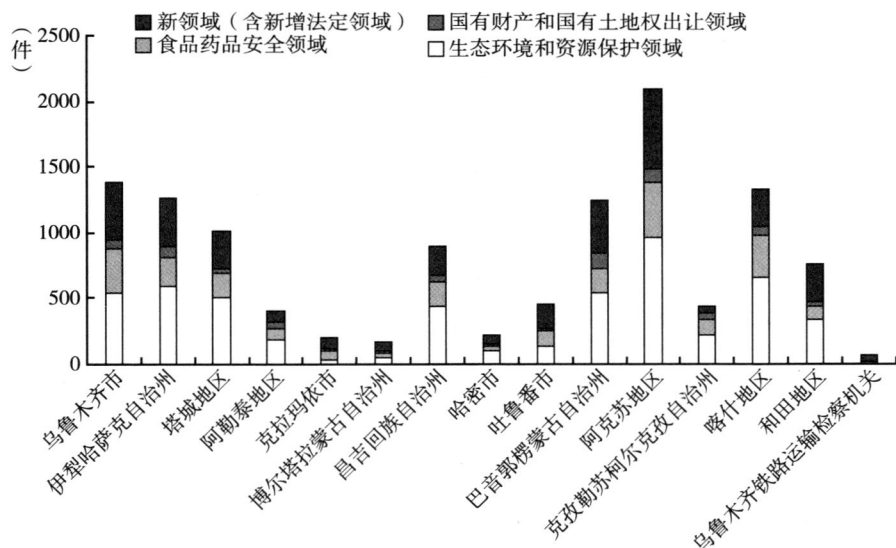

图2　2021年1月至2022年5月全疆各地（州、市）各领域行政公益诉讼立案情况

资料来源：2021年1月至2022年5月全疆公益诉讼办案数据。

54.71%；生态环境和资源保护领域占立案总数的36.46%；英雄烈士保护领域占比0.28%，新领域（含新增法定领域）案件数量占立案总数的8.55%（见图3）。从区域分布看，立案数高于全疆平均值（立案总数/15＝23）的

145

地区分别是：阿克苏地区、昌吉回族自治州、喀什地区、塔城地区、乌鲁木齐铁路运输检察机关、克孜勒苏柯尔克孜自治州（见图4）。

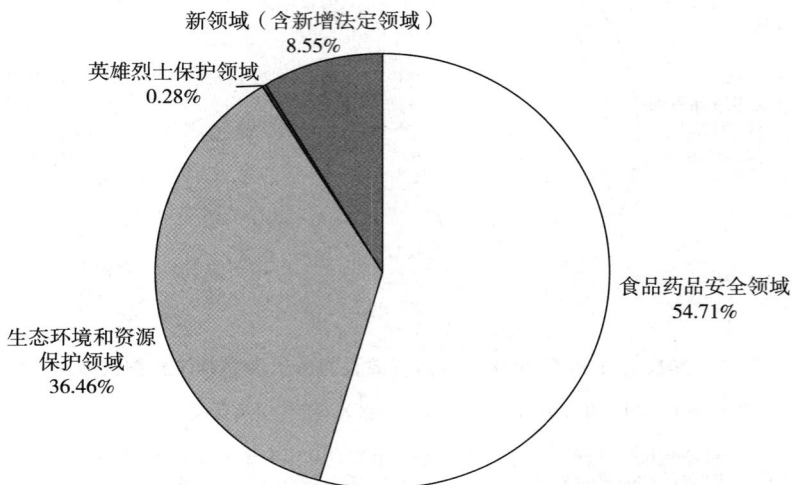

图3 2021年1月至2022年5月民事公益诉讼涉案领域立案数占比

资料来源：2021年1月至2022年5月全疆公益诉讼办案数据。

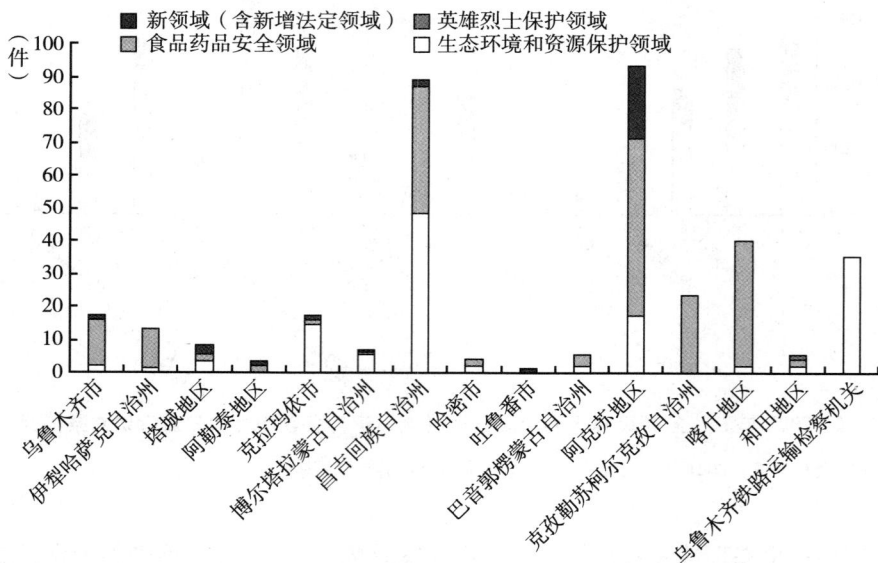

图4 2021年1月至2022年5月全疆各地（州、市）各领域民事公益诉讼立案情况

资料来源：2021年1月至2022年5月全疆公益诉讼办案数据。

（二）公益诉讼案件结构优化明显

全疆检察机关持续破解工作中存在的"行政多民事少""诉前多起诉少""附带多单独少"等公益诉讼案件结构失衡问题，不断优化案件结构，"三多三少"问题明显改善。一是民事案件比例。2021 年 1 月至 2022 年 5 月全疆检察机关共立案公益诉讼案件 12468 件，其中民事 362 件，占比 2.90%，同比增长 2 倍。二是起诉案件占比。2021 年 1 月至 2022 年 5 月全疆提起公益诉讼案件 89 件，占立案数总数的 0.7%。其中行政公益诉讼案件 15 件，同比增长 2.8 倍。提起公益诉讼较多的地区为：喀什地区（21 件）、克孜勒苏柯尔克孜自治州（18 件）、昌吉回族自治州（11 件）、伊犁哈萨克自治州（10 件）、阿克苏地区（8 件）。三是起诉案件结构。起诉案件中，单独民事公益诉讼 41 件，占比 46.10%；刑事附带民事公益诉讼 33 件，占比 37.08%；行政公益诉讼 15 件，占比 16.85%；起诉案件结构趋向合理。

（三）公益诉讼检察的社会影响越来越大

一个典型案例胜过一打文件，以视频、动漫等多种方式讲述好公益诉讼检察故事，使各级党委政府进一步认识公益诉讼的重要意义，使人民群众实实在在感受到办案的效果，从而形成依法治疆、共同维护公益的良好氛围。新疆维吾尔自治区人民检察院高度重视公益诉讼典型案例选树工作，要求各地注重日常办案积累总结，坚持案例月报制度，综合考虑公益保护效果、社会影响力、服务国家治理的效能以及案件在价值引领、理念创新、推动制度发展等方面的作用，其中 9 件案例入选了全国公益诉讼典型案例，26 件典型案例入选新疆检察 2020~2021 年度百佳案例。组织各地开展"千案展示、百案评析、十案示范"活动，要求每个地（州、市）院和基层检察院都要选择一起"硬骨头"案件在正义网上进行展示。为增加人民群众对公益诉讼的关注度，新疆维吾尔自治区人民检察院拍摄宣传短片，在新疆电视台维、汉两个语种多个频道连续播出三个月，荣获"全国检察机关第四届微电影微视频微动漫征集展播活动"微动漫类"优秀作品奖"。新疆维吾尔自治区人民检察院通过召开"三项安全""新三项""公益诉讼五周年"新闻发布会，向社会通报公益诉讼工作情况及典型案件，发挥法律监督与媒体监督的合力，积极回应社会关切，提升依法能动履行公益诉讼检察职能的影响力。

（四）公益诉讼的公众参与越来越广

新疆检察机关不断凝聚各方公益保护共识，拓宽社会公众参与渠道，使公益诉讼影响力从"墙内香"向"墙外香"转变。深入推进公益诉讼案件公开听证，聘请人大代表、政协委员、专家学者、律师、公益诉讼志愿者、有专门知识的人[①]等作为听证员参加听证，接受人民监督员监督，逐步实现"应听尽听"，立案、诉前、诉讼程序全覆盖，广泛运用于案件事实认定、监督必要性论证和整改效果评估等。为畅通举报渠道，全疆检察机关统一开通12309公益诉讼举报电话，乌鲁木齐市人民检察院成立公益诉讼举报中心，新疆维吾尔自治区人民检察院、伊犁哈萨克自治州人民检察院、精河县人民检察院出台公益诉讼案件线索举报奖励办法，鼓励群众积极举报。新疆维吾尔自治区人民检察院出台专门文件规范观察员聘任管理工作，在全疆推进实施公益诉讼观察员制度。新疆维吾尔自治区人民检察院阿克苏检察分院自主研发"掌上检察微公益"微信小程序，全疆检察机关上线公益诉讼"随手拍"微信小程序，借助"互联网+"的方式，转变传统公益诉讼办案取证思维模式，集成公益诉讼线索社会化采集和智能化取证功能，引导社会公众"随手拍"，汇聚多方公益诉讼保护力量，形成公众参与共治体系。2022年1月，以"互联网+大数据"为基础的公益诉讼大数据应用平台在全疆上线运行，对公众举报线索进行采集与研判，破解实践难题。

---

① 有专门知识的人，一般指专家辅助人，2018年2月11日实施的《最高人民检察院关于指派、聘请有专门知识的人参与办案若干问题的规定（试行）》第二条规定"有专门知识的人"，是指运用专门知识参与人民检察院的办案活动，协助解决专门性问题或者提出意见的人，但不包括以鉴定人身份参与办案的人。规定所称"专门知识"，是指特定领域内的人员理解和掌握的、具有专业技术性的认识和经验等。详见《检察日报》2018年4月4日，第3版。

二　新疆检察公益诉讼工作成效

（一）主动融入地方治理大局

1. 助力新冠疫情常态防控

疫情发生后，新疆维吾尔自治区人民检察院第一时间下发通知，要求各地检察机关充分发挥公益诉讼检察职能，督促相关行政机关做好防疫物资和生活物资市场规范、医疗废物处置、生鲜肉类检验检疫、野生动物资源保护等工作。全疆检察机关采取向行政机关移送线索、磋商沟通和制发检察建议相结合的方式，督促有关部门依法履职，截至 2022 年 5 月，共办理涉及疫情防控公益诉讼案件 66 件，做到尽职不越位，帮忙不添乱，为全疆依法、科学、精准防控疫情贡献检察智慧和力量。喀什地区两级检察机关开展城乡医疗废物领域公益诉讼专项行动，督促整改 7 县 24 家医院、16 个乡镇卫生院、42 家口腔门诊、4 家宠物门诊，促成喀什地区叶城县投入 900 万元建设医疗垃圾无害化回收集中处理站，投入 6890 万元在全县 21 个乡镇建设安装统一地埋式医疗污水处理系统，提升农村医疗卫生设施建设水平，从根源上解决医疗垃圾、污水违规处置问题。

2. 巩固脱贫攻坚助力乡村振兴

新疆检察机关聚焦耕地资源保护、农资供应、农业面源污染治理、农村人居环境整治等重点领域突出问题，有针对性地加大涉农公益诉讼检察力度。积极参与"农村乱占耕地建房专项整治"工作，对非法占用或毁损基本农田、非法占用农用地（林地、草原）等行为开展公益诉讼检察监督，共立案 266 件。共立案办理涉及农资供应，如生产销售假种子、农药、化肥和劣质饲料，以及禁用农兽药、除草剂等坑农害农行为案件 357 件。针对残留农用地膜未及时处置回收、随意露天焚烧农作物秸秆等污染土壤破坏环境等行为，指导阿勒泰地区福海县、巴音郭楞蒙古自治州和硕县等地检察机关开展专项行动，督促召开废旧地膜回收处置现场会，新建废旧地膜回收网点，截至 2022 年 5 月累计科学回收地膜近 2 吨。阿勒泰地区吉木乃县人民检察院督促保护萨吾尔冰川水资源行政公益诉讼案，针对破坏冰川水域生态环境、污染乡村饮用水源问题，推动多部门协同履职，促进农村人居环境整治，入选全国公益诉讼助力乡村振兴典型案例。

3. 依法督促安全生产责任落实

推动有关部门落实最高人民检察院制发的"四号检察建议"，加强城市基础设施安全建设，消除公共安全隐患。全疆检察机关制发公益诉讼检察建议 127 件，督促修复 670 处存在安全隐患的窨井盖。[①] 开展"车轮上的安全"专项行动，保障铁路运输安全和旅客人身财产安全，立案 34 件，恢复铁路防护栏 1400 米，清除影响列车运行安全的各类生活、建筑垃圾 330 余吨。[②] 为确保最高人民检察院制发的安全生产溯源治理"八号检察建议"落地落实、取得实效，全疆检察机关重点关注群众反映强烈、社会影响较大的道路交通、消防设施、危化品、易燃易爆物品等方面隐患，立案 911 件[③]。哈密市伊州区人民检察院督促整治"飞线充电"安全隐患公益诉讼案，入选全国安全生产典型案例。该案针对住宅小区普遍存在居民私拉电线为电动自行车充电问题，督促行政机关完成辖区内 5 个街道 392 个小区整改工作，百姓身边"飞线充电"安全隐患整治取得良好效果。巴音郭楞蒙古自治州尉犁县人民检察院针对县域内天然气减压站安全隐患问题，通过圆桌会议厘清天然气减压站监管责任主体，督促相关行政机关履行监督管理职责，采取有效措施尽快消除减压站安全隐患。伊犁哈萨克自治州人民检察院办理运输危化品泄露污染环境案，要求违法者承担上千万元应急处置、环境修复费用获法院支持。全疆检察机关充分利用国家法律监督机关和社会公共利益代表的"双重属性"优势，注重在监督办案中推进源头治理、堵漏建制，最大限度预防和减少安全生产事故，推动建立安全生产综合治理格局。

---

① 新疆检察机关关于开展公益诉讼检查工作五周年工作情况内部资料。
② 新疆检察机关关于开展公益诉讼检查工作五周年工作情况内部资料。
③ 新疆检察机关关于开展公益诉讼检查工作五周年工作情况内部资料。

4. 心怀"国之大者"守好国财国土

在国有财产保护领域，办理侵占惠民惠农财政补贴资金、养老基金、医保基金、欠缴税款等侵害国有财产案件，防止国有财产流失。2021 年 1 月至 2022 年 5 月，共立案办理国有财产保护领域案件 573 件，督促收回各类国有财产共计 2.74 亿元。阿勒泰地区布尔津县人民检察院督促收缴水土保持补偿费行政公益诉讼案，入选全国公益诉讼听证典型案例。该案检察机关针对行政机关在征收水资源费和水土保持补偿费中存在选择性征收的问题，通过公开听证进行释法说理，明确征收项目，督促行政机关依法履职，有效避免了国有财产流失。阿克苏地区库车市人民检察院开展地下水资源保护专项行动，对拒缴地下水资源费、违法打井情况进行调查，积极向市委市政府汇报，促进当地市委市政府通过《库车市地下水费征收专项行动工作方案》，2021 年 1 月至 2022 年 5 月，督促收回地下水资源费 5 亿余元，促进地下水资源规范有序开发、有偿合理利用。阿勒泰地区青河县、福海县人民检察院办理督促收缴环境保护税系列案，通过与税务部门召开协商会，推动区域内应税企业依法申报纳税，避免国家税款流失。在国有土地使用权出让领域，重点加强对拖欠土地出让金、长期闲置土地、未批先建等违法行为怠于监管情形的监督，维护土地出让秩序。2021 年 1 月至 2022 年 5 月，共立案办理国有土地使用权出让领域案件 183 件，督促收回欠缴的国有土地出让金及滞纳金 2.6 亿元。伊犁哈萨克自治州霍尔果斯市人民检察院一纸检察建议，督促行政机关收缴六家企业欠缴的国有土地出让金 4732 万元。2022 年，按照最高人民检察院工作部署，全疆检察机关持续加强国财国土领域办案力度，守好国财国土司法防线，确保国有财产、国有土地精用裕民。

（二）助推筑牢生态安全屏障

1. 积极守护大美新疆的碧水蓝天净土

2021 年 1 月至 2022 年 5 月，生态环境和资源保护领域立案 5637 件，发出诉前检察建议 5038 件，向法院提起诉讼 20 件。构建"专业化监督+恢复性司法+社会化治理"的生态资源检察工作机制,① 依法严惩环资犯罪的同时,全疆检察机关共聘请1227名行政机关专业人员担任检察官助理,解决生态损害鉴定评估、修复治理难题。伊犁哈萨克自治州昭苏县人民检察院办理非法开垦草原系列案,修复被破坏的草原1.32万亩。阿克苏地区库车市人民检察院牵头建立检察公益林基地,伊犁哈萨克自治州特克斯县人民检察院在喀拉峻景区设立公益诉讼实践基地,伊犁哈萨克自治州巩留县人民检察院推动占地八千余亩的生态修复公益林设立,哈密铁路运输检察院与哈密铁路运输法院、自治区天山东部国有林管理局哈密分局设立了司法生态修复基地。全面推开"河长(湖长、林长)+检察长"协作机制,全疆共有143名检察长担任河(湖)长,117名检察长担任林长,检察干警参与巡河(湖)、巡林762次。开展"雪山冰川保护"专项行动②,保护雪山冰川融水资源,立案174件,发出诉前检察建议159件。喀什地区塔什库尔干塔吉克自治县人民检察院督促对生活垃圾填埋场污染环境的综合治理,保护雪山冰川脚下生态环境,服务当地旅游产业绿色发展,取得了实效。克孜勒苏柯尔克孜自治州阿克陶县人民检察院督促清理奥依塔克冰川公园周边垃圾,设立禁倒标识,保护冰川环境及下游居民饮水安全,服务当地旅游产业绿色发展。

2. 助力打通野生动物"生命通道"

野生动物保护属于公益诉讼生态环境和资源保护领域的重要内容。《关于全面禁止非法野生动物交易、革除滥食野生动物陋习、切实保障人民群众生命健康安全的决定》为通过公益诉讼检察监督推进野生动物保护提供了新的契机。新疆维吾尔自治区人民检察院部署开展"野生动物保护"专项活动,全疆检察机关共立案294件,履行诉前程序244件,向法院提起诉讼21件,有效保护野生动物资源和生物多样性,维护生态平衡。哈密市伊州区人民检察院与该区17家行政机关及新疆哈密某公司召开保护野生动物公

---

① 王娜:《用好公益诉讼 守护葱茏绿色》,《新疆日报》(汉)2022年7月14日,第6版。
② 于潇:《当好公益代表,交出优异新疆答卷》,《检察日报》2020年5月25日,第4版。

益诉讼座谈会，建立日常联络机制，共同解决野生动物安全饮水、迁徙通道设置及野生动物尸体处理等问题，保护野生动物栖息地。昌吉回族自治州木垒县人民检察院通过行政公益诉讼诉前磋商，督促行政机关解决因牧民架设围栏致使野生动物迁徙、饮水通道被人为阻断的问题，为野生动物打开生命通道，建立8所野生动物收容救治站。乌鲁木齐市新市区人民检察院对何某通过现金交易、微信转账的方式非法收购、出售国家一级保护动物的行为，在最高人民法院发布《关于审理生态环境侵权纠纷案件适用惩罚性赔偿的解释》之前，提出生态环境资源损害惩罚性赔偿及以义工方式替代实际损害赔偿等处罚措施，为生态损害赔偿机制的规范化建设提供了实践样本。乌鲁木齐铁路运输检察院对禁渔期非法捕捞野生河鲈鱼、东方欧鳊等水产品，损害野生动物资源和渔业生态环境的行为，通过刑事附带民事公益诉讼，督促环境侵权人在富蕴县天然水域投放鱼苗2.5万尾，是以增殖放流方式修复被破坏的渔业资源和水生态环境的有益尝试。

3. 凝聚同防共治环境公益保护共识

新疆维吾尔自治区人民检察院与新疆维吾尔自治区生态环境厅召开座谈会，进一步明确了线索移送、信息共享、人员互派、执法业务相互支持等方面内容。就如何加强公益诉讼工作形成共识，会后双方互派干部交流挂职，共同开办培训班，双方同堂培训、相互参观交流。新疆维吾尔自治区人民检察院还牵头与新疆维吾尔自治区高级人民法院、司法厅、财政厅、自然资源厅、生态环境厅、住房和城乡建设厅、交通运输厅、水利厅、农业农村厅、应急管理厅、审计厅、国资委、林业和草原局等13个部门共同会签《自治区生态环境损害赔偿监督办法（试行）》，形成自治区生态环境损害赔偿制度改革相关配套制度，加强对生态环境损害赔偿的监督与支持。另外，新疆维吾尔自治区人民检察院与新疆维吾尔自治区高级人民法院联合印发公益诉讼工作协调联动意见和办案问题解答，充分发挥法律监督、司法审判职能作用，统一执法尺度，形成共同保护新疆生态环境和资源的共识。在生态环境跨区域保护方面，新疆、甘肃、青海和西藏四省区检察机关就阿尔金山跨区域保护达成一致意见、形成相关机制，对阿尔金山区域生态环境保护和综合治理，以及沿边地区经济社会健康发展有着重要的影响和意义。新疆维吾尔自治区巴音郭楞蒙古自治州、吐鲁番市、哈密市三地检察机关还与甘肃省酒泉市人民检察院就加强罗布泊区域文物及生态环境与资源保护，建立了跨区域检察协作。

（三）履职担当守护美好生活

1. 以"四个最严"守护群众舌尖上的安全

落实习近平总书记关于食品药品最严谨的标准、最严格的监督、最严厉的处罚、最严肃的问责"四个最严"要求，[①] 在"保障千家万户舌尖上的安全"专项活动的基础上，自2020年7月至2023年6月在全疆部署开展"公益诉讼守护美好生活"专项监督活动，实现食品药品安全领域地（州、市）和基层检察院全覆盖。重点办理与人民群众生活息息相关的线上线下销售不符合安全标准的食用农产品、食品、保健食品虚假宣传、违法广告，以及外卖包装材料安全、"网红代言"、"直播带货"等网络销售新业态涉及食品安全及监管漏洞等案件。[②] 2021年1月至2022年5月，共立案食品药品领域案件2574件，发出诉前检察建议2150件。督促整改各类网络、实体餐饮门店、药店193家，督促查处销售假冒伪劣食品8963公斤、药品75种，督促整改120台自动售货机无证经营或违规销售行为。喀什地区、乌鲁木齐市两级检察机关关注现制现售水机没有许可证、卫生环境差、未安装水回收装置等问题，督促行政机关整改现制现售水机260台，推进行业监督管理办法制定。在食用农产品质量安全领域，重点关注畜禽养殖、屠宰、检疫、病死体无害化处理等环节，防止违规使用农、兽药和饲料添加剂的不合格农产品流入市场，对鸡蛋、鹌鹑蛋里检测出"氟苯尼考"不符合食品安全标准提起民事公益诉讼两起，均得到法院的支持。昌吉回族自治州木垒县人民检察院

---

① 《习近平主持十八届中共中央政治局第二十三次集体学习并发表重要讲话》，新华社2015年5月29日电。

② 闫晶晶：《外卖包装材料、"直播带货"食品安全吗？》，《检察日报》2020年6月30日，第1版。

督促整治散装生鲜乳安全问题行政公益诉讼起诉案，依法提起行政公益诉讼，推动相关行政机关建立健全生鲜乳生产、收购、销售全流程中的监管机制，规范生鲜乳销售行业经营，该案入选全国检察机关公益诉讼"回头看"跟进监督典型案例。积极落实最高人民检察院等七部门印发的《探索建立食品安全民事公益诉讼惩罚性赔偿制度座谈会会议纪要》，规范食品安全领域民事公益诉讼惩罚性赔偿实践探索①，对侵权人及潜在违法者产生震撼与警示作用。伊犁州人民检察院诉某气体制造有限公司非法销售假药民事公益诉讼案，检察机关根据涉案企业主观过错、违法获利情况等因素，提出一千余万元惩罚性赔偿的诉讼请求获法院支持，该案入选全国公益诉讼起诉典型案例。

2. 以"新三项"活动凝聚文物保护合力

深入贯彻落实习近平总书记关于文物工作的重要论述，结合新疆文化历史特点，秉承"让文物说话，让历史说话，让文化说话"的理念，新疆维吾尔自治区人民检察院自2020年4月起在全疆检察机关部署开展文物古迹保护专项行动，守护好古丝绸之路上的露天博物馆。按照"摸底""踏勘""救急"工作三步骤，全疆各级检察机关对辖区内文物古迹进行全面摸排，逐项梳理存在的问题与隐患，找准监督切入点，扎实开展专项行动，2021年1月至2022年5月，共立案办理文物保护公益诉讼案件776件，整改缺乏有效保护的文物古迹758处，向法院提起诉讼3件，法院全部支持了检察机关的诉讼请求。乌鲁木齐市人民检察院办理的巩宁城城墙遗址保护案，由新疆维吾尔自治区人民检察院检察长直接发现线索跟进督办，乌鲁木齐市政府高度重视，主要领导实地调研，现场决定由市财政拨款支持城墙遗址保护工作。吐鲁番市人民检察院办理的鄯善县七克台镇南湖村奇石交易市场文物非法交易案，推动政府制定长效机制，鼓励当地居民主动上缴疑似文物3655件。

---

① 闫晶晶：《规范食品安全民事公益诉讼惩罚性赔偿实践探索》，《检察日报》2021年6月9日，第1版。

新疆维吾尔自治区人民检察院与新疆维吾尔自治区文化和旅游厅及自治区文物局建立协作机制，互相移送文物保护线索，就库木吐喇千佛洞亟待保护线索，联合开展实地踏勘、调查，邀请属地政府、相关行政机关、企业进行座谈，以法治力量调动各方形成合力，凝聚库木吐喇千佛洞保护共识，通过诉前磋商，督促相关行政机关依法履职，解决长期影响石窟群保护的水患等问题。哈密市、昌吉回族自治州人民检察院组建"一体化"办案组跨区域协同办案，联合开展调查，统一监督标准，共同保护唐、清时期烽燧遗址90座。非物质文化遗产是检察机关积极稳妥拓展检察公益诉讼办案范围的重要内容，保护非物质文化遗产就是保护中华民族特有的精神价值、思维方式、想象力和文化意识。克拉玛依市白碱滩区人民检察院督促相关行政机关对"克拉玛依综合版版画"加强保护，将承载着石油精神和油田记忆的克拉玛依综合版版画新技法列为克拉玛依市级非物质文化遗产，[①] 批准建设占地3000余平方米的版画艺术展览馆，与文物行政主管部门一同把凝结着中华民族传统文化的非物质文化遗产保护好、管理好。

3. 以纪念设施保护奋力赓续红色血脉

烈士纪念设施等红色资源，见证了中国革命不凡的奋斗历程，承载着中华民族自强不息的民族精神。全疆检察机关、解放军军事检察院联合开展烈士纪念设施保护、红色资源保护专项活动，"检察蓝"用心守护"英烈红"，立案办理烈士纪念设施保护行政公益诉讼案件124件，督促有关部门做好零散烈士墓及烈士纪念设施保护、修缮和管理工作，修复受损的烈士纪念设施197处。

新疆维吾尔自治区人民检察院指导和田地区检察分院与解放军乌鲁木齐军事检察院联合办理的康西瓦烈士陵园保护行政公益诉讼案，入选全国烈士纪念设施保护行政公益诉讼典型案例。该案发挥一体化办案机制，与相关行政机关进行诉前磋商、事中沟通、共同跟进，促成烈士陵园保护协同共治。立案办理红色资源保护案件63件，保护红色资源63处。巴音郭

---

① 闫晶晶：《让文化遗产"活"起来》，《检察日报》2022年6月11日，第1版。

楞蒙古自治州和硕县人民检察院督促保护马兰红山军博园军事遗迹行政公益诉讼案，入选全国"红色资源保护"典型案例。针对网络博主恣意侮辱卫国戍边烈士，三级检察机关发挥一体化办案优势，联合军事检察院，综合发挥刑事检察、公益诉讼检察职能，对李某某提起侵害英雄烈士名誉、荣誉刑事附带民事公益诉讼，要求李某某承担公开赔礼道歉、消除影响的民事责任，维护在中印边境事件中牺牲的英雄烈士的合法权益，以案释法警示社会公众，网络不是法外之地，英雄烈士不容诋毁，法律不容挑衅，该案被写入最高人民检察院在十三届全国人民代表大会第五次会议上的工作报告。务实推进军地检察机关协作，相互移送案件线索、联合办理公益诉讼案件 41 件。

新疆维吾尔自治区人民检察院认真贯彻最高人民检察院关于开展净空保护专项活动要求，直接办理涉军用机场净空案，联手军事检察院充分发挥区、市、县三级检察院一体化办案优势，通过制发检察建议、多次召开磋商会督促会等形式，督促地方政府落实整改责任，已取得阶段性成效，引起最高人民检察院高度重视。军地检察机关发挥公益诉讼保护军人权益的法定职能，联合部署开展"公共交通领域维护国防、军事和优待对象利益"公益诉讼专项活动，促进建立健全公共交通领域国防、军事和优待对象利益维护责任体系，为实现强国强军提供有力司法保障。

4. 以集中整治消除个人信息泄露隐患

为加强个人信息保护领域办案实践，全疆检察机关督促相关行政机关对教育、医疗、就业、养老、消费等民生关注的重点领域涉及的生物识别、宗教信仰、特殊身份、医疗健康、金融账号、行踪轨迹等敏感个人信息加强精准保护。落实最高人民检察院制发的"七号检察建议"①，强化寄递行业个人信息安全监管，以公益保护促个人信息法治环境建设，回应人民群众关切。立案办理个人信息保护公益诉讼案件 126 件，督促各单位删除 661 处公示敏感信息，推动寄递行业"隐私面单"全覆盖。2021 年 11 月，《中华人民共和国

---

① 史兆琨：《最高检制发"七号检察建议"》，《检察日报》2021 年 11 月 26 日，第 1 版。

个人信息保护法》正式施行,同年12月,博尔塔拉蒙古自治州博乐市人民检察院提起全疆首例个人信息保护刑事附带民事公益诉讼案,法院支持了检察机关提出按获利金额一倍支付赔偿金的诉讼请求,此外,检察机关还向行政主管部门制发了诉前检察建议督促其依法履职,向电信运营商制发加强个人信息保护的检察建议,以个案办理促类案整改,取得良好的社会治理成效。

5. 以专项行动助力特定群体权益保障

检察机关积极稳妥拓展公益诉讼案件范围,将特定群体权益保障作为新领域的重点予以推进。无障碍环境建设体现社会的文明程度,目前新疆残障人士、老年人出行仍障碍重重,全疆检察机关积极行动,开展无障碍环境建设公益诉讼专项监督活动,激活公益保护机制,破解"九龙治水"难题,推动无障碍理念深入人心。共立案146件,督促查处占用盲道行为526例,维修损毁盲道90处共计1983米,整改无障碍停车标线234处,安装语音提示信号灯422个。依据《无障碍环境建设条例》,乌鲁木齐铁路运输检察机关对乌鲁木齐市火车站无障碍设施建设进行监督。在妇女权益保障领域,博尔塔拉蒙古自治州人民检察院探索办理保护"外嫁女"土地承包权行政公益诉讼案,将《中华人民共和国农村土地承包法》中妇女依法平等享有承包土地的规定落到实处。喀什地区伽师县人民检察院探索办理"反家暴"行政公益诉讼案,督促妇女权益保障部门支持被家暴者向人民法院申请"人身安全保护令",推动伽师县县妇联牵总,各相关职能部门建立反家暴机制,切实维护妇女权益。

三　新疆检察公益诉讼发展的未来展望

近年来,全疆公益诉讼检察工作整体发展态势良好,但法定领域还存在薄弱环节,办案质效有待进一步提高,与审判机关、行政机关的协作配合有待进一步加强。下一步,新疆检察机关将始终坚持以习近平新时代中国特色社会主义思想为指导,深入贯彻习近平法治思想,严格落实《中共中央关于加强新时代检察机关法律监督工作的意见》以及新疆维吾尔自治区人大常委会《关于加强新时代新疆检察机关法律监督工作的决议》和《新疆维吾尔自治区人民代表大会常务委员会关于加强检察公益诉讼工作的决定》的要求，认真履职，踔厉奋进，止于至善，以公益诉讼工作高质量发展服务经济社会高质量发展。[①]

（一）坚守公益诉讼工作原则

1. 站稳人民立场，办好为民实事

检察机关牢固树立以人民为中心的发展思想，将公益诉讼作为沟通交流的桥梁，贴近人民意愿，倾听人民呼声。站稳人民立场，关键是在生态环境和食品药品安全等重点领域，深入开展"公益诉讼守护美好生活"和"为民办实事 破解老大难"公益诉讼质量提升年专项活动，以"公共利益代表"的身份，着力解决好人民群众的操心事、揪心事、烦心事，集中力量办理一批有影响的案件，切实增强人民群众获得感、幸福感和安全感。在新领域拓展上，以深入研究、丰富拓展新时代公益诉讼检察践行政治自觉、法治自觉和检察自觉的有效路径，通过办理党委政府高度关注、人民群众反映强烈的"硬骨头"案件，积极破解公益保护老大难问题，提升公益保护质效，[②] 充分发挥和彰显公益诉讼检察在新疆社会治理体系中的独特制度效用。

2. 立足法治原则，能动服务大局

司法机关的重要功能就是维护社会公平正义，这是党和人民群众对司法机关的期待。新疆检察机关依法履行公益诉讼检察职能，一方面要立足促进依法治疆、依法行政、推进法治政府建设的高度，重视发挥公益诉讼对法治建设的推进作用。使法律监督从司法领域进入到行政领域，有利于优化司法职权配置、完善行政诉讼制度，也有利于推进法治新疆、法治政府、法治社

---

① 闫晶晶：《最高检部署开展公益诉讼质量提升年专项活动》，《检察日报》2021 年 8 月 11 日，第 1 版。

② 闫晶晶：《最高检部署开展公益诉讼质量提升年专项活动》，《检察日报》2021 年 8 月 11 日，第 1 版。

会一体建设;① 另一方面弥补行政公益诉讼的主体缺位，在行政机关不纠正违法或怠于履行职责的情况下，检察机关通过提出检察建议、提起公益诉讼等方式，督促行政机关依法履行保护公益职责，成为新时代维护国家利益和社会公共利益的重要举措。② 另外，还要充分发挥公益诉讼检察建议促进社会治理的独特价值，对办案中发现的地方治理漏洞和短板，以"检察建议+调研报告"、类案检察建议、推动专项立法等方式，为当地党委政府加强地方治理重点的分析及趋势性预判做好法治参谋。

（二）健全公益诉讼履职机制

1. 探索检察监督与人大监督、政协监督"双衔接"机制

最高人民检察院于 2021 年 10 月指定包括新疆在内的 16 个省、自治区、直辖市检察机关试点推广代表建议、政协提案与检察建议衔接转化工作机制。③ 借助试点工作开展契机，新疆检察机关要严格诉前检察建议程序，推动建立一体化办案、圆桌会议、第三方评估、宣告送达、公开听证、重要诉前检察建议向党委、人大、被建议单位上级主管部门抄送备案等制度，推动将检察建议落实情况纳入本地区法治建设考核。在办理好人大代表、政协委员转交公益诉讼案件的基础上，新疆检察机关要善于从各类别代表建议、政协提案的案由、案据、方案中发现公益诉讼案件线索，进一步明确工作方向、找准监督对象、突出办案重点、加强协同协作、提升办案质效。

2. 建立公益诉讼义务观察员机制

为解决检察公益诉讼工作中优质线索发现难、专业问题研判难、办案力量配置难等问题，需要充分调动社会力量参与，共同维护国家利益和社会公

---

① 《关于〈中共中央关于全面推进依法治国若干重大问题的决定〉的说明》，中国人大网，2014 年 10 月 29 日，http://www.npc.gov.cn/zgrdw/npc/zt/qt/sbjsz9h/2014-10/29/content_ 1883447. htm。

② 朱宁宁：《检察机关提起公益诉讼制度拟入法》，《法制日报》2017 年 6 月 23 日。

③ 代表建议、政协提案与检察建议衔接转化工作机制试点，简称为"双衔接"试点。包括公益诉讼检察建议转化为代表委员提案议案和提案议案转化为公益诉讼监督重点两方面内容。

共利益。新疆维吾尔自治区人民检察院鼓励各地创建公益诉讼观察员队伍，助推热心公共利益保护的人大代表、政协委员、行政机关人员和各行各业代表以及个人，协助提供公益诉讼案件线索、见证检察人员勘验检查、对涉案专门性问题进行评估、对复杂、疑难、特殊技术问题的鉴定事项提出意见、参加诉前程序听证、观摩公益诉讼庭审、参与公益诉讼宣传和公益诉讼效果评价等。后期还将通过接入全国"益心为公"检察云平台，使环境资源、食品药品、安全生产、特定群体权益等领域热心公益事业的人士，能以更为灵活、便捷的方式与检察官互动，并参与到具体个案办理中。①

3. 科技赋能+"公益智库"

新疆区域辽阔，需要依托无人机地面全景技术、GPS定位技术、3D倾斜摄影技术还原生态环境破坏案件现场，快速准确提取经纬度，确定受损范围和程度，实现可"视"可"测"。喀什地区、伊犁哈萨克自治州、昌吉回族自治州、乌鲁木齐市检察机关建成了快速检测实验室，将通过自身力量从繁杂的食药安全问题线索中及时锁定公益诉讼证据，解决大量公益诉讼案件中低难度的检验鉴定问题，为案件线索摸排、司法鉴定前的筛选和证据固定提供第一手技术报告，为快速精准办案打下坚实基础。新疆维吾尔自治区人民检察院在聘请食药、市场监督、农业、林草、环保、文物、水利等领域29名专家的基础上，将进一步扩充公益诉讼专家咨询库，适时就重大疑难案件开展专家论证，解决办案中存在的调查取证不专业、鉴定评估机构少费用高等难题，充分借助"公益智库"提升专业化办案水平。继续推动全疆检察机关聘任行政机关专业人员兼任检察官助理，参与公益诉讼办案，提供专业支持，有效破解相关专业能力不足问题。

（三）扩大公益诉讼"覆盖面"

1. 关注法定传统领域新业态发展

深度拓展法定传统领域，生态环境和资源保护领域重点关注水资源保

---

① 肖荣、郭琦：《公益诉讼观察员：从"末梢神经"到"最强外脑"》，《检察日报》2022年1月13日，第5版。

护、重点区域大气污染、生态保护与修复不力等问题，以及《中华人民共和国噪声污染防治法》《中华人民共和国湿地保护法》的贯彻实施。食品药品安全领域立足新疆瓜果农业生态发展，督促建设绿色食品、有机农产品、地理标识农产品质量安全追溯体系，对"网红代言""直播带货"等网络销售新业态涉及食品安全及监管漏洞等现象开展公益诉讼专项活动。对"消"字号产品抗（抑）菌制剂非法添加化学药物危害人身健康问题，多措并举，系统解决生产者非法添加、行政监管部门市场准入及上市后的监管问题。国有财产领域重点办理国有财产流失问题，包括重大项目建设资金、惠民惠农财政补贴资金、养老基金、医保基金、科研经费等被骗取、冒领等问题，以及群众反映强烈的一些企业和个人偷逃税款，侵占国有财产的案件；国有土地使用权出让领域，重点加强对恶意拖欠土地出让金、长期闲置土地、未批先建等违法行为怠于监管情形的监督，维护良好的土地出让秩序。①

2. 积极稳妥拓展公益诉讼新领域

党和国家对公益诉讼拓展案件范围的要求越来越明确，人民群众对公益诉讼在更广泛领域发挥维护公共利益职能作用的需求越来越强烈。按照"积极、稳妥"的原则，不仅要把法律明确赋权领域案件办好、办扎实，还要以高度负责的精神，积极办理群众反映强烈的其他领域公益诉讼案件。②要持续抓好新法定领域的实践探索，着力构建符合安全生产、个人信息保护领域特点规律的公益诉讼业务框架。牢牢把握正确指导思想，解决突出问题，继续深化残疾人、妇女、老年人等特定群体权益保护，推动无障碍环境建设法治化进程，加大文物和文化遗产保护、网络空间治理、反不正当竞争、知识产权保护、新业态劳动者权益保障等新领域探索力度。③针对新形

---

① 闫晶晶：《实现"国财国土"领域市级院办案全覆盖》，《检察日报》2022年2月9日，第1版。

② 汤维建：《拓展公益诉讼案件范围应把握好"五论"》，《检察日报》2020年3月29日，第3版。

③ 闫晶晶：《整改落实不到位？"回头看"跟进监督！》，《检察日报》2022年3月4日，第3版。

势新情况新问题，在《关于积极稳妥拓展公益诉讼案件范围的指导意见》指引下，充分发挥基层首创作用，对经过实践检验、办案效果好的新领域案件办理经验及时进行总结、提炼和推广。①

---

① 徐日丹：《公益诉讼"等"外探索 等来哪些变化》，《检察日报》2020 年 11 月 5 日，第 5 版。

B.7
新疆公共法律服务报告（2022）

校旭东　杜小丽*

摘　要： 新疆公共法律服务工作以习近平法治思想为引领，坚持问题导向、目标导向、效果导向，旨在构建议事协调工作机制，整合法律服务资源，加快各类平台建设，深化重点领域改革，推进资源均衡布局，发布服务事项清单，完善便民利民举措，激发行业活力动力，在制度体系、决策机制、监督管理、服务平台、服务供给、服务质效等方面取得稳步发展，在发挥职能优势提升全民法治素养、助力乡村全面振兴、化解社会矛盾纠纷、维护群众合法权益、优化法治化营商环境、促进经济社会发展等方面做出了积极努力，人民群众基本法律服务需求不断得到满足，确保到2022年底基本形成覆盖城乡、便捷高效、均等普惠的现代公共法律服务体系。

关键词： 公共法律服务　公共法律服务队伍　法治政府

公共法律服务是政府公共服务职能和政法公共服务的重要组成部分。推进公共法律服务体系建设是一项重大政治任务和重要民生工程，是贯彻全面依法治国要求，建设人民满意服务型政府的必然要求。党的十八大以来，党中央、国务院高度重视公共法律服务体系建设和公共法律服务工作。《关于加快推进公共法律服务体系建设的意见》《法治中国建设规划（2020~2025

---

* 校旭东，新疆维吾尔自治区司法厅公共法律服务管理处处长；杜小丽，新疆维吾尔自治区司法厅法治督察处副处长。

年）》《法治社会建设实施纲要（2020~2025年）》《全国公共法律服务体系建设规划（2021~2025年）》《新时代法治人才培养规划（2021~2025年）》等文件，对加快形成覆盖城乡、便捷高效、均等普惠的现代公共法律服务体系做出顶层设计和决策部署。新疆公共法律服务工作深入贯彻落实习近平法治思想和第三次中央新疆工作座谈会精神，按照党中央决策部署和自治区党委工作要求，积极推动公共法律服务体系建设，组织开展法治宣传教育、律师、公证、司法鉴定、仲裁、基层法律服务、人民调解等法律服务，加大法律服务平台建设，增强法律服务供给，推进智慧法律服务建设和服务网络全覆盖，不断适应新时代人民群众对公共法律服务的需求，有效服务全面依法治疆。

一 新疆公共法律服务体系建设日趋完善

（一）顶层设计不断强化，宏观制度体系逐步建立

公共法律服务点多、线长、面广，与人民群众生产生活息息相关。公共法律服务体系建设更是一项比较复杂的系统工程，必须立足长远，着眼全局，统筹规划，协调推进。党的十九大报告强调"坚持全面深化改革"，并把"着力增强改革系统性、整体性、协同性"作为改革取得重大突破的宝贵指导。① 新疆努力将公共法律服务体系建设的实践探索与制度规范有机融合，逐步实现政策制度和政府法治建设目标、基层社会治理的互通，从制度层面保障各族群众平等享有政府提供的公共法律服务。自治区重视和加强公共法律服务领域地方立法工作，制定颁布《新疆维吾尔自治区法治宣传教育条例》《新疆维吾尔自治区人民调解条例》，积极推进司法鉴定地方立法工作。自治区人民政府相继制定出台涉及法律顾问、律师、公证、司法鉴定、

---

① 汤俊峰：《增强改革的系统性整体性协同性》，中国青年网，2018年9月28日，https：//baijiahao. baidu. com/s？ id = 1612824842136430506&wfr = spider&for = pc。

人民调解、法律援助和公共法律服务体系建设等方面的政策文件，对规范发展法律服务领域和统筹推进公共法律服务体系建设提出要求。自治区党委全面深化改革委员会审议通过《关于深化公证体制机制改革　促进公证事业健康发展的实施意见》，稳步推进公证体制机制改革，激发行业活力，提高服务质效。自治区党委依法治疆办制定印发《自治区加快推进公共法律服务体系建设重点任务分工方案》，推进 18 项重点任务的落实。自治区司法厅印发公共法律服务事项清单，明确 5 类 19 项法律服务项目。推进县级以下基层司法行政单位制定公共法律服务领域基层政务公开标准目录，强化基层法律服务政务服务公开标准化、规范化建设，扩展了社会舆论监督范围。自治区司法厅会商有关部门将公共法律服务体系建设纳入自治区"十四五"规划，纳入法治政府建设考核和对各地（州、市）党委政府（行署）的年度法治建设绩效考核指标，将村（居）法律顾问制度落实情况纳入自治区"维护稳定（平安建设）考核"指标，推进和保障公共法律服务体系建设。

（二）公共法律服务体系建设协调联动机制逐步健全

加强协调议事决策运行机制建设，报经自治区人民政府批准同意，建立由自治区司法厅牵头，法院、财政、发改、农业、民政、市场监督、人社等14 家单位组成的自治区公共法律服务体系建设（厅际）联席会议制度，发挥各部门整体统筹协调职能优势，推进公共法律服务领域规划编制、政策衔接、标准制定实施、服务运行、财政保障等方面的整体设计和协调推进。[①]自治区司法厅与自治区相关党政部门协商建立健全律师、基层法律服务、公证、司法鉴定服务收费和法律援助办案补贴等民生保障政策；会商制定自治区"八五"普法规划，加强律师行业党建工作、乡村公共法律服务体系建设、人民调解员队伍建设、新时代退役军人公共法律服务、涉外法律服务、劳动人事争议调解仲裁法律援助、公共法律服务人员职称评定，规范司法鉴

---

① 《新疆建立公共法律服务体系建设厅际联席会议制度》，法治新疆网，2020 年 9 月 1 日，http：//sft.xinjiang.gov.cn/xjsft/gzyw/202009/83cc209df383433089da4ea6175c1635.shtml。

定资质认定和涉保险鉴定等系列政策。坚持和发展新时代"枫桥经验"，与法院、公安等部门积极构建人民调解工作协调联动机制。全区已初步建成党委领导、行政主导、部门协同、社会力量参与的公共法律服务体系建设议事协调工作机制。

（三）法律服务行业监督管理制度体系日趋完善

为加强公共法律服务事项动态监管，规范法律服务管理事项名称、事项类型、法律依据等，① 自治区司法厅制定公布律师、公证、司法鉴定、仲裁、基层法律服务、法律援助权责清单；修订完善律师、公证、司法鉴定领域的行政审批事项服务指南，公布办事依据、办事程序、受理条件等，方便公众查阅。制定司法厅公共法律服务领域"双随机、一公开"抽查事项清单，明确法律服务 5 个行业"双随机、一公开"的实施主体、法律依据、监管内容、检查对象，加强法律监督和事后监管。制定新疆法律服务行业首个行政处罚裁量基准（公证执业违法行为行政处罚裁量基准），规范和监督司法行政机关公证领域违法行为处罚裁量权的行使。制定推进落实村（居）法律顾问制度，试点律师专业水平评价体系和评定机制，建立法律服务行业社会信用信息归集共享工作机制等。法律服务行业初步形成行政许可、行政检查、行政处罚、行业惩戒、执业区域调整、文书质量评价、年度执业考核、职业教育培训、专业职称评定、公益法律服务、诚信等级评估、执业承诺宣誓、注销退出等全过程全系列的管理制度，全行业的法治意识、诚信意识、服务意识、质量意识、程序意识、风险意识和纪律意识不断强化。司法行政机关的行政管理与行业自律相结合，形成重大事项的决策会商、信息共享等制度。新疆律师协会、新疆公证协会、新疆司法鉴定协会等 5 个社会团体通过完善换届、修改章程等实现由法律服务执业人员担任会长，围绕行业的教育培训、质量建设、行业规范等内容，形成加强行业服务质效和公信力建设的成效。

---

① 司法部：《关于深入推进公共法律服务平台建设的指导意见》，《中国司法》2018 年第 10 期。

（四）公共法律服务"三大平台"建成使用

各级司法行政机关紧紧围绕转变经济发展方式和保障民生，整合法律服务资源，搭建法律服务平台，完善便民服务设施。

第一是实体平台。因地制宜依托本地法律援助中心、政务服务大厅、矛盾纠纷调处中心、乡镇便民服务大厅、村（居）委员会等场地资源，健全四级公共法律服务实体平台［3个地级、96个县级、1129个乡镇级、11000多个村（居）级］，部分地（州、市）、县（市、区）依托便民警务站建立了公共法律服务点，基本实现县乡村全覆盖。

第二是网络平台。加强"智慧法律服务"建设，构建"互联网+公共法律"服务，加强"12348新疆法网"网络平台、"新疆掌上12348"微信服务号建设，实现PC端和移动端全覆盖，派驻132名法律服务人员，2019～2022年已在线解答群众2697条有效法律留言咨询（见图1）。

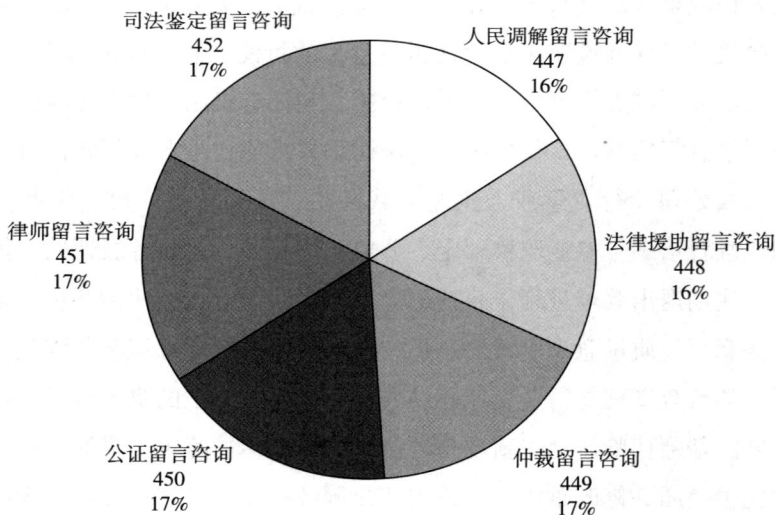

图1　2019～2022年"12348新疆法网"咨询留言数据

资料来源：新疆维吾尔自治区司法厅内部工作资料。

第三是热线平台。开通"12348新疆公共法律服务热线"，统筹地（州、市）、县（市、区）两级热线座席分布，选派987名法律服务人员在线接听热线电话。2019~2022年，热线平台累计接听40.8万多个法律咨询电话（见图2），有效降低了群众寻求法律帮助的成本，提升了其法治获得感和满意度。2021年，"12348新疆公共法律服务热线"与"12345自治区政务服务热线"实现双号并行、相互转接，方便受理群众法律咨询和诉求。

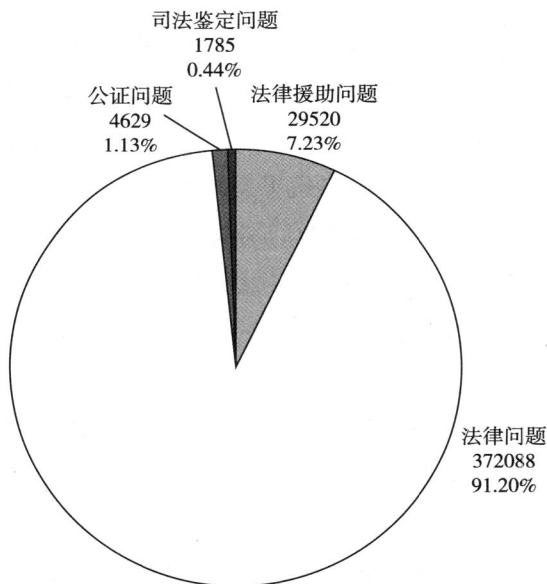

司法鉴定问题
1785
0.44%

公证问题
4629
1.13%

法律援助问题
29520
7.23%

法律问题
372088
91.20%

图2 2019~2022年"12348新疆公共法律服务热线"综合服务数据量

资料来源：新疆维吾尔自治区司法厅内部工作资料。

自治区推进"三台融合"发展。自治区司法厅制定实体平台、热线平台、网络平台的运行管理制度和以网络平台为统领的"三大平台"融合发展方案，将实体平台的深度服务、热线平台的方便快捷和网络平台的全业务全时空性优势整合互补，推进相关法律服务事项、服务主体在各平台"应驻尽驻"，统筹实现包括法律咨询、法律援助、人民调解、公证、司法鉴定等主要法律服务类别进驻，优化公共法律服务资源配置。部分县乡实体平台配备便民利民自助查询机、可视电话等智能终端，推动法律服务向移动服务、随身服务方向发展。部分县（市、区）级实体平台还邀请法院、检察院等部门进驻，形成法治宣传、矛盾纠纷化解、诉前调解等闭环式法律服务模式。

二　新疆公共法律服务工作整体质效不断提升

（一）强化党建统领，确保行业发展方向

全区各级司法行政机关坚决维护党中央权威和集中统一领导，大力加强法律服务行业党的建设，不断提高行业党组织和党员从业人员的政治判断力、政治领悟力、政治执行力。习近平总书记指出，律师队伍是依法治国的一支重要力量，要大力加强律师队伍思想政治建设，把拥护中国共产党领导、拥护社会主义法治作为律师从业的基本要求。① 自治区党委组织部、自治区司法厅逐步建立健全与法律服务行业特点相适应的党建工作机制。重点扎实推进律师行业党建工作，注重促进党建规范化发展。通过开展律师行业党建规范化建设等系列活动，不断规范律师行业党的组织设置、工作机制、组织生活、党员管理、领导体制。律师行业实现党建工作全覆盖全规范全统领，地市一级律师行业完成党组织设立，指导各律师事务所成立党支部，向无党员的律师事务所派驻党建指导员。自治区司法厅制定印发文件，加强全区公证和司法鉴定行业党的领导，加强公证机构和鉴定机构党支部建设。对新设立相关法律服务机构落实"三进四同步"，推动实现党的组织和党的工作在法律服务行业全覆盖，发挥党组织在机构决策、规范管理中的积极作用，引领法律服务机构健康发展。指导相关法律服务机构和行业协会对照党章党规，修订完善章程或工作制度，写入党组织设置、地位作用、职责任务、工作保障等党建内容。全区以律师行业为重点的法律服务行业，党的组织覆盖和工作覆盖质量稳步提高，初步形成符合行业特点的党建工作领导体制和工作格局，党内组织生活实现常态化开展。

---

① 《"要有亮剑的本事和克敌制胜的能力"——坚持建设德才兼备的高素质法治工作队伍》，求是网，2020 年 12 月 22 日，http：//www.qstheory.cn/laigao/ycjx/2020-12/22/c_1126892226.htm。

（二）整体统筹谋划，推进行业长远发展

十九届四中全会提出："加大全民普法工作力度，增强全民法治观念，完善公共法律服务体系，夯实依法治国群众基础。"[1] 自治区司法厅与自治区党委宣传部制定法治宣传教育第八个五年规划。自治区司法厅立足长远，制定实施《自治区基层法律服务队伍发展方案（2018~2022年）》《新疆维吾尔自治区公共法律服务体系建设规划（2021~2025年）》《新疆维吾尔自治区司法鉴定行业发展规划（2021~2025年）》等，谋划法律服务行业的发展布局。力争到2025年，公共法律服务体系建设取得新突破，全面建成覆盖城乡、便捷高效、均等普惠的现代公共法律服务体系。[2]

（三）深化公证"放管服"改革创新，助力营造法治化营商环境

自治区司法厅印发了《关于深化公证体制机制改革 促进公证事业健康发展的实施意见》，在行政体制改事业体制公证处的基础上，选择克拉玛依市、库尔勒市的2家公证处作为开展合作制试点，积极探索创新公证机构组织形式，规范合作制公证机构发展。印发《关于优化公证服务 更好利企便民的实施意见》，加大公证"减证便民"服务力度，修订完善《自治区办理公证"最多跑一次"公证事项证明材料清单》，公布48项公证事项证明材料清单，公证证明材料清单制度、一次性告知制度和告知承诺制度得到普遍落实，公证办证难、繁、慢的局面明显改观。[3] 有效为当事人减负。印发《全区公证和司法鉴定行业"我为群众办实事"指导项目清单》，明确了六大类20项为民办实事指导项目。2020年6月与2021年12月，自治区司法厅先后将公证机构执业区域由县（市、区）放宽至地（州、市）行政区域

---

① 《全国公共法律服务体系建设规划（2021~2025年）》，《人民调解》2002年第2期。
② 熊选国：《大力推进公共法律服务体系建设》，《时事报告》2018年第5期。
③ 《印发关于自治区贯彻落实全国深化"放管服"改革优化营商环境电视电话会议重点任务分工实施方案的通知》，新疆维吾尔自治区人民政府网，2021年1月4日，https://www.xinjiang.gov.cn/gfxwj/202102/66163d2889654dd189933f3e538/a477.shtml。

和新疆全区，更好促进公证资源均衡配置，方便群众就近办理公证事项。指导公证机构参与人民法院执行款公证提存事务，助力人民法院执行工作。推荐3家公证处试点参与海外远程视频公证，满足旅居海外的中国籍大陆公民的公证服务需求。针对新冠疫情防控形势，在公证处开通"中小微企业绿色通道"，设置专门办证窗口，适当减免小微企业涉疫有关事项公证费用。指导公证机构对申请办理学历公证、学位公证、机动车驾驶证公证、纳税状况证明公证等4类事项，实行网上"跨省通办"。

（四）推动司法鉴定工作规范发展

适应以审判为中心的诉讼制度改革，自治区不断健全统一司法鉴定管理体制，建立司法鉴定管理与使用衔接机制，促进司法公正。司法行政机关和司法鉴定协会加强行业监管，完善司法鉴定机构和司法鉴定人延续登记事项，明确和规范延续登记审核程序、资质要求和工作责任。组织开展司法鉴定机构认证认可和年度能力验证工作，全区30家鉴定机构年均参加能力验证90余项（次），总体通过率为89%。建立并适时调整充实新疆司法鉴定专家库，发挥行业领域专家在执业准入评审、文书质量评查、疑难复杂案件论证等方面的积极作用。健全完善自治区司法鉴定执业活动投诉办理流程、司法鉴定机构业务档案管理制度，加强司法鉴定执业监督和日常管理。规范和完善司法鉴定人出庭作证制度，保障诉讼活动顺利进行。2022年1月，首次组织对全区已核准登记的司法鉴定机构和鉴定人执业能力的全面评查，清理、整顿和优化行业发展。组织30家司法鉴定机构开展诚信等级评估，根据总分值设立4个诚信等级，强化鉴定机构依法诚信执业意识。健全鉴定人负责制，开展司法鉴定机构、鉴定人记录和报告干预司法鉴定活动，依法保障鉴定人独立、客观、规范地开展鉴定工作。

（五）提供优质高效律师服务

律师服务主体作用日益显现，律师服务与自治区经济社会发展深度融合。组建"中国—亚欧博览会"法律服务团，主动服务保障"一带一路"、

"丝绸之路经济带"核心区建设；成立"三大攻坚战"法律服务团，组建律师参与重大案（事）件法律服务团、应对疫情社会公益法律服务志愿团、企业复工复产公益法律服务团等63支队伍；在乡村振兴中，提供多项法治扶贫项目；驻场2022年中国国际服务贸易交易会，提供法律专场服务。开展"万所连万会"活动，建立企业和商会服务机制，统筹发挥律师事务所法律专业优势和商（协）会的联络协调优势，推进法治民企建设，依法保障非公有制企业的合法权益不受侵害。全面推进律师担任党政机关、人民团体、企事业单位法律顾问制度，积极探索律师参与立法工作制度性渠道，完善律师担任立法咨询顾问制度，健全律师参与公共政策、重大行政决策和重大项目投资建设等调研论证、风险评估和合法性审查机制，为促进党政机关依法履行职能，为促进经济高质量发展，为重大经贸活动和全方位对外开放提供优质高效的法律服务。律师参与信访值班和法律援助值班，帮助化解矛盾纠纷。不断创新律师、公证、司法鉴定、人民调解等领域服务方式，开展"美好生活·民法典相伴""乡村振兴依法治理大讲堂""尊法守法·携手筑梦"服务农民工等公益活动，为广大群众提供多层次、多领域、个性化的法律服务。促进律师调解工作，鼓励律师协助纠纷各方当事人通过自愿协商达成协议解决争议。律师、公证、司法鉴定、仲裁、调解、基层法律服务等法律服务业健康快速发展，服务能力水平、服务质量和公信力显著提高。①

（六）履行政府责任，推进法律援助惠及民生

司法行政机关围绕做好疫情防控、保障复工复产、乡村振兴目标任务，推出系列便民利民惠民措施，简化受理审查程序，扩大法律援助覆盖面。加强刑事法律援助值班律师制度建设，推进申诉案件法律援助工作。加强与检察机关对接开展认罪认罚从宽制度、刑事案件律师辩护全覆盖试点和值班律师工作。深入开展重点群体专项维权工作，与自治区人社厅、总工会、残联联合推进新疆法援惠民生、助力农民工、关爱残疾人、扶贫奔小康工作；联

---

① 《全国公共法律服务体系建设规划（2021~2025年）》，《人民调解》2002年第2期。

合自治区退役军人事务厅在各级退役军人服务中心（站）设立法律援助工作站（室）和人民调解委员会。与人社厅、财政厅共同加强劳动人事争议调解仲裁法律援助工作，在全区各级劳动人事争议仲裁院设立法律援助工作站。健全完善司法鉴定、公证与法律援助有关衔接工作制度，保障经济困难和其他符合法定条件公民享有司法鉴定、公证法律援助。持续开展"1+1"法律援助志愿者行动，2019年以来每年接收近20名其他省（区、市）律师和志愿者，到新疆无律师或律师资源短缺的县（市、区）服务一年，为当地困难群众提供法律援助服务。

（七）画全法律服务圈，织密人民调解网

司法行政机关和人民调解组织紧紧围绕新时代党的治疆方略特别是社会稳定和长治久安总目标，坚持发展"枫桥经验"，发挥人民调解维护社会稳定"第一道防线"作用，有效整合各方面资源和力量，积极推动三大调解的衔接联动，推进诉调对接，多元化解矛盾纠纷。通过加强司法所基础能力建设，建立专业性行业性调解组织、个人调解室等多种形式调解组织、专兼职结合的调解员队伍。与自治区高级人民法院联合开展道路交通事故损害赔偿纠纷"网上数据一体化处理"工作，以加强矛盾纠纷化解方式衔接配合为关键点，推动建立健全矛盾纠纷多元化解机制。建设和推广应用"新疆睿调解"微信小程序，提供便捷高效的智慧调解服务。人民调解工作坚持法、理、情相结合，积极预防和化解涵盖医患、婚姻家庭、物业、交通事故损害赔偿、合同、消费者权益保护、侵犯知识产权赔偿、环境污染赔偿等纠纷，实现政治效果、法律效果、社会效果的有机统一，初步形成党委政府领导、以司法行政机关和人民调解组织为依托、多部门参与、多种手段有机配合的多元化解纠纷工作机制。

三　加强法律服务队伍建设，稳步提升公共法律服务供给

（一）服务发展大局，建强法律服务队伍

近两年，司法行政机关紧密结合实际，通过改革激发队伍活力，优化人

员结构，通过政策调控均衡发展队伍，促进全区法律服务队伍稳步发展。截至 2022 年 5 月底，律师方面，全区共有律师事务所 529 家（其中有，普通合伙所 216 家、个人所 228 家、国资所 44 家、分所 41 家），实现 96 个县（市、区）律师事务所全覆盖。共有律师 6562 名（其中有，公职公司律师 944 名、专职律师 5463 名、兼职律师 80 名、法律援助律师 75 名）。乌鲁木齐区域有律师事务所 182 家，律师 3063 名，分别占全区律所和律师总数的 34.40% 和 46.68%。公证方面，全区共有公证机构 101 家，其中，事业体制公证机构 90 家，中介（其他）性质公证机构 9 家，合作制公证机构 2 家。全区共有执业公证员 295 名。乌鲁木齐区域有公证机构 5 家，公证员 81 名，分别占全区公证机构和执业公证员总数的 5.00% 和 27.46%。司法鉴定方面，全区共有法医类、物证类、声像资料司法鉴定机构 31 家，司法鉴定人 426 名。乌鲁木齐区域有司法鉴定机构 14 家，司法鉴定人员 305 名，分别占全区司法鉴定机构和司法鉴定人总数的 45.16% 和 71.60%。仲裁方面，全区共有 5 家仲裁委员会，仲裁员 578 名。乌鲁木齐仲裁委员会有仲裁员 347 名，占全区仲裁员总数的 60.03%。全区共有基层法律服务所 743 家，基层法律服务工作者 2751 人；主要集中在乡镇（街道）。其中，合伙制 113 家，事业体制及行政体制 630 家。乌鲁木齐区域有基层法律服务所 60 家，基层法律服务工作者 306 名，分别占全区基层法律服务所和基层法律服务工作者总数的 8.08% 和 11.12%。全区共有人民调解委员会 13863 家，主要以乡镇（街道）、村（社区）调解组织为主。有人民调解员 6.41 万名，其中专职人民调解员 6745 名。乌鲁木齐区域有人民调解委员会 1191 家，专职人民调解员 4987 名，分别占全区人民调解委员会和专职人民调解员总数的 8.60% 和 7.78%。全区共有法律援助中心 110 家，法律援助工作者 245 名（其中有，法律援助律师 74 名）。乌鲁木齐区域有法律援助中心 10 家，法律援助工作者 43 名，分别占全区法律援助中心总数的 9.09% 和法律援助工作者总数的 17.55%。近五年来，全区累计受理法律援助案件 9.8 万件，受援人达 10.6 万余人次，开展法律咨询 33 万人次；律师代理诉讼案件 3.3 万余件、办理非诉讼业务 1.7 万余件，公证员办理公证 176.8 万件，司法鉴定人办理鉴定 18 万件，仲裁机构办理案件 4800 余件，人民调解员调解 81 万余件。基层法律服务工作者代理诉讼案件 4.4 万余件、办理非诉讼案件 1.7 万余件。[①]

（二）多渠道组织教育培训，提升法律服务综合能力

为切实提升全区各类法律服务人员政治素养、法治意识和执业能力，各级司法行政机关、法律服务各行业协会多层次、多领域、多渠道组织法律服务人员开展教育培训、职业培训、专题培训等，不断提升其执业能力和水平，有效保障法律服务质量和公信力。每年参训轮训法律服务人员 5000 多人次，实现全区法律服务人员教育培训全覆盖。遵循公共法律服务专业人员培养规律，建立健全符合公共法律服务行业特点、设置合理、评价科学、管理规范的专业人员职称制度，会同自治区人社部门组织开展律师、公证员和司法鉴定人专业技术职称评定，促进职称制度与人才培养使用制度相衔接。

（三）下沉服务资源，助力基层依法治理

公共法律服务在社会治理过程中发挥着规范社会秩序和保护弱势群体的作用，在实施乡村振兴战略中起着保驾护航作用，可为乡村振兴创造安全稳定的社会环境、公平正义的法治环境、优质高效的服务环境，更好满足基层群众的法律需求。司法行政机关不断完善公共服务体系，推动社会治理和服务重心向基层下移，推进基本公共服务均等化、可及性，把更多资源下沉到基层，更好提供精准化、精细化服务。一是开展结对帮扶，促进优质法律服务资源向基层延伸。自 2021 年 9 月，以南疆四地（州）为重点，开展法律服务行业"结对帮扶"，安排 14 家律师事务所结对帮扶 16 家欠发达地区律师事务所，28 家公证处结对帮扶边远公证处，推动法律服务资源向欠发达地区延伸，帮助解决县域公证处"无人处""一人处"现象。[②] 二是在全区

[①] 作者根据各相关单位发布信息整理所得。

[②] 《新疆举行自治区公共法律服务体系建设成效新闻发布会》，12348 新疆法网，2021 年 10 月 26 日，http：//xj.12348.gov.cn/service/rest/website.Front/eab9d68e13bc4e01b5169b1747bfa855/post。

全面开展为期三年的"乡村振兴、法治同行"活动，以法律服务和法治保障助力乡村振兴，夯实基层治理基础，推进基本公共法律服务均等化。自治区司法厅会同农业农村厅、民政厅对法律服务平台建设、资源配置、村（社区）法律顾问作用发挥、法治宣传、纠纷调解、服务保障等方面提出相应要求、采取合理措施。三是培养基层人才，助力法治乡村建设。紧扣人才引进环节，通过多种方式充实乡镇司法所公共法律服务人才队伍。推进落实"一村（社区）一法律顾问"制度，打通法律服务普惠群众的"最后一公里"，发挥法律顾问参与村（社区）纠纷化解、依法治理、法律咨询作用。实施乡村"法律明白人"培养工程，2022年4月，自治区6个部门联合印发《自治区乡村"法律明白人"培养工程实施方案》，以村干部、人民调解员、村民小组长等为重点，明确每个行政村至少培养3名"法律明白人"，成为农村尊法学法守法用法的带头人，为实施乡村振兴战略、推进法治乡村建设提供基层法治人才保障。在现有77个"全国民主法治示范村（社区）"基础上，2020年正式启动"自治区民主法治示范村（社区）"创建工作，通过典型示范，已在全区树立54个新时代村（社区）新标杆，不断推进乡村治理体系和治理能力现代化，为深化乡村振兴战略提供良好的法治环境。

四 新疆公共法律服务建设的对策建议

经过几年的发展，全区公共法律服务充分发挥在法治轨道上推进新疆治理体系和治理能力现代化方面的积极作用，主动融入自治区党委政府工作大局，稳步实现从"有形覆盖"向"有效覆盖"转变，探索并逐步形成与新疆经济社会发展相适应的现代公共法律服务体系。但是，与党中央和国务院决策部署相比，与推动实现新疆工作总目标要求相比，与新时代人民群众日益增长的法律服务需求相比，还存在一定差距。主要体现在公共服务资源配置机制不尽完善，发展不平衡、不充分的问题仍然比较突出，边远欠发达地区法律服务资源不足，均等化水平尚待提高；法律服务基层基础建设依然较为薄弱，优质法律服务资源总体短缺，供给保障能力有待提升；公共法律服务在数字化、网络化、智能化、多元化、协同化发展方面还存在短板，智慧法律服务和"三大平台"融合发展不适应新时代发展要求。面对新形势新机遇新挑战，全区司法行政系统和法律服务行业需要结合实际，坚持问题导向，强化系统思维，在扩大供给、促进普惠、提升效能，推进规范化、标准化、精准化上不断加大力度，推动公共法律服务体系建设取得新突破，迈上新台阶。

（一）健全完善公共法律服务体系建设体制机制，全面提升公共法律服务整体效能

要聚焦新疆社会稳定和长治久安总目标，围绕加快推进丝绸之路经济带核心区建设等重大战略部署，对新时代新疆公共法律服务体系建设做出统筹谋划和系统安排。以提升整体服务效能为导向，制定全区公共法律服务标准化建设指南，明确建设标准、服务标准和管理标准，优化服务流程。建立公共法律服务评价、监督和失信惩戒机制，科学设置考核指标，注重以实际业务量和群众满意率等指标对公共法律服务工作进行综合评价。[①] 加大对公共法律服务产品的宣传推介，提高公共法律服务的社会知晓度。加强公共法律服务质量监管，严格执行法律援助、人民调解、公证、司法鉴定的同行评估等制度要求；开展群众满意度测评，对群众满意度较差的通报批评、限期整改，以促进规范服务。强化对法律服务行业的服务秩序监管，完善行政管理与行业自律两结合。

（二）统筹法律服务资源实现城乡全覆盖，加快推进基本公共法律服务均衡发展

一是均衡配置城乡法律服务资源。坚持以人民为中心的发展思想，坚持

[①] 《新司通〔2022〕7号关于印发〈新疆维吾尔自治区公共法律服务体系建设规划（2021～2025年）〉的通知》，法治新疆网，2022年2月21日，https://sft.xinjiang.gov.cn/xjsf6/tzgg/202202/001d3f90037f46018523bb923a3e7f17.shtml。

改革创新、统筹协调，创新公共法律服务内容、形式和供给模式，整合优化各类法律服务资源，实现法律服务资源合理配置和高效利用，形成均等普惠的公共法律服务体系。加强公共法律服务人财物保障力度，持续改善各类法律服务场所的场地、设施和人员条件，推动公共法律服务资源统筹发展、共建共享。二是促进法律服务资源向基层延伸。统筹考虑各地经济发展状况和法律服务能力，以服务半径和服务人口为依据，健全基层公共法律服务网络。以南疆四地（州）为重点，采取有效举措促进法律服务资源向基层延伸、向农村覆盖、向边远地区和生活困难群众倾斜，加快补齐公共法律服务的软硬件短板。通过加强政策引导、强化资源整合、提高经费保障等措施，开展法律服务机构结对帮扶、设立法律服务机构、加强人才合理流动、运用远程视频服务等，引导法律服务资源在城乡间、地域间和不同群体间均衡配置。三是加强基层司法所建设。落实自治区《关于加强新时代司法所建设的意见》，聚力破解司法所工作难题，切实提高司法所统筹推进基层治理、基层政府法治建设、提供基层公共法律服务等履职能力。深入推进村（社区）法律顾问有效覆盖，围绕服务乡村振兴战略，深入实施"乡村振兴法治同行"专项活动，实施乡村"法律明白人"培养工程。

（三）加强法律服务人才队伍建设，创新培养机制

认真推进落实党中央制定的《国家"十四五"期间人才发展规划》，自治区党委、自治区人民政府印发的《关于加强和改进新时代人才工作的实施意见》，把法律服务人才的培养发展纳入全区司法行政系统人才培养体系，针对不同行业科学谋划发展。一是培养专业人才。围绕新疆工作需求，积极探索法律服务人才培养新模式，促进法律服务人才的合理流动和配置。支持法律服务行业领域培养高层次人才，优化法律服务队伍结构，实现法律服务人才年龄结构、专业学历、业务类别、技术职称等各方面比例的协调均衡。大力培养律师、公证员、仲裁员、司法鉴定人等专业法律人才、少数民族法律服务人才，结合实际发展基层法律服务工作者队伍，作为律师队伍的有效补充。积极发展专职人民调解员队伍，增加有专业背景的人民调解员数

量。加快发展政府法律顾问队伍，落实党政机关外聘法律顾问备案制度，推动各级党政机关、企事业单位设置公职律师、公司律师职位。培养壮大擅长办理维护特殊群体合法权益及化解相关社会矛盾的专业公益法律服务机构和公益律师队伍。[①] 二是加强涉外人才培养。加快培养高层次法律人才和涉外律师、仲裁员领军人才。加大青年、双语法律服务人才的培养力度，支持开展交流研讨与人才合作、业务合作。健全法律服务从业人员的教育培训制度，坚持分类施训、分级施训、按需施训，定期组织职业培训和业务轮训，完善思想政治建设、职业道德建设、业务素质建设，提高专业化服务水平。

（四）加强智慧法律服务建设，促进"三大平台"深度融合发展

数字化服务是满足人民美好生活需要的重要途径。鼓励支持通过新技术赋能，为人民群众提供更加智能、更加便捷、更加优质的公共法律服务。依据国务院办公厅《关于加快推进全国一体化在线政务服务平台建设的指导意见》《国务院办公厅关于加快推进政务服务"跨省通办"的指导意见》等文件要求，依托国家和自治区一体化政务服务平台"一网通办"枢纽作用，提高公共法律服务数字政府建设。以"12348"新疆法网为统领，加快实现实体平台、网络平台、"12348"法律服务热线平台"三台融合"，并逐步实现与司法部、司法厅各法律服务业务管理信息系统、政务服务系统的技术对接、互联互通、数据共享，形成以新疆法网为中枢，以各法律服务业务管理系统为支撑的新疆公共法律服务集约化服务网站集群和大数据分析平台。建立完善各项服务流程，实现服务需求信息在"三大平台"和法律服务机构有效流转。

（五）加强公共法律服务多元供给，提升治理能力现代化能力

落实《新疆维吾尔落实自治区公共法律服务体系建设规划（2021~2025

---

① 《中共中央办公厅、国务院办公厅印发〈关于加快推进公共法律服务体系建设的意见〉》，中国政府网，2019 年 7 月 10 日，http://www.gov.cn/zhengce/2019-07/10/content_5408010.htm。

年）》，完整准确全面贯彻新发展理念，紧扣法律服务机构的地域布局、服务供给等关键环节，科学谋划、改革创新，系统推动公共法律服务提质增效，不断增强公共法律服务体系对新疆重大战略决策实施的支持能力。

一是培育壮大法律服务行业。结合法律服务需求多元化和精细化的发展形势，按照分类指导、重点推进的思路，做好功能定位和创新发展，鼓励、支持法律服务所采取兼并、合并、协作等形式向规模化、专业化、品牌化方向发展。支持不同法律服务行业龙头做大做强，鼓励中小微法律服务机构创新发展，培育具有法律服务行业显著特色和代表性的服务品牌，鼓励法律服务机构提供以专项服务为基础的个性化服务，拓展业务领域，促进跨界融合发展，鼓励发展新业态新模式。二是加强法律援助机构建设。根据《中华人民共和国法律援助法》和国家发改委等部委"加强公共法律服务平台建设，健全完善中西部边远地区法律援助机构设置，支持法治宣传阵地建设。加强法律援助专业人员培训，提升法律援助质量，优化法律援助人员资质"政策要求，县级及以上人民政府司法行政部门应当设立法律援助机构，同时，根据需要在相关行业、部门、乡镇设立工作站，延伸服务。[①] 依法有序扩大法律援助范围，科学合理确定法律援助办案补贴标准。有效落实法律援助值班律师制度，推进法律援助参与刑事案件律师辩护全覆盖工作。持续开展"法援惠民生"系列品牌活动，创新便民惠民措施，重点保障特殊群体合法权益，使公共法律服务体系建设的成果更多更公平地惠及全体人民。三是增强法律服务业活力。推进公证体制机制改革任务落地，认真解决改革中面临的突出问题，鼓励引导公证机构依法跨区域执业，实行灵活多样的绩效工资分配方案。推进落实自治区司法鉴定行业发展规划，优化鉴定机构布局，推进鉴定行业认证认可工作，加强司法鉴定机构标准化建设。依法规范仲裁机构登记管理、换届工作和分支机构设立，推进仲裁机构自身建设和内部治理结构综合改革试点，强化仲裁参与社会治理。深化基层法律服务所与

---

① 《关于印发〈"十四五"公共服务规划〉的通知》，中国政府网，2022年1月10日，http：// www. gov. cn/zhengce/zhengceku/2022-01/10/content_ 5667482. htm。

司法所脱钩改制工作，稳步推进申请基层法律服务工作者执业的自治区级统一核准考试机制，在农村和欠发达地区有序发展基层法律服务工作者。四是鼓励社会力量参与公共法律服务。鼓励和支持社会力量通过投资、赞助、捐助设施设备、提供法律服务等方式参与公共法律服务，缓解公共法律服务的供给需求矛盾。发挥好各类企事业单位、行业协会商会、公益团体等市场主体和社会组织作用，提高法律服务便利共享水平。完善政府购买法律服务工作制度，将更多法律服务项目纳入政府购买服务指导性目录，重点服务民生保障、社会治理、决策制定、风险防范、纠纷化解等领域，共同营造社会力量参与公共法律服务的良好环境。

B.8
新疆的法学教育和法学研究报告（2022）

李　明[*]

摘　要： 新疆法学教育和研究机构在师资配置、招生就业、课题研究、论文发表等领域都取得了较好成效，为依法治疆方略实施提供了智力和人才支持。但在法学教育方面存在课程设置缺乏地方特色，师资配备有待优化，人才培养缺乏国际视野，教育考评体系亟须优化等问题；法学研究存在科研能力有待提升，服务法治实践效果欠佳，智库建设缺少战略规划，智库高端人才稀缺等问题。本报告认为，法学教育需要进一步完善法学教育顶层规划，优化课程设置，强化师资配备，坚持国际化办学；法学研究需要进一步提升科研人员能力水平，强化研究成果服务法治实践效果，建设高水平法学研究智库，不断优化科研成果分布。

关键词： 法学教育　法学研究　法治人才　智库规划

在习近平法治思想指引下，新疆法学教育和法学研究按照新时代党的治疆方略要求，始终保持坚定的政治方向，紧紧围绕依法治疆方略这一重大课题，突出问题意识导向，通过强化法学专业人才培养，坚持基础与应用研究并重，增强理论研究的针对性、指导性、实效性，不断推进依法治疆实践向纵深发展，更好地为自治区党委政府决策服务，为实施依法治疆方略提供法学理论和人才支持。

---

[*] 李明，西北政法大学国家安全学院（反恐怖主义法学院）讲师，研究方向为国家安全法学、反恐法学。

一 新疆法学教育和法学研究的成绩

习近平总书记在十九届中央政治局第三十五次集体学习时强调："要把中国特色社会主义法治思想落实到各法学学科的教材编写和教学工作中，努力培养造就更多具有坚定理想信念、强烈家国情怀、扎实法学根底的法治人才。"[①] 第一次中央新疆工作座谈会召开以来，新疆法学教育得到长足的进步和发展，尤其是在院系设置、师资力量配置、教育资源援疆、法学人才培养等方面均得到不同程度的提升和跨越，疆内多数高校设立法学专业，承担着专科、本科、硕士研究生和博士研究生多层次培养，为新疆乃至全国提供了一定数量的法学专业人才。同时，新疆法学研究，通过强化基础研究和政策研究，产出了一系列智力成果，为依法治疆方略提供丰富的理论支撑。

（一）法学教育方面的成绩

1.院系设置及师资力量方面

目前，新疆设置法学（法律）专业的高校有新疆大学、新疆师范大学、新疆财经大学、新疆农业大学、石河子大学、伊犁师范大学、喀什大学、塔里木大学、新疆师范高等专科学院、新疆警察学院、新疆政法学院等。新疆大学于1980年7月经教育部批准成立新疆大学法律系，2000年获批国际法学硕士学位授权点，2007年获批法律硕士专业学位授权点，2010年获批法学一级硕士学位授权点。2017年，新疆大学进入全国首批42所一流大学建设高校行列，2018年确定为教育部与新疆维吾尔自治区人民政府"部区合建高校"。[②] 同年，新疆大学获批西北地区首个法学一级学科博士学位授权点，该校法学院已建成新疆高校唯一具备"本—硕—博"完整且特色明显

---

① 习近平：《坚持走中国特色社会主义法治道路　更好推进中国特色社会主义法治体系建设》，《求是》2022年第4期，第9页。

② 《新疆大学2020～2021学年本科教学质量报告》，新疆大学官网，2022年1月14日，https：//www.xju.edu.cn/info/1024/9601.htm。

的人才培养体系。学院现有专职教师 50 人，其中教授 16 人、副教授 16 人、讲师 18 人。① 石河子大学政法学院成立于 1998 年 10 月，成立时名称为"石河子大学人文社科学院"，2001 年 5 月更名为石河子大学政法学院，学院现有教职员工 68 人（含编制外聘用 2 人），其中专任教师 49 人，具有副高以上职称教师 21 人。② 喀什大学法政学院成立于 2015 年 4 月，学院现有教职工 24 人（不含援疆教师），其中院领导 3 人，专任教师 16 人（法学专业专任教师 11 人，社会工作 5 人），行政、团总支、辅导员共 5 人。③ 2019 年以来，通过优化师资力量配置，有步骤地推进新疆教育发展，疆内高校法学院师资力量得到了不同程度的加强。

2. 教改项目和课程设置方面

2022 年 5 月 20 日，新疆新文科教育联盟成立，54 家单位联手进一步调整优化专业布局结构，推进高校科研计划服务依法治疆。2020 年立项"公安院校本科法学课程'教学练战研'一体化改革模式研究"等 2 个法学研究项目。2021 年自治区教育厅立项"'丝绸之路经济带'背景下中国与中亚国家投资风险救济法律制度研究"等 6 个法治相关高校科研计划项目，立项"推进协同育人助力乡村振兴深化法学应用型人才培养与实践"等 20 余项法学类自治区级教育教学改革项目。"习近平法治思想概论"是法学专业最重要的核心必修课，做好课程建设有着重要的政治意义和时代意义。④ 2021 年新疆高校在线参加中国政法实务大讲堂及系列讲座，开设了习近平法治思想必修课程。同时，严格按照法学专业核心课程 10+X 设置标准，推广使用马克思主义理论研究和建设工程法学类重点教材，将社会主义核心价值观教育贯穿新疆高校法治人才培养全过程各环节。

---

① 《新疆大学法学院简介》，新疆大学法学院官网，http：//fxy. xju. edu. cn/xygk. htm。
② 《石河子大学法学院简介》，石河子大学法学院官网，http：//zfxy. shzu. edu. cn/xygk/list. htm。
③ 《喀什大学法政学院简介》，喀什大学法政学院官网，https：//fzy. ksu. edu. cn/info/1121/2631. htm。
④ 陈伟、杨爱民、王敏：《地方高校〈习近平法治思想概论〉课程建设》，《德州学院学报》2022 年第 3 期，第 95 页。

3. 法学专业人才培养方面

新疆高校持续落实《自治区卓越法治人才教育培养计划2.0》精神，加快推动学科建设，培养高层次、创新型、复合型法治人才的能力大幅提升。2018年，新疆大学新增列法学一级学科博士点，实现了新疆高校法学学科博士点零的突破。2019年，伊犁师范大学新增列法学一级学科硕士点1个，新疆师范大学、新疆财经大学新增列法律硕士专业学位点2个，新疆高校法学学位点数比2015年增加了1倍。同时，持续加快推进高校法学一流专业、一流课程建设，2021年，新疆大学以及伊犁师范大学法学专业入选国家级一流本科专业，新疆财经大学法学专业入选自治区级一流本科专业，伊犁师范大学法学、经济法学和新疆财经大学宪法学课程被认定为自治区级一流本科课程。此外，喀什大学围绕专业人才培养目标，按照产教融合、校企合作的路径和工学结合、知行合一的要求，形成功能集约、资源共享、开放充分的专业类或跨专业类实验实践教学实训平台，满足实习、实训、课外实践与创新创业需要，切实加强学生实践能力、创新能力的培养。①

4. 高校对口援疆工作方面

党的十八大以来，中央加大对新疆高校的对口援助力度，疆内每所高校至少有一所知名的疆外省市高校作为援助主体，从师资、学生培养、数据资源共享等方面全方位进行对口支援，切实提升了疆内高校法学教育水平。此外，依托"中国慕课""超星尔雅""学堂在线"等网络平台，开展法学专业通识课讲授，在线共享课程资源，取得了良好的效果。新疆大学法学院通过对口合作渠道，形成以武汉大学为主其他高校为辅的教学、科研后方支援团，柔性引进武汉大学2人挂职院长、副院长，聘请中国政法大学、武汉大学、西北政法大学等高校知名教授为外聘博导，该校法学教育水平得到了质的提升。伊犁师范大学加强与援疆高校对口合作，形成了以南京大学为主其

---

① 《喀什大学2020~2021学年本科教学质量报告》，喀什大学官网，2021年11月26日，https：//www.ksu.edu.cn/info/10477/93254.htm。

他高校为辅的教学科研支援团，柔性引进南京大学 1 人挂职院长。上海市对口支援新疆工作前方指挥部和上海市教委积极响应，采取"请进来"、专家引领、名师示范等多种形式，将上海高等教育的实践经验、学科建设经验输送给喀什大学。① 2021 年底，喀什大学通过东西部课程共享联盟平台联络到湘潭大学，双方教师通过线上搭建专业"虚拟教研室"的方式，展开深度交流。② 2022 年 3 月，湘潭大学通过开设首批法学类专业援疆"同步课堂"课程，与新疆高校探索建立深度合作机制，让西部学子获得更多更好的教育资源。③ 经历多年的对口援助，新疆高校法学教育人才培养能力得到普遍提高，为建设新时代中国特色社会主义新疆贡献了智慧和力量。

（二）法学研究方面的成绩

新疆法学科研机构包括新疆法学会、新疆社会科学院法学研究所以及疆内高校法学院系科研机构。其中，新疆法学会是自治区党委领导下由法学界、法律界工作者组成的法学研究学术团体。新疆社会科学院法学研究所成立于 1984 年 4 月，是新疆法学专门科研机构。疆内高校法学专业院系成立的研究基地和中心也是新疆法学研究机构的重要组成部分。如，新疆大学设立"丝绸之路经济带国家法律研究中心"等 4 个校级科研平台，重点服务丝绸之路经济带沿线国家法律研究。

1. 课题研究方面

新疆法学研究机构坚持"立足新疆、研究新疆、服务新疆"原则，突出法学类课题选题的应用性和前瞻性，通过做实课题研究，把法学研究方向聚焦到服务党委政府工作决策和解决法治实践的重点、难点、热点问题上来，选题和研究更加贴近社会稳定和长治久安总目标的实际、贴近民生与法治建设的实

---

① 米红林、傅建勤：《上海高校教育援疆实践及启示》，《党政论坛》2019 年第 6 期，第 64 页。
② 《湘疆高校学子线上"同步课堂"携手学习互动交流》，中国新闻网，2022 年 3 月 9 日，https：//baijiahao.baidu.com/s？id=1726783008818262544&wfr=spider&for=pc。
③ 《中西部三地学子共上一堂课 湘潭大学开设省内首批法学类援疆课程》，湖南人民网，2022 年 3 月 17 日，http：//hn.people.com.cn/n2/2022/0317/c356888-35178691.html。

际、贴近地方立法工作的实际，力求研究成果在实践中"有效管用"，形成了一批有分量、有价值的法学研究成果，持续为依法治疆方略实施提供智力支持。

2018 年，自治区社科规划法学类课题立项 3 项，新疆社科联法学类课题立项 2 项，新疆法学会法学研究课题立项 13 项，新疆社科院课题立项 3 项。2019 年，新疆法学会确定 15 项课题列入年度法学研究课题，组织法学专家成功申报涉及反恐维稳、乡村振兴战略、党内法规等 6 个国家社科基金项目。2020 年，新疆法学会确定 23 项法学研究课题，组织法学专家成功申报涉及社会治理、人格权财产权益保护、知识产权治理体系、退休后再就业法治保障、虚拟财产继承问题、营商环境优化法律制度完善、反恐地方立法优化等 8 个国家社科基金项目。2021 年，新疆社会科学院法学研究所科研人员参与自治区党委委托项目 3 项，编写"新时代党的治疆方略研究丛书"之《新疆工作总目标与推进治理体系和治理能力现代化》篇，为建设新时代中国特色社会主义新疆提供学术支撑。

2. 法治智库及研究基地建设方面

新疆法学研究机构充分发挥自身优势，积极主动申报构建自治区、国家级科研平台，着力打造一批法学研究智库（见表1），为依法治疆方略的实施提供决策支持。着力打造科研平台，开展前沿法学问题研究。如新疆大学凝练了"丝绸之路经济带核心区建设法治保障"学科建设发展的特色，紧扣新时代党的治疆方略形成了法治新疆现代化研究、"丝绸之路经济带"经贸法律研究和人权保障与涉外法治研究三个研究方向。其中，法治新疆研究团队以习近平法治思想研究中心、自治区党内法规研究中心和地方立法研究中心为平台，重点研究党内法规和边疆治理法律问题。"丝绸之路经济带"经贸法律研究团队以丝绸之路经济带国家法律研究中心、人工智能与知识产权研究中心为平台，重点研究"丝绸之路经济带"国家法律、网络空间治理、人工智能与知识产权法、竞争法等法律问题。人权保障与涉外法治研究团队重点研究"丝绸之路经济带"沿线国家法律、网络空间治理等法律问题。此外，2021 年 12 月 30 日，新疆警察学院"反恐理论与实务教师团队"入选"全国高校黄大年式教师团队"。2022 年 7 月 27 日，新疆法学会新时代市域社会治理现代化法治研究基地揭牌仪式在新疆警察学院举行。创新研究方式，做实委托课题研究工作。2021 年新疆法学会积极争取自治区财政专项支持法治研究经费，出台《新疆法学会委托课题管理办法》，首次以委托课题方式开展重大专项研究工作，多项课题受到重要批示，取得了一定成效。积极探索首席法律咨询专家制度，保障依法治疆方略顺利实施。新疆法学会印发《关于推行首席法律咨询专家制度的指导意见》，成立新疆法学会首席法律咨询专家库，为依法治疆提供专家意见，确保依法治疆各个环节落到实处。

表1　新疆部分法学智库和科研平台情况

序号	名称	所属单位	批准单位	批准时间
1	新时代依法治疆研究基地	新疆大学	新疆教育厅	2021 年
2	新疆人权保障与发展进步研究中心	新疆大学	新疆教育厅	2021 年
3	习近平法治思想研究中心	新疆大学	新疆大学	2021 年
4	西部基层法律人才教育培养基地	新疆大学	教育部、中央政法委	2012 年
5	国家知识产权培训（新疆）基地	新疆大学	国家知识产权局	2013 年
6	新疆大学-兵团高院联合培养研究生示范基地	新疆大学	新疆教育厅	2012 年
7	新疆大学-乌鲁木齐天山区人民法院联合培养研究生示范基地	新疆大学	新疆教育厅	2011 年
8	自治区高校人文社科重点研究基地	新疆大学	新疆教育厅	2011 年
9	政法人才培养实践基地	新疆师范大学	新疆教育厅	2020 年
10	"一带一路"发展研究院	伊犁师范大学	新疆教育厅	2019 年
11	新疆法学会新时代市域社会治理现代化法治研究基地	新疆警察学院	新疆法学会	2022 年

资料来源：新疆各高校网站及内部工作资料。

3. 学术活动组织交流方面

新疆法学教育研究机构积极组织和参与国内外法学交流学术会议，进一步提升了疆内法学研究水平，在全国法学研究领域的影响力逐步增强。一是有力推进习近平法治思想研究和宣传。2021 年 11 月 18 日，新疆法学会采取线上和线下相结合方式成功举办"全面贯彻落实习近平法治思想，为西部地区经济社会高质量发展提供法治保障"为主题的第十六届西部法治论坛，积极研讨西部地区优化营商环境、推进市域社会治理现代化和平安建设、全面推进乡村振兴、"一带一路"合作共建等法治保障问题，形成了一批习近平法治思想指导下的理论紧扣实践的优秀成果。2021年7月，新疆法学会和新疆大学在阿勒泰市成功举办"第八届天山法学论坛"，围绕习近平法治思想之党内法规建设研究、习近平法治思想之知识产权重要论述、新时代"枫桥经验"与边疆治理、"一带一路"及非传统安全建设与人权保障研究等议题进行深入探讨。① 二是围绕依法治疆重点任务重点方向开展研讨交流，建言献策。2022年6月22日，自治区社科联、新疆法学会、新疆大学联合召开第十九届新疆社会科学年会——依法治疆学术研讨会，评选出20篇优秀论文，12位专家学者围绕依法治疆的意义和路径、丝绸之路经济带核心区建设法治保障、反恐维稳法治化、民族团结法治化、铸牢中华民族共同体意识等议题做了大会交流发言，推动法学理论与法治实践深度融合。② 2022年7月20日，新疆政法学院举办"依法治疆理论与实践"学术研讨会，为贯彻新时代党的治疆方略、构建依法治疆法律体系提出了切实可行的意见和建议。三是围绕重大现实问题，支持和强化外宣工作。自治区法学界积极开展涉疆议题研究，参加涉疆新闻发布会深度解读新疆法治发展。2021年8月16日和10月13日，新疆社会科学院法学研究所科研人员参加"反恐和去极端化的新疆探索"国际研讨会和"反恐、去极端化与人权保障"国际研讨会，揭露西方人权议题炒作的虚伪本质，强化新疆人权话语权建设。四是打造法学活动品牌。2022年，新疆大学法学院主办"天山法学名家"系列讲座活动，邀请疆内疆外著名法律人士开展线上讲座，促进了法学知识的增量和法律智慧的启迪。

---

① 刘金林：《天山"法治论剑"：既需接地气，又要有大视野--第八届天山法学论坛综述》，《人民检察》2021年第17期，第61页。

② 《第十九届新疆社会科学界学术年会依法治疆学术专场举行》，天山网，2022年6月23日，https://www.ts.cn/xwzx/kjxw/202206/t20220623_7653661.shtml。

二 新疆法学教育和法学研究面临的问题

（一）法学教育存在的问题

1. 课程设置缺乏地方特色

新疆面临依法治疆方略实施的新形势和新任务，对法治人才培养提出了更高的要求。2018 年 1 月，教育部发布了《普通高等学校本科专业类教学质量国家标准》，法学专业的教学质量国家标准较以往传统标准发生了很大变化，特别是对于核心课程采取的"1+10+X"分类设置是一种全新模式。其中，1 是指"习近平法治思想概论"，16 门必设核心课程变成了 10 门，后面的 X 由各高校根据专业设置、背景优势条件等自主确定。[①] 现阶段，多数疆内高校依然按照原有 16 门核心课程思维方式制定人才培养方案，没有结合地域特色和本校办学特点，对"X"进行优势挖掘和培育探索，尤其是未能将"丝绸之路经济带"沿线国家的法治特征、保障特点、实施方式纳入现有课程体系，授课内容未能完全体现依法治疆以及涉外法治培养课程特色，在一定程度上影响到高校法学专业人才培养质量。

2. 师资力量配备有待强化

因新疆区情特点，受教育资源的限制，疆内高校法学学科专业普遍面临师资力量待优化问题。尤其是伴随着研究生的扩招，疆内高校法学专业学生数量不断增加，需要配备更多的师资力量，才能满足日益增长的师资需求。具体表现在新兴法学学科和交叉学科诸如数字法治、反恐法学、国家安全法学、宗教法治、民族法学等学科带头人和专业教师缺乏，师资队伍出现结构性短缺，导致师资配备与新疆法学专业学科建设要求的标准还存在一定差距。教学内容上，法学专业教学涉及理论性内容多，教学培养模式单一，导

---

① 曲妍：《法学专业"10+X"课程设置及教学改革路径探析——以大连财经学院为例》，《开封教育学院学报》2019 年第 9 期，第 165 页。

致地方高校培养目标定位模糊，法律职业与法学教育之间缺乏制度联系。教学实践中，有的教师承担着多门课程授课任务，教学任务压力大且效果有待验证。同时，部分专业教师虽然具有丰富的专业理论知识和教学经验，但由于缺乏法治一线实践经历，极易出现"纸上谈兵"的现象。

3.法学教育考评体系亟须优化

习近平总书记强调："法学学科是实践性很强的学科，法学教育要处理好知识教学和实践教学的关系。"① 长期以来，法学教育被视为高校的事情，法治实践部门很少参与到法治人才培养过程中来，法治实践部门也未明确其作为法治人才培养责任主体的角色。② 这导致我国高校对法学研究型人才培养结果考核的主要衡量标准是理论学习和论文写作能力。诚然，此种考核具有一定的合理性，但这种考核评价体系与实践部门所需的"实践能力"是不匹配的。部分高校没有严格按照《教育部 中央政法委 关于坚持德法兼修实施卓越法治人才教育培养计划 2.0 的意见》要求开展人才培养工作，尤其是疆内高校对法学专业人才培养结果（毕业）的考核，主要根据平时成绩和论文发表的数量和质量评价，不能全面检验法学专业人才的真实能力水平，理论教学与实践存在脱节现象，导致培养出来的人才可能难以胜任依法治疆方略实施任务，亟须构建科学完善的法学教育考评体系。

4.涉外法治人才培养规划需要完善

新疆处于"丝绸之路经济带"核心地区，与俄罗斯、哈萨克斯坦、吉尔吉斯斯坦等八国接壤，经济往来紧密，亟须大量的涉外法治人才。尽管疆内高校采取多种方式开展了法学专业人才培养教学，但由于疆内高校在国际视野层面的涉外法治人才培养规划刚刚起步，"国内-海外合作培养"机制还没有得到全面推广，而实践性最强、锻炼效果最佳的境外法律实习也处于起步阶段，特别是与一些重要的国际资源对接，尚需国家有关部门的支持方

---

① 《为全面依法治国培养更多优秀人才——习近平总书记在中国政法大学考察时的重要讲话引起热烈反响》，《人民日报》2017 年 5 月 5 日，第 2 版。
② 杨宗科：《新时代法学教育新理念新思想新战略》，《法学教育研究》2021 年第 1 期，第 16 页。

能推进。① 与国外联合培养交流机制的缺失，致使疆内高校培养的法治人才无法实地体验"丝绸之路经济带"共建国家法治特点，部分涉外法治课程应有的功能无法释放到位，导致培养出的法学专业人才不能从国际形势、世界大局观的角度出发去思考问题，既不熟悉涉外法治业务，也不熟悉国际规则，在处理涉及"丝绸之路经济带"共建国家相关经贸、反恐、法治事务中，很难达到既维护国家安全利益，又保障"丝绸之路经济带"共建国家平等尊重的工作目标。

（二）新疆法学研究存在的缺憾

1. 法学研究机构科研能力有待提高

从整体层次上看，新疆法学研究水平还处在低位，科研能力有待于进一步提高。此外，智库研究力量仍较为薄弱，人员架构模糊，智库成果转化服务实践较少。以高校智库为例，因无固定的专职研究人员，多数智库未能实现实体化运行，日常研究工作主要由分散的学校老师及部分博士、硕士完成，遇有重大项目时研究人员分散、力量不足，科研难以形成合力。新疆法学研究机构还存在研究人员梯队结构不均衡、缺少一套科学高效的机制保障、学科带头人数量不足、年轻科研人员能力培养力度不足等问题，导致民法、刑法、行政法、国际公法、诉讼法等法学二级学科研究力量欠缺，这也是影响科研人员能力水平和素质提升的重要因素。

2. 科研成果服务依法治疆实践效果欠佳

目前，新疆对于法学研究机构的智力成果评价处于初级阶段，社会服务内容难以量化衡量，研究成果的深度和影响力还需进一步加强，这一定程度上制约了法学类研究机构的发展。具体表现在缺失科研成果完成后的传播和辐射机制，科研成果难以发挥其应有的社会功能和价值。此外，国内尚无辅助法学类研究机构成果评价的工具，也未在现有研究成果评价框架下设立评

---

① 郭霂：《创新涉外卓越法治人才培养模式》，《国家教育行政学院学报》2020年第12期，第40页。

价板块，使得评价的宣传、激励、促进功能备受限制，最终影响服务社会的效果。受法学类研究机构成果评价标准不完善的影响，新疆法学研究机构产出的部分智力成果服务社会效果不佳，与依法治疆方略和"丝绸之路经济带"涉外法治保障实践工作契合度不高，某些研究领域的成果无法实现用科学的理论指导依法治疆方略实践工作目标。

3. 智库建设缺少战略规划

2015 年 1 月，中共中央办公厅、国务院办公厅印发的《关于加强中国特色新型智库建设的意见》指出，智库在国家治理中发挥着越来越重要的作用，日益成为国家治理体系中不可或缺的组成部分，是国家治理能力的重要体现。[①] 随着国际国内反恐形势的变化，国内各大学反恐研究智库纷纷成立。以西南政法大学、暨南大学为例，其人员经费充足，智库实现实体化运行，近年来已经实现良好有序发展，在国家法治反恐研究领域取得了丰硕的成果。相比之下，新疆仅有新疆社会科学院法学研究所制定了五年规划，就法学智库规划进行了明确部署，设定了发展目标和相应工作措施，疆内其他法治智库因缺少长期的战略规划，发展定位仍较为模糊。此外，在法学理论和政策研究需要与实践密切结合方面，由于新疆智库建设缺少战略规划，未与其他省市建立良好的协作机制，部分理论研究缺乏实践数据和案例支撑，导致智库研究成果存在与实践脱离的问题。

4. 高端智库人才稀缺

高端智库建设必须靠高端智库人才来支撑。全球的法学教育和研究都面临着人才的激烈竞争。而新疆人才短缺和人才流失问题一直存在，高层次智库人才更是稀缺。目前，我国国际社会的影响力不断增大，地区事务处置作用也日益明显。但当前国际政治环境仍存在对我国发展起阻碍作用的因素，我们应始终保持清醒的认识和判断。[②] 相应地，新疆法学智库建设和理论对冲水平提升还需加大力度。新疆官方和民间智库人才中，领军和杰出人才

---

① 李徐步、王丽君：《加强中国特色新型智库建设的时代价值》，《理论学习》2015 年第 4 期，第 27 页。

② 王宇君、赵丽华：《国际环境与中国和平发展研究初探》，《前沿》2014 年第 1 期，第 26 页。

少，研究人员大多阅历单一缺乏实践历练，管理人员中懂智库运营和成果宣传推广的复合型人才少，高端智库人才提供政策研究和咨询决策的能力包括运用法治手段开展对外斗争的能力，还需要尽快跟上并适应实际需要。

三　新疆法学教育和法学研究展望

培养高素质法治人才是新时代法学教育的根本目标。[①] 面对新疆法学教育、法学研究面临的新问题，法学教育必须突破传统培养模式，契合时代发展，回应时代呼声。[②] 新形势下，新疆法学教育和研究机构要从党和国家安全、以人为本、社会稳定发展的战略和全局高度出发，充分认识当前加强法学教育和研究工作的重要性和紧迫性，切实增强政治责任感和历史使命感，将法学教育和研究作为依法治疆方略实施的重要保障，摆在更加突出的位置抓紧抓实，为依法治疆实施提供坚强法治服务保障。

（一）法学教育方面的展望

1. 明确人才培养目标定位，突出新疆法学教育特色

针对当前新疆法学教育地方特色缺失、教育布局不合理等问题，新疆高校要充分考虑卓越法律人才培养的现实需要，以《教育部 中央政法委 关于坚持德法兼修实施卓越法治人才教育培养计划 2.0 的意见》规定的法学人才培养目标为基准，建议由新疆教育厅牵头，新疆检察院、高级人民法院、公安厅、司法厅等部门配合，制定新疆法学教育整体规划，结合依法治疆方略的实施，兼顾"丝绸之路经济带"涉外法治保障，整合疆内外高校教育和政法实务部门资源，完善和优化新疆法学教育专门人才培养和考评标准，真正实现新疆法治人才培养全疆一盘棋的格局。尤其是要明确人才培养目标，即培养出忠实拥护中国共产党领导，具有坚定的政治信念和敏锐性，

---

① 杨宗科：《新时代法学教育新理念新思想新战略》，《法学教育研究》2021 年第 1 期，第 9 页。
② 黄彬、吴小勇：《新文科视域下的法学人才教育培养探析》，《教育教学论坛》2022 年第 24 期，第 18 页。

具备法学专业基础知识，深入了解新疆区情和"丝绸之路经济带"沿线国家法治现状，在依法治疆实践中能够发挥专业知识和能力，维护我国在"丝绸之路经济带"沿线国家海外利益的人才。在优化法学专业人才实践培养规划的前提下，新疆法学专业培养院校应该结合所处地域特点承担不同的教学培养任务。具体可根据地域分布或高校学科优势，确定通过构建不同的培养方案，明确差异化的涉外法治专业人才培养定位，以体现地域特色培养模式，避免出现培养内容雷同的现象。如伊犁师范大学针对哈萨克斯坦，喀什大学针对阿富汗、巴基斯坦等国家经贸往来涉外法治保障需求，有针对性地开展涉外法治人才培养，实现法学教育工作服务依法治疆方略实践的培养目标。

2. 优化课程设置，不断丰富培育模式

新疆高校要科学建立法学专业人才培养体系，包括课程体系、教学和培训模式，保证培养出来的法治人才能够满足依法治疆方略以及"一带一路"倡议下涉外法治保障的现实需求。一是增设法学专业特色培养课程，形成具有鲜明特色的新疆法学学科核心课程群，即在现有法学核心课程基础上，可以增加新疆地方史、"丝绸之路经济带"国别法、国际政治关系等课程，加强非英语语种法学教育，[①] 更好地对接依法治疆方略的实践，为"丝绸之路经济带"涉外法治业务保障提供人才供给。二是增加法学专业人才实践培养内容。习近平总书记强调："法学学科是实践性很强的学科，法学教育要处理好法学知识教学和实践教学的关系。"[②] 疆内高校要与检察、法院、公安、司法、律师、公证等实践部门建立法治业务实训基地，落实共建、共管、共担责任，开展一体化考评。实训基地可以建在法律实践部门，也可以建在高校，通过加强法学理论研究、司法业务实践，定期开展实地调研或集中培训，推动资料数据共享、人才交流等方面合作，通过模拟处置教学，提升新疆法学专业人才的实践能力。三是转变授课教师纯理论教学模式，建议

---

① 马怀德：《完善法治人才培养体系》，学习强国网，2022 年 6 月 8 日，https：//www. xuexi. cn/lgpage/detail/index. html？ id＝5616327000847568204。

② 习近平：《论坚持全面依法治国》，中央文献出版社，2020，第 177 页。

在新疆大学、新疆师范大学等高校设置理论与实践"双导师"制，做到理论导师和实践导师分别授课，在教授法学基础理论的同时，也能做到紧密结合依法治疆方略实践，解决当前疆内高校法学专业人才培养中理论与实践脱节的问题。

3. 强化师资配备，做到自我培养和引进人才相结合

教师是学生培养的最重要资源，[1] 新疆高校在教师的配备上，可以通过自我培养和引进疆外高校高层次人才相结合方式，依托高校对口援疆工作，努力建设一支数量充足、结构合理、具有较强应用能力和创新能力的教师队伍。在自我培养方面，高校要根据自身法学学科建设需要，制定师资学历提升规划，鼓励本校教师积极参加博士研究生考试，按照梯队和层次来提升本校法学学科师资学历水平。在法学高层次人才引进方面，建议自治区人社和教育主管部门根据新疆法学教育实际，专门制定并出台法学专业人才引进办法，对当前新疆急缺的法学高层次专业人才进行引进，通过单独设置晋升渠道或高薪岗位等方式，吸引疆外高校高水平大学法学专业的博士毕业生以及具有副高以上职称的法学专业人才来新疆高校工作，实现新疆法学教育弯道超车的目标，为实施依法治疆方略提供坚实的师资保障。在高校对口援疆层面，可以参照喀什大学法学院的"柔性援疆客座教授计划"，充分依托其他省份高校优质资源，切实提升新疆高校法学教育培养能力水平。

4. 坚持国际化办学，强化培养互动机制

在涉外法治人才培养工作上，习近平总书记指出重点做好涉外执法司法和法律服务人才培养、国际组织法律人才培养推送工作，更好服务对外工作大局。[2] 疆内高校可立足国内国外实际，仔细梳理"一带一路"倡议沿线国家法治现状，从国际视野研究制定涉外法治人才培养规划，积极与"一带一路"尤其是"丝绸之路经济带"沿线国家的高校建立协作培养机制，联

---

① 万江：《卓越法律人才培养的组织基础—硬件、师资与课程设置》，《经济法论坛》2017 年第 1 期，第 335 页。

② 习近平：《坚定不移走中国特色社会主义法治道路为全面建设社会主义现代化国家提供有力法治保障》，《求是》2021 年第 5 期，第 14 页。

合开展涉外法治理论研究，在人才培养方面互通有无，择优选择科学有用的法学理论指导教学实践，共同推进提升"丝绸之路经济带"涉外法治人才培养水平。依托"上合组织"合作平台，通过开展国际化人才办学，推动疆内高校与中亚五国高校的交流，在严格政治审查的前提下，通过互派教师授课、交流学生学习等方式，强化与"丝绸之路经济带"沿线国家高校法学教育的融合。尤其是要协调"丝绸之路经济带"沿线国家海外企业，设置海外企业法律事务实习基地，切实提升疆内高校法学专业涉外法治保障能力水平。

（二）法学研究方面的展望

1. 优化人员结构，提升新疆法学研究能力水平

新疆高校和研究机构在做好基础研究的前提下，要紧紧围绕反恐维稳法治化常态化、新疆经济高质量发展、乡村振兴等重点领域进行深入研究，为新疆社会稳定和长治久安提供配套的研究成果。一是结合法治新疆建设实际，切实做好中青年学科带头人与青年骨干的培养工作，通过导师制、项目申请、项目合作等方式带领青年科研人员尽快适应法学研究工作，鼓励科研人员参加高质量的学术会议，尝试参与法学领域的各种项目、文件研究和制定，为科研人员提供访学、研修等平台和机会，促使其快速成长。二是通过招收引进刑法学、国际法等专业硕士及以上的科研人员，尽快搭建起由宪法、民法、刑法等基本学科组成的新疆维吾尔社会科学院法学研究所科研平台，通过开展深层次的法学研究为依法治疆方略实践营造良好的法治环境。三是合理安排经费，每年组织法学研究机构人员2至3次集体调研，通过田野调查、专门访谈等方式，找准依法治疆方略实施存在的堵点和问题，形成高质量的调研报告，为提高科研质量和科研人员综合研究水平奠定坚实基础。四是引导青年科研人员将工作重心放在提高科研能力水平上，鼓励其树立热爱科研、追求上进的团队精神，力争独立完成学术研究工作，不断提升青年科研群体的研究水平。

2. 优化成果分布及考评，强化研究成果服务法治实践

新疆法学研究机构要充分发挥自身优势，积极参与新疆地方性法规制定、修改、废除等，为新疆经济社会发展提供配套的法律法规保障。其一，在现有法学研究领域内部尽快确立法学学科研究分类，重点推动依法治国、依法治疆等基础理论研究，兼顾推动实施依法治疆方略、法治新疆建设、"丝绸之路经济带"涉外法治保障等政策问题研究，充分发挥资助基金对学科建设的推动作用。其二，可以考虑创办依法治疆方略专业期刊，组织专业研究团队对新疆法学研究学术成果进行审核，建议具有法学专业学科的高校、科研院所、研究机构发挥自身能动作用，积极参与创办依法治疆专业刊物，通过组织人员发现问题并总结经验，待各项条件成熟完备，使其成为公开发行的刊物，持续传播新疆法学研究学术新知。其三，制定科学的考评体系，在做好基础研究的前提下，考评内容要突出法治实践服务能力，通过理论研究和实践调研等考评方式相结合的方法，打破"唯论文"考核的枷锁，实现新疆法学研究考评方式科学化。

3. 加强法学研究智库建设，完善智库专家建言献策机制

党的十八大以来，习近平总书记多次对智库建设做出重要批示，指出智库是国家软实力的重要组成部分，要高度重视、积极探索中国特色新型智库的组织形式和管理方式等。[①] 新疆教育主管部门可以通过制定新疆高校法学研究智库建设战略，积极引导疆内高校结合自身学科建设特点成立法学研究智库。通过固定专职研究人员、落实独立场地和经费保障，推动智库实体化运行，按时保质完成智库成果。同时，结合《关于深化哲学社会科学研究人员职称制度改革的指导意见》精神，深化产教融合，努力破除师资聘用、职称评定、实习实训、科研管理等方面的体制机制障碍，立足西部、用活人才、建好基地、做实课题，真正打造高质量的法学研究智库。此外，疆内智库要发挥好法学学科专业研究先行的优势，建立健全高校法学研究智库专家建言献策机制，积极参与当前国际国内重大问题的研究和政府政策制定，不

---

① 张艳：《对政府智库建设管理战略要点的思考》，《前进》2015年第1期，第46页。

断推动科研成果转化，通过做出精品、打造品牌等方式，切实增强自身的决策影响力，牢牢夯实疆内智库研究机构在依法治疆、法治反恐、"丝绸之路经济带"涉外法治保障研究领域的领先地位，真正实现法学理论研究服务依法治疆方略实践。

4. 不断强化研究成果上报，进一步提升服务决策能力水平

理论与实践相结合是法学研究的出发点和落脚点，新疆法学研究机构要不断优化科研成果分布，进一步充实服务决策类的要报内参成果。一方面，丰富智库科研成果形式，除定期撰写上报内参要报外，还应围绕依法治疆方略、涉疆对外斗争、"丝绸之路经济带"海外利益保护、市域社会治理现代化、数字经济和法治保障、新疆经济高质量发展法治保障、有组织务工管理服务、中美贸易战等关键领域开展研究，通过撰写专题研究报告，起草立法建议与法律草案、标准、规划，提供决策咨询和政策解读，积极参加涉疆对外宣传等，为建设法治新疆，推进依法治疆方略实施提供理论和智力供给。另一方面，建立研究成果上报机制，在服务依法治疆方略实践的前提下，畅通智库研究成果上报渠道，实现反馈结果及时的目标。同时，结合地域优势立足长远，现有法学智库研究机构要尽快与疆内重点地州和甘肃、宁夏、青海、陕西等省区建立协调机制，通过加强反恐法治理论研究、数据共享、人才交流等方面合作，定期开展实地调研或集中培训，做到智库理论研究和法治实践相统一，进一步提升智库研究成果服务决策能力水平。

专 题 篇
Special Reports

B.9
"丝绸之路经济带"核心区
旅游环境的法治护航

沈　田*

摘　要： 新疆旅游资源富集、旅游业大有可为。同时，作为"丝绸之路经济带"核心区，旅游业也是新疆对外展示形象的重要窗口，加强旅游环境法治建设不仅可以推动新疆旅游公共产品的完善，更好地树立"新疆是个好地方"形象，也更有利于明确政府在产业扶持、业态培育等方面的职责任务，吸引社会资本投入，明确旅游产业发展方向，推动新疆旅游业高质量发展。本报告认为，加强旅游环境法治建设，深化文旅领域"放管服"改革，优化市场化法治化国际化营商环境，可以引导旅游企业向科学、合理的方向发展，使新疆旅游业得到高质量发展。

关键词： "丝绸之路经济带"核心区　旅游环境　法治

---

* 沈田，南昌职业大学人文学院副教授，研究方向为宪法学。

新疆深入实施旅游兴疆战略，推动新疆由旅游资源大区向旅游经济强区转变。2012年以来，全区旅游业呈现快速增长态势，2017年全区游客接待量突破1亿人次，2019年突破2亿人次。2021年，游客接待达1.91亿人次，旅游收入达1415.69亿元。[①] 聚焦旅游目的地建设，完善旅游产品体系，优化旅游产品结构，旅游品牌供给能力和水平显著提升。全区A级景区数量由2012年223家，增长至现在的573家，新增5A级景区10家、4A级景区76家。[②] 新疆通过不断推进法治建设优化旅游产业结构和发展环境，促进新疆旅游产业健康有序发展，为优化"丝绸之路经济带"核心区旅游环境提供了坚实的法治保障。

一 "丝绸之路经济带"核心区旅游环境法治建设的重要意义

（一）"丝绸之路经济带"核心区旅游发展概况

2014年5月召开的第二次新疆工作座谈会首次提出，把新疆建设成为"丝绸之路经济带"核心区。2015年3月，国家发展改革委、外交部、商务部联合发布的《推动共建丝绸之路经济带和21世纪海上丝绸之路的愿景与行动》进一步明确指出，发挥新疆独特的区位优势和向西开放重要窗口作用，形成"丝绸之路经济带"上重要的交通枢纽、商贸物流和文化科教中心，打造"丝绸之路经济带"核心区。根据《2022年新疆维吾尔自治区政府工作报告》加快推进"丝绸之路经济带"核心区建设的要求，2022年5月25日，新疆召开推进"丝绸之路经济带"核心区高质量发展工作会议

---

① 《新时代新疆文化和旅游工作概况——党的十八大以来新疆文化和旅游工作取得历史性成就、发生历史性变革》，中国旅游新闻网，2022年10月15日，http://www.ctnews.com.cn/news/content/2022-10/15/content_131787.html。

② 《新疆文旅这十年 | 新时代新疆文化和旅游工作概况》，新疆是个好地方微信公众号，2022年10月14日，https://mp.weixin.qq.com/s/wGBf7E7mA8vAIXBoTGfEqg。

明确提出，"从八个方面持续用力，以重点突破带动核心区建设整体推进。"① 其中包括深化文化领域国际交流合作，不断拓展向西开放的广度和深度。

新疆地处欧亚大陆腹地，是东西文化和世界文明交流互鉴的十字路口，地缘优势使新疆在中国数千年历史文化多形态和多路径的发展过程中扮演了特殊角色，并积淀了丰厚的旅游资源。2013 年 9 月，中国领导人提出了构建"丝绸之路经济带"的倡议，不仅为新时期欧亚地区合作发展和共同繁荣提供了重要的公共产品，也为新疆稳定发展和丝路文明复兴注入了强大动力。② 新疆有 56 种全国旅游资源类型，占全国旅游资源类型的 83%。全疆共有景点 1100 余处，居全国首位。新疆全面构建"新疆是个好地方"文化和旅游品牌，坚持以"新疆是个好地方"品牌为统领，建立覆盖自然、文化、生态、人文等领域的多层次、全产业链的品牌体系，引导和推动各地打造目的地旅游品牌。全疆创建 5A 级景区 17 家（含兵团 2 家）、4A 级景区 120 家、3A 级景区 347 家；创建国家全域旅游示范区 5 家、国家级旅游度假区 1 家、国家级旅游休闲街区 2 家、国家文化和旅游消费试点城市 2 个、国家级夜间文化和旅游消费集聚区 2 个、国家级生态旅游示范区 2 个、国家级滑雪旅游度假地 2 个；建设滑雪场 5S 级 5 家、4S 级 6 家、3S 级 8 家。③ 可可托海、将军山、丝绸之路 3 家国际滑雪度假区被列入全国 10 大滑雪场。实施疆内环起来、进出疆快起来，加密疆内航班和铁路运行线路，改造升级景区公路，实现 386 个 A 级景区等级公路通达。④ 旅游新产品如低空旅游、

---

① 《自治区推进丝绸之路经济带核心区高质量发展工作会议召开　马兴瑞讲话》，新疆维吾尔自治区人民政府网，2022 年 7 月 1 日，http：//www. xinjiang. gov. cn/xinjiang/xjyw/202205/a2f1d3cfb65740278f2de031a66a704e. shtml。

② 《东西问 | 许涛：丝绸之路经济带核心区，新疆呈现何种文化优势》，2022 年 1 月 19 日，中国新闻网，https：//www. chinanews. com. cn/gn/2022/01-19/9656468. shtml。

③ 《新时代新疆文化和旅游工作概况——党的十八大以来新疆文化和旅游工作取得历史性成就、发生历史性变革》，中国旅游新闻网，2022 年 10 月 15 日，http：//www. ctnews. com. cn/news/content/2022-10/15/content_ 131787. html。

④ 《新疆文旅这十年 | 新时代新疆文化和旅游工作概况》，新疆是个好地方微信公众号，2022 年 10 月 14 日，https：//mp. weixin. qq. com/s/wGBf7E7mA8vAIXBoTGfEqg。

体育赛事旅游、乡村旅游、研学旅游、工业旅游、康养旅游等不断涌现，旅游者的出行方式如自驾游、房车露营等渐成风尚，文化旅游演艺、滑雪场、民宿、自驾车旅居车营地、葡萄酒庄等旅游新业态层出不穷。推动世界自然遗产地、世界文化遗产地、全国重点文物保护单位等重要文化遗产资源成为自治区旅游重要打卡目的地。命名乔尔玛革命烈士陵园等 12 家革命纪念场馆为自治区红色旅游经典景区，推出党史学习教育经典红色景区景点 40 家；选定温宿县柯柯牙纪念馆、昭苏县知青馆、塔什库尔干塔吉克自治县红其拉甫国门、克拉玛依市黑油山 4 家红色基因厚重单位为国家 4A 级红色旅游景区；推动新疆"革命记忆·新疆足迹""爱国守边·青春无悔""屯垦戍边·红色兵团" 3 条红色革命题材旅游线路入选建党百年红色旅游百条精品线路。①

新疆积极创建全国乡村旅游重点村镇等乡村旅游品牌。2021 年，哈巴河县铁热克提乡白哈巴村等 6 个村、新源县那拉提镇等 3 个乡（镇）入选全国乡村旅游重点村镇。截至 2022 年 1 月，全区有国家级休闲农业与乡村旅游示范县 11 个，国家级休闲农业与乡村旅游示范点 19 个，全国乡村旅游重点村 39 个，全国乡村旅游重点乡（镇）3 个，自治区乡村旅游重点村 114 个。依托品牌建设，各地初步形成了以地州首府城市为中心的 3 小时乡村休闲旅游圈和以县城中心城镇为核心的 1 小时乡村休闲旅游带。旅游富民效应不断显现。以乡村旅游重点村为代表的一批乡村积极探索"乡村旅游+"的发展模式，通过土地流转和租赁发展乡村旅游民宿和葡萄酒庄，丰富乡村旅游活动项目和自驾旅游线路产品，推出赏花游、采摘游、乡村休闲游等系列线路产品，带动农民群众就业增收。截至 2021 年 12 月，全区 1869 个村参与旅游接待，有农家乐 8000 多家，其中星级农家乐 1845 家、民宿 4806 家，乡村旅游就业人数已达 35 万人次。②

---

① 《新疆文旅这十年 ｜ 新时代新疆文化和旅游工作概况》，新疆是个好地方微信公众号，2022 年 10 月 14 日，https：//mp.weixin.qq.com/s/wGBf7E7mA8vAIXBoTGfEqg。

② 《美景上新魅力升级》，人民资讯百家号，2021 年 12 月 30 日，https：//baijiahao.baidu.com/s？id=1720530938595350876&wfr=spider&for=pc。

新疆的旅游资源不仅对国内市场具有极大的吸引力，还因其得天独厚的区位优势将旅游业变成了向周边国家和地区传播中华文化的载体。

（二）"丝绸之路经济带"核心区旅游环境法治建设的重要性

随着后工业时代的到来，旅游业正成为世界经济的重要组成部分和产业终端。旅游业将为新疆建设"丝绸之路经济带"核心区提供新的发展机遇，旅游环境法治建设则是促进新疆旅游业发展的重要保障。法治建设对新疆旅游业的保障主要表现在以下几个方面。

1. 产业扶持、业态培育，高位推动发展

加强旅游环境法治建设，有利于发展地方特色旅游产业，推动培育特色旅游新业态。推动丰富夜间旅游业态和产品供给，依托当地资源发展特色民宿、特色民俗文化，开发特色乡村旅游产品。对于民族地区而言，守住生态和发展两条底线，充分利用自身民族生态文化旅游资源优势，打好脱贫攻坚战、精准防返贫，打造民族地区文旅融合发展的法治保障样本，是与我国少数民族地区的民情风物、发展态势极度吻合的。[1]

同时，加强新疆旅游环境法治建设有利于吸引社会资本投入，推动旅游业高质量发展。新疆各地在实践中所做的有益探索和成功经验法规化，也将加快补齐新疆旅游业发展的短板。

2. 有利于规范管理，营造良好旅游环境

加强旅游环境法治建设，为建立和完善旅游公共服务体系、提升旅游服务水平提供制度支撑和法治环境。旅游环境的法治建设有利于新疆建立旅游信息与共享服务机制，不断优化旅游环境。

2022年6月27日，新疆召开旅游发展大会提出了深入实施旅游兴疆战略、推动新疆由旅游资源大区向旅游经济强区转变的7项重点工作。[2] 具体措施包括：坚持系统谋划，做好资源开发；加大开放力度，激发消费潜力；完善基

---

① 杨炜竹：《民族生态旅游的法治逻辑》，《贵州警察学院学报》2021年第4期，第40页。

② 《新疆维吾尔自治区旅游发展大会召开》，新疆人民网，2022年6月27日，http://xj.people.cn/n2/2022/0627/c186332-40013372.html。

础设施，提升服务品质；壮大市场主体，优化发展环境；拓展市场营销，擦亮旅游品牌；深挖文化内涵，推动文旅融合发展；挖掘旅游潜力，打造新的增长点。旅游业是对外展示新疆形象的一个窗口，规范管理，营造良好环境可以从制度设计层面明确旅游发展理念和旅游发展框架，打造"新疆是个好地方"品牌，推动新疆旅游公共产品的完善，更好地向游客展示本地旅游的特色。

二 新疆旅游环境的法治情况及特点

（一）旅游环境的法治建设现状

1. 概述

新疆深入贯彻落实习近平法治思想，持续推进文化和旅游领域治理体系和治理能力现代化，将建设法治政府摆在工作全局重要位置，推动文化和旅游法治建设工作取得显著成效。2018年国家对《中华人民共和国旅游法》进行了修正，并出台了《国务院办公厅关于进一步激发文化和旅游消费潜力的意见》《国务院关于促进乡村产业振兴的指导意见》《文化和旅游部关于实施旅游服务质量提升计划的指导意见》《文化和旅游规划管理办法》等一系列新政策、新措施。为贯彻落实国家促进旅游发展的政策，贯彻落实自治区党委工作部署，大力实施"旅游兴疆"战略，优化旅游环境，推动旅游业高质量发展，2021年5月27日，自治区第十三届人民代表大会常务委员会第二十五次会议审议通过了《新疆维吾尔自治区旅游促进条例》。随着一系列有力举措的落地执行，目前，新疆以文化和旅游领域相关法律为核心、以地方性法规和规章为基础的法规体系正在形成。相关机构职能体系逐步完善，推进文化和旅游领域治理体系和治理能力现代化，更好发挥文化和旅游法治建设的引领和规范作用。

2. 数据分析

（1）旅游立法的相关情况

新疆先后颁布多部旅游立法，涵盖旅游产业的各个方面。考察新疆

1979~2022 年现行有效的与旅游相关的法规，可以从侧面反映新疆旅游法治建设的发展情况。同时，通过梳理不同法律位阶的法规数量及立法情况，又能反映新疆旅游立法架构的整体情况。

自治区一级的地方性法规中与旅游相关的有 10 部，分别为《新疆维吾尔自治区吐鲁番交河故城遗址保护管理条例》《新疆维吾尔自治区坎儿井保护条例》《新疆维吾尔自治区实施〈中华人民共和国文物保护法〉办法》《新疆维吾尔自治区非物质文化遗产保护条例》《新疆维吾尔自治区历史文化名城街区建筑保护条例》《新疆维吾尔自治区维吾尔木卡姆艺术保护条例》《新疆维吾尔自治区湿地保护条例》《新疆维吾尔自治区天山自然遗产地保护条例》《新疆维吾尔自治区旅游促进条例》《新疆维吾尔自治区乡村振兴促进条例》（见表 1）。

表 1 自治区一级的地方性法规中相关的旅游立法

序号	法规名称	通过、修正时间
1	《新疆维吾尔自治区吐鲁番交河故城遗址保护管理条例》	2004 年通过
2	《新疆维吾尔自治区坎儿井保护条例》	2006 年通过
3	《新疆维吾尔自治区实施〈中华人民共和国文物保护法〉办法》	2007 年通过
4	《新疆维吾尔自治区非物质文化遗产保护条例》	2008 年通过
5	《新疆维吾尔自治区历史文化名城街区建筑保护条例》	2002 年通过，2010 年修正
6	《新疆维吾尔自治区维吾尔木卡姆艺术保护条例》	2010 年通过
7	《新疆维吾尔自治区湿地保护条例》	2012 年通过 2020 年修正
8	《新疆维吾尔自治区天山自然遗产地保护条例》	2011 年通过，2020 年修正
9	《新疆维吾尔自治区旅游促进条例》	2021 年通过
10	《新疆维吾尔自治区乡村振兴促进条例》	2022 年通过

新疆维吾尔自治区人大常委会重视立法引领和产业发展推动。《新疆维吾尔自治区旅游促进条例》从制度设计层面提出了解决的方法和途径，明确旅游发展理念和旅游发展框架，打造"新疆是个好地方"品牌，通过加强立法进一步明确旅游发展定位及组织领导保障，把促进旅游业发展工作纳

入政府目标考核体系，规划编制、审批、修改、实施和评估，规范旅游财政资金投入、金融信贷支持。按照相关法律法规要求，引导设立产业投资基金，成立投资集团，保障旅游用地，促进旅游融合发展，开展旅游基础设施和公共服务设施建设。规范旅游综合执法，落实依法行政。通过标准化建设、诚信体系建设、人才引进培养、突发事件应急管理、景区门票减免优惠，进一步优化旅游服务管理。《新疆维吾尔自治区乡村振兴促进条例》提出，推进乡村文化产业与生态农业、休闲旅游、红色旅游、特色民宿、医疗康养等产业融合发展。

设区的市相关地方性法规两部，分别是《乌鲁木齐市旅游景区管理条例》《哈密市历史文化遗产保护条例》。自治州现行有效涉及旅游的地方性法规11部，分别为《库鲁斯台草原生态保护条例》《伊犁河谷生态环境保护条例》《塔城市河流生态保护条例》《伊犁哈萨克自治州全域旅游促进条例》《江布拉克景区保护管理条例》《昌吉回族自治州全域旅游促进条例》《开都河流域生态环境保护条例》《巴音郭楞蒙古自治州博斯腾湖水生态环境保护条例》《博尔塔拉蒙古自治州赛里木湖保护条例》《博尔塔拉蒙古自治州博尔塔拉河流域生态环境保护条例》《克孜勒苏柯尔克孜自治州乡村环境治理条例》。新疆设区的市、自治州根据当地实际立法确保用好立法权按照"不抵触、有特色、可操作"的要求，从本地的实际出发，努力提高旅游相关立法精细化精准化水平，取得了良好的实施效果。

各自治州涉及旅游的单行条例有9部，分别是《天山天池风景名胜区保护管理条例》《昌吉回族自治州旅游条例》《新疆吉木萨尔北庭故城遗址保护条例》《新疆玛纳斯国家湿地公园保护条例》《昌吉回族自治州乡村治理促进条例》《巴音郭楞蒙古自治州旅游资源管理条例》《巴音郭楞蒙古自治州塔里木胡杨国家级自然保护区管理条例》《巴音布鲁克草原生态保护条例》《博尔塔拉蒙古自治州温泉新疆北鲵自然保护区管理条例》。各自治县现行有效涉及旅游的单行条例8部，分别是《木垒哈萨克自治县原始胡杨林保护管理条例》《木垒哈萨克自治县传统村落保护条例》《木垒哈萨克自治县生态环境保护条例》《和布克赛尔蒙古自治县草原生态保护条例》《和布克赛尔蒙古自治县湿地保护条例》《巴里坤哈萨克自治县湿地保护条例》《焉耆回族自治县农村人居环境整治条例》《塔什库尔干塔吉克自治县旅游促进条例》。各民族自治地方自治立法中注重处理好环境保护、传统文化保护与旅游的关系，使各方面的发展与旅游升级发展相协调。利用民族自治地方立法加强对优秀传统文化的保护、继承和弘扬，合理开发利用非物质文化遗产旅游资源，联系周边市域，打造"丝绸之路经济带"核心区富有特色的民族板块。

（2）执法情况

在执法机构方面，新疆各级文化市场综合执法监督部门负责旅游服务质量监督管理和旅游投诉处理，开展旅游市场执法检查工作；调查处理旅游经营单位和个人的违法违规行为；指导全区各级旅游质监执法机构的业务工作；受理全区旅行社质保金理赔的申诉案件。旅游执法工作主要围绕以下四个方面展开。

第一，规范开展文化旅游市场行政审批。强化审批人员业务理论政策学习，加强与业务部门的沟通联系，及时学习掌握政策变化，始终坚持用最新的法律法规、规范性文件和"放管服"工作要求规范开展文化旅游市场行政审批。截至2022年1月，新疆有45项涉及文化和旅游的行政审批事项进驻自治区政务服务大厅，审批人员严格按照《中华人民共和国行政许可法》《中华人民共和国旅游法》《旅行社管理条例》《旅行社条例实施细则》《导游管理办法》《娱乐场所管理条例》《营业性演出管理条例》《营业性演出管理条例实施细则》《艺术品经营管理办法》《互联网文化管理暂行规定》等相关法律法规，在"全国旅游监管服务平台""全国文化市场技术监管与服务平台"依法依规开展行政审批工作，并将审批事项分别通过中华人民共和国文化和旅游部、自治区文化和旅游厅官网，国家企业信用信息公示系统（新疆）等平台向社会公示；依法优化行政审批流程、简化审批手续、提高办事效率，进一步压缩办理时限，将受理完成后审批环节用时由法定20个工作日缩短为13个工作日。同时，办事窗口设置评价器，方便群众对审批人员的服务质量进行"好差评"评价，接受办事群众和社会各界的监督。积极推行"马上办、网上办、一次办"审批服务,通过微信群、QQ群、电话、网络咨询等多种方式,为办事群众解答业务办理过程中遇到的问题。并在业务办结后,根据企业需求提供证件自取、快递送达等多种领取方式。

第二,加强市场监管,维护市场秩序。根据《游戏游艺设备管理办法》要求,加强指导各地文旅部门通过"全国文化市场技术监管与服务平台"开展游戏游艺设备备案,持续做好"全国文化市场技术监管与服务平台"正常经营单位企业信息完善和异常经营单位标记清理工作,并及时注销一批不合规营业性演出许可证、网络文化经营许可证、旅行社业务经营许可证等证件;坚持暗访评估与日常监管同步推进,加强整治不合理低价游、违法违规经营等旅游市场突出问题,进一步规范旅游市场经营秩序,维护人民群众合法权益。深入推进自治区文化和旅游市场信用体系建设,创新文化和旅游市场治理方式,构建以信用为核心的新型市场监管体制,制定印发《关于贯彻落实〈文化和旅游市场信用管理规定〉的实施方案》;持续落实《自治区文化和旅游厅业务主管社会组织管理办法》,进一步规范文化和旅游领域社会组织健康发展,营造公平、公开和公正的市场环境。

第三,营造法治化旅游市场环境,激发市场活力。深化商事制度改革,严格执行"证照分离""先照后证",要求企业在取得营业执照后依法办理文化和旅游市场业务经营许可证,针对旅行社网点"多证合一"事项主动加强与文旅部及市场监管部门沟通,进一步明确相关准入办法;严格落实《市场准入负面清单》,对互联网上网服务营业场所、娱乐场所、经营性互联网文化单位、旅行社等坚持"非禁即可"原则,对符合条件的外商投资者进行开放;依法统筹推进疫情防控和企业纾困工作。及时转发文旅部关于应对疫情做好执行重点部位和针对重点场所发布的开放指南,并结合新疆实际,依法制定执行重点部位、重点场所开放指南。同时,用好旅游服务质量保证金政策,印发《进一步调整暂退旅游服务质量保证金相关政策的通知》,进一步支持旅行社行业恢复发展。截至2021年12月,新疆在全国旅游监管服务平台注册的旅行社共 802 家，其中暂退保证金的旅行社有 543 家，占比 67.71%，退款金额达 12412.50855 万元。制定《关于贯彻落实〈关于加强旅游服务质量监管提升旅游服务质量的指导意见〉分工方案》《关于印发〈关于加强旅游服务质量监管提升旅游服务质量的指导意见〉2022 年工作要点的通知》，从多个方面、多条举措建设高标准旅游市场体系。同时，根据《中国公民出国旅游管理办法》相关要求，积极配合公安部门做好跨境赌博和朝觐等涉及出国旅游的相关工作。依据《中华人民共和国标准化法》《国家标准化体系建设发展规划（2016~2020 年）》，积极筹建文化和旅游标准化委员会及文化和旅游标准化体系，加快立项和出台一批具地方特色的文旅领域地方标准、团体标准规范，推动文化和旅游领域服务标准制修订与试点示范。

第四，落实"谁执法谁普法"责任制。在乡村广泛开展普法宣传教育，抓住"4·15"全民国家安全教育日、"4·26"世界知识产权日、"5·19"中国旅游日等重要时间节点，通过发放法治宣传资料、入村入户释法等开展形式多样的法治宣传活动。一是在"新疆文旅之声""新疆文旅投诉"、新疆文旅厅官网等平台发布旅游普法短视频，并转发全疆各地州，由各地州在辖区内广泛开展入村入户宣传；二是在"中国旅游日"新疆分会场活动启动仪式上为"法随我行、文明畅游"旅游普法短视频获奖作品及主要创作人进行了颁奖；三是联合兵团文化体育广电和旅游局共同举办了 2022"微笑新疆"服务质量提升、诚信经营、文明旅游承诺大会，通报了 6 起旅游市场典型案例，并开展了以案说法普法讲座，发布了《"微笑新疆"服务质量倡议》和《文明旅游出行倡议》，与代表旅行社签订了"诚信经营承诺书"等；四是开展了《中华人民共和国未成年人保护法》的宣贯工作，通过"线上+线下"的方式宣贯培训执法人员及经营户；五是依法严惩文化和旅游市场养老诈骗违法违规行为。另外，2022 年 4 月，自治区文化和旅游厅公布旅游市场整治 14 个指导典型案例。这批指导案例覆盖了旅游市场八类违法行为，包括向不合格的供应商订购产品和服务、旅行社向导游收取费用、旅行社与旅游者未签订合同、未经许可经营旅行社业务、旅游合同未载明规定事项、旅行社指定具体购物场所、旅行社接待不支付费用的旅游团队、导游收取购物场所回扣等,[①] 以加大旅游执法力度,规范旅游市场秩序,净化旅游市场环境。

（3）司法情况

旅游投诉、旅游案件机会成本较高,导致旅游业中的矛盾日益深化。考虑到诉讼时间等因素,选择司法途径解决旅游纠纷往往需要更高的机会成本,这也使得当事人通常会放弃通过司法途径解决旅游纠纷,而这已经成为当前国内旅游业司法中的普遍现象。

针对这一问题,自2020年起自治区高级人民法院大力推进旅游巡回法庭建设,助力新疆旅游业高质量发展。截至2021年年底,全区设立旅游巡回法庭94个,基本达到4A级及以上景区全覆盖,旅游巡回法庭已成为新疆旅游的"法治名片"。截至2021年9月,全区旅游巡回法庭化解矛盾纠纷达到2020年全年的近9倍,调解率达98.4%。[②] 新疆4A级及以上景区游客服务中心推广宣传"新疆移动微法院",实现网上立案、当日送达、当日审结。对争议不大的旅游纠纷案件,充分适用小额诉讼程序或简易程序,即时履行,案结事了。旅游巡回法庭设在景区,除现场搭台办案外,另一个重要职责就是法治宣传,现场解答游客的法律咨询。[③]

（二）新疆旅游环境的法治特点

1. 立法特点

（1）新疆旅游立法涉及全面、内容丰富

总体来看,新疆旅游立法以地方性法规和单行条例为主,立法主体分别为自治区、设区的市/自治州人大常委会,自治州、自治县人大,截至2022

① 《新疆公布旅游市场整治指导案例》,文化和旅游部官网,2022年4月1日,https://www. mct. gov. cn/whzx/qgwhxxlb/xj/202204/t20220401_ 932237. htm。
② 《"1+N"促发展 | "景区法官"葡萄架下忙普法 新疆94个旅游巡回法庭服务全域旅游发展》,澎湃新闻网,2021年10月9日,https://www. thepaper. cn/newsDetail_ forward_ 14824532。
③ 《旅游巡回法庭——打造新疆旅游"法治名片"》,新疆法制报网,2020年11月2日,http://www. xjfzb. com/sitefiles/services/cms/page. aspx? s=216&n=219&c=188940。

年1月，立法数量共计40部，内容涉及景区管理、生态环境保护、文化遗产保护、乡村旅游发展等（见表2）。

表2　新疆旅游立法的整体情况

单位：项

法规类型	自治区级	设区的市/自治州级	自治县级
地方性法规	10	13	0
单行条例	0	9	8

资料来源：作者根据各地州相关单位官网信息整理所得。

（2）相关立法以问题为导向

回顾新疆旅游立法过程，可以看出一个鲜明的特色，即紧扣新疆实际，始终把能否有效地解决问题作为工作的出发点和衡量标准。通过立法协调涉及旅游公共管理各个部门的职责，有效地破除阻碍新疆旅游发展的障碍，通过加强具体的制度设计，增强对旅游者、旅游经营者及其他从业人员的权益保障。

（3）增加法规条款的可操作性

相关旅游立法本着"立得住、行得通、真管用"原则，在相关旅游法规中增加了许多操作性很强的条款。比如，规定县级以上人民政府文化和旅游主管部门应当建立旅游服务质量评价体系，组织或者委托第三方机构，通过旅游者问卷调查、网络评论调查、旅游投诉分析等方式，开展以旅游者满意度调查为核心的旅游服务质量评价，形成旅游服务质量报告，定期向社会公布。

（4）立法考虑"互联网+"的新技术运用

在法规制定过程中，立法机关还考虑到了新时期新技术的作用。《新疆维吾尔自治区旅游促进条例》要求建立和完善旅游公共服务体系，推进智慧旅游发展，基于"互联网+"的时代背景，创新政府监管模式，加强对旅游市场的动态监管，实现信息共享。规定建立健全旅游综合协调、执法、投诉受理、执法信息共享等监管机制。

2. 执法方面的特点

"丝绸之路经济带"核心区旅游执法部门积极开展各项措施，保障投诉渠道畅通，及时处理旅游投诉，会同其他相关部门开展旅游市场秩序专项整治工作力度，深化协作、齐抓共管，引导企业诚信经营、规范经营，切实保护游客合法权益，定期开展业务培训，打造优秀执法队伍，发布典型案例，创新法治宣传方式。

（1）及时受理和处理旅游投诉

旅游执法部门积极落实《中华人民共和国旅游法》《旅游投诉处理办法》的相关规定，积极受理和处理各类旅游投诉，联合"12301"旅游投诉热线，保障旅游投诉专线和平台投诉渠道24小时畅通。

（2）定期开展联合专项检查

将景区及景区沿线等大型商品消费集中场所、旅行社作为检查重点，针对珠宝玉石、银器、旅游纪念品等涉旅商品，着重检查了经营主体的证照是否齐全、商家商品质量管理主体责任是否落实、旅游商品包装标识是否齐全、广告宣传是否真实、商品价格是否规范等；对旅行社发放的广告宣传单、签订的旅游合同重点进行了针对性检查。对检查中发现问题的经营主体，执法人员当即予以批评指正、责令整改。同时，执法人员向经营主体宣传了相关法律法规，要求其严把商品进货关、注意食品安全、严禁虚假宣传，同时要严格按照规定做好安全和防疫措施。

（3）定期开展业务培训，打造优秀执法队伍

旅游执法部门加大力度规范执法行为。一是启动全区统一行政执法证件换发和执法服装配备工作，落实文化和旅游部相关要求，完成了全疆文化市场综合执法队伍统一着装，并制作宣传视频，制定印发了《新疆维吾尔自治区文化市场综合行政执法人员制式服装着装管理规范（试行）》；二是举办文化市场综合执法业务培训，以线上线下相结合的方式，开展案卷评查和业务培训工作。三是在全区范围内启动"着新装、转作风、强效能、树形象"专项行动，印发《自治区文化市场综合行政执法队伍作风建设工作方案》；四是联合相关部门制定了自治区首届文化市场综合行政执法岗位练兵

与技能竞赛活动工作方案；五是建立了全疆文化市场综合执法队伍业务骨干库。

（4）规范执法行为，统一执法标准

为有效解决各级文化市场综合执法监督部门执法标准不统一的问题，自治区文化和旅游厅公布旅游市场整治相关指导典型案例，在全疆范围内统一各级文化市场综合执法监督部门的执法标准。在处罚规定、方式、手段、金额、罚款适用情形、罚款幅度、处罚种类等方面统一执法标准。

（5）发布典型案例，创新法治宣传方式

在网络信息时代，自治区文化市场综合执法监督部门结合具体的执法情况，通过发布典型指导案例的方式，创新法治宣传方式，提升普法宣传的效果。与传统的普法方式相比，通过发布典型指导案例，以更灵活的形式，扩大旅游法治宣传的影响，增强普法工作的社会影响力。

（6）推进信息化建设，加强监管能力现代化

一方面，自治区文化市场综合执法监督部门加强全国文化市场技术监管与服务平台推广应用，督导各地应用平台办案；另一方面，完成自治区文化市场综合执法监管平台执法指挥体系建设工作，启动了"司法存证"和"业绩评价"两个模块的开发，使平台达到"监督范围更全面，考评目标更具体"的功能效果。另外，完成自治区文化市场综合执法监管平台与自治区文化和旅游厅本地旅游投诉处理平台数据对接，实现投诉案（事）件功能视音频档案统一管理，整合执法数据，保证实现执法全程留痕和可回溯管理；结合工作实际，编制印发了《自治区文化市场综合执法监管平台使用规范和业绩评价》，量化评价目标，使一线执法工作规范化、制度化、数据化，确保执法指挥体系的有机运行。

3. 司法特点

现阶段，开创旅游景区便捷司法服务新模式，在一定程度上推进了区域层面的旅游司法建设。

（1）开创旅游景区便捷司法服务新模式

针对旅游纠纷证据不易固定、当事人旅途地点不易确定等特点，新疆开创旅游景区便捷司法服务新模式。

（2）设立旅游巡回法庭

设立旅游巡回法庭，为景区游客提供便捷、高效的诉讼服务，降低当事人的诉讼成本。截至2021年9月，新疆旅游巡回法庭化解矛盾纠纷达到2020年全年的近9倍，调解率达98.4%，为旅游消费提供了全方位、全链条、全天候的"110"式司法服务。[①]

（3）建立执法联动机制

旅游巡回法庭还与旅游执法大队建立联动机制，通过"110联动"出警方式受理案件，加大对欺诈宰客等违法违规行为的惩处力度，构建旅游诚信体系。

三 新疆旅游法治环境建设的不足及改进路径

新疆如何更好地发挥旅游资源优势，促成旅游市场统一有序及实现旅游产业协同发展，都需要以法治思维和法治手段加以调整和规范。当前，新疆旅游环境法治建设在立法、执法、司法方面还存在需要进一步完善的薄弱环节，主要表现在以下几个方面。

一是在旅游立法上，软硬法有待平衡。硬法是我们通常意义上的由国家强制力保障实施的法律，软法是相对于硬法的，不能运用国家强制力保证实施的行为规范。从立法方面看，新疆旅游立法问题主要表现为软硬法发展不平衡。例如，2018年新疆维吾尔自治区召开旅游发展大会提出了大力实施"旅游兴疆"战略、2022年新疆文旅厅联合国家开发银行新疆分行制定的《关于进一步加大开发性金融支持新疆文化产业和旅游产业高质量发展的意见》等，这些软法大多是纲要、规划、机制、方案、意见、合作协议等，虽然明确了新疆旅游发展及治理的方向和重点，但对硬法支持明显不足。过于依赖软法，将造成软法和硬法失衡，影响其实际治理效果。软法的宣传教育功能、政策导向作用大于硬法的职责划分和权利保障功能，在贯彻实施中缺乏强制力保障其实施，

---

① 《"1+N"促发展 | "景区法官"葡萄架下忙普法 新疆94个旅游巡回法庭服务全域旅游发展》，澎湃新闻网，2021年10月9日，https：//www.thepaper.cn/newsDetail_forward_14824532。

很大程度上降低了旅游治理的实际效果。尤其在涉及旅游住宿安全、旅游娱乐业安全、涉旅公共卫生、涉旅公共安全、旅游保险等方面目前缺少必要的法律、法规。

二是在旅游执法上执法裁量基准有待进一步明晰。由于旅游执法涉及众多行业，对空间和地域的协同性要求比较高，执法标准不统一，导致区域层面的旅游执法难以真正做到异地同罚，降低了旅游执法效果。同时，旅游产业涉及吃、住、行、游、购、娱六大环节，涉及 20 多个部委、110 多个产业。在旅游法律关系中涉及诸多主体，包括旅游消费者、政府的旅游管理机关、旅游行业中的各类企业和其他组织等。旅游执法过程容易出现多头执法、重复执法的问题。因此，旅游执法需要加强部门间联系，以及跨区域、跨行业的协调，特别是需要加强旅游执法主体的法治意识。

上述问题的存在也是造成旅游纠纷时有发生的原因之一，需要得到进一步改善。事实上，新疆旅游法治建设对此也给予了很大的关注。目前，新疆文化市场综合执法监督局不断健全完善制度建设，规范执法行为，梳理编制了《自治区文化和旅游厅权责清单事项表》，编制印发了《新疆维吾尔自治区文化市场综合行政执法事项清单（2021 版）》《新疆维吾尔自治区文化市场综合执法行政处罚裁量基准（试行）》《新疆维吾尔自治区文化市场综合执法领域轻微违法行为免罚清单》《〈自治区文化市场综合行政执法管理办法〉立法调研方案》，指导全疆依法依规履行文化和旅游部门执法职责，明确执法裁量基准是旅游执法需要持续发力的工作内容。

从进一步加强新疆旅游环境法治建设来看，还可以在以下几个方面做出探索，以适应旅游发展的新趋势和旅游需求的新变化。

（一）构建新疆特色的旅游治理法律体系

在《中华人民共和国旅游法》《旅游安全管理办法》《中华人民共和国安全生产法》《中华人民共和国突发事件应对法》《旅行社条例》《新疆维吾尔自治区旅游促进条例》等法律法规的指导下，新疆各级政府和旅游主管部门科学部署旅游管理的各项工作，推进旅游业健康发展，完善旅游安全管理体制，实现旅游业高质量发展。新疆旅游治理法律体系应包括中央和地方涉及旅游的各类法律、法规，并针对新疆旅游依法治理涉及的重点问题和难点问题，从地方层面增强立法的科学性、针对性、可操作性。

（二）加大旅游执法实践力度

当前，新疆旅游法治实践主要依赖于相关法律、法规和政策的执行、推动，但由于相关部门在实际执法中存在诸多难题，如取证难、执法缺少依据、法律责任不明晰等，而且旅游执法可能涉及多个部门，多头管理容易产生权责不清，导致其在实践中难以深入推进。因此，要从根本上优化法治营商环境，完善信用承诺制度，推进地方标准及相关规范性文件的制修订、规范执法信息共享和严格执法，从而加大新疆旅游执法力度。加强执法力度，主要从以下几个方面着手。

第一，进一步深化"放管服"改革，坚持放管结合、并重，推进便民服务，提升审批效能，依法依规做好政务服务和行政审批工作，加快构建权责明确、公平公正、公开透明、简约高效的事中事后监管体系，进一步优化法治营商环境。

第二，进一步完善信用承诺制度，鼓励旅游市场主体主动向社会做出信用承诺，支持旅游行业协会、商会建立健全行业内信用承诺制度，加强行业自律。

第三，在对接全国旅游标准化技术委员会的基础上，从业务层面协调、帮助部分地方标准的制修订。结合文旅部近期修改的《娱乐场所管理办法》和《营业性演出管理条例实施细则》，及时对《关于进一步加强互联网上网服务行业及游艺娱乐场所监管工作的通知》中部分内容进行修订。

第四，进一步严格旅游执法程序。旅游执法机构应结合新疆层面的旅游治理面临的新状况，明确和规范执法过程中涉及的步骤、环节、期限、复议等各种程序要素，做到执法有依据、执法有监督。

第五，加强12315行政执法体系和消费者维权信息化建设。2020年2月，国家发展改革委、中央宣传部、财政部等23个部门为聚焦改善消费环境、完善消费体制，联合印发了《关于促进消费扩容提质加快形成强大国内市场的实施意见》，提出改善购物环境，鼓励各地区、各行业运用手机App等方式整合旅游产品信息，畅通消费投诉渠道，加强 12315 行政执法体系和消费者维权信息化建设，形成线上线下相结合等消费者维权服务体系，强化消费者权益保护和市场监督，积极推进消费领域信用体系建设，充分发挥媒体监督功能，改善旅游和购物体验。[①]

（三）提高旅游司法服务水平

在旅游审判工作中，应扩大司法合作范围，在审判执行上形成合力，为旅游依法治理提供高水平的司法服务。还需继续加强对新类型旅游案例的研判，在全疆范围内形成一批具有代表性和示范性的旅游案例，从而总结不同类型旅游案件的执行及送达的成功做法，消解旅游司法实践面临的主客观制约因素。

（四）推进旅游标准化建设

1. 加快新兴游乐项目相关行业标准制定和实施

在个性化的旅游背景下，新兴的高风险旅游项目不断涌现，旅游的外延和内涵都发生了很大变化。如滑雪、登山探险、攀岩、瀑降、漂流、潜水、逆溪、无动力低空翼装轨迹飞行等高风险旅游项目不断出现，对于这些高风险旅游项目、新晋网红景点和交通设施的日常管理，需要明确相应的监管责任。目前，有关新兴游乐项目的国家标准已相继出台，新疆应加快行业标准制定和实施，进一步完善行业标准，制定更细化和全面的管理规范，规范旅游项目的建设和产品生产。

2. 建立景区接待量预警阈值动态调控相关标准

建立景区接待量预警阈值由静态定值调整为动态变值，旅游公共管理实

---

① 《促进消费扩容提质 加快形成强大国内市场》，百度网百家号，2020 年 3 月 13 日，https：//baijiahao. baidu. com/s？id=1661018797856437774&wfr=spider&for=pc。

现精细化、人性化、智慧化。景区采取限流和预约制，根据游客数量和信息有针对性地进行活动管控，景区接待量预警阈值由静态定值调整为动态变值能更有效实现景区人流管控，促进旅游公共管理更加精细化，新疆应建立景区接待量预警阈值动态调控相关标准，各大景区根据疫情防控要求，结合自身的情况，建立相应的预警机制。

参考文献

陈纪、李如霞：《基于京津冀协同发展的区域旅游法治建设研究》，《河北民族师范学院学报》2021年第2期。

朱兵强、喻瑶：《旅游不文明行为记录制度的法治化》，《时代法学》2018年第3期。

B.10
"中巴经济走廊"建设下新疆对巴投资法律制度研究

玛依努尔·拜克卡依尔*

摘　要： 随着"中巴经济走廊"建设合作的深度开展，出现了新问题和挑战，催生了对法治保障的诉求，新疆参与高质量共建"中巴经济走廊"需要法治理念和法律制度发挥引领和规范作用，新疆"走出去"企业应自觉提升海外投资的法律意识以及法律运用能力。本报告认为，新疆在巴企业应注意以普遍规则为基础，以政策协调为手段解决争端。同时在巴企业应深入了解巴基斯坦的法律制度，并通过文化交流增加彼此间的认知，增强彼此间的沟通。

关键词： "中巴经济走廊"　法治保障　投资

"中巴经济走廊"是"一带一路"的重要组成部分，被誉为中国"一带一路"倡议的"样板工程"和"旗舰项目"。"中巴经济走廊"是中巴双边合作平台，具有国际战略意义。"中巴经济走廊"的建设，一方面会打通相对封闭的中国西部地区通过印度洋走向外部世界的战略通道，另一方面也将使中巴两国经济与南亚各国经济紧密联系在一起，活跃南亚大陆与西亚北非地区的经济联系，创造出借力发展、联动发展的区域合作新格局。[1] 新疆因

---

* 玛依努尔·拜克卡依尔，新疆社会科学院实习研究员，研究方向为国际投资法、国际贸易法。

[1] 《中巴经济走廊建设将为推动建立新型国际关系提供经验和范例》，搜狐网，2018年6月21日，https://www.sohu.com/a/237063647_119038。

其独特的区位优势，被定位为"丝绸之路经济带"核心区，同时也是"中巴经济走廊"建设的重要后方基地。

一 "中巴经济走廊"建设的进展状况

共建"中巴经济走廊"的倡议是李克强总理于 2013 年 5 月访问巴基斯坦时提出的，中巴双方发表了关于深化两国全面战略合作的联合声明，将"中巴经济走廊"定位为一条包括公路、铁路、油气管道和光缆覆盖的"四位一体"的贸易通道。2015 年 4 月，中巴战略合作伙伴关系被提升为全天候战略合作伙伴关系，提出了"'中巴经济走廊'建设为中心，瓜达尔港、能源、基础设施建设、产业合作为四大重点的"1+4"合作布局。"[①] 2017年 12 月，《中巴经济走廊远景规划（2017~2030 年）》正式发布，把中国"一带一路"倡议和巴基斯坦"愿景 2025"进行对接，重点向着互联互通、能源、经贸及产业园区等领域发展。巴基斯坦总理夏巴兹·谢里夫于 2022年 6 月 21 日接受中国媒体联合采访时说："'中巴经济走廊'是'一带一路'框架下重要的先行先试项目，'中巴经济走廊'第一阶段建设满足了巴基斯坦的能源需求，巴方期待与中方进一步加强产业园区合作，吸引中国先进技术和投资，推动巴基斯坦工业化发展，提升巴产业竞争力和就业水平，实现合作双赢。"[②]

（一）巴方增设有关机构，加强政策沟通

2018 年 9 月，巴基斯坦联邦内阁成立了"中巴经济走廊"委员会，其职能是对所有走廊项目进行定期回顾，重点解决涉及走廊部际协调问题，保障走廊项目按时完工，另外一项职能是研究落实"中巴经济走廊"长期规

---

① 《中巴友谊之树，习主席这样厚植》，一带一路网，2021 年 4 月 20 日，https：//www. yidaiyilu. gov. cn/zbjjzlhlgydf/zbhzl/zfpj/205872. htm。

② 《专访：期待巴中友谊与合作更上一层楼——访巴基斯坦总理夏巴兹·谢里夫》，一带一路网，2022 年 6 月 22 日，https：//www. yidaiyilu. gov. cn/xwzx/hwxw/255063. htm。

划的具体实施措施，重点关注投资和工业发展领域。委员会还拥有批准"中巴经济走廊"联委会议程决议的权力。①

2019 年 9 月 12 日，"中巴经济走廊"事务局正式成立，该局的职能一是在中巴双方签署的有关"中巴经济走廊"的协议框架下，跟踪、协调、评估、保障协议有关内容的执行和实施，承担走廊新的任务；二是与中方保持密切沟通，组织召开中巴经济走廊联合合作委员会会议，与中方共同商定新的合作领域和走廊项目；三是为走廊建设提供不同政府部门间的、中央和地方政府间的协调保障，减小走廊项目的沟通协调阻力；四是做好"中巴经济走廊"调查研究，为政府长期规划和短期决策提供支持。②

2020 年 6 月，巴基斯坦成立"中巴经济走廊"商业委员会，该委员会共有 15 人组成，总理商务顾问阿卜杜勒·拉扎克·达乌德担任委员会主席；投资委员会主席阿蒂夫·布哈里任产业合作组召集人，产业合作组主要负责开展"中巴经济走廊"项下政府部门及个人投资事宜的咨询服务工作，包括提出投资项目、制定投资战略、组织与中国公司洽谈、探索"中巴经济走廊"项目新投资模式及给出产业合作建议等，产业合作组重点关注农业、工业、住房及旅游业等领域的长效合作。③

（二）"中巴经济走廊"主要建设成果

截至 2021 年 9 月，"中巴经济走廊"第一阶段的 22 个优先项目已基本完成。④ 巴基斯坦的用电和运输问题经过"中巴经济走廊"第一阶段的建设，得到了极大的缓解，这更有利于中国企业陆续到巴基斯坦去投资兴业。

① 《2018 年 9 月 6 日：巴基斯坦成立中巴经济走廊委员会》，一带一路网，2018 年 9 月 6 日，https://www.yidaiyilu.gov.cn/xwzx/gnxw/65607.htm。
② 《中巴经济走廊事务局将于 9 月 12 日成立》，一带一路网，2019 年 9 月 11 日，http://www.yidaiyilu.gov.cn/xwzx/hwxw/103006.htm。
③ 《巴成立中巴经济走廊商业委员会》，中华人民共和国商务部网站，2020 年 7 月 29 日，http://www.mofcom.gov.cn/article/i/jyjl/j/202007/20200702979211.shtml。
④ 《中巴经济走廊这九年："一带一路"标志性工程逐步完善》，一带一路网，2022 年 4 月 18 日，http://www.yidaiyilu.gov.cn/xwzx/hwxw/236159.htm。

1. 瓜达尔港

瓜达尔港是"中巴经济走廊"建设的旗舰项目，截至 2022 年 6 月，瓜达尔港已建成一个拥有 3 个两万吨级泊位的多用途码头，后方堆场面积达 14 万平方米，港口已具备全作业能力，可处理散货、集装箱、滚装货物、石油液化气装载等各类业务。[①] 2017 年底，瓜达尔自由区第一阶段已经建设完成，已有 46 家企业入驻，涵盖海外仓、化肥、渔业加工、金属材料制造、农业开发、旅游、保险、银行等领域，投资额超过 30 亿元人民币，为当地居民提供近 5000 个就业机会，自由区第二阶段已于 2021 年 7 月启动，面积是第一阶段的 36 倍。[②] 截至 2022 年中方参与投资/建设的瓜达尔港项目主要有瓜达尔东湾高速公路、瓜达尔国际机场、瓜达尔自由区、巴中友谊医院扩容、巴中职业技术学院等。

2. 能源领域

自"中巴经济走廊"启动以来，为巴基斯坦的产业发展提供了充足能源。截至 2022 年 1 月，中巴经济走廊框架下已完成的能源项目总产能达到 532 万千瓦。[③] 主要的能源项目有默拉直流输电、卡洛特水电站、苏吉吉纳里水电站、巴哈瓦尔布尔 900 兆瓦光伏地面电站、胡布燃煤电站、卡西姆港燃煤电站、大沃风电场等。

3. 基础设施

中巴双方坚定推进"中巴经济走廊"交通基础设施建设，取得重大进展，中国坚持共商共建共享原则，推动"中巴经济走廊"交通互联互通高质量发展。2020 年 6 月，巴基斯坦政府中央发展工作组（CDWP）批准了巴基斯坦"卡拉奇-白沙瓦铁路"（ML-1）升级项目，据《ML-1 框架协议》，项目将由中国承包商以"设计、采购与建设"的模式执行。被称为

---

① 《为瓜达尔港探索出一条可持续发展之路》，人民网，2022 年 6 月 12 日，http://world.people.com.cn/n1/2022/0612/c1002-32444093.html。

② 《为瓜达尔港探索出一条可持续发展之路》，人民网，2022 年 6 月 12 日，http://world.people.com.cn/n1/2022/0612/c1002-32444093.html。

③ 《中巴经济走廊这九年："一带一路"标志性工程逐步完善　诠释新时代的中巴情谊》，新浪网，2022 年 4 月 16 日，http://finance.sina.com.cn/tech/2022-04-16/doc-imcwiwst2088819.shtml。

"中巴友谊公路"的喀喇昆仑公路，是巴基斯坦北部的交通纽带，其经过中巴边境口岸红其拉甫山口，是世界上海拔最高的公路之一。卡拉奇-白沙瓦高速公路项目（苏库尔-木尔坦段）于 2020 年 12 月全面完成移交。

二 新疆在推进"中巴经济走廊"建设中的定位

（一）新疆与巴基斯坦合作共建"中巴经济走廊"的优势

1. 新疆独特区位优势

新疆是"中巴经济走廊"建设具体实施的大后方，"中巴经济走廊"从新疆南部到巴基斯坦、阿富汗地区再通往西亚、中亚及印度洋地区，这是古丝绸之路的新疆地区的南线，是"一带一路"的重要组成部分。

喀什红其拉甫口岸是中巴边界的通商口岸，是中国西部通往中东、南亚次大陆乃至欧洲的重要门户。喀什与周边国家经济互补性很强。中粮屯河、新森水泥、昆鹏化工、大唐国际物流、新中基、天山股份、冠农股份、九州通药业等大批国内知名企业纷纷落户喀什。喀什作为我国向西开放的前沿桥头堡，国内、国外市场承接地的重要战略地位日益突显。

2021 年 12 月 8 日，中巴经贸科技联委会召开了第 15 次会议，建立中国新疆-巴基斯坦经贸合作工作组，会议要求利用好工作组机制，充分发挥新疆作为中巴经济走廊起点，在中巴全天候战略合作伙伴关系中的独特优势和作用，积极推进中巴经济走廊建设和中巴自贸协定第二阶段降税安排，不断拓展新疆向西开放的广度和深度，进一步提升新疆与巴基斯坦经贸关系水平，实现双方合作共赢。[1] 2022 年 7 月 18 日，中国新疆-巴基斯坦经贸合作工作组第一次会议以视频会议方式成功举办。中巴双方就推动《四方过境运输协议》实施、建立互认的检测实验室、完善边境口岸卫生和植物检疫

---

[1] 《中国新疆—巴基斯坦经贸合作工作组第一次会议召开》，天山网，2022 年 7 月 18 日，https：//www.ts.cn/xwzx/jjxw/202207/t20220718_ 8019514. shtml。。

检验认证设施，务实推进新疆与巴基斯坦北部地区跨境旅游，提升"中巴经济走廊"建设，提高红其拉甫-苏斯特口岸通关效率、推进口岸经济带建设，积极推进农业合作交流等五方面议题交换意见并达成共识。双方约定就加快口岸畅通、人员出入境便利化和加强边境地区经贸交流等进一步磋商和沟通。会议促成新疆贸易促进委员会与巴基斯坦吉尔吉特-巴尔蒂斯坦（GB）地区工商会签署《中国国际贸易促进委员会新疆维吾尔自治区委员会与巴基斯坦吉尔吉特-巴尔蒂斯坦（GB）地区工商会谅解备忘录》，自治区工商业联合会（总商会）与伊斯兰堡工商会签署《新疆维吾尔自治区工商业联合会（总商会）与伊斯兰堡工商会友好合作协议》，自治区外办与巴GB地区启动建立友好省区磋商。①

2. 通道优势

巴基斯坦位于"丝绸之路经济带"上，也是"21世纪海上丝绸之路"的一部分，"中巴经济走廊"将"一带"和"一路"连接起来，中东石油可先运至巴基斯坦的瓜达尔港，再到达中国新疆，这为原油和其他产品的进出口开辟了新的通道，运输路程将缩短85%。② 瓜达尔港是"中巴经济走廊"重要的出海口，具有重要的战略地位，毗邻巴基斯坦和伊朗，南邻阿拉伯海，是中国连接中东的中转站。新疆地处亚欧大陆腹地，对交通网络和出海口具有比较大的依赖，"中巴经济走廊"为新疆提供了进入印度洋的便捷通道，包括公路、铁路、油气管道及光缆，且"中巴经济走廊"建成将加强中国西北地区、东部地区及印度洋沿岸地区的经济联系。"中巴经济走廊"能够为中巴能源供应提供多元化的渠道，推进中巴两国能源合作。在"中巴经济走廊"建设构图中，环绕新疆南部并延伸至周边各国的公路、铁

---

① 《中国新疆-巴基斯坦经贸合作工作组第一次会议成功举办》，新疆维吾尔自治区商务厅官网，2022年7月20日，http：//swt. xinjiang. gov. cn/swt/gzdt/202207/b9c0da894ddf4728b4ca1170092b26ae. shtml。

② 《中巴经济走廊对新疆有多重要？》，天山网，2016年4月27日，https：//mp. weixin. qq. com/s/6qKoTJWSZNh62lqt5gOJug。

路、航空网络建设至关重要。[①]

中国在建设"中巴经济走廊"过程中，几乎所有的人员、物资、设备等，都是通过新疆这个通道输往巴基斯坦的，也有不少大型国企将服务于"中巴经济走廊"建设的生产基地直接建在新疆，特变电工、中泰化学、野马集团等"疆字号"企业巨头和喀什、克州、阿克苏等新疆地州企业单独或抱团，都已经走进巴基斯坦。

中国是世界上最大的棉纺产品出口国，新疆靠近目标市场巴基斯坦，且巴基斯坦为了鼓励制造业的发展，为外资企业提供税收优惠、投资保护等，因此新疆棉纺企业可以从出口模式转变为对外投资模式。

（二）关注新疆参与"中巴经济走廊"建设对巴投资的法治保障意义

1. 新疆参与共建"中巴经济走廊"法治保障是统筹推进国内法治和涉外法治的需求

"中巴经济走廊"建设离不开规则导向的法治化机制的保障。习近平总书记强调，要坚持统筹推进国内法治和涉外法治，按照急用先行原则加强涉外领域立法。[②] 共建"中巴经济走廊"法治体系需要国内外法治的互动，关注巴基斯坦的立法动态，推进共建"中巴经济走廊"法治体系。为"一带一路"向更高质量发展提供参考。寻找解决"中巴经济走廊"建设存在障碍和风险的法律方案，促进中巴双方共赢，保护"走出去"企业利益，中国同沿线国家在共建"一带一路"可以参考"中巴经济走廊"建设相关经验。

2. 有利于新时代中央治疆方略的实施

新疆是落实国家治疆战略的前沿，也是具体实施这一战略进行"建设"的大后方。南疆地区更可以借助此倡议走出因恶劣自然地理等因素而产生的

---

① 赵志文：《互联互通背景下新疆参与"中巴经济走廊"建设的思考》，《赤峰学院学报》（自然科学版）2015 年第 15 期，第 97~100 页。

② 习近平：《坚持走中国特色社会主义法治道路　更好推进中国特色社会主义法治体系建设》，《求是》2022 年第 4 期。

生存和发展困境，推动边疆地区的现代化、世俗化。从另一方面来看，新疆与巴基斯坦都面临恐怖主义威胁，周边形势复杂，且在打击恐怖组织方面双方一直密切合作，新疆与巴基斯坦的反恐合作对于"中巴经济走廊"战略合作的顺利进行尤其重要。

三　对巴基斯坦投资的风险概述

所有的投资都涉及一定的法律风险，[①]在"中巴经济走廊"建设背景下，为保障新疆企业对巴基斯坦投资的顺利进行，需要建立防范投资风险的法律机制，需要法治护航。巴基斯坦的投资环境可以从以下几个方面来看。

（一）政治局势风险

从内部政治风险来看，因不同党派和种族的利益冲突，巴基斯坦缺乏强有力的中央政府领导，这给外国企业的投资活动带来了一定的不确定性，"走出去"的新疆企业要特别注意这种政治体制特点。此外，巴基斯坦的政策易受人为因素影响，腐败现象较为严重。

从外部政治风险来看，意图主导南亚局势的印度对"中巴经济走廊"的建设怀有戒心，警惕中国参与南亚事务；美国通过经济和军事援助拉拢巴基斯坦，加强与印度经济、军事、政治的联系给巴基斯坦施加压力，试图阻碍中国经过巴基斯坦进入印度洋的通道的建成。外部力量的干预会给企业的正常经营活动带来风险。

（二）债务、金融风险

巴基斯坦国家银行（SBP）公布的统计数据显示，截至 2020 年 9 月，

---

① 梁咏：《"一带一路"倡议下中国对俄罗斯的投资法律保障与风险防范》，《人大法律评论》2017 年第 2 期，第 272~297 页。

巴基斯坦债务总额飙升至 44.8 万亿卢比（按 1 美元等于 160 卢比折算，约合 2800 亿美元），一年间增加了 3.3 万亿卢比，增长 8.0%。[①] 巴联邦政府国内债务持续激增，2021 财年 7 月至 11 月增加了 8280 亿卢比，达到 24.11 万亿卢比，这是政府为了筹集资金弥补财政赤字而产生的债务。政府国内债务增加的最大部分来自银行系统。[②]

巴基斯坦沉重的债务负担、大额的进口以及政府持续干预外汇市场导致其外汇储备大量减少，外汇储备的大量减少迫使巴基斯坦国家银行允许卢比多次贬值。巴基斯坦国家银行对外汇平衡的管理一直保持审慎的态度，因此企业在"走出去"过程要特别注意可能出现的巴基斯坦国家银行迟延批复的风险。

（三）劳工权益风险

巴基斯坦劳工法律体系庞杂，种类繁多，且多以单行法的形式颁布。根据巴基斯坦宪法第 18 修正案，巴基斯坦劳工法律立法权下放，各省可以颁布自己的劳工法律。因此，新疆"走出去"企业要特别注意法域的问题，需要根据自身的法域正确适用不同层面和不同地区的劳工法律。

此外，劳动力素质水平是决定生产力发展的重要因素。东道国劳动力的素质会影响外国企业的生产率和运作效率，从而影响外国企业的利润和投资收益。外国企业需要根据东道国的劳动力素质，制定适合该企业的经营方式及理念，尽可能地避免用工矛盾。巴基斯坦公民平均受教育程度低，劳动力总体识字率不高，缺乏受过专业培训的技术工人。新疆"走出去"企业要调动或者培训技术工人，都会增加新疆"走出去"企业的人力成本。

（四）税收风险

中巴的税收法律制度差异较大，中巴两国税法上的差异会导致新疆

---

① 《截至 2020 年 9 月底巴基斯坦债务总额达 44.8 万亿卢比》，中华人民共和国商务部官网，2020 年 11 月 12 日，http://www.mofcom.gov.cn/article/i/jyjl/j/202011/20201103015269.shtml。

② 《巴基斯坦本财年前五个月国内债务偿付额达 9210 亿卢比》，中华人民共和国商务部官网，2021 年 1 月 30 日，http://karachi.mofcom.gov.cn/article/jmxw/202101/20210103035559.shtml。

"走出去"企业对巴基斯坦税法存在信息不对称的问题，同时也会产生税收管理风险。另外，巴基斯坦存在的税法频繁变化且税收政策不透明的问题，可能引发税收争议。

四　中巴合作的法律实践

（一）中国对外投资的国内立法

2020年1月1日施行的《中华人民共和国外商投资法》加强了对外投资的保护，促进了国际投资活动，为依法管理中国的海外投资活动提供了法律保障，规范了中国投资者的海外投资活动，保护了中国投资者的利益。随着"中巴经济走廊"战略合作日益深化，法律关系更加复杂，该法为高质量共建"中巴经济走廊"法治化营商环境提供了有力的保障。

（二）中国对巴投资的专门性法律保障

1.《中华人民共和国政府和巴基斯坦伊斯兰共和国政府关于相互鼓励和保护投资协定》

《中华人民共和国政府和巴基斯坦伊斯兰共和国政府关于相互鼓励和保护投资协定》（以下简称《中巴投资协定》）于1989年签署，该协议是中巴政府签订的唯一一份鼓励和保护投资协定。

（1）投资形式

《中巴投资协定》第1条对投资的相关定义进行了阐释。不将"投资"界定为一种行为，而是界定为按照一方的法律和法规在其领土内作为投资的各种财产，① 对于"投资人"的定义包括自然人和法人。

---

① 各种财产具体包括：（一）动产和不动产的所有权及其他物权；（二）公司股份或公司中其他形式的权益；（三）金钱请求权或具有经济价值的行为请求权；（四）著作权，工业产权，专有技术，工艺流程；（五）依照法律授予的特许权，包括勘探和开发自然资源的特许权。

（2）外国投资者的待遇

《中巴投资协定》第 2 条对鼓励和接受投资进行了原则性的规定，第 3 条则进一步规定了公平公正待遇与最惠国待遇原则及其例外。[①] 需要指出的是，上述投资保护原则系国际通用的投资东道国对外来投资采取的保护原则，而非《中巴投资协定》独创。

（3）征收和补偿

一般情形下，投资东道国对外来投资不实行国有化征收，这是一个通行的国际准则。但是在有约定的前提下，东道国对外国投资是有权予以征收并给予补偿的。因此，投资的征收和补偿成为《中巴投资协定》的重要内容。《中巴投资协定》中的征收条款直接规定了征收应当符合的条件，即为了安全和公共利益；依照采取征收措施一方的国内法律程序；所采取的措施是非歧视性的；给予补偿。在征收的定义上，对间接征收没有给出具体标准。征收补偿款以可自由兑换货币支付，且该支付不应无故延迟，但对"迟延"的界定则是空白，同时也未规定征收补偿款的计算标准及自由汇出的权利。如果中国"走出去"企业认为征收措施不符合巴基斯坦的法律而发生争议，该争议由巴基斯坦有管辖权的法院审查，这一约定使中国"走出去"企业面临法院偏袒征收人的法律风险。如果因为政治风险，投资者遭受损失的，巴基斯坦给予投资者最惠国待遇，这一规定的前提是巴基斯坦愿意对损失采取一定的措施，包括但不限于赔偿，该措施不是巴基斯强制性义务，其目的是促进和鼓励外国投资。因此，在巴基斯坦投资，应当持续地对其政治局势和国家安全状态加以关注，以规避投资风险。

（4）争议解决

《中巴投资协定》规定，通过外交途径协商解决及专设仲裁庭进行仲裁

---

① "公平公正原则"是指：一方的投资者在缔约另一方领土内的投资和与投资有关的活动应受到公平的待遇和保护。"最惠国待遇原则"是指：一方依照以上公平公正原则给予另一方待遇和保护，应不低于给予第三国投资者的投资和与投资有关的活动的待遇和保护。"例外"情形是指：一方依据以上"公平公正原则"和"最惠国待遇原则"给予对方的待遇和保护，不应包括该方（给予方）依照关税同盟、自由贸易区、经济联盟、避免双重征税协定和为了方便边境贸易而给予第三国投资者的投资优惠待遇。

的方式解决因协定的解释和适用所发生的争议。专设仲裁庭所作解决投资争议的规定基本属于原则性条款，缺乏可操作性。鉴于目前还没有发生中国投资人在巴基斯坦投资产生争议申请仲裁的情形，尚没有仲裁先例可供参考。另外值得一提的是，在世界银行倡导下制定的《关于解决国家与其他国家国民之间投资争端公约》（又名《1965年华盛顿公约》）于1966年生效，中国和巴基斯坦分别于1992年和2011年加入该公约成为其签字国。相对于《1965年华盛顿公约》，《中巴投资协定》中的投资仲裁条款过于原则笼统。有鉴于此，如在巴基斯坦发生投资方面的争议，应结合《中巴投资协定》和《1965年华盛顿公约》的规定进行处理，才能更有利于纠纷的解决。目前推荐的做法是，在投资协议文件中明确约定如发生投资争议，应按照《1965年华盛顿公约》的规定，提交"解决投资争端国际中心"处理。在此约定下，一旦发生投资争议事项，首选遵循《中巴投资协定》通过外交途径解决，如果外交努力失败，则适用《1965年华盛顿公约》的规定解决争议。

（5）征收补偿款争议的解决

《中巴投资协定》规定，中国"走出去"企业如果对被征收的投资财产的补偿额有异议，投资者可以向采取征收措施的主管当局申诉，一年内，申诉得不到解决，投资者可向对采取征收措施的主管当局有管辖权的法院或国际仲裁法庭提出审查请求。该约定仅适用于被征收投资财产的补偿款。因此，新疆"走出去"企业在参与"中巴经济走廊"建设时，应了解所受的保护及程度，预估可能的投资风险。若"走出去"企业在巴基斯坦的申诉未能得到解决，其将不得不提交国际法庭进行审查，但是，《中巴投资协定》目前并没有对仲裁庭的组成、适用的程序规则和适用的法律做出明确规定。

2.中巴经贸投资领域的合作协议

中巴两国还签署了大量的经贸、投资领域的合作协议，这为中巴两国的经贸投资合作提供了法律保障。

（三）巴基斯坦外国投资相关法律

巴基斯坦政府为了鼓励和促进本地和外国投资者在巴基斯坦的投资，颁布了一系列的投资政策，具有较高的可信度，可以得到严格的执行。[1] 巴基斯坦《经济改革保护法（1992）》是为经济改革措施提供特别保障的基本法，鼓励私人投资促进私营部门的发展；《1976 年外国私人投资（促进与保护）法案》规定应当给予外国私人投资和本国私人投资以公平待遇，结合《1947 年外汇管理法案》规定，外国投资者可以将其投资利润所得汇回国内。

巴基斯坦对外商投资领域的管制较为宽松，大部分的经济领域对外资开放，外国投资者具有国民待遇。"走出去"企业可以采取绿地投资或者并购等方式在巴基斯坦投资。[2]

巴基斯坦通过提高便利度、投资保护、去除监管障碍、公私合营和加强各方协调等在内的经济自由化措施吸引投资，即特殊经济区开发商和区内的企业 10 年内免征所得税；建立特区，规定特区内资本品的进口采取一次性免税；经济特区面积最小 50 英亩（202342.82 平方米），无最大面积限制；提供便利的基础设施；经济特区的优惠政策受法律保护，不得随意撤销；等等。[3] 此外，巴基斯坦各省区实施灵活性的投资政策。巴基斯坦 2012 年颁布的《2012 年特殊经济区法》规定可以建立特殊经济区，并在经济区实施优惠措施。巴基斯坦政府鼓励外国企业在出口加工区投资设厂，优惠政策相对灵活。且巴基斯坦政府鼓励外国投资者在出口加工区投资设立利用当地原材料和劳动力资源且以出口为目的的企业。[4]

---

[1] 《一带一路沿线国家法律风险防范指引》系列丛书委员会编《一带一路沿线国家法律风险防范指引（巴基斯坦）》，经济科学出版社，2016。

[2] 驻巴基斯坦伊斯兰共和国商务处：《对外投资合作国别（地区）指南——巴基斯坦（2014年）》，2014，第 30~31 页。

[3] 《"一带一路"沿线国家基本情况风险分析——巴基斯坦》，中国国际贸易促进委员会湖州市委员会网，http：//ccpithz. huzhou. gov. cn/ydyl/ydylyxgjjbqkfxfx/20180530/i859305. html，最后访问时间为 2022 年 9 月 17 日。

[4] 《一带一路之巴基斯坦投资法律规则与实践（上）》，江苏省进出口商会网，http：//www. jccief. org. cn/v-1-6758. aspx，最后访问时间为 2022 年 9 月 17 日。

五　建立健全"中巴经济走廊"法律治理机制的对策

（一）以普遍规则为基础，以政策协调为手段

新疆"走出去"企业对巴基斯坦投资，应当积极对接普遍接受的国际规则标准，在投资的各个阶段按照普遍接受的国际规则标准进行，坚持意识自治原则，遵守国际条约及巴基斯坦法律，遵守强制性规则等。要以积极的政策协调指导企业发展，与巴基斯坦做好政策协调，合理布局新疆"走出去"企业的海外投资，最大限度地避免不必要的损失。

（二）建立风险预警机制

新疆"走出去"企业在对巴基斯坦投资前，应当谨慎评估投资风险，及时获取巴基斯坦政治、法律等方面的信息，为及时采取变通措施做好准备，企业可以聘请权威的政治、经济、法律等方面的专业人士组成风险评估小组，根据巴基斯坦投资风险确定风险指数，发布投资预警。

要加强中巴双方交涉，引导企业有序开展对外经贸活动，帮助企业切实维护自身合法利益。搭建各类中巴经济走廊信息平台为企业提供相关的风险信息，例如，目前在能源方面，"中巴经济走廊"信息平台为中国"走出去"企业提供了关于巴基斯坦能源方面的政策法规、税制、财税政策等相关内容，该信息源有助于新疆"走出去"企业评估巴基斯坦投资风险。

新疆"走出去"企业可以建立劳务风险预警机制，及时掌握巴基斯坦劳务权益政策的变化，提高劳务权益风险防范的意识和能力。

应当建立金融风险管理的前瞻机制，[1] 建立金融风险管理的前瞻机制需要全方面地监控金融活动，包括保险、银行和证券机构，从而保证金融风险

---

[1]　陈颖、王建红：《区域金融风险管理的目标与策略研究》，《海南金融》2011 年第 7 期，第 25~28 页。

前瞻防范的有效性。同时加强对汇率、利率等指标或相关因素的检测和分析，评估人民币兑换可能出现的趋势，提前干预，预防人民币兑换风险。

（三）积极签订或者修改双边投资协定

投资环境的不稳定性对新疆"走出去"企业投资活动产生威胁，对此，中巴双方应积极签订或修改双边投资协定，保证新疆"走出去"企业在巴基斯坦的合法权益。应更重视运用双边法律工具，推动"中巴经济走廊"深化法治合作，若中巴双方的合作只是停留在政府领导人或政党的呼吁或者承诺上，而没有真正落实到中巴双方的国内法律制度上，那么合作机制的有效性及正当性将得不到保障，将其落实到双边的法律文件中，有助于增强其确定性。

此外，为适应合作领域的多样合作需求可以签订灵活的非正式的协议，政府可以借助双边工作机制，签订合作谅解备忘录、议定书等文件，还可以以非官方的形式就民间合作达成协议。

（四）完善新疆"走出去"企业与巴基斯坦间争端解决机制

公司之间的纠纷、商人和政府之间的纠纷通常需要通过调解、仲裁、诉讼途径解决，而政府之间纠纷涉及新老机制的冲突，国际法碎片化和新老机制冲突的问题在短期内是难以解决的。因此"中巴经济走廊"项目实施过程中要充分利用现有的各种机制，并在实践中慢慢探索创新的方向，尤其应注重《G20 全球投资指导原则》、《全面与进步跨太平洋伙伴关系协议》及世界贸易组织相关规则的适用及参考。

上文已述应当完善《中巴投资协定》条约仲裁条款，可以将投资争议提交"解决投资争端国际中心"处理，除此之外，还可以选择磋商、调解等争端解决方式，其可以单独用，也可以结合仲裁手段，仲裁固有的弊端和风险可以通过调解和仲裁相结合的方式来规避。推动中国与巴基斯坦司法合作的完善争端解决机制需要高效、便捷的司法合作机制配合。

（五）在文化交流中切实增进对彼此法律制度的了解、认知和互动

新疆"走出去"企业要对巴基斯坦的法律文化有所了解，要加强对巴基斯坦法律的研究，创建数据库，共享信息，推动域外法查明服务合作，共同推进"中巴经济走廊"的建设。认识我国与巴基斯坦法律差异的客观性，尊重巴基斯坦的法律，尽可能地避免法律冲突。

（六）完善投资保险制度

我国在巴基斯坦的投资项目多为投资周期长、规模大的项目，而中国海外投资资产保险机制还不够完善，同时还缺乏立法支持，《中华人民共和国保险法》只强调商业风险管理，对海外资产缺乏保护，且中国出口信用公司的运行是以指导性的文件为根据，缺乏规范性和系统性。因此，应当借鉴发达国家相关法律制定专门性的海外资产保险法。此外，我国的保险采取的是"申保合一"模式，此种模式容易滋生腐败，应当予以改革。且从与东道国签订的双边投资协定应当有效发挥作用方面来看，也需要推动保险的审批机构与业务机构分离。

B.11
新疆商事法律服务发展报告

贾珅　谢晶*

摘　要： 随着"一带一路"及"丝绸之路经济带"核心区建设稳步推进，新疆商事法律服务业发展逐步加快，商事法律服务领域不断拓展，服务质量逐步提升，国际交流合作日益紧密。同时，新疆商事法律服务也面临着起步较晚、基础薄弱、服务制度和机制不完善等问题，整体水平还不能适应新疆实施更加积极主动对外开放的发展需要，必须准确贯彻新时代党的治疆方略，把握好当前的发展和战略机遇，把新疆涉外法律服务业提升到一个新的高度，为新疆经济社会发展和全方位对外开放提供优质高效的法治保障和法律服务。报告分析了新疆商事法律服务的重要意义，梳理了新疆商事法律服务发展的成效和机遇，并从多个维度提出新疆提升商事法律服务水平的主要路径。

关键词： 商事调解　商事仲裁　商事法律服务　新疆

"随着共建'一带一路'深入推进，新疆不再是边远地带，而是一个核心区、一个枢纽地带"。① 新疆积极投身"丝绸之路经济带"核心区建设，凝聚共识、提振力量，制定战略规划，搭建交流平台，不断提升涉外法律服务能力，有力推促新疆对外开放的深度和广度，为地区产业健康有序发展提供了有力保障。

＊　贾珅，新疆贸易促进委员会法律部副部长；谢晶，西北师范大学法学院讲师，德国马克斯·普朗克创新与竞争研究所访问学者，研究方向为知识产权法。
①　2022年7月12日，习近平总书记在乌鲁木齐国际陆港区视察时的讲话。

一　新疆商事法律服务的发展背景

新疆作为"丝绸之路经济带"核心区，拥有国家批准的对外开放口岸17个，具有发展外向型经济的先天优势。近年来对外经济联系密切而频繁，经贸投资活动快速增长，贸易投资争议问题日益突出，涉及商事利益纠纷、权益保护事件数量急剧上升，商事争端和国际仲裁案件也呈现快速增长趋势。这就需要更加注重发挥商事法律服务的特色作用，协同处理好稳定、发展和开放三者之间的关系，找准新疆在区域、全国乃至全球的战略定位，不断提升向西开放的"软实力"，为地区产业健康有序发展提供有力保障。

（一）贯彻新时代党的治疆方略，推进依法治疆的必然要求

2020年9月，习近平总书记在第三次中央新疆工作座谈会上指出，要发挥新疆区位优势，以推进"丝绸之路经济带"核心区建设为驱动，把新疆自身的区域性开放战略纳入国家向西开放的总体布局，丰富对外开放载体，提升对外开放层次，创新开放型经济体制，打造内陆开放和沿边开放的高地。随之，中央和国家各部委相继出台了一系列支持新疆稳定和发展的政策。从《海关总署支持新疆发展和稳定八项措施》到启动亚太自贸区进程，再到建设"丝绸之路经济带"的倡议构想，勾画出实现亚太自贸区的路线图，为新疆加快向西开放提供了良好的机遇。

实施高水平对外开放，建设开放型经济，推动共建"一带一路"，构建公正、合理、透明的国际经贸规则体系，都需要法治进行保障。① 党的十八大以来，党中央、国务院高度重视涉外法律服务业，特别是党的十八届四中全会对发展涉外法律服务业做出重要部署，提出明确要求，为新疆涉外法律服务业发展指明了方向。

---

① 王艺霖：《在习近平法治思想指引下营造公平有序的经济发展法治环境》，《中国纪检监察》2021年第8期，第35页。

（二）推进"丝绸之路经济带"核心区建设的客观需要

涉外法律服务业是推进"丝绸之路经济带"核心区建设的重要支撑。新疆毗邻俄罗斯、哈萨克斯坦等国家，边境线总长约 4500 千米，开通周边国家出入境公路 105 条，开通国际航线 27 条，是我国陆地毗邻国家最多、陆地边境线最长的省份。2021 年新疆外贸进出口总额为 1569.1 亿元人民币，同比增长 5.8%，其中与"一带一路"沿线国家进出口贸易额达 1369.3 亿元，同比增长 11.5%，占新疆外贸进出口总额的 87.3%；2022 年上半年，新疆外贸实现高开稳走，外贸进出口总额为 915.1 亿元，同比增长 39.1%，高于全国增速 29.7 个百分点，创近 10 年来同期外贸数据新高，其中与"一带一路"沿线国家进出口贸易额达 829 亿元，同比增长 45.7%，占新疆外贸进出口总值的 90.6%。[①] 随着对外开放新格局逐步构建，新疆新兴行业交易量增大，新产业新业态新模式蓬勃发展，必须着眼国内国际发展形势，加强涉外法律服务工作，切实保障新疆企业的经济安全和发展利益，确保"丝绸之路经济带"核心区建设在安全稳定的法治环境下进行。[②]

涉外法律服务业是推进"丝绸之路经济带"核心区建设的有效推手。随着"一带一路"建设的推进，中国与沿线国家及地区在交通基础设施、贸易与投资、能源、区域一体化等领域陆续展开合作，为法律服务工作的开展提供了广阔的空间。同时，在经济全球化逆流、贸易投资壁垒增多、经贸摩擦加剧等因素影响下，国际经贸规则更趋碎片化，多边贸易体系面临挑战，涉及航运、贸易、投资、服务等领域的商事纠纷日益增多。且"一带一路"沿线国家往往具有不同的政治和法律体系，因此，在开展基建项目、能源和信息技术等领域的投资时，发生争议在所难免。新疆需要健全新疆涉外法律服务工作制度，建立高效公正、互惠互利的纠纷解决机制，促进新疆

---

① 《2021 年新疆外贸进出口同比增长 5.8%》，一带一路网，2022 年 1 月 30 日，http：// ydyl. china. com. cn/2022−01/30/content_ 78020341. htm。

② 杨临宏：《遵循共商共建共享原则　建设法治化的"一带一路"》，《法学论坛》2019 年第 3 期，第 146 页。

涉外法律服务业整体协调发展，助力企业在国际化合规经营过程中防范、化解风险，为推进"丝绸之路经济带"核心区建设保驾护航。[①]

（三）推动法治化、国际化营商环境的重要举措

国务院《优化营商环境条例》"法治保障"一章中强调，政府及其有关部门应当整合律师、公证、司法鉴定、调解、仲裁等公共法律服务资源，加快推进公共法律服务体系建设，全面提升公共法律服务能力和水平，为优化营商环境提供全方位法律服务。世界银行构建的营商环境指标体系伊始，法律环境便成为营商环境评估焦点，市场主体亦成为政府立法、司法与执法评估实践中的重要考察对象。从法律传统视角来看，新疆是"丝绸之路经济带"核心区，亦是世界各大法系传统的交汇区，在中国法律体系背景下，发扬商事法律服务国际化传统，服务丝路核心区建设，商事法律法系专业化和国际化不可忽视。从法治化营商环境看，营商环境指标与商事争端在范围上密切相合，营商环境的改善和争端解决机制高度相关。近年来，新疆积极帮助企业防范法律风险，化解纠纷矛盾，推动《新疆维吾尔自治区实施〈优化营商环境条例〉办法》的出台和实施，营造稳定、公平、透明、可预期的良好营商环境，助力新疆经济高质量发展。发挥司法裁判在营商环境建设中的规范、指引和推动作用，全面落实纾困惠企司法政策，提办案速度、降应诉成本、增司法便利。开展民营企业大调研，围绕企业存在的"法律难题"，聚焦问题需求进行分析，有针对性地提供个性化法律服务，推动企业改革创新、转型升级、健康发展。

二　新疆商事法律服务的践行成效

近年来，新疆大力推进商事法律服务体系建设，健全完善多元化纠纷解

---

① 李辉、原瑞：《推动共建"一带一路"走深走实的重要遵循》，《奋斗》2020年第23期，第28页。

决机制，支持民商事争议案件当事人优先选择仲裁方式解决争议，支持中国
国际经济贸易仲裁委员会、中国海事仲裁委员会以及本地仲裁机构等设立分
支机构开展仲裁业务，进一步扩大贸仲委、海仲委等专业化国际仲裁机构，助
力"丝路经济带核心区"争端处理，构建多元化纠纷解决机制，取得了明显
成效。

（一）新疆商事法律服务"双轮驱动"取得长足发展

1. 商事调解的发展

2019 年，着眼于完善社会治理、深化司法体制改革、优化营商环境、
扩大对外开放等目标，中央和地方有关部门和机构立足本土实际，对接国际
规则，采取有力举措推动中国调解制度不断发展完善，商事调解进入发展窗
口期。[①] 商事调解机制在新疆民商事诉讼和仲裁程序中得到广泛应用，在商
事争议解决中发挥了积极作用。

2020 年，中国国际贸易促进委员会（以下简称"中国贸促会"）调解
中心全系统共有 29 个分中心上报业务数据，系统共受理商事调解案件 3809
件，比 2019 年增加 801 件，同比增长 27%。在案件地域分布方面，呈现国
内案件为主、涉外案件为辅的特点，其中国内案件约占总案件量的 78%，
涉外案件约占 22%，主要涉及的国家和地区包括美国、印度、澳大利亚、
俄罗斯、东盟等。虽然涉外调解案件数量不多，但其总涉案标的额几乎与国
内调解案件总标的额相当。在案件类型方面，前三大主要案件纠纷类型分别
是知识产权纠纷、货物贸易纠纷、金融纠纷，案件数量占总案件数量的
67%。其中，知识产权纠纷案件数量首次超过货物贸易纠纷，占比从 2019
年的 22.7% 提升到了 32%，成为涉案数量最多的调解案件类型。[②] 此外，
2020 年处理涉疫案件 704 件，约占总受理案件的 19%，所涉标的额约 10 亿

---

① 曾炜：《论"一带一路"倡议视野下国际经济法的创新》，《陕西师范大学学报》（哲学社
会科学版）2019 年第 2 期，第 95 页。
② 郭艳：《调解为国内外知识产权纠纷解决领域带来广阔发展空间》，《中国对外贸易》2021
年第 12 期，第 41 页。

元，为企业纾困解难、复工复产起到推动作用。

在新疆地区，商事调解分为独立商事调解和非独立商事调解。独立商事调解是指独立于诉讼、仲裁程序之外进行的商事调解，双方达成的调解协议不具强制执行力，此类调解主要包括由商业调解组织、行业调解组织、律师调解工作室或律师调解中心等调解组织独立主持的商业调解。① 受限于商事调解组织的公信力和商事调解发展的现状，目前调解组织的案件来源很多来自诉调对接机制下的法院诉讼案件分流，通过调解达成的调解协议，也可以基于诉讼调解对接或仲裁调解对接机制，进一步转化为法院的调解书、仲裁调解书或者裁决书。非独立商事调解包括诉讼调解和仲裁调解，分别指在诉讼程序中法官、法院委托的调解组织或调解员主持的调解，以及在仲裁程序中仲裁员、仲裁机构委托或者当事人选定调解组织或调解员主持的调解；当事人达成调解协议后，可以请求法院或仲裁庭制作调解书，当事人可持调解书或法院判决、仲裁裁决申请执行。②

2. 商事仲裁的发展

新疆仲裁机制案件总体呈增长态势。2019 年，新疆仲裁机构仲裁案件981 件，同比增长 14.47%，标的额为 39 亿元，同比增长 2.63%。2020 年新疆仲裁机构仲裁案件 855 件，同比降低 12.84%，标的额为 11 亿元，同比减少 71.79%。2021 年新疆仲裁机构仲裁案件 1117 件，同比增长 30.64%，标的额为 28 亿元，同比增长 154.55%。③

截至 2021 年，新疆共有四家仲裁机构，分别是乌鲁木齐仲裁委员会、哈密仲裁委员会、克拉玛依仲裁委员会、吐鲁番仲裁委员会。其中，乌鲁木齐仲裁委员会成立于 2000 年 8 月，设立阿克苏、库尔勒、哈密、喀什、昌吉五家分会，平均每年审理民商事仲裁案件 500 余件，标的额 20 多亿元，

① 陈梦：《〈新加坡调解公约〉背景下中国商事调解规则构建》，《商事仲裁与调解》2021 年第 3 期，第 26 页。
② 杨能盛、叶依文：《调解在国际投资争端解决中的应用现状与未来》，《商事仲裁与调解》2021 年第 3 期，第 85 页。
③ 作者根据乌鲁木齐市、哈密市、克拉玛依市、吐鲁番市四个仲裁委员会数据综合统计所得。

主要处理金融贸易、房地产、货物买卖、建筑工程施工、租赁、保险、合作协议等民商事合同纠纷。此外，中国国际经济贸易仲裁委员会（以下简称"中国贸仲委"）在新疆贸易促进委员会下设立办事处，负责仲裁的推广和联络工作。

（1）新疆仲裁机构案件涉及领域广泛

作为国际通行的纠纷解决方式，仲裁是各国优化营商环境、提升法治软实力的重要手段。新疆仲裁机构案件主要涉及建设工程、金融、房地产、买卖、租赁、股权转让、知识产权等多领域，且重要性日益凸显。

2021 年，新疆仲裁委办理建设工程类案件 226 件，同比增长 67.4%，其中乌鲁木齐仲裁委办理案件 171 件，涉及金额 6658 万元；克拉玛依仲裁委办理案件 32 件，涉及金额 14376 万元；吐鲁番仲裁委办理案件 4 件，涉及金额 197 万元；哈密仲裁委办理案件 19 件，涉及金额 6549 万元。①

2021 年，新疆仲裁委办理金融类仲裁案件 116 件，同比有所回落，但涉及金额 50413 万元，同比增长 262.5%，其中乌鲁木齐仲裁委办理案件 67 件，涉及金额 39646 万元；克拉玛依仲裁委办理案件 28 件，涉及金额 9806 万元；吐鲁番仲裁委办理案件 21 件，涉及金额 961 万元。②

2021 年，新疆仲裁委办理房地产类案件 179 件，同比增长 121%，其中乌鲁木齐仲裁委办理案件 171 件，涉及金额 3455 万元；克拉玛依仲裁委办理案件 7 件，涉及金额 380 万元；哈密仲裁委办理案件 1 件，涉及金额 15 万元。③

（2）中国国际经济贸易仲裁委员会新疆办事处的业务发展

2004 年，中国贸仲委新疆办事处成立，主要开展接收仲裁申请、协助安排开庭事宜、提供仲裁咨询、仲裁宣传、仲裁信息调研工作，此举为新疆充分利用中国贸促会特有的海外工作网和业务资源，拓展对外渠道，改善投资环境，发挥了长期的积极作用。中国贸仲委新疆办事处成立以来，通过走

---

① 新疆维吾尔自治区仲裁委员会内部工作资料。
② 新疆维吾尔自治区仲裁委员会内部工作资料。
③ 新疆维吾尔自治区仲裁委员会内部工作资料。

访重点行业和外向型企业，根据企业特点为其提供定制化服务，提升其自觉利用仲裁条款的能力和水平，促进其业务发展；面向企业举办仲裁知识培训，提升企业对仲裁规则的认知和接受度；宣介商事仲裁在国际贸易投资纠纷解决、促进国际化经营中的重要地位和积极作用，做好日常仲裁咨询服务工作，引导企业在对外贸易投资纠纷解决过程中选择仲裁方式解决商事纠纷，降低经营成本，提高经营效益。

（3）新疆贸易促进委员会的业务发展

经过多年的不断构建与发展，新疆贸易促进委员会以"出证认证、经贸摩擦预警与应对、商事法律咨询、商事调解和仲裁、法律普及和培训"构成"五位一体"的多元商事法律服务体系，结合中国贸仲委在各类行业争端解决中的经验，通过商事仲裁与调解为新疆经贸发展提供多元法律争端解决方案，现已具有较为明显的品牌优势、项目优势和资源优势，其中出证认证、商事调解与仲裁等法律服务工作已成为新疆贸易促进委员会颇具影响的业务种类。

为帮助企业抢抓机遇，对接高标准经贸规则，推动新疆成为连接《区域全面经济伙伴关系协定》（RCEP）成员国与中亚经济圈的枢纽，更好地发挥 RCEP 对区域经济发展的辐射作用，新疆贸易促进委员会积极主动推广 RCEP 协定，于 2022 年初颁布了《新疆贸促系统服务〈区域全面经济伙伴关系协定〉（RCEP）行动计划》，统筹谋划全区贸促系统服务 RCEP 工作重点，并通过整合疆内外多方法律服务资源，建立"'丝绸之路核心区'涉外多元化争议解决法律服务专家库"，举办"疆法万象 保驾护航"系列培训，依托经贸摩擦预警中心、贸仲新疆办事处、中国贸促会新疆调解中心，开展经贸摩擦预警、仲裁、调解、法律咨询、合规建设等一系列商事法律服务，为助力 RCEP 实施并更好地服务企业享受区域贸易协定红利奠定了良好基础。

（二）新疆商事法律服务体系建设日益完善

1."全方位，多层次，宽领域"的商事法律服务体系建设

面对复杂严峻的国内外经济环境，新疆认真贯彻落实中央重大战略部署

和任务要求，坚持"全方位，多层次，宽领域"的商事法律服务体系建设原则，提供专业化、专门化、精细化、国际化的法律服务，服务经济社会发展大局、服务开放型经济新体制、服务发展新经济。

全方位，是形成开放统一的新疆商事法律服务市场，加强同各国尤其是"丝绸之路经济带"国家之间的交流和合作，在中国法律规范的前提下实现符合新疆商事法律服务发展的多样化。2019年7月，新疆首家"一带一路涉外法律服务基地"成立，其业务包括为企业重大决策提供法律意见，协助企业建设法律风险防控体系、完善内部管理，为企业提供动态合同管理，参与企业经济项目谈判、提供法律意见等，通过专业化团队从理论到实践，为企业和项目提供深度定制服务，联合沿线国家的研究机构和律师团队，用专业视角为中国企业营造安全有序的投资环境、规避投资风险。[①]

多层次，是根据南北疆各地区的实际和特点，着眼不同的产业企业风险防范和合规经营的需要，使商事法律服务护企前行的同时，逐渐发展成为具有一定规模的法律服务产业。2018年11月20日，根据中央全面深化改革领导小组《关于发展涉外法律服务业的意见》，中共中央办公厅、国务院办公厅《关于深化律师制度改革的实施意见》，结合新疆工作实际，制定《关于发展涉外法律服务业的实施意见》，建立健全新疆涉外法律服务工作制度和机制，有效促进新疆涉外法律服务业整体协调发展。

宽领域，是从律师咨询等较为传统的商事法律服务，拓展到商事仲裁、商事调解、第三方认证、合规管理、第三方资助等特色法律服务，使商事法律服务影响渗入新疆经贸发展的方方面面。近年来，新疆对外经贸交往增长迅猛，全区法院受理的涉外民商事案件数量及类型已发生较大变化，为适应新变化新形势新要求，自治区高院结合南疆、北疆、东疆的地域特点及各级法院民商事审判力量的配备情况，增加3个中院（喀什地区中级人民法院、昌吉回族自治州中级人民法院、乌鲁木齐铁路运输中级法院）、5个基层法

---

① 《新疆首家"一带一路涉外法律服务基地"在乌鲁木齐市成立》，天山网，2019年7月24日，http://news.ts.cn/system/2019/07/24/035798470.shtml。

院（霍尔果斯市人民法院、喀什市人民法院、乌鲁木齐市天山区人民法院、昌吉市人民法院、乌鲁木齐铁路运输法院）具有第一审涉外民商事案件管辖权，进一步优化区域法治环境，完善集中管辖制度，促推新疆商事法律服务更加便捷、更加高效、更加规范保障自治区经济高质量发展。

2. 打造商事法律服务的国际化合作体系

（1）国际商事争端预防与调解机制概况

2018年1月23日，中央全面深化改革领导小组会议审议通过《关于建立"一带一路"国际商事争端解决机制和机构的意见》，提出要建立"一带一路"争端解决机制和机构，坚持共商共建共享原则，依托我国现有司法、仲裁和调解机构及相关平台，吸收、整合国内外法律服务资源，建立诉讼、调解、仲裁有效衔接的多元化纠纷解决机制，依法妥善化解"一带一路"商贸和投资争端，平等保护中外当事人合法权益，营造稳定、公平、透明的法治化营商环境。长期以来，国际商事争端预防与解决组织大力支持"一带一路"国际商事主体通过调解、仲裁等方式解决问题，推动建立诉讼、调解、仲裁有效衔接的多元化纠纷解决机制，为"一带一路"建设参与国提供优质高效的法律服务。

（2）新疆国际商事争端预防与调解机制的发展

中国贸促会在新疆设立中国国际商会新疆商会国际调解中心，国际商事调解与仲裁是该中心商事法律服务工作职能之一，致力于独立、公正帮助当事人解决商事争议。2016~2020年，新疆贸易促进委员会法律部受理国际商事调解案件19起，向中国贸仲委移交国际货物买卖合同争议仲裁案件两起。2019年9月18日，乌鲁木齐市天山区人民法院与"一带一路"国际商事调解中心合作共建的"一带一路"国际商事调解中心天山区人民法院调解室正式挂牌成立，该调解室使用多种语言开展调解工作，推动多元化纠纷解决机制改革，为国际商事调解工作的推进提供了更加优质、高效的法治保障。

借鉴国际商事争端预防与解决组织规范化运作方式，建立健全新疆国际商事争端解决工作机制。结合国际商事争端预防与调解组织章程、调解规则，制定《中国国际贸易促进委员会新疆调解中心调解规则》（以下简称《调解规则》），推动新疆调解工作进一步规范化、制度化。《调解规则》进一步明确了组织机构、工作对象、调解申请与受理、调解执行以及与司法、仲裁的有效衔接等，积极开展调解与诉讼对接、调解与仲裁对接、调解与公证对接、线上与线下对接、国内与国外对接，强力推进贸促系统商事法律服务高效发展。

凭借国际商事争端预防与调解组织平台，扩大新疆国际商事争端解决机构对外联络范围。新疆一直以来与中亚国家有着紧密的经济联系，拥有中哈霍尔果斯国际边境合作中心、喀什经济特区等海关特殊监管区域。2020年，乌鲁木齐开通首条前往非洲的定期货运航线，有效增进了新疆与非洲等新兴市场间的经贸交流，大力培育乌鲁木齐国际航空物流运输市场，推动新疆与"一带一路"沿线国家更加便捷、高效地互联互通、共建共享。国际商事争端预防与调解组织不断吸收更多来自各国的仲裁员、调解员和理事会成员，借助该组织平台，新疆国际商事争端解决机构服务辐射中亚、非洲等"一带一路"国家。

依托新疆外向型经济区位优势，打造"丝绸之路经济带"调解中心品牌。近年来，新疆通过发挥中国贸仲委与西北五省区贸促会、丝绸之路仲裁中心签署的合作框架协议作用，建立西北五省调解组织沟通协调机制，加强在风险防范、争端解决等方面的商事法律培训，进一步推动专业化法律培训服务深入各地州、县市，惠及更多中小微企业，向企业宣传介绍国际商事调解制度，指导企业在经贸、投资合同中制订调解条款，不断提升企业国际竞争力和抗风险能力。

（三）立足"丝绸之路经济带"核心区，推动涉外律师业新发展

1. 立足区位优势，切实提供法律支撑

紧紧围绕"丝绸之路经济带"核心区建设，新疆律师专注打造具有新疆特色的"一带一路"法律服务理论和实践。发挥涉外法律服务职能作用，主动服务中国-亚欧博览会、喀什经济特区、霍尔果斯经济开发

区、乌鲁木齐国际陆港区等重大项目。依法依规解决国际贸易和对外投资争端。积极参与反倾销、反垄断调查和诉讼，做好涉外诉讼和仲裁代理工作，维护新疆公民、法人在海外以及外国公民、法人在新疆的合法权益，依法维护海外侨胞权益。①

2. 凝聚发展动力，夯实涉外法律服务基础

积极探索涉外法律服务的路径和方法，推动涉外法治发展。新疆律师协会通过开展前瞻性调研活动和《"丝绸之路经济带"核心区律师法律服务体系建设的问题研究》等课题研究，参与"一带一路"国别法律风险研究，开展中亚五国、外高加索三国的国别法律环境研究，为新疆律师全面融入"一带一路"建设提供理论指导和行动指南。举办"首届丝绸之路法律服务合作论坛"，成立"一带一路"法律服务研究会，加入"一带一路"律师联盟，新疆律师协会主动适应对外开放新格局，合力开展"一带一路"沿线国家政策法规和法律实务研究，推进新疆涉外法律服务提质增效。②

3. 开放合作，践行中国律师"走出去"

新疆律师协会积极推进涉外律师服务交流互动，参与乌兹别克斯坦"塔什干法律之春"国际法律论坛、第七届格鲁吉亚国际律师大会等活动，布局中亚、外高加索地区的法律服务市场。积极开展境外法治调研，向乌兹别克斯坦、哈萨克斯坦、塔吉克斯坦、吉尔吉斯斯坦等国家派出调研小组，对接境外机构、中资企业、商会等，全面了解企业"走出去"的法治需求。多家律师事务所还通过加入国际律师联盟、举办中哈企业对接会、与哈国律师建立业务合作关系等，发掘中外律师合作、律企合作新机遇，实现互利共赢，有效践行中国律师"走出去"。2019年4月，新疆律师协会与乌兹别克斯坦律师协会签署《合作备忘录》，加强两国律师互学互鉴、务实合作。

---

① 《护航"一带一路"新疆律师取得新发展》，法制网，2019年12月9日，http：//tradeservices.mofcom. gov. cn/article/difang/maoydt/201912/95491. html。

② 《加强我区律师队伍建设　为稳疆治疆保驾护航》，《亚洲中心时报》（汉）2021年4月22日，第2版。

三 促进新疆商事法律服务发展的对策建议

在自治区党委、人民政府领导下，新疆涉外法律服务业发展步伐逐步加快，国际交流合作日益紧密，涉外法律服务领域不断拓展、服务质量逐步提升，同时商事服务也面临着起步较晚、基础薄弱、工作制度和机制不完善、政策措施不健全、高素质涉外法律服务人才严重短缺等问题，整体水平还不能完全适应新疆实施更加积极主动对外开放的发展需要。新疆应准确把握机遇，完善商事法律服务体系，建立富有特色的商事法律服务新品牌、新机制、新态势，将新疆打造成立足中国西部、辐射中西亚、面向"一带一路"国家和地区的国际商事法律服务"主阵地"和法治服务营商新样板。

（一）完善以面向中亚地区国家为重点的涉外商事法律服务体系

1. 制定"丝绸之路经济带"核心区商事法律服务发展规划

坚定贯彻"沿边沿桥，外引内联，东联西出"的对外开放策略，按照"立足国内、服务沿边、交融世界"的体系建设思路，一方面要尊重法律服务市场的规律，另一方面要把握好国家政策，结合新疆实际，给予商事法律服务政策支持，消除商事法律服务国际化中的政策障碍和壁垒，协调好相关国家的扶持政策，发挥好经济开发区、边境经济合作区、综合保税区、跨境经济贸易区和合作中心等机构的职能作用，实现与相关国家的商事法律交流升级的短期目标、支持相关法律服务机构"走出去"和"引进来"的中期目标，最终通过建设"丝路经济带核心法务区"，支持具有中国特色商事法律服务规则走出去，逐步构架有地区影响力的示范规则，高效服务我国向西开放战略。[①]

2. 出台政策支持新疆商事法律服务

新疆的高质量发展离不开政策的大力支持，应科学合理推行财政、金

---

① 沈韵、宋锋华：《丝绸之路经济带核心区"数字化国际陆港区"建设背景与优化路径》，《时代经贸》2021年第12期，第72页。

融、税收等优惠政策，加大对商事法律服务的支持。设立"丝绸之路经济带"中央法务区发展基金，扶持国际知名商事法律服务机构在新疆设立分支机构，在开发区制定一些法律服务发展的优惠政策，引导地方商事法律服务机构良性发展。①

在财政政策方面，围绕重点发挥新疆向西开放阵地的营商环境建设，在对外贸易通道架设、外向型产业集群、重点行业的商事法律服务方面制定优惠政策。如设立相关法律服务发展专项资金并向外资项目的配套法律服务倾斜。遵循公共财政理念，积极构建财政引导机制，鼓励商事法律服务主体主动服务新疆重点行业的体系建设和风险防范，加强吸引社会资本进入商事法律服务行业，做到不越位、不缺位。

在金融政策方面，拓宽法律服务行业的融资渠道，充分发挥传统金融机构的核心和枢纽作用，逐步试点"第三方资助"等国际相对成熟的支持争议解决的金融创新做法，在调整的过程中逐步推广。

在税收政策方面，在现行税制的框架下建立具有国际化水平的税收优惠机制。针对仲裁、调解、第三方认证等机构费用和仲裁员、调解员报酬等，制定专门的税收减免政策。增强国际合作，简化税务审批流程，降低纳税的时间和人力成本。

3. 从双边交流到区域融合，逐步建立与国际接轨的商事法律服务规则体系

目前，我国已然成为贸易强国，但是从法律服务上，尤其在营商环境建设的市场化、法治化、国际化以及国际规则融合等方面还有很长的路要走。新疆作为向西开放门户，在涉外商事法律服务规则体系建设过程中需要从制度建设、人才培养、环境优化等方面参考有益国际经验。考虑到新疆周边国家法律体系的多元性，我国可以同经贸关系较为密切的国家尝试建立双边的商事法律服务规则体系，通过与相关国家仲裁机构的合作，加强商事法律规则和法律人才的相互交流，如仲裁、调解的相关规则的融合，调解员和仲裁

---

① 徐晓波：《浙江发展涉外法律服务业的实践与思考》，《政策瞭望》2021 年第 11 期，第18 页。

员的相互确认等。在双边交流达到一定程度的基础上，通过上海合作组织等平台，加强多边商事法律合作机制建设。

（二）推进以"丝绸之路经济带"核心法务区为牵引的涉外商事法律服务建设

1.打造具有新时代新疆特色的涉外法律服务品牌

以建设体系化、规范化、国际化的法律综合服务基地为目标，推动"一港两区"法务示范区建设，全方位提升新疆在国家对外开放尤其是向西开放格局中的国际地位。根据"专业化、品牌化、规模化、国际化、多元化、数字化"的发展方向，拓展法律服务领域，创新法律服务模式，建成集法治示范、法律服务、法治教育、法治文化等功能于一体的综合性法务中心和法务创新实践中心。推进"法治示范区"建设，自觉运用法治思维和法治方式深化改革、推动发展、化解矛盾、维护稳定，为市场主体平等竞争、蓬勃发展厚植土壤。

2.打造水准高、素质强的涉外法律服务"新疆队"

以司法及司法行政服务部门为引领驱动，律师、公证、仲裁、司法鉴定等法律服务功能核心带动，会计、审计、资产评估、咨询管理、商贸金融、商务会展以及其他生产性服务业等多元业态协同发展，高校法学院系、科研院所等学术研究单位智力支撑，积极吸引国际国内知名律师事务所和司法鉴定、公证、仲裁、评估、会计、审计等品牌机构进驻，促进各类法律服务机构集聚，汇聚法律服务品牌，提升新疆整体法律服务水平。[①]

3.打造开放合作、互利共赢的涉外法律服务环境

着眼"丝绸之路经济带"法治需求的热点问题和前沿性问题，创新做好国际商事纠纷、国际投资纠纷、知识产权、通道口岸贸易、金融等"专业+涉外"特色法律细分领域研究。为贸易争端、跨境投资纠纷、知识产权纠纷等提供法律服务，提供《区域全面经济伙伴关系协定》（RCEP）和

---

① 张晨、刘耀堂：《努力提升涉外法律服务能力和水平——我国涉外法律服务工作迈出新步伐》，《中国律师》2021年第11期，第30页。

《中欧全面投资协定》（CAI）等政策咨询，让企业更高效利用优惠条款，着力为"一带一路"相关国家投资新疆创造公平、法治化的营商环境。①

（三）加强联动融合，提升程序效能，加快区域商事调解机制建设

在人民法院信息化建设的基础上，"一站式"国际商事纠纷多元化解决平台增加对接仲裁、调解的多元通道，助推区域商事调解机制建设走深走实。

1. 加强国际法治传播能力建设，提高国际法治认同

扩大习近平法治思想和我国法律制度在"丝绸之路经济带"核心区的影响力，研究中亚各国不同法域在共同建设"丝绸之路经济带"核心区过程中的影响，探索中华法系，英美法系以及部分国家宗教法在促进"丝绸之路经济带"核心区建设过程中的交流。

2. 借鉴完善多元化国际商事纠纷解决机制

司法行政部门和各类调解组织要加大宣传和推广调解机制，让社会各界更多地了解商事调解机制的优势，让更多的商事主体了解和关注新疆各类商事调解组织，让更多商事主体在发生商事纠纷的时候更多地能选择商事调解这种途径。规范商事调解组织的管理，特别是要完善内部的管理制度和规则，与法院、仲裁院等机构建立业务对接合作机制，要把调解赋能，使调解结果具有司法的强制执行力，提高调解的公信力，让更多的社会主体能够接受、信任调解机制。

在推进新疆多元化纠纷解决机制有机衔接制度化安排的有益探索和积极创新中，会遇到受理案件范围、管辖权以及法律生效文书域外执行等各种问题。迪拜国际金融中心法院与域外法院签署备忘录进行合作，或者通过事先纳入仲裁条款转化为被《纽约公约》承认的裁决，可以为完善我国国际商事纠纷解决制度提供思路。加强对国内外相关法律制度的研究，建立并推动

---

① 徐晓波：《共同富裕视角下浙江发展涉外法律服务业的实践与思考》，《中国司法》2021 年第 11 期，第 89 页。

涉外高层次法律人才培养、引进和交流机制，积极为"一站式"国际商事纠纷多元化解决平台建设提供智库服务。①

3. 推进信息化智慧争议解决机制建设，促进平台互联互通

"一站式"国际商事纠纷多元化解决平台的核心是信息化、智能化化解争议机制。全国仲裁机构信息化水平不断提高，调解网络及调解功能得到前所未有的发展。可以借鉴上海、北京、广州等地经验，积极推动更加人性化、智能化的仲裁网络建设。各机构应围绕"一站式"平台，切实加强信息化建设，优化平台在线功能，加强培训，以实现国际商事法庭从立案、分流到纠纷解决的在线化，低成本、高效率、公正透明地化解国际商事争议。

---

① 郭玉军、付鹏远：《当代中国仲裁的国际化发展：现状、挑战与应对》，《武汉仲裁》2018年第 1 期，第 81 页。

B.12
新疆营商环境法治化：
现状评估与优化路径

穆 楠　米克拉依·尼加提 *

摘　要： 营商环境是区域经济发展的核心竞争力和重要软实力。近年来，新疆在营商环境制度建设、政务环境建设、政商关系建设等方面采取了积极举措，有效提升了营商环境法治化水平，为新疆经济整体竞争力的提升提供了坚实保障。但对标国际通行做法乃至东部先进经验，仍需要在营商环境政策供给、改革创新、司法保障及建立健全评价机制等方面优化提升。加强重点领域的地方立法，加强营商环境建设，提升司法对营商环境的保障水平，加强产业转型中的知识产权保护，提高涉外法治保障能力，是巩固新疆营商环境法治建设的必然要求。

关键词： 营商环境　法治　新疆

"发展是新疆长治久安的重要基础"，习近平总书记关于新疆发展的重要表述，精辟地指出了经济发展在实现新疆工作总目标中的重要作用。营商环境法治化作为党的十八届三中全会提出的一项重要经济建设方略，不仅是实现新疆工作总目标的坚强保证，也是新疆经济高质量发展的重要组成部分。营商环境是企业等市场主体在市场准入、经营和退出过程中所

---

* 穆楠，新疆维吾尔自治区司法厅立法二处处长；米克拉依·尼加提，新疆社科院法学研究所助理研究员，研究方向为地方立法、经济法。

涉及的政府环境、市场环境、法律环境、文化环境等外部因素和条件的总和。它对市场主体的行为和经营绩效有着直接而重要的影响。法治化是营商环境评价中的重要指标。[①] 通过健全市场制度和规范体系为各类市场主体提供可预期的权利保障、公平竞争的监管环境；通过提升营商环境法治化水平，构建公平、开放、透明的市场规则体系，进一步降低制度变迁的交易成本，吸引更广泛的市场主体参与新疆建设，增加技术和人力资本的积累，实现经济高质量发展的倍增效应。

一 新疆营商环境总体态势

《中共中央关于全面深化改革若干重大问题的决定》明确指出市场在资源配置中具有决定性地位。2018 年，李克强总理指出我国要"加快打造市场化、法治化、国际化营商环境"[②] 的总体目标。从顶层制度设计者对市场作用的认识演变过程来看，营商环境对经济发展而言，既是生产力也是竞争力。自治区党委和政府把"一带一路"倡议作为新疆经济社会发展的大好机遇，在营商环境建设方面出台一系列政策措施，在放宽市场准入、扩大对外开放方面的落实成效显著。从营商环境评价体系来看，新疆营商环境在市场准入综合指数、外商投资活跃度、私营企业活跃度等方面，都有了较大的改善，体现了一定的营商环境综合竞争力。2020 年全国经济总量前 100 个城市营商环境综合排名中，乌鲁木齐的营商环境指数达到 60.4%，在全国排第 39。克拉玛依市荣获首批"全国法治政府建设示范市"称号，其"商事制度改革"的典型经验做法获得国务院通报表扬。[③] 新疆的战略性新兴产业快速发展，短期内培育了一批信息技术、先进装备制造、新能源、新材

---

① 朱波：《优化营商环境视域下的法治政府建设》，《新东方》2020 年第 3 期，第 1~6 页。

② 《李克强：加快打造市场化、法治化、国际化营商环境》，中国政府网，2018 年 9 月 28 日，https://www.gov.cn/premier/2018-09/28/content_ 5326570. htm。

③ 《100 城市营商环境指数排名全榜单：北上深前三 榆林垫底》，新浪网，2020 年 6 月 19 日，http://finance.sina.com.cn/hy/hyjz/2020-06-19/doc-iircuyvi9346824.shtml。

料、生物医药、节能环保、新能源汽车等新兴产业，产业增加值对新疆2021年上半年经济增长贡献率达14.7%。[①]

（一）不断激发市场主体活力

落实落细减税降费政策，减轻市场主体负担。[②] 新疆科学研判经济发展的不同阶段市场主体负担变化情况，及时调整宏观调控措施，在全面落实国务院制度的各类减税降费政策的前提下，通过经济政策为市场主体减负，激发了市场主体活力。制定并实施了《自治区关于支持实体经济发展减税降费若干政策举措》，多个地（州、市）出台发布推进纳税缴费便利化改革优化税收营商环境若干措施，从税收优惠政策、企业用工成本、企业运输成本、融资成本和强化用电保障等方面，为各类市场主体经济负担的减轻创造了条件。2020~2021年，享受政策的市场主体户数达到5.2万，落实的担保贷款额度达到190.88亿元，融资担保费率降至1%以下，为市场主体减轻了2.56亿元的担保费负担。[③]

推行积极财政杠杆政策提质增效。近期以来，新疆比以往更重视财税政策支持的结构性调整问题，积极探索市场主体的纾困措施，兜底兜实"三保"底线，通过政府的积极财政政策提质解决市场主体的压力。为解决小微企业融资问题，新疆持续实施针对个体工商户的小额贷款政策，对11.33万户个体工商户发放免抵押、免担保、贴息一次性小额信贷达60.11亿元。[④] 截至2021年11月底，全疆（含兵团）登记在册各类市场主体总量已达214万户，同比增长6.9%；其中，新登记39.6万户，同比增长9.85%。[⑤]

① 《新疆产业结构转型开新局》，中国经济网，2021年9月26日，http：//www.ce.cn/xwzx/gnsz/gdxw/202109/26/t20210926_36946492.shtml。
② 张守文：《市场主体负担"轻重"的法律调整》，《法学评论》2019年第2期，第9~16页。
③ 《新疆多部门减税降费保经济平稳开局》，中国政府网，2022年3月2日，http：//www.gov.cn/xinwen/2022-03/02/content_5676517.htm。
④ 《新疆已向11.33万户个体工商户发放一次性小额信贷60.11亿元》，天山网，2020年8月29日，http：//news.ts.cn/system/2020/08/29/036414235.shtml。
⑤ 《新疆市场主体达214万户 营商环境不断优化》，新疆人民网，2021年12月21日，http：//xj.people.com.cn/n2/2021/1221/c186332-35061569.html。

（二）逐步提高政务服务品质

2021 年，新疆把优化营商环境作为重要改革任务，从深化政务服务改革、支持民营企业发展壮大、开展营商环境评价和专项整治等 5 个方面安排部署 11 项具体举措打造新疆更优营商环境。自治区政府立足当下，眼光长远，积极探索新模式、新渠道，提升政府服务能力现代化。

深入开展"放管服"改革，2017~2021 年，新疆行政审批制度改革力度进一步加深，前后完成 100 项"证照分离"改革任务，实现了"二十六证合一"；深化了"政银合作""政邮合作"，实现了"一门一次一网"办证；普通企业的开办时间和登记注册时间，分别压缩至 4 个工作日以内和 2 个工作日以内，为投资者降低了时间成本。①

通过线上线下政务结合的方式，采取形式多样的政务便利措施，不断创新政府服务模式，提升服务品质，在服务标准化、便捷化、规范化方面更加细致。在全疆范围推进"最多跑一次""基层一张表"改革任务，降低市场主体的相关成本。坚持努力实现公共资源阳光交易目标，在公共项目建设环节、自然资源使用和出入环节、政府采购环节当中，推行交易项目清单制度，帮助区内的市场主体摆脱困境，助力打造高效便利的政府环境。② 比如，乌鲁木齐在已推出企业开办、二手房过户等"一件事一次办"套餐基础上，2022 年继续扩大服务范围，推动主题套餐从"网上可办"到"网上好办"升级，以教育、社保、医疗、企业登记等领域为重点，实现更多高频政务服务事项"跨省通办"。③

不断提升各级政府行政决策的公信力和执行力。自治区政府制定实施了《新疆维吾尔自治区重大行政决策程序规定》，各级政府主动对标规定要求，

---

① 《持续优化营商环境》，天山网，2022 年 3 月 17 日，http：//news. ts. cn/system/2022/03/17/036798713. shtml。

② 《新疆废止一批涉及营商环境文件》，中国政府网，2020 年 9 月 2 日，http：//www. gov. cn/xinwen/2020-09/02/content_ 5539265. htm。

③ 《乌鲁木齐市制定出台"2022 年优化营商环境 87 项措施"》，新疆日报网，2022 年 3 月 25 日，https：//www. ndrc. gov. cn/fggz/fgfg/dfxx/202203/t20220325_ 1320398. html？code=&state=123。

实行高标准备案审查，全区范围内备案审查行政规范性文件达到了 417 件，同时废止了 659 件与重大行政决策程序不符的规范性文件。[①] 与此同时，新疆严格落实公平竞争审查制度，制定出台《公平竞争审查投诉举报受理回应机制》《公平竞争审查抽查机制》《重大政策措施公平竞争审查会审制度》等三项制度，致力于源头规制政府各项行政决策的科学性、准确性和合法性。比如，2021 年，全区各级政府及其职能部门，审查了存量政策措施 5.2 万件，废止和修订执行力不高、不利于营商环境优化的政策措施 125 件。[②]

（三）"亲""清"政商关系逐步构建

营商环境的优化是一个错综复杂的大系统工程。良好的营商环境建设，是由气候、资源、物产、交通、通信设施等要素组成的"硬环境"和思维观念、服务意识、体制机制等要素组成的"软环境"组成。这里所谈到的"软环境"是指，通过充分调动政府机构工作人员的主动性，培养公职人员更好服务市场主体服务意识而构建的崇商、重商、安商和暖商服务环境。自治区党委和政府，更加注重制度机制在政商关系理顺中的作用，通过畅通政商的沟通渠道，提升办事效率，降低市场主体经营成本和规范政商交往行为等多种方式，努力构建了亲情政商关系。具言之，在畅通沟通渠道方面，各级政府通过调研、座谈会、网络留言等多种形式，听取了区内外不同市场主体关于制度环境建设有关的意见建议。比如，2022 年 1 月，自治区党委书记马兴瑞在新疆人民网"领导留言板"开通"来和新任新疆维吾尔自治区党委书记聊聊您的期盼"专栏，听取了网友对加快培育壮大市场主体推动经济高质量发展发表的建议。[③] 在提升政府部门办事效率方面，自治区党委

---

① 《2021 年新疆维吾尔自治区政府工作报告》，新疆维吾尔自治区人民政府网，2022 年 2 月 7 日，http://www.xinjiang.gov.cn/xinjiang/xjzfgzbg/202202/454f514c7f88470c9fb9e0683194fa7b.shtml。

② 《履新满月！马兴瑞的足迹遍布天山南北》，新疆人民网，2022 年 1 月 25 日，http://xj.people.com.cn/BIG5/n2/2022/0125/c186332-35111388.html。

③ 《新疆网友给马兴瑞书记留言近 1.5 万件，已有 9000 余件获答复》，腾讯网，2022 年 1 月 19 日，https://new.qq.com/omn/20220119/20220119A0ACPV00.html。

和政府提出，各级政府要坚持稳中求进工作总基调，不断深化"放管服"改革推进，切实依法行政，提升工作效率，持续优化营商环境，真正贯彻经济社会高质量发展的工作要求。[①] 在降低市场主体生产成本方面，新疆持续放宽市场准入、优化审批流程、下放审批权限，为市场主体的制度成本降低提供了便利。比如，2021 年，新疆在特种劳动防护用品、耐火材料、建筑防水卷材等领域，取消了 50 类工业产品生产许可证，降低了这些领域市场主体的制度成本。[②] 在规范政商交往行为方面，明确了政商交往行为标准，强化了政商交往行为的规范力度。比如，乌鲁木齐市 8 个社区党组织通过与 400 多家企业签订"廉洁自律承诺书"的方式，促进了政商交往的依规进行。[③]

二 新疆营商环境法治化现状

（一）新疆营商环境法治化取得的成就

1. 地方政策法规体系逐步完善

自治区政府围绕促进经济高质量发展，回应激发市场活力与维护市场公平竞争这两大核心诉求，加强营商环境制度建设的顶层设计，把一批经过实践检验、市场主体支持的改革措施和典型经验提升为法规政策（见表1）。2021 年，自治区制定实施了《新疆维吾尔自治区实施〈优化营商环境条例〉办法》《新疆维吾尔自治区促进政务服务便利化条例》。地、县两级政府也高度重视本地区营商环境优化问题，并通过制定规范性文件的形式，初步形成地、县级政府营商环境制度体系。乌鲁木齐市制定出台《2022 年优化营

---

① 《马兴瑞等在自治区人大常委会、自治区人民政府、自治区政协、新疆生产建设兵团机关走访调研并听取意见和建议》，天山网，2022 年 2 月 7 日，http://news.ts.cn/system/2022/02/07/036779253.shtml。

② 《新疆多项改革减少企业"脚底成本"》，新疆维吾尔自治区人民政府网，2021 年 12 月 22 日，http://www.gov.cn/xinwen/2021-12/22/content_5663982.htm。

③ 《乌鲁木齐精准监督规范政商交往 400 多家企业签订廉洁承诺书》，新疆维吾尔自治区纪委监察网，2021 年 4 月 25 日，http://www.xjjw.gov.cn/show/454-151116.html。

商环境87项措施》，聚焦市场主体关切，对标国内发达地区，持续优化规范公正的法治环境、便捷高效的政务环境、公平开放的市场环境、宜居宜业的社会环境，打造市场化、法治化、国际化营商环境，培育首府发展新动能新优势。① 截至2022年，自治区出台关于营商环境优化地方性法规2个、规范性文件11个、地方性工作文件12个，为新疆营商环境法治化建设提供了制度保障。此外，2022年9月，自治区第十三届人民代表大会常务委员会第三十五次会议修订通过了《新疆维吾尔自治区实施〈中华人民共和国中小企业促进法〉办法》，2022年11月，自治区党委办公厅、自治区人民政府办公厅印发了《自治区实施营商环境优化提升三年行动方案（2022~2025年）》，持续为新疆营造良好营商环境提供保障。

表1 新疆营商环境相关政策法规（2016~2022年）

序号	文件名称	发布时间	发文部门
1	《新疆维吾尔自治区促进政务服务便利化条例》	2021年9月28日	新疆维吾尔自治区人大常务委员会
2	《新疆维吾尔自治区实施〈优化营商环境条例〉办法》	2021年8月12日	新疆维吾尔自治区人民政府
3	《关于废止一批涉及营商环境的行政规范性文件和其他政策性文件的通知》	2020年8月31日	新疆维吾尔自治区人民政府
4	《自治区进一步深化"放管服"改革优化营商环境重点任务分工实施方案》	2019年9月29日	新疆维吾尔自治区人民政府
5	《自治区进一步提升优化营商环境实施方案》	2018年12月28日	新疆维吾尔自治区人民政府
6	《关于推进国内贸易流通现代化建设法治化营商环境的实施意见》	2016年4月8日	新疆维吾尔自治区人民政府
7	《关于优化营商环境 提升依法治理水平促进建筑业健康发展的通知》	2022年4月18日	自治区住房和城乡建设厅

---

① 《乌鲁木齐优化营商环境「87项措施」出炉 够硬够刚!》，澎湃新闻网，https：//www.thepaper.cn/newsDetail_forward_17002041。

序号	文件名称	发布时间	发文部门
8	《自治州贯彻落实〈优化营商环境条例〉工作方案》	2020 年 4 月 28 日	伊犁哈萨克自治州人民政府
9	《自治州 2021 年优化营商环境责任清单（92 项改革措施）》	2021 年 2 月 5 日	巴音郭楞蒙古自治州人民政府
10	《自治州优化营商环境十九条整改举措》	2020 年 8 月 8 日	巴音郭楞蒙古自治州人民政府
11	《自治州进一步优化营商环境更好服务市场主体实施方案》	2020 年 9 月 23 日	博尔塔拉蒙古自治州人民政府
12	《博尔塔拉蒙古自治州优化营商环境义务监督员管理办法（试行）》	2020 年 3 月 12 日	博尔塔拉蒙古自治州人民政府
13	《喀什地区 2022 年优化营商环境 60 条措施》	2022 年 4 月 1 日	喀什地区行政公署办公室
14	《2022 年喀什地区"营商环境提升年"工作方案》	2022 年 3 月 9 日	喀什地区行政公署办公室
15	《关于喀什地区推进纳税缴费便利化改革优化税收营商环境实施方案》	2021 年 4 月 23 日	喀什地区行政公署办公室
16	《喀什地区贯彻落实〈新疆维吾尔自治区实施优化营商环境条例办法〉的实施方案》	2021 年 10 月 11 日	喀什地区行政公署办公室
17	《喀什地区贯彻落实全国深化"放管服"改革优化营商环境电视电话会议重点任务分工实施方案》	2021 年 1 月 28 日	喀什地区行政公署办公室
18	《喀什地区进一步优化营商环境更好服务市场主体的实施方案》	2020 年 9 月 28 日	喀什地球行政公署办公室
19	《2022 年优化营商环境 87 项措施》	2022 年 3 月	乌鲁木齐市人民政府
20	《克拉玛依市人民代表大会常务委员会关于进一步优化营商环境的决定》	2021 年 4 月 14 日	克拉玛依市人民代表大会常务委员会
21	《2019 年吐鲁番市提升优化营商环境重点任务分工方案》	2019 年 4 月 10 日	吐鲁番市人民政府办公室
22	《吐鲁番市进一步优化营商环境服务经济高质量发展十一条措施（试行）》	2022 年 4 月 10 日	吐鲁番市人民政府办公室
23	《哈密市实施〈优化营商环境条例〉办法》	2022 年 4 月 27 日	哈密市人民政府
24	《塔城地区优化营商环境实施意见》	2022 年 7 月 1 日	塔城地区行政公署

资料来源：作者根据各政府网站信息整理所得。

2. 司法保障力度加大

近年来，司法部门为新疆营商环境法治化水平的提高提供了有力的司法服务和保障。各级法院贯彻落实破产案件审理、严禁违反立案登记制度、推进"要素式"审判机制等多举措，更好融入了营商环境法治化、助推经济高质量发展工作，回应了市场主体对公正司法的需求。[①] 2021 年，全区法院依法审理完毕各类行政案件 2197 件、知识产权案件 1430 件、涉外案件 122 件，用公正的判决诠释了法治是最好的营商环境。[②] 自治区高级人民法院编纂《民营企业法律风险防范建议》手册，附带 10 个典型案例，针对民营企业生产经营所面临的各种风险提出了 60 条防范建议。检察院在营商环境法治化建设中，依法批捕各类破坏社会主义市场经济秩序犯罪嫌疑人 434 人、起诉 871 人；重点关注民营企业保护工作，通报服务保障民营经济情况及10 个典型案例，依法不捕 164 人、不诉 439 人，践行企业合规不起诉制度，[③] 建立"检察联络室"，为民营企业提供更加全面有效的司法保护。在2020 年度中国司法大数据研究院提供的评估数据中，相对全国同等收案量地区，乌鲁木齐市包括行政征收风险防控和行政滥诉风险防控在内的 8 项指数位于前 5%，评估表现较好。[④]

3. 法治政府建设不断加快

从某种意义上说，优化营商环境就是重塑政府与市场关系的过程，关键是要加快转变政府职能，让政府这只"看得见的手"和市场这只"看不见的手"更好地配合，使两者在互补混合的过程中，促进资源配置实现效益最大化和效率优化。新疆通过动态调整政府干预经济领域的范围，主动对标

① 潘从武：《新疆法院出台多项优化营商环境措施》，法治与新闻网，2022 年 4 月 7 日，http://www.lawnewscn.com/channel/content/2022-04/07/content_8699758.html。
② 王昕冉：《自治区高级人民法院工作报告》，天山网，2022 年 3 月 3 日，http://news.ts.cn/system/2022/03/03/036791310.shtml。
③ 姜岚：《自治区人民检察院工作报告》，天山网，2022 年 3 月 3 日，http://news.ts.cn/system/2022/03/03/036791355.shtml。
④ 《乌鲁木齐法院打好司法服务"组合拳"持续优化法治营商环境》，乌鲁木齐市中级人民法院网，2022 年 5 月 13 日，http://wlmqzy.xjcourt.gov.cn/article/detail/2022/05/id/6684266.shtml。

"全国一张清单"管理模式，结合本区经济发展情况及时修订《市场准入负面清单（2022 年版）》，依法列出一般市场主体不得准入的事项，为市场主体提供了更放宽的投资领域。[①] 2021 年以来，自治区市场监管部门全面推进公平竞争审查制度实施，加大反垄断执法力度。截至 2022 年 4 月，全区共审查新制定文件 8400 件，审阅存量文件 52000 件，清理废止或修订 125 件，同时查办滥用行政权力排除、限制竞争案件 3 起。4～10 月在全区范围内开展制止滥用行政权力排除、限制竞争执法专项行动，坚决破除地方保护和市场分割，进一步激发市场主体活力，畅通国内大循环。[②]

（二）新疆营商环境法制化存在的问题

1. 优化营商环境的政策数量较少

便利化是我国早期营商环境的优化重点，新疆依然处于营商环境的前序进程，在与中央治理的比较中处于追赶状态。新疆从政策发文量看，相对东部、南部等省区数量较少，以转发国家政策文件为主，独立制定针对当地经济发展状况的政策文件较少；[③] 从发文主体上看与其他部门的联合建设存在短板；从文本位阶上看，发文等级占比最多的是地方文件；从政策主题上看，着重在加大对企业的投资力度、登记规范手续等前序环节发力。这些方面可以提升法治效率，但因相应的配套措施缺乏，商事交易安全方面难以有效操作。政策制定中更偏重政府机构、立法专家的意见，市场主体参与有限。以上显示出新疆对营商环境法治化的重视度有待提升。

2. 政务服务便利方面仍待改善

相关调研显示，虽然"放管服"改革措施多，但民营经济市场主体感

---

① 《新疆全面实施市场准入负面清单制度推动 6+111 项"非禁即入"普遍落实》，新疆维吾尔自治区人民政府网，2022 年 6 月 15 日，http：//www. xinjiang. gov. cn/xinjiang/bmdt/202206/a76e60938f3f417682e44961787756bb. shtml。

② 《新疆市场监管部门重拳出击严查 4 类行政性垄断行为》，新疆人民网，2022 年 4 月 25 日，http：//xj. people. com. cn/n2/2022/0425/c394722-35240652. html。

③ 许中缘、范沁宁：《法治化营商环境的区域特征、差距缘由与优化对策》，《武汉大学学报》（哲学社会科学版）2021 年第 4 期，第 149～160 页。

受不明显，部分措施没有完全落地，审批时间仍较长。① 在完善首要问责制度、强化政府绩效管理、即时办结制度追责等方面仍缺乏较为完善的制度设计。一些制度措施脱离实际需求，企业也不清楚相关举措的运作能给自身带来何种益处，导致其对相关工作的关注热情不高；政策宣传不到位，制度措施中的许多专业性术语，对于部分民营企业及其从业人员来说晦涩难懂，导致其对相关措施难以理解，知之甚少。

3. 政府对市场关系的处理不明确

与我国营商环境建设目标相比，新疆的现实营商环境建设还存在一定的差距。有些地方把优化营商环境的重点放在扶持当地的"龙头企业"上，各地区对于审批事项的态度差距较大，部分地区执行力不足。在机构改革职能整合后，基层监管执法人员数量缺口较大。一些地方政府对于侵犯市场主体权益的问责力度也有待加强。新技术、新业态使监管难度提升，信用监管、智慧监管、动态监管等机制仍待健全。包容审慎监管中教育劝导等柔性措施较少，刚性执法措施较多。中小民营企业对政府鼓励发展政策有更多的期待。

4. 民商事审判面临着问题和难点

司法的态度关乎商业交易模式的存亡，直接影响营商环境的发展。但囿于法律规定和司法的严肃性、细致性要求，不可避免地存在程序多、耗时长等问题。面对互联网金融、电子商务飞速发展的外部环境，法院内部对民商事案件研判不足，缺乏专项研究与相应专业化审判团队的构建；司法权与行政权、法律与政策有待协调，主要表现在政策与法律的衔接不够顺畅、政策频繁变动引发法律评价冲突等；② 市场主体特别是小微民营企业，缺乏法律风险意识，多出于经营成本等的考量，不愿聘请律师作为法律顾问，也不愿聘请律师参与谈判或帮助审核交易文件文本。面对法律纠纷，诉讼是多数民营经济市场主体解决法律纠纷的途径选择，甚至是唯一选择。

---

① 满腾：《新疆优化营商环境研究》，《中共伊犁州委党校学报》2022 年第 4 期，第 57~60 页。
② 《商事审判中反映出的经济社会矛盾及司法对策研究》，北京市第三中级人民法院官网，2017 年 6 月 1 日，https://bj3zy.chinacourt.gov.cn/article/detail/2017/06/id/2885969.shtml。

三 新疆营商环境法治化的优化路径

（一）健全市场经济地方立法体系

1. 为优化营商环境加大立法供给

打造高标准的法治化营商环境必须从立法层面入手。随着地方立法权的扩容，新疆应当借势增加地方立法权的分配比重，作为推行地方营商政策的合法性基础、行使权力的规范依据。对地方治理来说，地方性法规的效力层级最高，最易得到公众的关注与遵循，新疆要进一步提高营商环境相关的地方性法规的比重。结合新疆营商环境优化的需求，为增进"一带一路"经贸交往中投资者信心，提高政策确定性，减轻外资企业税费负担，提振企业的投资信心，在立法中释放积极信号。①

2. 加大市场经济领域的立改废释工作力度

要结合新疆经济社会发展的需要制定新法，还要修改、废除地方立法、规范性文件中不合时宜的相关规定，全面清理违反上位法规定的政府文件，全面消除妨碍市场公平竞争、侵害市场主体合法权益、与优化营商环境背道而驰的举措，进一步解决相关立法系统性和针对性问题。侧重对于全面推动深化经济体制改革以及经济方式转变方面的地方立法，维护市场经济良性运行的监督机制、促进产业结构调整和企业发展创新方面的立法，特别是加快推动对外开放和促进民营经济发展、促进特色经济发展等方面的地方立法的合法性审核，加强保护商事主体财产权利和人身权利保护的配套措施，全面清理不利于民营企业发展的法规规章和规范性文件。树立平等保护、促进发展的立法理念，健全公平竞争，强化反垄断。同时要出台公平竞争审查办法，约束地方政府规范性文件中有碍公平竞争的规定。协调好不同层级和不

---

① 谢欣、魏彧、李鸥：《"一带一路"背景下优化税收营商环境的政策分析》，《经济论坛》2021年第4期，第39~47页。

同部门之间的监管立法关系，使监管职能相关地方立法形成相互协调的有机整体。推动健全充分听取民营企业意见的立法工作机制，拓宽民营企业、外资企业参与立法的途径，加强对相关企业、行业协会、商会的立法调研，推动高质量开展涉及市场主体经济活动的法规规章的起草、审查工作。

（二）加强营商行政环境建设

1.树立诚信政府形象

新疆政府要以法治思维和法治方式开展经济活动，营造并树立守信践诺、诚信履约的形象，在招商引资、引进人才、政府采购、政府与社会资本合作中，事前要加强前置合法性审查，事后要严格履行合同义务兑现政策承诺。

2.塑造亲清政商环境

完善政府与市场之间的关系，对于改善营商环境、推动产业转型升级至关重要。搭建政商交往机制的有效路径是，进一步拓宽政府和市场主体的沟通渠道。[1] 需持续强化政府服务企业、明确规定政商交往规范标准、加大全社会对政商交往的监督检查力度等，依法厘清政商交往的责任边界，为参与新疆经济建设的市场主体营造公开透明、公平公正的法治环境。

3.依法推行"负面清单"制度

针对"负面清单"调整范围不大、压缩进入事项，以及一些基层政府调整市场准入规范管理的主动性不足等现象，继续调整清单内容，定期组织开展"三个全面清理"工作践行情况的督导工作，出台"负面清单"管理相关制度，依规清理清单之外违规设立的准入许可，及时清理隐性门槛，坚决杜绝"单外有单"现象。

4.提高执法水平

通过定期组织执法人员旁听案件庭审、行政机关内部开展执法研讨活动

---

① 钱玉文：《我国法治化营商环境构建路径探析——以江苏省经验为研究样本》，《上海财经大学学报》2020 年第 3 期，第 138~152 页。

等方式，进一步提升行政执法人员的规范意识和执法能力，完善执法监督和纠错机制。解决不同程度存在的多头执法、重复执法、"一刀切"执法、越界执法等问题。构建以信用为基础的监管制度，以"双随机、一公开""互联网+监管"为手段，对市场开展包容审慎的监管。

（三）提升营商司法环境

1. 加强诉源治理，提升诉讼服务水平

加强诉源治理，完善预防性法律制度，从源头上减少民商事诉讼增量。进一步增强良好司法环境服务营商环境建设的思想自觉与行动自觉，坚持和发展新时代"枫桥经验"，充分发挥司法能动性，主动对接服务市场主体，认真回应市场主体司法关切，从根源上化解矛盾纠纷。通过诉讼服务大厅、在线诉讼、12368诉讼服务热线等多种渠道，为企业提供一站通办、一网通办、一号通办、一次通办的诉讼服务。进一步完善诉调对接、诉前调解和判后答疑等措施，引导涉诉企业通过人民调解、行业调解等方式化解纠纷。科学调配并高效运用司法资源，实行繁简分流，准确适用小额速裁、简易、普通、特别、督促等不同程序，健全完善"简案快审、繁案精审"的差异化诉讼程序和机制。

2. 加强企业合法权益保护

依法平等保护国有、民营、外资等多种所有制企业产权，健全产权执法司法保护制度，完善涉企产权案件申诉、复核、重审等保护机制，推动涉企冤错案件依法甄别纠正常态化机制化，畅通涉政府产权纠纷反映和处理渠道。细化落实平等保护原则的制度措施，确保各类主体诉讼地位和诉讼权利平等、法律适用和法律责任平等、法律服务和法律保护平等，推动形成平等有序、充满活力、公正公平的市场环境。

3. 规范执行护航新发展

为巩固"基本解决执行难"成果，不断健全解决执行难长效机制，进一步健全繁简分流、事务集约的执行全运行机制。坚持善意文明执行，找准双方利益平衡点，避免过度执行。不断加强执行规范化建设，为被执行人提

供明确的指引。依法审慎适用强制措施，对确需采取查封、扣押、冻结措施的民营企业，尽量采用"活查封"，不影响企业正常生产经营；对需要冻结银行账户的尽量不冻结基本账户，通过"放水养鱼"的方式助企业渡过难关。

（四）强化对产业转型的知识产权保护

产业转型、创新经济与营商环境之间存在交互效应。决定企业投资的是各种要素及交易成本。产业转型意味着各类生产要素尤其是创新型要素的积累与聚集。"在转变发展方式、优化经济结构、转换增长动力的攻关期"，新疆产业数字转型、绿色转型首先需要得到"公共知识投入"，即基础研究的支持①，这就涉及知识产权的保护。知识产权的使用不应局限于出售知识产权或其使用权获取费用，而应进一步扩充知识产权使用功能激励创新。应当探索构建企业知识价值信用融资新模式，将知识产权作为信用评级的重要指标，为拥有知识产权企业，特别是中小企业提供融资支持。② 建立知识产权协同保护机制，应充分协调各参与主体，强化行政与司法衔接，健全以区块链等新技术为基础的信息共享、案情通报、案件移送制度，建立链条式治理模式，并完善刑民交叉审判机制。探索建立以降低侵权损失为核心的知识产权保险机制，多渠道减轻企业风险。

（五）提高涉外法治保障能力

1.强化涉外企业合规意识培育

切实遵循《企业境外经营合规管理指引》中的相关要求，可以通过定期或不定期开展涉外企业合规培训会等多种形式来帮助涉外企业增强合规意识和合规能力。对于不合规的涉外企业要坚决整改，督促企业建立规范的内部合规管理体系。同时，对于涉外企业要加强监管，运用大数据、人工智能

---

① 龙小宁：《科技创新与实体经济发展》，《中国经济问题》2018 年第 6 期，第 21~30 页。
② 詹安辉：《点赞德阳中小企业商标专用权质押贷款模式》，《中国市场监管报》2019 年 1 月 18 日。

等新技术密切监控涉外企业的经营行为，做到及时发现、及时处理，将涉外企业违规风险降到最低。

2. 加强对外商投资企业的产权保护

贯彻实施《中华人民共和国外商投资法》中有关产权保护的相关法律规定。发挥司法监督的作用，保障地方政府守约践诺。对于地方政府出现的违约行为，司法机关要积极发挥监督作用，对于违约的政府要一视同仁，坚决纠正。建立外商投资企业投诉工作机制。畅通投诉机制，对于外商投资企业的相关诉求要及时受理，及时调查，及时解决。

结　语

全面提升营商环境法治化水平，是党中央、国务院立足我国经济建设新格局，激发市场主体活力，进一步解放和发展社会生产力所做出的重大决策部署。近年来，新疆通过推进"放管服"改革、加强政府法治等途径，在营商环境法治化方面取得了一系列的成就。但水平对照法治化营商环境的内涵要求，对标我国其他省区的经验做法，新疆营商环境法治化水平还有进一步提升的空间。不断健全重点领域市场经济地方立法体系、提升权力运行法治化水平、优化营商环境、健全司法保障机制，是新疆营商环境法治化工作取得质的飞跃的前提。

B.13
新疆强化公共卫生法治保障研究

魏晶晶　谢　晶*

摘　要： 以习近平法治思想为指导，新疆坚持"生命至上"理念，将健康新疆上升为战略，落实"构建起强大的公共卫生体系，为维护人民健康提供有力保障"要求，把公共卫生服务体系建设作为推动健康新疆建设、保障人民群众身体健康与生命安全的有力抓手，持续推动公共卫生法治建设中的重大疑难问题解决，织紧织密公共卫生法律保护网，在法治轨道上推进公共卫生治理体系与治理能力现代化，取得一系列具有标志性的突破，为实现新疆社会稳定和长治久安总目标夯实健康基础。随着经济社会高质量发展，各族人民群众对更加丰富、广泛、公平的公共卫生服务需求不断增加，新疆在传染病防治立法、地方公共卫生防治、公共卫生法律意识等方面还存在一些不容忽视、亟待解决的问题，一定程度上阻碍了公共卫生法治现代化建设。本报告梳理总结了新疆公共卫生服务建设的成效和面临的挑战，提出进一步完善应对突发公共卫生事件的法律体系、坚持依法行政、推进公共卫生领域相关法律法规知识普及等对策建议。

关键词： 健康新疆　公共卫生　新疆法治

---

* 魏晶晶，新疆医科大学公共卫生学院教授，硕士生导师，研究方向为卫生政策与卫生法学；谢晶，博士，西北师范大学法学院讲师，德国马克斯·普朗克创新与竞争研究所访问学者，研究方向为知识产权法。

2021 年 2 月 14 日，习近平总书记在中央全面深化改革委员会第十二次会议上强调，要强化公共卫生法治保障，全面加强和完善公共卫生领域相关法律法规建设。[①] 作为公共卫生安全的重要基石，法治在突发公共卫生事件防控、保障卫生安全和公民健康、推进国家治理能力和治理体系现代化方面发挥着重要作用。在疫情防控和经济发展的重要阶段，新疆积极完善公共卫生建设体系，加强公共卫生法治保障能力，推动公共卫生治理能力实现新提升，取得新成效，为新冠疫情防控和实现"十四五"公共卫生发展提供了有力的法治保障。[②] 然而，面对多元复杂的社会环境，自治区公共卫生安全仍存在短板弱项，法治保障基础能力还有待强化提升，为应对日益严峻的公共卫生安全挑战，针对此问题进行分析研究实有必要。

一 新疆公共卫生服务发展成效

（一）覆盖全民的公共卫生服务体系基本建成

新疆坚决贯彻落实中央决策部署，持续深化公共卫生治理理念，进一步提升公共卫生服务水平，全民参与，并将红利覆盖全部社会主体，具体而言，在城乡基层卫生机构全面铺开的基础上，注重专业卫生机构主要职能的发挥，从而形成高效优质的公共卫生服务体系。[③]

1. 公共卫生服务水平稳步提升

近年来，我国民众公共卫生医疗服务需求持续增强，公共卫生服务体系随之优化，医疗卫生资源持续丰富，卫生服务水平较之前又上新台阶，民众

---

① 《认真学习贯彻习近平总书记关于强化公共卫生法治保障重要指示精神　为保障人民生命安全和身体健康筑牢法治防线》，光明网，2020 年 3 月 27 日，https://news.gmw.cn/2020-03/27/content_33689437.htm。

② 米日古力·吾：《加大公共卫生服务体系监督力度　织密人民健康"防护网"》，《新疆日报》（汉）2021 年 10 月 9 日，第 2 版。

③ 于爱平、陆强：《新疆维吾尔自治区卫生健康工作以人民健康为中心取得的成就》，《中国医药》2022 年第 8 期，第 1123 页。

的获得感和幸福指数不断攀升。据 2021 年数据，我国医疗卫生机构数量为 103.09 万家，与此同时，相关从业人员亦大幅度增长，超过 440 万。其中，医院 36570 家，基层医疗卫生机构 97.78 万家，专业公共卫生机构 13276 家，实现了街道、社区、乡镇、村医疗服务的全面覆盖。[1]

新疆覆盖城乡的整合型医疗卫生服务体系已初步构建，医疗卫生资源系统性、整体性、协同性大大增强。截至 2021 年底，全区共有医疗卫生机构 15631 家（不含兵团），床位 16.05 万张，各级疾控中心 117 家，医疗卫生从业人员 16.32 万人，每千人口执业（助理）医师 2.75 人。建有国家级临床重点专科 14 个，自治区级临床重点专科 281 个，很多疑难重症在疆内就能得到诊治。[2]

2. 全面开展基本公共卫生服务

自具有中国特色的基本医疗卫生体系推进以来，建立以人民为中心的医疗安全体系和医疗卫生服务体系，成为当前阶段的重大任务，自治区党委、政府在此方面做出了积极努力。自 2009 年基本公共卫生项目实施以来，从最初的 9 个项目到如今的 33 个，覆盖了从最初的重点人群健康管理到重大公共卫生项目全领域。进言之，在公共卫生服务方面，民众可享有的免费基本公共卫生服务多达 14 项，且城乡无差异，进一步实现了公共卫生服务的均等化和公平性，民众卫生的方方面面得到切实保障，真正实现了安居乐业。此外，自治区高度重视民众的生命权益和健康权益，2009 年全区基本保障标准为 15 元/人，至 2022 年，已提升至 84 元/人，较 2009 年数额翻至 5 倍以上。[3] 在公共卫生服务项目方面，在全面铺开建立居民健康存档记录的基础上，将免费检查服务项目延伸扩展，如儿童和老年人的健康管理、妇女两癌检查等。[4]

① 《2021 年我国卫生健康事业发展统计公报》，中国政府网，2022 年 7 月 12 日，https：//www.gov.cn/xinwen/2022-07/12/content_ 5700670. htm? eqid=a1840ed700076da4000000066 4611319。
② 吴铎思、马安妮：《"健康新疆"为各族群众保驾护航》，《工人日报》2022 年 7 月 1 日，第 3 版。
③ 苏璐萍：《新疆保障各族群众公平享有健康权》，《新疆日报》（汉）2022 年 5 月 22 日，第 1 版。
④ 苏璐萍：《新疆保障各族群众公平享有健康权》，《新疆日报》（汉）2022 年 5 月 22 日，第 1 版。

3. 健康安全水平不断提高

搭建全民健康信息平台，实现各级平台的标准化管理，乡镇、社区卫生服务机构远程医疗覆盖率达到 85% 以上，家庭医生、护理服务、视频会诊等"互联网+"医疗服务新模式得到广泛应用。2016 年以来，新疆共投入 81.8 亿元为城乡居民免费体检，以实际行动保障了民众身体健康安全。具言之，针对定点医疗机构的农村住院患者，采取一站式全民服务结算方式，其特点在于诊疗优先、缴费后置，从而使相关病源得以封控。此外，全面有效建立"组团式"帮扶关系，重点对象为贫困地区医疗机构，目前已有 63 家三级医院与 56 家县级医院建立了有效联结。[①]

全区现有职业健康检查机构 130 家、职业病诊断机构 31 家、尘肺病大病专项救治定点医疗机构 80 家、尘肺病康复站（点）14 家，职业病监测点现已全部覆盖 14 个地（州、市）。[②] 此外，首个职业健康协会已设立，对职业病防治起到重大推动作用。

医疗卫生服务水平不断提高，极大改善了各族人民的健康状况，2019 年全疆的平均预期寿命增加至 74.7 岁，2020 年婴儿死亡率下降至 6.75‰。[③] 加强人口发展战略研究，新增优化生育服务，2022 年 6 月 4 日公布的第五次修订通过的《新疆维吾尔自治区人口与计划生育条例》，促进了相关经济社会政策与生育政策的有机融合。

（二）地方病传染病防控工作成效显著

由于环境、社会发展等多种原因影响，新疆地方病种类繁多，新发传染病威胁较大，曾是国家地方病发病较重省份。近年来，新疆地区常见的地方传染性疾病有鼠疫、结核病和艾滋病等，特别是受经济、文化、卫生

---

① 孔艳艳：《持续推进健康中国行动　为建设新疆创造良好健康环境》，《健康中国观察》2021 年第 10 期，第 61 页。

② 《新疆扎实推进职业病防治能力建设》，新疆维吾尔自治区卫生健康委员会官网，2022 年 2 月 23 日，http：//wjw. xinjiang. gov. cn/hfpc/xwxc1/202202/6dc3d42e3218458dad56641e5b90f100. shtml。

③ 《新疆的人口发展》，《人民日报》2021 年 9 月 27 日，第 11 版。

状况等因素影响，区域内结核病高发，发病率和死亡率长期位居我国前列，其中南疆四地州的结核病病例数约占全区病例总数的70%，农村居民患病率则是城市的3倍。① 在自治区党委、政府的高度重视下，将地方病防治工作与健康扶贫工作紧密结合起来，逐渐形成地方病防治的"新疆模式"，再加上几代卫生防疫人员的不懈努力，重大疾病、地方病防治工作取得明显成效，为新疆公共卫生安全筑起了健康防线。2018~2021年，新疆共有172356名结核病患者享受直接观察治疗和免费早餐服务，覆盖率达98.09%。新疆报告的结核病发病率从2018年的304.9/10万下降到2021年的87.8/10万。②

新疆针对地方病和传染病的现场监测和数据处理系统已建立。2019年，地方性碘缺乏病病情和饮用水质量的监测范围已覆盖96个县，儿童甲状腺肿大率降至0.72%，各项涉碘指标均稳步提高。自2010年始，自治区高度重视地方性砷中毒防治工作，并以乌苏市和巴楚县为重点监测地区，至2019年监测已覆盖12个区。截至2020年，全疆碘缺乏病已达国家消除控制标准，连续10年无新发克汀病病例，不断完善的地方病三级监测网络体系也为公共卫生事件信息化防控提供了宝贵经验。③

（三）公共卫生应急体系和能力建设不断加强

1. 健全公共卫生突发事件防控体制机制

2021年，新疆主动开展分级防控、精准防控、依法防控，有效控制了喀什疫情的扩散。2022年，新疆公共卫生体系经受住了严峻考验，采取有效措施分类建立封控区、管控区和防控区，推进疫情防控和经济社会发展"双轮驱动"，使民众生活受疫情损失最小化，为打好疫情攻坚战打牢坚实

---

① 《全民体检、人工智能看胸片、免费早餐，新疆与结核病的特殊战役》，凤凰网，2019年9月4日，https：//news.ifeng.com/c/s/7phMaFb3IMz。
② 《纵观全国：新疆抗结核病攻坚战硕果累累》，东方快报网，2022年8月16日，http：//www.dmc-global.com/news/guoji/2022/0816/20995.html。
③ 马品江等：《新疆地方病防治历程回顾与展望》，《疾病预防控制通报》2020年第3期，第88页。

基础。

2.健全公共卫生应急管理体系

近年来，自治区着力提升传染病防治能力，加强紧急救援力量，有效推动应急管理体系和能力建设增质提效。建立健全党委统一领导、政府分级负责、多部门参与的联防联控工作机制，完善卫生应急"一案三制"（即应急预案和应急管理的体制、机制、法制），将全区疫情防控"三道门""四方责任"等行之有效的做法纳入新疆维吾尔自治区《突发公共卫生事件应急条例》。

3.建立公共卫生应急管理平台

2022年，新疆坚持"外防输入、内防反弹"总策略和"动态清零"总方针，省级领导下沉包联乌鲁木齐重点区县，监督指导疫情防控攻坚战；快节奏、高标准推进全员核酸检测，持续提高流调、转运、隔离、救治各环节质效，做到应检尽检、应隔尽隔、应收尽收、应治尽治；严格重点场所、重点人群、重点行业防控，强化集中隔离点"三区两通道"等建设管理，落实闭环管理措施和规范防护制度；加强医疗和生活物资供应保障，高效解决群众就医用药等迫切需要，积极主动回应社会关切；建立"属地疫情防控指挥部＋社区＋医疗机构"三方联动机制，成立巡回（流动）医疗队，保障基层群众就医；严格落实"四方责任"特别是属地责任，聚焦防控关键环节，及时分析、研究、解决突出问题。

二 新疆公共卫生法治建设现状

2020年2月5日，习近平总书记在中央全面依法治国委员会第三次会议上强调："要完善疫情防控相关立法，加强配套制度建设，完善处罚程序，强化公共安全保障，构建系统完备、科学规范、运行有效的疫情防控法律体系。"近年来，自治区主动运用法治力量守护公共卫生安全，在公共卫生安全方面发挥了重要作用。同时，仍存在的地方公共卫生立法主动性不强、民众公共卫生法律意识淡薄等问题，对公共卫生法治建设提出了新的更高的要求。

（一）新疆公共卫生立法现状

1. 新疆公共卫生地方立法总体情况

在国家法律法规数据库和新疆维吾尔自治区人民政府网以"新疆"为关键词搜索，显示，截至 2020 年共有 290 条地方性法规，其中与公共卫生有关的法律法规共 12 条，详见表 1。

表 1　截至 2020 年新疆维吾尔自治区公共卫生相关地方立法一览表

序号	通过/发布日期	法律法规	制定机关	法律性质	时效性	备注
1	1991 年 8 月 27 日	《新疆维吾尔自治区〈尘肺病防治条例〉实施办法》	新疆维吾尔自治区人民政府	地方政府规章	有效	1991 年 8 月 27 日发布，1997 年 11 月 20 日修订，2010 年 12 月 13 日修正
2	1996 年 8 月 22 日	《新疆维吾尔自治区医疗机构管理办法》	新疆维吾尔自治区人民政府	地方政府规章	有效	1996 年 9 月 2 日发布，2004 年 10 月 11 日修正，2010 年 12 月 13 日修正
3	2002 年 11 月 28 日	《新疆维吾尔自治区人口与计划生育条例》	新疆维吾尔自治区人大常务委员会	地方性法规	已修改	先后于 2004 年 11 月 26 日、2006 年 5 月 25 日、2010 年 6 月 3 日、2017 年 7 月 28 日、2022 年 5 月 27 日进行 5 次修订
4	2005 年 3 月 25 日	《新疆维吾尔自治区爱国卫生工作条例》	新疆维吾尔自治区人大常务委员会	地方性法规	有效	
5	2010 年 7 月 28 日	《新疆维吾尔自治区艾滋病防治条例》	新疆维吾尔自治区人大常务委员会	地方性法规	已修改	2019 年 7 月 25 日修订

序号	通过/发布日期	法律法规	制定机关	法律性质	时效性	备注
6	2012 年 5 月 30 日	《新疆维吾尔自治区实施〈中华人民共和国突发事件应对法〉办法》	新疆维吾尔自治区人大常务委员会	地方性法规	有效	
7	2012 年 11 月 29 日	《新疆维吾尔自治区实施〈中华人民共和国动物防疫法〉办法》	新疆维吾尔自治区人大常务委员会	地方性法规	有效	
8	2013 年 1 月 15 日	《新疆维吾尔自治区水生动物防疫检疫办法》	新疆维吾尔自治区人民政府	地方政府规章	有效	2013 年 1 月 18 日公布
9	2015 年 2 月 28 日	《新疆维吾尔自治区辐射污染防治办法》	新疆维吾尔自治区人民政府	地方政府规章	有效	
10	2018 年 11 月 30 日	《新疆维吾尔自治区大气污染防治条例》	新疆维吾尔自治区人大常务委员会	地方性法规	有效	
11	2020 年 7 月 11 日	《新疆维吾尔自治区实施〈森林病虫害防治条例〉办法》(2020 修正)	新疆维吾尔自治区人民政府	地方政府规章	有效	1994 年 6 月 22 日自治区人民政府令第 46 号发布,根据 2020 年 7 月 11 日自治区人民政府令 216 号修正
12	2020 年 7 月 11 日	《新疆维吾尔自治区实施〈植物检疫条例〉办法》(2020 修正)	新疆维吾尔自治区人民政府	地方政府规章	有效	2007 年 11 月 30 日自治区人民政府令第 151 号发布,根据 2020 年 7 月 11 日自治区人民政府令第 216 号修正

资料来源:国家法律法规数据库、新疆维吾尔自治区人民政府网。

自治区着眼公共卫生防治需要，积极完善公共卫生服务体系，发布了《关于加强绩效考核和监测评价 全面推动紧密型县域医疗卫生共同体高质量发展的通知》《新疆维吾尔自治区地震灾害医疗卫生救援应急预案》《新疆维吾尔自治区医疗机构结余药品管理办法（试行）》等指导性文件，更好推进健康新疆建设。随着生活水平的不断提高，人民群众对卫生医疗的需求也日益增长，为此，自治区发布《关于做好 2022 年基本公共卫生服务项目工作的通知》，旨在持续加强对"一老一小"等重点人群的公共卫生服务，加大优化生育政策相关服务，健全完善立法机制，加快推进法治政府建设，有力建强公共卫生法治保障基石。

在借鉴自治区新冠疫情防控工作经验的基础上，组织医疗卫生相关专家对《新疆维吾尔自治区突发公共卫生事件应急预案》进行修订，已征求 14 个地（州、市）卫健委及应急预案涉及的 28 家自治区级单位意见建议。制定《自治区突发公共卫生事件应对条例（草案送审稿）》，在条例起草准备工作阶段，广泛征求流行病学调查、病原学检测、应急处置、传染病报告、监测预警、物资保障等突发公共卫生事件应对相关专家意见建议。

2. 新疆地方病、传染病相关立法情况

为更好保护各民族人民切身利益，自治区结合社情民情，科学制定《新疆维吾尔自治区实施〈中华人民共和国动物防疫法〉办法》《乌鲁木齐市鼠疫防控管理办法》等地方性法律法规，对保障人民健康安全起到积极作用，得到社会广泛支持。先后制定出台了《乌鲁木齐市艾滋病防治条例》《新疆维吾尔自治区艾滋病防治条例》，为预防和控制艾滋病的发生与流行发挥了重要支撑作用。为进一步贯彻落实国家艾滋病防治有关要求，相应制定了《遏制艾滋病传播实施方案（2019~2022 年）》《2021 年自治区艾滋病防治重点工作任务实施方案》，全力保障人民群众身体健康和生命安全。

3. 突发公共卫生事件的地方立法情况

自治区充分发挥法治保障作用，持续强化党对突发公共卫生事件防控的指导，紧紧压实政府相关部门、社会组织和公民的主体责任，协同推进依法防控和科学施策，加强突发公共卫生事件的立法工作，加快突发公共卫生事件法律的制定，保障民众生命安全，维护社会正常秩序。2012 年 5 月通过《新疆维吾尔自治区实施〈中华人民共和国突发事件应对法〉办法》，出台《新疆维吾尔自治区重大食品安全事故应急预案（简本）》《乌鲁木齐市突发公共卫生事件应急条例》，截至 2022 年，新疆出台了包括《鼠疫自然疫源地特殊人群预防用药规范》等在内的 15 项公共卫生地方标准。

（二）新疆公共卫生法治宣传现状

1.落实普法责任制，积极开展法律法规宣传活动

自治区卫健委和有关单位进行与业务工作密切相关的艾滋病防治、执业医师管理、药品管理、医疗事故处理等法律法规的宣传；开展主题为"一切为了劳动者健康"的《中华人民共和国职业病防治法》宣传周活动，进一步增强全社会关心、关注职业健康意识；邀请法律顾问团专业律师结合实际案例，就公平竞争审查、行政执法法律风险防控知识进行专题讲座；增强了法律宣传的实际运用效果，将"谁执法谁普法"普法责任制落到实处。[①]

2.法治文化建设引领，法治宣传水平持续提升

充分利用横幅、电子大屏、楼宇电视和展板等宣传平台，张贴法律名言警句、播放法治宣传标语和宣传视频，开设法治宣传专栏，《老年康乐报》"法制时空"版将法治热点、法治故事呈现给读者，宣传讲解传染病防治法、职业病防治法、打击非法行医、食品安全标准、健康饮食以及涉及公共卫生安全的生物安全法等法律法规知识。疫情期间，协调新疆广播电视台维吾尔语广播综合频道组织两期"法律与你同行"直播节目，结合疫情防控典型案例，深入开展相关法律法规宣传。

3.加强学法用法，提高依法防控疫情意识

编印《农村居民防控新型冠状肺炎问答》《新型冠状肺炎健康教育手册》

---

① 祖丽皮耶·麦麦提祖农、麦尔哈巴·如则、魏晶晶：《新疆基层公共卫生防控能力现状与对策》，《中国农村卫生事业管理》2022 年第 3 期，第 188 页。

等疫情宣传资料，开展宪法法律和疫情防控宣传。结亲干部积极宣传宪法、国家基本医疗、疫情防控和脱贫攻坚等法律政策，引导农民群众进一步提高宪法法律意识和依法防控疫情意识。2021 年 11~12 月，围绕涉及疫情防控的法律知识，对 451 人进行相关问卷调查，其中有男性 256 人（56.8%），女性 195 人（43.2%）；城镇户口 294 人（65.2%），农村户口 157 人（34.8%），结果显示对选项不清楚的仅占总人数的 3%（见图 1），可见公众配合疫情防控措施的意识明显提升，有助于提高疫情防控工作的效率。

您认为下列哪些行为需要承担法律责任？

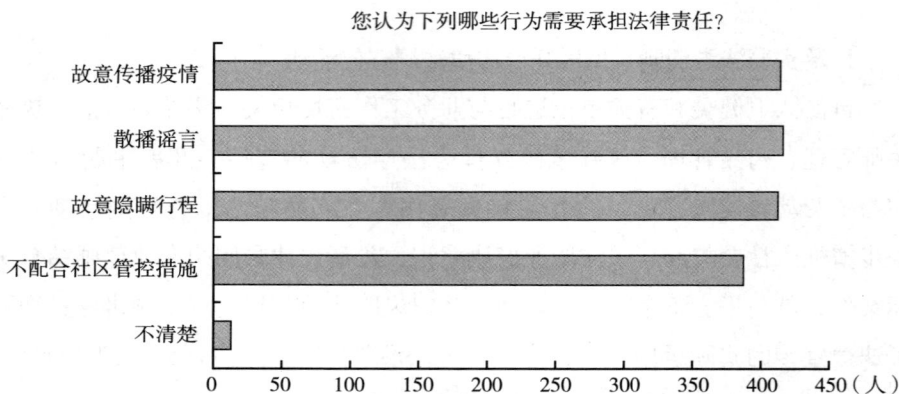

图 1 公众对于疫情中需承担法律责任行为的认知情况

（三）新疆公共卫生行政执法现状

1. 加强依法行政能力建设

充分发挥卫生监督机构的职能作用，认真落实行政执法公示、执法活动记录和重大决定审核等制度，大力开展日常监督和专项检查，强化对公共场所卫生、医疗卫生、消毒产品卫生、饮用水卫生等方面的监督检查，综合运用行政处罚、执法约谈、不良行为公示等方式，基本实现全领域、全行业、全方位、全过程的综合监管。完善行政执法机关重大行政处罚决定备案审查工作机制，确保应当报送备案的重大行政处罚决定及时报送备案，杜绝不报、漏报、迟报等状况发生。2021 年，新疆维吾尔自治区卫生健康委主动公开政府信息共计 4128 条。[①]

2. 推进行政执法三项制度

注重依托"三项制度"效用，积极构建公正、公平、公开的执法环境，执法能力水平取得较大提升。结合实际问题，有针对性地制定相关法规制度，不断完善体制机制，各项工作成效明显。通过政府门户网站开设的行政执法公示专栏及时做好事前公示、事中公示和事后公示，接受社会监督。全区卫生监督部门通过在对外办事窗口设置公示栏、电子显示屏或者摆放宣传册、公示卡等形式公示相关执法信息。

3. 强化行政执法多维保障

落实党政主要负责人推进法治建设的主体责任，将公共卫生工作履职情况列入年度考核指标体系，作为领导干部选拔任用的重要考察依据，强化组织保障。充分发挥法律顾问专业能力，积极邀请其参与重大行政决策、重大行政行为、重大项目、重要规范性文件的制定、重大行政执法案件审核、政府信息公开、公平竞争审查、信访投诉以及政府合同的合法性审查等工作，依据国家卫健委、财政部、国家中医药局《关于做好 2021 年基本公共卫生服务项目工作的通知》《基本公共卫生服务补助资金管理办法》，实施基本公共卫生服务项目，促进基本公共卫生服务均等化，严格审核和监督自治区负责提供公共卫生服务、开展重点疾病和危害因素监测情况，推动妇幼卫生和老年健康服务等目标落实，强化资金保障。[②]

（四）新疆公共卫生法律监督现状

1. 完善人大立法监督机制

坚持以问题为导向，以目标为牵引，创新工作方式，形成监督合力，联合开展专题调研和专题询问等工作，依法履行监督职责，督促政府及有

---

① 《2021 年自治区卫生健康委法治政府建设工作总结》，新疆维吾尔自治区卫生健康委员会官网，2022 年 3 月 29 日，http://wjw.xinjiang.gov.cn/hfpc/fzjs/202206/fe6dc20478344e0daa176769fd4aebaa.shtml。

② 张秀芹：《完善法律顾问制度 服务法治政府建设》，《人大建设》2021 年第 11 期，第 50 页。

关部门改进工作，有效解决人民群众关切的卫生健康热点问题，推动公共卫生服务高质量发展。紧扣自治区民生重点工作，将听取和审议自治区公共卫生服务体系建设情况报告与开展专题询问列为常委会年度监督工作计划重点积极推进，加大全区公共卫生服务体系监督力度，为全区人民健康织密"防护网"。① 同时，自治区人大常委会积极转办审议意见，听取审议工作情况报告，按程序汇总、审签、转交自治区人民政府研究处理，持续对自治区人民政府就公共卫生服务体系建设工作情况报告审议意见整改落实情况进行跟踪监督。

2. 推动行政监督落到实处

自治区认真贯彻全国卫生监督工作会议精神，全力将行政监督向"最后一公里"延伸，切实解决困扰公共卫生服务的瓶颈问题。充分发挥自治区级卫生监督机构的组织协调和指导督促作用，创新行政执法方式，利用新疆卫生监督综合信息平台，运用网上受理许可审批、网上办案系统，实现服务群众、服务监督执法、服务行政管理的目标。加强和创新事中、事后监管，推进"双随机、一公开"监管，2021年，全区共接收"双随机"国抽任务6059单，自治区本级随机抽查任务总数为116户，本级任务完成率100%，完结率达100%，查处案件86起。② 按照"谁抽查，谁公示"的原则，各项抽查结果均通过"新疆卫生监督网"向社会公示。

3. 加强综合监督体系建设

自治区着力构建一体化综合监督体系，严格督导，严肃问责，持续强化行业监督、流程监控、协同监管，筑牢公共卫生防控稳固防线。随着科学技术的发展进步，"互联网+大数据"被应用到市场监管领域，"智慧监管"让食品更安全。自治区以大数据和互联网为基础，推出全新监管机

---

① 《新疆加大公共卫生服务体系监督力度 为人民健康织密"防护网"》，《中国日报》中文网，2021年10月1日，https://xj.chinadaily.com.cn/a/202110/01/WS61569daba3107be4979foefz.html。

② 《2021年自治区卫生健康委法治政府建设工作总结》，新疆维吾尔自治区卫生健康委员会官网，2022年3月29日，http：//wjw.xinjiang.gov.cn/hfpc/fzjs/202206/fe6dc20478344e0daa176769fd4aebaa.shtml。

制，监管效能大大提升，食品安全监管也开始从"人海战术"向"智慧监管"转型。2021 年以来，积极推行的食品经营企业风险分级管理制度、建设冷链食品追溯管理系统等创新监管举措，极大增强了监管精准性和有效性，全面提高了监管效能。2022 年，乌鲁木齐市推进食品生产企业智慧监管，将全部企业主体信息录入智慧监管平台，实现了食品生产企业全程可追溯。[①] 食品经营企业一旦因违法行为被预警，其参与的政府招投标、银行贷款等都会受到限制。一处违法，处处受限，这样的"严管+巧管"，进一步提高了监管效能，更大程度保障了食品安全。

三 新疆公共卫生法治建设存在的问题

新疆在公共卫生服务体系法制保障机制建设方面不断探索与实践，但自治区各族人民在对更美好生活的追求和对基本公共卫生服务的需求上呈现多样化，公共卫生法治建设仍有短板、弱项和不足之处。

（一）公共卫生法治宣传的实效性不强

目前，自治区公共卫生法治宣传工作存在创新渠道不足、行使方式单一，宣传内容专业术语多、文字量大、联系民众生活不紧密等问题，加之相较其他省份，现代化宣传渠道较为滞后，导致宣传效果不佳。从宣传人员素质来看，普遍存在工作年限短、学习意识有待提高等问题，不足以广泛宣传和深刻解读相关公共卫生服务政策，直接影响到政策宣传的效果。同时，由于宣传不到位、不深入、不创新，民众卫生健康观念和公共卫生法律意识仍在低层次徘徊。部分居民吸烟酗酒、不合理膳食、缺乏锻炼等不健康生活方式仍然常见，部分人群油脂及高热能食物摄入过多、微量营养素缺乏，导致新疆高血压、血脂异常患病率、肥胖率均高于全国平均水

---

① 《"智慧监管"让食品更安全》，天山网，2020 年 4 月 27 日，http：//www.ts.cn/xwzx/shxw/202204/t20220427_ 6644034. shtml。

平，不良生活方式引发疾病的情况依然突出。[①] 疫情防控的经验启示我们强化公共卫生法治宣传和公民法律意识的重要性，在社会失序的疫情防控期间，公民依法行使权利履行义务尤为重要，而依法行使权利履行义务的前提是懂法。

（二）地方性制度、方案不够完善

据世界卫生组织（WHO）统计，20世纪70年代以来，全球约有40多种新发传染病发生，目前我国法定传染病亦已增至40种。[②] 这些突发性传染病由于其隐蔽性、传染快速性和广泛性的特点，已成为国际关注的公共卫生风险隐患，如果在疾病早期不及时采取有效的预防和控制措施，将造成严重后果。传染病相关立法和突发公共卫生事件相关立法较社会经济发展相对滞后，亟待完善和健全。自治区在传染病防治领域的地方性法规规章较少，仅有《新疆维吾尔自治区艾滋病防治条例》，缺少综合性的传染病防治法规，有必要制定"新疆维吾尔自治区传染病防治条例"。传染病疫情报告制度中的"建立报告奖励和责任豁免制度"未对传染病疫情报告的奖励和豁免制度说明，且与表彰和奖励的相关规定不够协调。

（三）专业公共卫生机构职能履行被动

全区各级专业公共卫生机构在区卫计委、卫健委的业务指导下开展工作，需要配合时疲于应付，主动性不足，整体工作效能不高。从工作职能配置来看，机构职能分散，缺乏统一管理，人员流动性大，工作细化分解不明确，严重影响了公共卫生职能的发挥和任务的落实。从基本公共卫生服务实施情况来看，专业公共卫生机构没有相应专项补助资金，一定程度上制约着公共卫生业务培训、指导和技术支持等工作的有效落实，使基层医疗机构工

---

① 《落实健康中国战略　推进健康新疆建设》，新疆维吾尔自治区人民政府网，2020年10月24日，http://www.xinjiang.gov.cn/xinjiang/ylws/202010/13e8116bb4714dadacc54c12d2424c91.shtml。

② 《我国法定传染病增至40种！国家卫健委的统计表来了……》，每日经济新闻，2021年3月12日，https://baijiahao.baidu.com/s?id=16940210288235989048wfr=spider&for=pc。

作人员得不到更专业、更系统的指导和培训，影响了工作积极性。部分专业机构履职尽责不够，阻碍了公共卫生事业建设发展。

四　强化公共卫生法治保障的对策建议

非典、禽流感、新冠疫情等突发公共卫生事件给政府和社会敲响了警钟，警示政府和社会必须关注公共卫生法治建设的紧迫性，建立权责明确、程序规范、执行有力的保障机制，实现依法防控、依法治理。

（一）建立健全公共卫生地方立法体系

1. 稳步推进修订完善有关法规、政策和标准

加快公共卫生地方立法进程，加强公共卫生应急、食品安全、职业健康、环境卫生、学校卫生等方面地方立法工作。按照自治区人大和自治区人民政府立法工作制度，组织"自治区爱国卫生工作条例""自治区全民健康体检条例""自治区中医药条例"等地方性法规的制修订工作。要积极预防、控制和消除自治区传染病的发生和流行，做好日常传染病监测及应对突发疫情应急处置工作，积极推进"新疆维吾尔自治区实施《中华人民共和国传染病防治法》办法"立法工作。根据《中华人民共和国传染病防治法》《突发公共卫生事件应急条例》等相关法律法规，制定自治区相应单行条例。针对自治区实施的《新疆维吾尔自治区实施〈中华人民共和国动物防疫法〉办法》，应加强管理动物疫情的具体处理程序建设，便于操作和检查督导与执行；对诊疗场所环境进行具体规定，完善动物诊疗管理相关规定；完善动物疫病报告、通报和公布具体措施；增加对动物疫情的监测和控制。同时建议加强保障措施，增加处罚措施及承担的责任种类。

2. 加强突发公共卫生事件法治建设的保障性措施

高度重视、积极解决公共卫生法治保障的短板和问题，围绕疾病预防控制体系、重大疫情防控救治体系、重大疾病医疗保险和救助机制及强化应急物资保障、建立常态化疫情防控机制等方面强化地方各级政府主体责任，建

立稳定的公共卫生事业投入机制，优化完善疾病预防控制机制职能设置，建立人员通、信息通、资源通和监督监管相互制约的机制，完善传染病疫情和突发公共卫生事件监测系统。健全完善突发事件应急报告、举报、信息发布等制度，提升早期监测预警、风险评估研判、现场流行病调查、检验检测应急处置等能力，强化与社会组织的协作，通过优势互补来提高法治建设的科学性和精准性。善于利用大数据分析研判公共卫生安全机制的运行态势，及时掌握民众的关切点和制度的薄弱点，促进公共卫生安全防控工作更加科学合理。

（二）坚持依法行政

法律是行政管理活动必须遵循的共同准则，决策和执法应当在法律的范围内进行。公开透明是最为基础性的，也是世界公认的应急行政法治的一项基本原则。政府有义务在应急管理中及时、规范地发布相关信息，稳定社会情绪，维护公民知情权。行政部门应当按照比例原则和最小伤害原则出台和实施应急法律，做到执法裁量规范，避免超越合理限度。企事业单位、村（居）委会甚至志愿者等非行政主体采取的防控措施，也要坚守法治精神。建立与突发公共卫生事件应急工作特点相一致的问责制度。成熟的问责制不是孤立的存在，而应该与授权、责任赋予机制、事件调查评估机制相互衔接，共同构成对应急管理绩效考察的整体框架。①

（三）推进公共卫生领域相关法律法规知识普及

要把公共卫生法律法规知识的宣传教育摆在突出位置，面向全社会做好宣传引导。要抓住防疫期间公众对防疫法律法规、政策法规知识需求快速增长的机遇，全面加强防疫法律法规、政策的宣传教育，引导群众学习、理解和运用法律，树立依法防疫意识，支持和配合依法防疫。创新融合公共卫生法律知识与群众文化工程，增加宣传的广度和深度，激发群众参与热情和认

---

① 薛澜、刘冰：《应急管理体系新挑战及顶层设计》，《国家行政学院学报》2013年第1期。

知自觉。强化监测管控，做好舆论正面引导，宣传、网信、公安等部门要积极联动，在加大正面宣传、舆论引导的同时，切实管控和引导舆论。[①] 充分发挥领导干部带头作用，增强做好宣传工作的责任感和使命感，当好"指挥员"，研判传播效果，梳理群众关切，宣传解疑释惑，发挥上行下效的正向带动作用。"线上+线下"广泛宣传公共卫生法律法规，使公民清楚地了解自己享有哪些公共卫生法律权利，应该履行哪些公共卫生法律义务。落实"谁执法谁普法"责任，将法治宣传融入行政执法和医疗纠纷调解的各个环节，努力提高行政机关、卫生监督机构和医疗卫生单位的法律素质和能力。[②] 根据行业的类型和特点，定期举办各类公共卫生法律知识普及培训班，增强市场主体依法办事和经营的意识，增强按照公共卫生要求和程序进行操作的主动性。充分发挥法律规范的惩戒和预防功能，构筑"不愿违法、不能违法、不敢违法"的制度防线，将法律的"规范性"转化为公民的"自觉性"，促进全社会公共卫生法治意识持续增强。

---

① 方世荣、杜钟浩：《论应对重大突发公共卫生事件的专项普法》，《特区实践与理论》2021年第 5 期，第 57 页。
② 王珊珊、邵海亚：《新加坡公共卫生体系建设经验对海南自由贸易港建设启示》，《中国公共卫生》2021 年第 12 期，第 1850 页。

B.14
新疆文创产业法律保护研究

孜里米拉·艾尼瓦尔*

摘　要： 文化创意产业是在传统文化产业的基础上结合创意产业的概念而生的全新产业。对于新疆来说，发展文化创意产业，不仅是扎实推进新时代党的治疆方略落实落地的必然要求，更是对中华文化视野下新疆各民族传统文化创造性转化与创新性发展的体现。新疆作为文化资源大区为文化创意产业开发者提供了创作的富矿，数字化、网络化、智能化浪潮的涌动和席卷，为新时代新疆文化创意产业提供了巨大的发展空间。本报告总结了新疆文化创意产业具备的优势和面临的挑战，提出新疆文化创意产业应完善文化创意产业法律法规、加强地方政策扶持和指导、实施文化创意产业知识产权保护策略、构建文化创意产业公共服务平台的战略思路。

关键词： 文化创意产业　法律保障　新疆

文化创意产业已经成为衡量一个国家和城市国际竞争力的重要维度。文化创意产业是指"以创作、创造、创新为根本手段，以文化内容和创意成果为核心价值，以知识产权实现或消费为交易特征，为社会公众提供文化体

---

* 孜里米拉·艾尼瓦尔，中国社会科学院法学所暨新疆社会科学院法学研究所联合培养博士后，法学博士，新疆社会科学院法学研究所助理研究员，德国马克斯·普朗克创新与竞争研究所访问学者，研究方向为知识产权法。

验的具有内在联系的产业集群。"① 文化创意产业是推动全球持续发展的创新引擎，发展文化创意产业是提升国家软实力的重要手段，也是弘扬中华优秀传统文化和传承中华文明的重要途径。新疆挖掘和利用区域特色文化资源，通过做大做强文化创意产业，正在探索一条符合新疆文化经济发展的新模式。

一 新疆文化创意产业的发展背景

新疆作为"丝绸之路经济带"核心区，文化资源丰富，为文化创意产业的发展注入了新鲜而丰富的内容。近年来，新疆文化创意产业整体发展态势良好，全区文化创意产业规模不断扩大，新疆各地的文化创意产业园区也如雨后春笋般涌现（见表1）。可以说，发展新疆创意产业不仅是扎实推进新时代党的治疆方略落实落地的必然要求，也是推动中华优秀传统文化创造性转化和创新性发展的重要途径，是利疆利民的重大举措。

（一）新疆文化创意产业的发展意义

1. 推动中华优秀传统文化创造性转化和创新性发展

习近平总书记指出，弘扬中华优秀传统文化"要处理好继承和创造性发展的关系，重点做好创造性转化和创新性发展"。② 文化创意产业是在传统文化产业的基础上，结合创意产业的概念而生的全新产业，是源于文化或者个人创意，融合了传统文化和现代文明，标志着文化和科技融合的创意产业，是"创造性转化、创新性发展"的要求和实践回应。新疆有着发展创意文化的先天优势，发展新疆文化创意产业在推动创新文化内容和展现形式，赋予传统文化新活力，助推优秀传统文化的全民普及性输出，形成强大的文化软实力等方面具有现实意义。

---

① 参见《北京文化创意产业分类标准》。
② 《习近平谈治国理政》（第一卷），外文出版社，2018，第164页。

表 1　新疆部分文化创意产业园区

创意园区名	投资经营主体	占地规模	建成时间	战略定位
七坊街创意产业集聚区	乌鲁木齐市水磨沟区政府投资，委托乌鲁木齐晚报传媒文化有限责任公司承建	1 万平方米	2009 年	改造 20 世纪 50 年代新疆现代纺织业摇篮的工业基地——新疆七一绵纺织厂闲置的办公室、旧厂房和居民区，并以文化理念打造成集创意生产、展品展示、产品销售、旅游观光等于一体的多功能产业园
木垒县哈萨克民族刺绣文化产业园	木垒县委、政府投资，公司＋基地＋刺绣户	2.6666 万平方米	2011 年	集刺绣品加工、展示、销售、培训和旅游购物、特色餐饮及民族特色文化演艺于一体，通过创意、设计、生产、销售，带动刺绣文化产业发展，将刺绣文化产业园打造成刺绣旅游纪念品交易中心和新疆重要刺绣品集散地，成为全县游客集散中心和刺绣产业孵化中心
乌鲁木齐文化产业园	乌鲁木齐市委、市政府投资	78.6 万平方米	2018 年	具有"丝绸之路"文化特色的"一核五重三辅"文化产业园区，打造新疆各民族文化艺术和周边文化民族艺术于一体、辐射中西亚地区的国家级文化产业示范园区
新疆玛纳斯碧玉文化产业园	玛纳斯县委、政府投资，新疆天山碧玉文化旅游产业园开发有限公司开发	133.4 万平方米	2015 年	以碧玉产业为中心，集加工观赏、旅游销售、创意设计、文化展示、展览览卖等功能于一体的碧玉集散中心、加工中心、文化中心、信息中心、检测中心，成为中华碧玉加工基地、玉石协会雕刻培训基地、北疆旅游"必备的"中转站
阿凡提乐园	广州市颐和集团投资建设，新疆阿凡提国际文化产业投资有限公司经营	42.4 万平方米	2015 年	以建设世界非物质文化遗产和国家文化旅游工程为目标的项目，以阿凡提文化为主线，以喀什地区的自然与人文环境为背景，构建以阿凡提乐园为重点的"一园四城"的战略格局，树立以维吾尔文化为核心内容的旅游品牌，并作为疏附县的支柱产业，打造成为喀什主要的旅游集散地及南疆旅游的精品名片

续表

创意园区名	投资经营主体	占地规模	建成时间	战略定位
新疆克拉玛依文化创意产业园	北京汉博集团投资,"管委会+汉博公司"管理运营	54万平方米	2016年	借鉴国内外工业遗产保护与利用成功经验,将机械总公司的石油工业遗产保护与利用定位为具有"石油工业文化特色"的国家级"石油文化创意产业园区",通过恢复和重塑石油文化的场景,将石油题材与产业、时尚生活结合,形成文化旅游体验项目新类型
若羌县新疆楼兰文化影视创意产业园	若羌县委、县政府投资,新疆楼兰影视城有限责任公司承建	133.4万平方米	2016年	复原盛唐时期的楼兰古城、米兰古城,集文化、影视、创意等为一体,将若羌县境内知名度高的楼兰符号在园区内集中复制,通过拍摄影视剧等方式,深入发掘楼兰文化遗产,大力弘扬楼兰文化以楼兰品牌为中心的旅游文化产业圈

资料来源:各产业园区网络公开资料。

291

2. 推进文化润疆，促进"民心互通"

第三次中央新疆工作座谈会正式把"文化润疆"纳入新时代党的治疆方略，作为铸牢中华民族共同体意识、最大限度凝聚人心的重要抓手，为当前和今后一段时期新疆文化事业的发展与繁荣提供了方向指引与路线遵循。发展文化创意产业是实现"文化润疆"战略目标的重要途径之一。相较于传统的文化产品，文化创意产品的传播中华优秀传统文化能力大幅攀升，进一步提升了民族凝聚力和创造力。弘扬民族优秀文化的"文创"新模式，奉献思想精深、艺术精湛、制作精良的文化创意产品，铸牢中华民族共同体意识，用中华优秀传统文化来浸润和滋养新疆各族人民的精神，为实现新时代新疆社会稳定和长治久安的总目标奠定坚实的文化基础和群众基础。

3. 提升新疆"非遗"的扩布力度、拓宽"非遗"的传承之路

非物质文化遗产作为中华优秀传统文化的重要组成部分，凝聚着中华民族优秀的文化基因和思想情感。非物质文化遗产资源是新疆特色文化的主要载体和表现形式。非遗文创化是非物质文化遗产和文化创意产业结合发展过程中产生的一种新兴文化态势。非遗文创化可以激活文化遗产资源的现代价值，使文化遗产资源的传承与社会民众形成接触与互动，让更多人近距离感受非物质文化遗产蕴含的文化特色和魅力。非遗文创化的实质是对现存的"非遗"项目进行二次开发，使其在竞争中实现创新，在获得经济效益的过程中实现传承与延续。

（二）新疆文化创意产业的优势与机遇

1. 历史文化资源优势

在国内文化创意产业发展势头强劲的背景下，新疆作为文化资源大区，地理位置和丰富的特色文化资源优势，为新疆文化创意产业发展提供了坚实的基础。文化产业的创新绝对不是凭空想象的创新，必须依托区域的传统文化，挖掘物质文化、非物质文化背后的历史因素。新疆拥有丰富的文化土壤、多元的文化元素，衍生出了丰富多彩的非遗文化、民俗文化，为文化创意产业开发者提供了创作的富矿。

2. 产业扶持政策制度优势

新疆文化创意产业的发展得到了国家及地区相关政策的大力支持。在国家层面，《中共中央关于深化文化体制改革推动社会主义文化大发展大繁荣若干重大问题的决定》提出了一个战略目标、一项总体任务和六项具体内容，从国家战略高度重视文化产业（包含文化创意）的发展，其中一个战略目标即是建设社会主义文化强国。党的十九届五中全会明确提出，到2035年建成文化强国的远景目标。文化和旅游部发布的《"十四五"文化产业发展规划》明确，"十四五"时期以推动文化产业高质量发展为主题，以深化供给侧结构性改革为主线，以文化创意、科技创新、产业融合催生新发展动能。在新疆文化产业政策层面，强调在文化强国建设战略及文化润疆方略政策的指导和扶持下，文化创意产业可以进一步铸牢中华民族共同体意识，激发广大社会公众创新表达，发掘和传播新疆壮美自然风光、璀璨历史文化和多彩人文风情，以优秀创意成果展现真实、美丽、朝气蓬勃的新疆。

3. 经济发展新机遇

文化创意产业兼顾了文化产业和创意产业的产业优势，呈现了更强的市场竞争力。新疆特色文化产业是新疆经济发展的新引擎这一点已经达成共识。① 面对"一带一路"倡议的历史机遇，新疆作为"丝绸之路经济带"核心区，可以全力助推文化产业交流合作。当前，新疆打造各种文化品牌，产业化发展初现规模。新疆依托富有的文化资源，通过创新的方式，以文化旅游融合发展为核心，开发特色的衍生产品和特色产业群，提高文化产业的市场竞争力，实现文化富民。

4. 数字技术新机遇

数字化革命使文化的生产、传播和消费方式发生了巨大的变化。随着大数据、5G、人工智能、云计算、区块链等新一代科学技术的迅猛发展，形成了文化科技一体化发展的新格局。新技术融合发展的新格局彻底改变了文化创意产业传统的商业模式，非物质商品化达到了新的高度，为文化创意产

---

① 卫霞：《西部民族特色文化产业法律保障研究》，中国社会科学出版社，2020，第6页。

业在新时代与新媒体的深度交流和融合铺平了道路，对文化创意产业的发展起到了积极的推动作用。数字化、网络化、智能化浪潮的涌动和席卷，为新时代新疆文化创意产业打开了巨大的发展空间。例如，新疆维吾尔自治区博物馆（以下简称"自治区博物馆"）隆重推出"数字博物馆沉浸式体验项目"，通过科技手段穿越时空，与历史共鸣。该项目通过数字化展示交互系统展示馆藏文物数字信息，为观众打造个人专属的互动空间。在体验项目中，参观者可以根据个人观展的体验，在沉浸式项目中策划自己的虚拟展览，并亲自动手"陈列布展"或"修复文物"。

（三）新疆文化创意产业成功案例

2017 年以来，自治区博物馆紧紧围绕"文物创意衍生弘扬中国新疆历史文化"的发展目标，立足"让文物活起来"，融以"传承历史、终身教育、分享知识、快乐互动"的博物馆教育功能，依托馆藏纺织品、彩绘泥塑等珍贵文物和新疆地域历史文化特色，采取合作、授权、独立开发等方式，创作研发了一批具有广泛文化影响力的文创衍生品。2017 年开发文创产品以来，先后推出"高昌智慧系列""五星出东方利中国系列""草原系列""唐小驹系列""潮虎想象系列"等十大类 600 余种文创产品，包括草原石人便笺本、树脂公仔、山普拉钱包、冰箱贴、钥匙链、高昌王宫仔、创意充电宝、锦绣琼花访古布鞋等文化创意衍生品。[①] 2020 年至今，自治区博物馆文化创意产品消费规模以及投融资规模快速攀升。自治区博物馆开辟"线上+线下"新博文创展销空间，先后推出"庆祝中国共产党成立 100 周年"限量文创产品、"虎纹金牌"文创雪糕、"会说话的语音讲解棒棒糖"等可以吃的文创产品，以及乡村振兴特产、"绮梦疆湖丝路宝藏女孩"等百余款新品。2021 年，新博文创展销推出文创蜂蜜，与尼勒克县扶贫厂家合作，原材料获得国际蜂联第 46 届国家养蜂大会结晶蜜品质全球金奖，提取

---

① 蔺晓、王敏：《博物馆与文化创意产业开发——以新疆维吾尔自治区博物馆衍生品开发为例》，《新疆艺术》（汉文）2018 年第 5 期，第 110 页。

自治区博物馆"绢衣彩绘仕女俑"的文物元素，创新勺装蜂蜜的干净便捷，还原唐朝西域女性的精致生活。此套文创产品是从原材料到商品，再上升到体验，最后到情感认同的一次尝试，助力了新疆本地品牌的推广，以创意设计提升了新疆特产的商业价值。

二 新疆文化创意产业的发展现状

文化创意产业是以知识产权的创造和转化为核心的产业，其生命力在于知识产权的创造和保护。① 健全的知识产权保护机制为规模化发展提供制度保障，有助于引导和规范文化创意产业形成文化产业集群。因此，推进新疆文化创意产业协调发展、顺应数字产业化和产业数字化发展趋势，加快发展新型文化业态，均需要更强有力的法治保障。

（一）文化创意产业法治保障体系初步建立

在国家层面，文化创意产业的国家立法在实践中主要在全国人大、国务院和文化管理部门牵头颁布的多部法律、法规和部门规章基础上初步建立了文化创意产业法治保障体系。从全国性专项立法层面，《中华人民共和国公共文化服务保障法》《中华人民共和国公共图书馆法》《中华人民共和国电影产业促进法》《中华人民共和国文物保护法》《中华人民共和国非物质文化遗产法》《中华人民共和国著作权法》《中华人民共和国商标法》等法律为文化创意产业发展提供指引。另外，为进一步推动文化文物单位文化创意产品开发，文化和旅游部、中央宣传部、国家发展改革委、财政部、人力资源社会保障部、市场监管总局、国家文物局、国家知识产权局等多部门于2021年8月17日联合发文《关于进一步推动文化文物单位文化创意产品开发的若干措施》，进一步规范文化文物单位文化创意产品开发工作。从2006年起我国陆续出台了《国家"十一五"时期文化发展规划纲要》《文化产业

---

① 王海燕：《创意产业发展的知识产权保护》，《特区经济》2007年第11期，第250页。

振兴规划》《国家"十二五"时期文化改革发展规划纲要》《国家"十三五"时期文化发展改革规划纲要》《国家"十四五"文化产业发展规划》等文件，从战略和策略层面对我国发展文化创意产业的规划和目标进行指引（见表2）。

表2 国家文化产业政策及指导意见（部分）

	发布时间	文件名称	发文部门
1	2014年2月	《国务院关于推进文化创意和设计服务与相关产业融合发展的若干意见》	国务院
2	2014年3月	《国务院办公厅关于推进城区老工业区搬迁改造的指导意见》	国务院办公厅
3	2016年3月	《中华人民共和国国民经济和社会发展第十三个五年规划纲要》	十二届全国人大四次会议
4	2017年4月	《文化部"十三五"时期文化产业发展规划》	文化部
5	2017年5月	《国家"十三五"时期文化发展改革规划纲要》	中共中央办公厅、国务院办公厅
6	2018年9月	《国务院关于推动创新创业高质量发展打造"双创"升级版的意见》	国务院
7	2018年11月	《国家工业遗产管理暂行办法》	工信部
8	2018年12月	《进一步支持文化企业发展的规定》	国务院办公厅
9	2019年2月	《国家发展改革委关于培育发展现代化都市圈的指导意见》	国家发展改革委
10	2019年8月	《国务院办公厅关于进一步激发文化和旅游消费潜力的意见》	国务院办公厅
11	2019年12月	《中华人民共和国文化产业促进法（草案送审稿）》	司法部

2014年10月，《中共中央关于全面推进依法治国若干重大问题的决定》提出要制定文化产业促进法。这是党中央首次将文化产业促进法的立法问题写入重大文件，为正式制定"中华人民共和国文化产业促进法"拉开了序幕。2018年十三届全国人大一次会议第三次全体会议将"中华人民共和国文化产业促进法"列入十三届全国人大常委会今后五年的立法规划。

在自治区层面，自治区党委、人民政府加强顶层设计，2012年出台了新疆维吾尔自治区《关于加快自治区文化发展的若干政策》、2015年出台了

《贯彻落实国务院关于推进文化创意和设计服务与相关产业融合发展若干意见的实施意见》、2016 年出台了《新疆维吾尔自治区文化产业发展专项规划（2016~2020 年）》、2017 年出台了《新疆维吾尔自治区文化事业"十三五"发展规划》等政策文件强化了文化创意产业的政策保障、政策引导和政策扶持。2022 年出台的《新疆维吾尔自治区文化和旅游发展"十四五"规划纲要》（以下简称"'十四五'规划纲要"）中，阐述"十四五"时期新疆维吾尔自治区文化和旅游发展的指导思想，明确了五项基本原则，提出了发展目标和重点领域的量化指标。对重点发展的文化及相关联产业的发展目标、空间布局、主要任务等进行了规划，对文化创意产业未来发展形成了引领作用。按照《新疆维吾尔自治区文化和旅游发展"十四五"规划》，新疆正在积极推动"新疆文化产业促进条例"制定出台。与此同时，2022 年为贯彻落实文化和旅游部、中央宣传部、国家发展改革委、财政部、人力资源社会保障部、市场监管总局、国家文物局、国家知识产权局《关于进一步推动文化文物单位文化创意产品开发的若干措施》，新疆维吾尔自治区文化和旅游厅牵头起草制定了《关于进一步推动文化文物单位文化创意产品开发的实施方案》，目前正在征求相关单位、相关处室的意见建议。可以说，新疆文化创意产业保护立法已初具规模。截至 2022 年，自治区人大、自治区人民政府等有关部门陆续颁布的《新疆维吾尔自治区非物质文化遗产保护条例》《新疆维吾尔自治区历史文化名城街区和历史建筑保护条例》《新疆维吾尔自治区级文化生态保护区管理办法》《新疆维吾尔自治区维吾尔木卡姆艺术保护条例》等 12 件地方性法规与政府规章，立足于不同角度为新疆文化创意产业发展提供了具体指引。①

（二）打造了文化创意产品 IP

IP（Intellectual Property）即知识产权，随着信息技术的发展，IP 的概念逐渐被大众广泛运用，原概念愈发宽泛。《2018 中国文化 IP 产业发展报

---

① 潘从武、周勤等：《新疆立法保护历史文化遗产》，《法治日报》2021 年 1 月 26 日，第 7 版。

告》中对 IP 进行了重新定义，首次提出"文化 IP"的概念，即是一种文化产品之间的连接融合，是有着高辨识度、自带流量、强变现穿透能力、长变现周期的文化符号。[①] 在新疆，随着文化润疆工程和旅游兴疆战略的深入推进，新疆文创迎来了 IP 开发热，通过文创产品版权的不断开发，丰富了产品形式，凸显了文化创意的核心价值，有的已经取得很好的成效。例如，阿勒泰克兰青年文化传媒有限公司打造的"雪怪阿乐"，以可爱生动的形象，成为当地冰雪旅游形象大使，有力助推了当地风情和旅游文化传播，推广了 IP 形象，并获得中国文化艺术政府奖第四届动漫奖。阿克苏地区柯坪县开发的"柯小驼" IP 形象，已形成 30 余种文创产品，并开设了 3 家专卖体验店，"柯小驼" IP 形象开发入围"2021 年度中国旅游产业影响力案例"，对当地旅游的拉动作用特别明显。值得一提的是，在众多新疆文化 IP 中，"阿凡提"是新疆文化中最具实力和发展潜能的，现已形成了我国独特的阿凡提文化产业。自 1957 年开始，以阿凡提的故事为蓝图的各种图书系列产品的出版，使"阿凡提"成为新疆地区走出去的独特品牌，出版行业的奋力开发也为其在其他领域的文化创意开发打下了坚实基础。[②]"阿凡提" IP 形象在动画行业于 1979 年诞生之后持续发力，于 2018 年在 3D 动画电影《阿凡提之奇缘历险》中，从动漫 IP 形象成功转化为影视 IP 形象。

三 新疆文化创意产业发展阻碍因素分析

新疆是我国文化资源的富集地，但与此同时也要清醒地认识到目前新疆的文化创意产业与发达地区相比还存在一定的差距，无论是在质量、规模，还是在产业的投入以及创收能力上仍滞后于东部经济发达省份。新疆文化创意产业发展主要存在以下几方面问题。

---

① 《2018 中国文化 IP 产业发展报告》，遵义政府网，2018 年 10 月 30 日，http：//wgxj. zunyi. gov. cn/whcy_ 8581/201810/t20181030_ 783291. html。

② 阿布都外力·克热木：《"阿凡提"现象：为新疆文化产业发展提供新思路》，《中国民族报》2015 年 11 月 6 日。

（一）文化创意产业发展政策及立法体系不完善

近年来，随着"文化润疆"工作的不断推进，新疆相继出台了一系列促进文化产业发展的政策，对文化产业进行重点扶持。尽管新疆在"十四五"规划纲要中明确了全自治区文化创意产业发展的总方向和总目标，但作为落实规划和战略中坚力量的具体文化创意产业实施政策"实锤"还未见出台落地，导致纲要发挥宏观指导的优势并不明显。截至 2022 年，于2015 年自治区人民政府印发的《贯彻落实国务院关于推进文化创意和设计服务与相关产业融合发展若干意见的实施意见》仍是新疆唯一一个在文化创意产业领域贯彻落实国务院推进文化创意产业发展政策的地方性文件。其他地区为了发展自己的文化创意产业，在中央宏观政策的推动之下，各级政府陆续制定、颁布了大量的地方性规范文件，如 2009 年 1 月深圳市施行了《深圳市文化产业促进条例》，同年 5 月太原市施行了《太原市促进文化产业发展条例》，福州市 2012 年 5 月发布了《福州市文化创意产业发展"十二五"专项规划》等来推动当地文化创意产业的发展。相比其他省市，新疆缺乏具体的指导并规制文化创意产业发展的文件，导致在发展过程中呈现片面发展、不成规模发展等多种问题。

（二）文化创意产品创新乏力，缺乏品牌战略

从目前来看，新疆文化创意产业发展还处于成长初期，文化创意企业自身创新意识、创新能力不足，在文创产品开发中"蹭热点""跟风"的现象比较严重。新疆文化创意产品缺乏创新力往往体现在开发的文创产品趋同度高，同质化严重，导致不少文化创意产品脱离本土需求，吸引力不足，难以形成市场共鸣。随着新疆文化创意园区的兴起，逐步建立了集创作生产、展品展区、艺术品销售、影视曲艺演出、餐饮服务、旅游观光等于一体的，以"七坊街创意产业集聚区"为代表的文化创意产业园区。文化创意产业园区内集聚了一批文化创意企业，也创造出了一系列富有创意的文化创意产品，体现了新疆的特色文化和地域风貌。但同时产业园区内存在着同质化严重问

题，创意设计环节劲头不足，使得文化创意产品的研发、制作水平不高。目前新疆大多数文创产品设计载体集中于扇子、钥匙扣、冰箱贴等实用性与创意性贴合度不高的产品。一方面，这些小微企业、工作坊等与其他产业的结合并不融洽，未深层挖掘创意产品与科技、人工智能、大数据之间的有机结合，因此所开发出的文创产品缺乏技术含量。同时，这些小微企业、工作坊，甚至消费者对文化创意产品的知识产权保护意识十分薄弱，企业自身忽视自我保护，加之新技术的不断发展加大了侵权的隐蔽性、便利性、低成本化，导致市场上"山寨创意产品"层出不穷，创意侵权纠纷呈上升趋势。另一方面，新疆文化创意企业创意品牌建设能力不足。部分文化创意企业虽然申报注册了自己的商标，确立了自己的品牌产品，但由于文创企业缺乏品牌战略意识，尚未形成一定数量、知名度高、有影响力的品牌，如新疆著名的文化创意产品"艾德莱斯绸"已成为新疆的一个文化名片，但体现在产业上，依然缺乏驰名品牌，缺乏行业引领者，在品牌价值、知名度和影响力方面略显不足。

（三）文化创意产业社会服务相对滞后

文化创意产业管理制度制定主体涉及政府、立法部门等，应当为文化创意产品及其产业链的生产、流通等提供必备的法治保障，行业协会、中介服务机构等社会组织机构也需要加强和完善服务文化创意产业的能力。目前，新疆专门为文化创意服务的社会中介和服务机构体系还极不完善，已经建立的为文化创意产业服务的社会组织和政府协调沟通渠道不通畅，交流互动少，服务功能不健全。

四　新疆文化创意产业发展保障措施

"十四五"时期是新疆文化创意产业谋新篇、开新局的关键时期。推进新疆文化创意产业的发展，必须进一步加大文化创意产业的政策扶持力度和法律保护力度。

（一）完善文化创意产业法律法规，加强政策扶持和指导

1. 健全文化创意产业发展的地方支持政策

新疆历史文化资源丰富，要充分认识到文化创意产业对社会经济发展的重要性，明确文化创意产业的定位，创立新疆文化创意产业发展领导协调机构。要根据国家制定颁布的有关政策，结合新疆的文化特点和文化创意产业发展现状，加强与相关部门的协调联动，确定文化创意产业发展规划，因地制宜制定促进文化创意产业发展的政策和管理制度，形成文化创意产业的管理制度，规范市场环境，包括设立专项基金、财税收优惠、知识产权激励等产业扶植措施，加大对文化创意产业的扶持力度。

2. 出台新疆文化创意产业促进条例

为了发展已经初具规模且极具发展潜力的新疆文化创意产业，新疆高度重视促进文化创意产业发展的立法工作，及时制定、实施富有针对性的地方性保护文化创意产业的法规、规章，明确文化创意产业发展定位和发展目标、区域布局与分工，各级政府部门职责，产业扶持基金申请与管理，产业联盟的建立与管理，金融、财政、税收、信贷、工商管理等方面的优惠政策措施，知识产权创新激励及保护和转化，文化创意市场、文化中介机构、文化经纪人管理等，进而健全文化创意产业法制保障体系，以促进产业发展和繁荣。

（二）实施文化创意产业全链段知识产权保护策略

1. 加强文创产品知识产权开发和保护，打造吸睛又吸金的文创产品

首先，在文化创意产品的创作链段中，需要进一步加强对新疆原创 IP 的培育、开发和转化，讲好新疆故事，鼓励支持企业创作生产出具有吸引力的文创产品。优秀的文创 IP 产品，既具有产品实用功能性，更蕴含精神文化和创意时尚的外观。其次，在文化创意产品的开发和生产链段中，尊重文化创意的创造，保护其成果不受非法盗取。由于文化创意产品涉及较广，所涉及的知识产权侵权类型多样，文创产品的侵权会极大程度地打击文化创意

企业的创新和开发动力。

2. 强化文化创意企业品牌意识

文化创意企业需要利用商标营销文化创意产品和服务，使文化创意产品具有更大的商业价值。因此，在文化创意产品的传播、销售链段中，新疆文创企业应具备强烈的商标意识，认识商标的重要性，实施恰当的商标策略，创造和打响属于自己的品牌。例如，自治区博物馆可以就目前开发的"高昌王"系列文创产品进行品牌化推广，让更多公众感知并接受文物之内涵，提升博物馆社会形象。文创企业在开发文创产品时，应充分利用现在的新媒体平台，以及艺术展览、影视开发等渠道，对文化创意企业及品牌进行宣传，扩大文创产品的知名度，提升影响力。

3. 提升知识产权行政执法效率

针对文化创意产品的传播、销售链段，改进知识产权执法体制并建立有效的协调管理机制，加大执法监督力度，严厉打击各类侵权盗版行为。增强执法人员执法能力，确保执法的合法有效。完善各项执法制度，规范执法行为，提高办案效率。

（三）构建文化创意产业公共服务平台

构建文化创意产业公共服务平台，完善版权代理机构等中介服务机构，对于促进新疆文化创意产业的发展具有重要意义。文化创意产业从创意的产生到产品的形成再到销售的每一个阶段所需的服务内容不尽相同，但主要以知识产权服务为主，包括知识产权信息查询、知识产权价值评估、著作权登记以及代理等。可以以知识产权服务体系为核心，通过统一的知识产权公共服务平台向文化创意企业提供相应的服务。

案 例 篇

Case Studies

B.15
新疆法院人民法庭工作调研报告

张　亮　赵晓琳*

摘　要： 近年来，新疆法院深入贯彻习近平总书记关于"把'枫桥经验'坚持好、发展好，把党的群众路线坚持好、贯彻好"的重要指示精神，更加注重系统观念、法治思维、强基导向，充分发挥人民法庭打基础、利长远、固根本的职能作用，始终坚持问题导向、需求导向、目标导向并重，扎实推进人民法庭建设，基础建设有力有序，诉源治理见行见效，"三个服务"走深走实。本报告中，作者立足司法本职，结合调研经历，详细梳理第四次全国人民法庭工作会议以来新疆法院人民法庭工作的探索实践，全面总结人民法庭建设的工作经验，客观分析当前阶段的短板差距，并提出加强新时代人民法庭高质量发展的工作思路，力求为推进新时代新疆法院人民法庭工作迈上新台阶、取得新成效提供有益参考。

---

* 张亮，新疆维吾尔自治区高级人民法院民事审判第一庭庭长，三级高级法官；赵晓琳，新疆维吾尔自治区高级人民法院民事审判第一庭一级法官。

关键词： 依法治疆　人民法庭　司法为民

习近平总书记在新疆考察时指出"做好新疆工作事关大局，是全党和全国的大事"。当前，做好新形势下新疆工作，必须牢牢扭住社会稳定和长治久安总目标，把依法治疆摆在更加突出位置，更好发挥法治固根本、稳预期、利长远作用。新疆法院是依法治疆的忠诚践行者和有力推动者，肩负着推进法治新疆建设的政治责任和光荣使命。人民法庭作为基层人民法院的派出机构，处于司法服务各族群众的第一线，是守护公平正义的最后一道防线，是人民法院践行以人民为中心发展思想最生动的实践平台；人民法庭作为服务基层治理的成员单位，是将小矛盾小问题化解在萌芽和基层最直接、最有效的专业力量，承担着推进社会治理体系和治理能力现代化的重要责任；人民法庭作为服务乡村振兴的前沿阵地，与乡村具有天然紧密联系，承担着增加乡村司法供给，服务保障农业高质高效、乡村宜居宜业、农民富裕富足的时代责任；人民法庭作为基层政权的重要组成部分，是党执政基层政权的"神经末梢"之一，在维护基层稳定、巩固基层政权方面具有重要作用。[①] 加强新时代新疆法院人民法庭工作，是新疆法院深入贯彻落实习近平法治思想的生动实践，是完整准确贯彻新时代党的治疆方略的具体举措，有利于传承人民司法优良传统，实现各族群众司法获得感、幸福感、安全感更加充实、更有保障、更可持续；有利于紧扣基层治理工作需求，推动构建党委领导、政府负责、社会协同、公众参与、法治保障的社会治理格局；有利于拓展乡村振兴工作成果，助力农业全面升级、农村全面进步、农民全面发展；有利于积极营造良法善治的社会氛围，全面推进依法治疆、建设法治新疆，确保新疆工作始终沿着正确方向前进。

---

① 2021 年 7 月 25 日，最高人民法院党组书记、院长周强同志在全国高级法院院长座谈会上的讲话。

一 新时代新疆法院人民法庭工作实践探索

（一）顶层设计，高位推动人民法庭工作

2017 年以来，受政法编制空缺、经费保障困难、综合任务繁重等因素影响，新疆法院 274 个人民法庭近 40% 闲置空转、职能弱化，成为影响各项工作高质量发展的短板弱项。2020 年 11 月第四次全国人民法庭工作会议以来，新疆维吾尔自治区高级人民法院（以下简称"新疆高院"）更加注重系统观念、法治思维、强基导向，将人民法庭建设列为新疆法院基础性、全局性重点工作，整体谋划，强力推进。

1. 恢复建设阶段（2021年2月~2021年6月）

2021 年 2 月起，新疆高院成立工作专班，分管副院长带队深入乌鲁木齐市、伊犁州、喀什地区等地（州、市）人民法庭实地调研，摸清实情、找准症结、比对分析、谋划思路。经系统调研，深入研判，提出"强机制、优布局，力求资源利用最大化；拓职能、树品牌，实现司法服务更深化"的工作思路，并以优化布局为起点，推进人民法庭恢复建设。2021 年 4 月，制发《新疆维吾尔自治区高级人民法院关于进一步加强人民法庭工作的指导意见》《人民法庭工作规范及法官工作站（巡回审判点）工作规范》（以下简称"一意见两规范"），制定《"枫桥式"人民法庭 8 条措施》《旅游巡回法庭 8 条措施》，人民法庭工作机制日趋完善。2021 年 5~6 月，分南北疆片区召开人民法庭工作推进会，各地（州、市）人民法庭代表现场观摩昌吉回族自治州大西渠人民法庭、大丰人民法庭，喀什地区和夏阿瓦提人民法庭、洋大曼人民法庭，"沉浸式"感受优秀人民法庭工作成效，通过"解剖麻雀"，为人民法庭工作提供有益借鉴和方向指引。新疆法院人民法庭恢复建设有策有为（见图1）。

2021年4月
"一意见两规范"

2021年2月
实地调研

2021年5~6月
人民法庭工作推进会

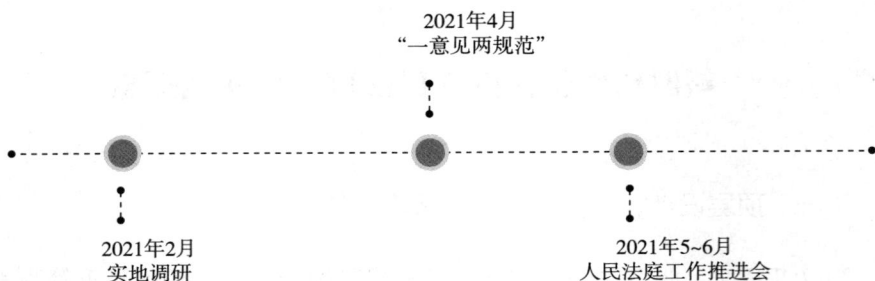

图1 恢复建设阶段时间轴

2. 实质运转阶段（2021年7月~2021年12月）

2021年7月全国高级法院院长座谈会以来，新疆高院坚持把人民法庭工作作为"我为群众办实事""我为基层解难题"的重要抓手，持续加强人民法庭建设。2021年7月，制定《院领导驻庭调研和包联人民法庭工作方案》，主要领导带头，三级法院368位院领导接续跟进，多轮次、全方位、多渠道入驻181个人民法庭，深入开展"五个一"活动①，参与解决620个纠纷，形成195份调研报告，帮助解决5类40项401个困难，不断推进人民法庭实质运转。2021年8月，对全疆人民法庭工作进行视频调度，通报工作情况，交流工作经验，明确工作思路，并印发《关于推动新时代新疆法院人民法庭工作高质量发展的工作措施》（以下简称"十八条措施"），有效指导人民法庭快速发展。视频调度会及"十八条措施"经验被最高人民法院在全国推广。2021年10月，制定《强基为民工作方案》，77个"枫桥式"人民法庭形成"一庭一品"工作经验，各地（州、市）积极探索服务基层治理、服务乡村振兴系统经验，新疆法院人民法庭工作稳步迈入高质量发展阶段（见图2）。

---

① "五个一"活动：参加一次党支部活动，旁听一次案件庭审，参与一次案件调解，走访一次当地群众，与法庭干警、乡村干部及群众代表召开一次座谈交流会。

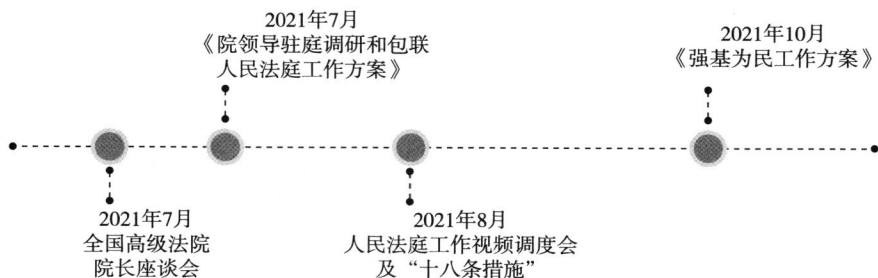

图 2　实质运转阶段时间轴

3. 高质量发展阶段（2022年1月至今）

2022 年，新疆高院确立"诉源治理巩固提升年"工作主线，将人民法庭工作置于更加突出位置，制定《人民法庭工作要点》《人民法庭考核评估细则》，明确人民法庭工作高质量发展的工作思路、任务目标、推进路径；创办并编发 3 期《人民法庭工作动态》，搭建人民法庭"交流学习、分享经验、互相启发、共同提升"平台，推动强化整体效能；主动向自治区党委政法委报告工作，自治区党委书记马兴瑞做出"要真正抓好落实，求真务实、依法依规开展工作"重要批示。各地（州、市）人民法庭坚持"三个面向""三个便于""三个优化"原则，扎实推进各项工作，一批具有新疆特色、时代特征、群众赞誉的"枫桥式"人民法庭应运而生、奋发有为；"一庭一品"样板经验品牌凸显、亮点纷呈，人民法庭高质量发展活力正盛，动力强劲，成效初显。2022 年 5 月，最高人民法院周强院长发表署名文章《新疆法院基层人民法庭蹲点手记》，充分肯定了新疆法院"党旗下的法庭""马背上的法庭""指尖上的法庭"建设成果（见图3）。

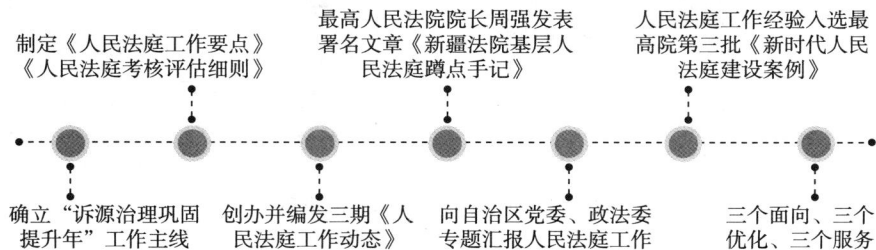

图 3　高质量发展阶段时间轴

（二）优化布局，因地制宜推进人民法庭发展

三级法院立足新疆由稳向治、发展不平衡的区情，地广人稀、基础薄弱的社情，多民族聚居、多元司法需求的民情，紧盯人民法庭建设突出问题，摒弃扩员增编固化思维，把优化布局贯穿于人民法庭建设全过程，制定实策，务求实效。

1.科学设定布局模式

新疆高院制定《人民法庭优化布局方案》，15 个分中院综合考量地区大小、人口多少、案件数量和经济发展等因素，因地制宜构建以"基层法院—中心法庭—巡回法庭—法官工作站/巡回审判点"为基础的三种差异化人民法庭布局模式（见图 4）。A 模式，即基层法院辖区正常使用的人民法庭全部设置为中心法庭，无须全日办公的设置为巡回法庭，由中心法庭辐射带动开展工作，比如，博乐市人民法院有 2 个人民法庭，小营盘人民法庭全日制办公设置为中心法庭，通过巡回审判方式辐射带动达勒特人民法庭开展工

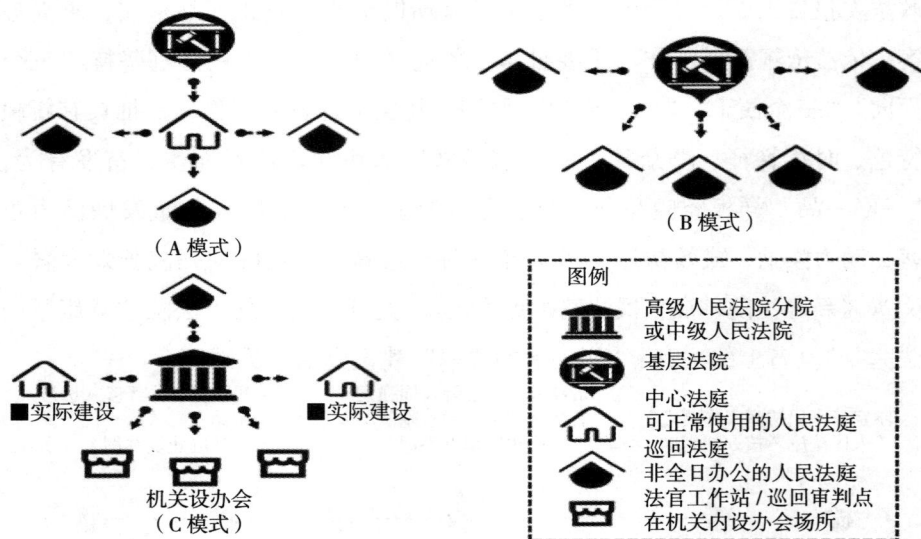

图 4　人民法庭布局模式示意图

作。B 模式，即基层法院辖区地广人稀、案件量小、法庭分散、力量薄弱的人民法庭均设置为巡回法庭，由基层法院指定部门、团队按需统筹开展巡回审判工作，比如，昭苏县人民法院有 2 个人民法庭，喀夏加尔人民法庭和察汗乌松人民法庭工作归立案庭负责，根据实际需求不定期开展巡回审判。C 模式，即鼓励各分中院积极探索有别于上述两种模式，更适合辖区实际的个性化布局模式，比如，乌鲁木齐铁路运输中级法院辖区 2 个人民法庭无独立办公场所，在法院机关办公，依托法官工作站开展环资类纠纷、家事类纠纷巡回审判。通过调整布局，全疆 274 个人民法庭使用率从 61% 上升至 97.4%，做到能启用尽启用。

2.动态调整布局模式

随着人民法庭工作持续推进，地区之间和地区内部发展不平衡、中心法庭和巡回法庭发展不平衡、综合审判和专业建设不平衡、审判主责和社会职能发挥不平衡的现象逐步凸显。新疆高院精准帮助、科学指导各分中院积极应对恢复使用、实质运转、快速发展等不同阶段的现实需要，动态调整人民法庭布局，经过三轮次优化调整，人民法庭使用率达到 97.81%，仅有 6 个暂无使用必要的人民法庭未实际使用。随着差异化发展不断深入，逐步搭建起人民法庭工作三个梯队（见图 5）。第一梯队，工作扎实、成效突出的 77 个中心法庭先行创建"枫桥式"人民法庭，培育"一庭一品"工作品牌，打造人民法庭工作样板。第二梯队，正常运行的 89 个中心法庭实现建设标准化、队伍专业化、工作规范化，辐射带动 84 个巡回法庭开展工作，接续创建"枫桥式"人民法庭。第三梯队，10 个基层法院辐射带动 14 个巡回法庭实质开展工作，逐步升级为中心法庭；4 个基层法院的 4 个特色模式人民法庭用足用好法官工作站/巡回审判点，有序开展工作。同时，人民法庭辖区 601 个乡镇全覆盖设立法官工作站/巡回审判点，6500 多个村（社区）张贴法官便民联系卡，逐步织密"纵向见底，横向到边"的司法服务网。新疆法院人民法庭优化布局经验，被最高人民法院作为首批新时代人民法庭建设案例在全国发布。

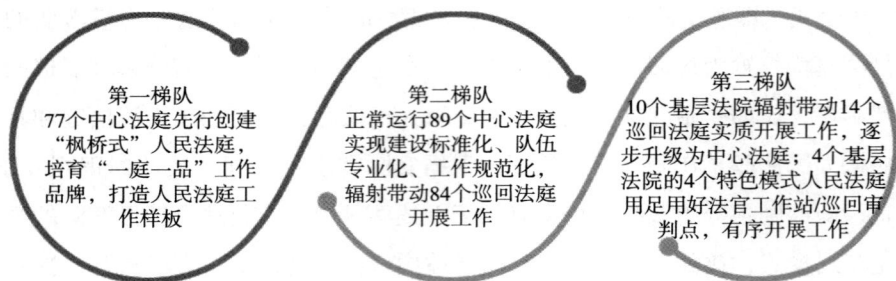

图5　人民法庭布局三梯队示意

（三）建强基础，多措并举完善人民法庭保障

1. 力量下沉，将人民法庭建设成为干部成长的摇篮

第一，从人员配置看，截至2021年初，新疆法院人民法庭共配置人员722人，其中，在编干警355人，聘用人员367人。截至2022年初，人民法庭共配置人员879人，同比增长21.75%，其中，在编干警380人，同比增长7.04%，聘用人员499人，同比增长35.97%，人民法庭力量不断充实（见图6）。

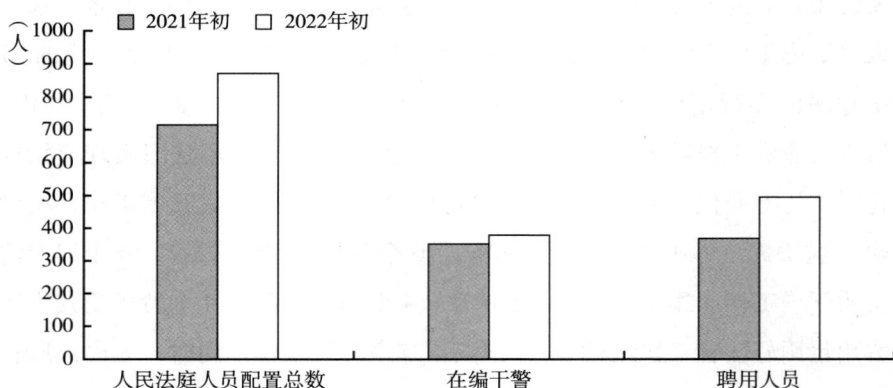

图6　人民法庭人员配置情况

第二，从年龄结构看，截至2022年初，人民法庭干警50岁及以上132人，占比15.02%；40~49岁153人，占比17.41%；30~39岁318人，占比

36.18%；30 岁以下 276 人，占比 31.40%。40 岁以下干警占比达到 67.58%，更多青年骨干力量扎根人民法庭经风雨、长才干（见图 7）。

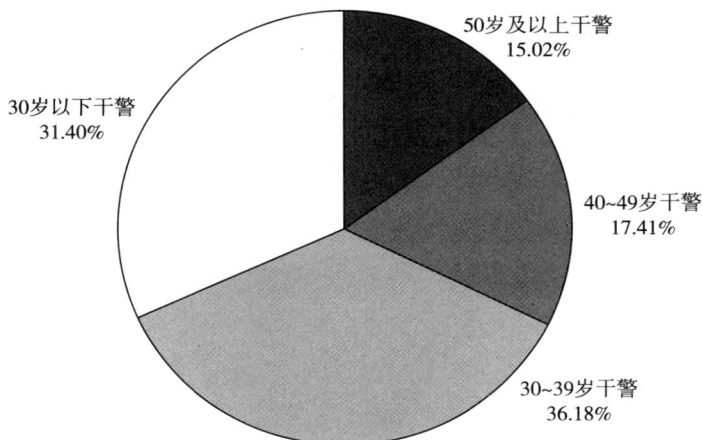

图 7 截至 2022 年初人民法庭人员年龄构成

第三，从审判力量看，截至 2021 年初，人民法庭配置员额法官 223 人，法官助理 89 人，在编书记员 26 人。截至 2022 年初，人民法庭配置员额法官 242 人，同比增长 8.52%，法官助理 97 人，同比增长 8.99%，在编书记员 31 人，同比增长 19.23%，配置聘用制法官助理和书记员 295 人，审判力量不断配强，303 名党员干警扎根基层锤炼党性、担当使命（见图 8）。

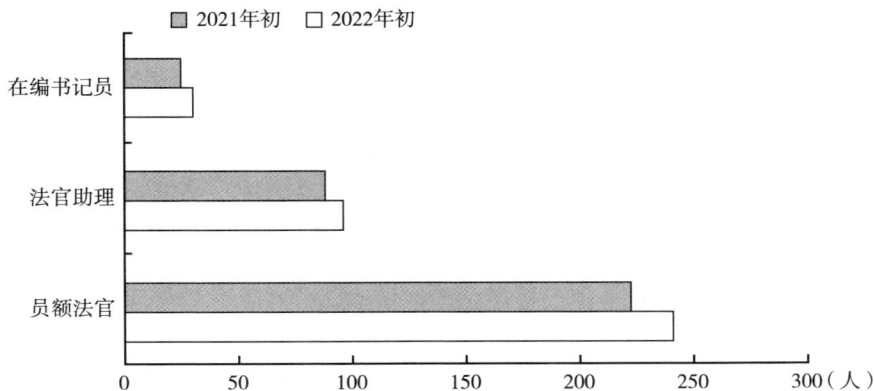

图 8 人民法庭审判人员情况

2. 重心下移，将人民法庭打造成为司法为民阵地

第一，从区位分布看，截至 2022 年初，274 个人民法庭中，有乡村法庭 249 个，占比 90.88%，城乡接合法庭 12 个，占比 4.38%，城区法庭 13 个，占比 4.74%。2021 年初，187 个人民法庭正常运转，使用率为 68.25%。2022 年初，268 个人民法庭实际运转，使用率达到 97.81%，更加便于各族群众就近解决纠纷（见图 9）。

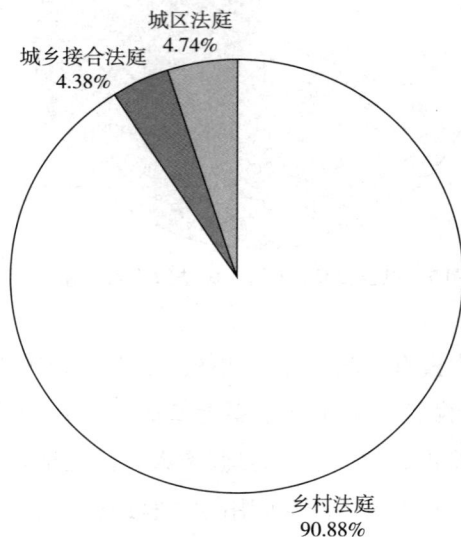

城区法庭 4.74%
城乡接合法庭 4.38%
乡村法庭 90.88%

图 9　2022 年初人民法庭区位构成

第二，从诉服功能看，2021 年初，仅 137 个人民法庭实现网上立案，105 个人民法庭使用电子签章，81 个人民法庭配备科技法庭，155 个人民法庭接入四级法院专网。2022 年初，166 个中心法庭全部实现现场直接立案，并为老年人、残疾人等特殊群体提供多元化、差异化线下诉讼服务；同时，中心法庭全部实现网上立案、跨域立案、网上缴费，全部配置电子签章、科技法庭、四级法院专网。另外，77 个"枫桥式"人民法庭逐步推进"一站式"诉讼服务中心和多元解纷中心建设，昌吉州五彩湾人民法庭率先设立公共法律服务中心，充分保障各族群众多元司法需求（见图 10）。

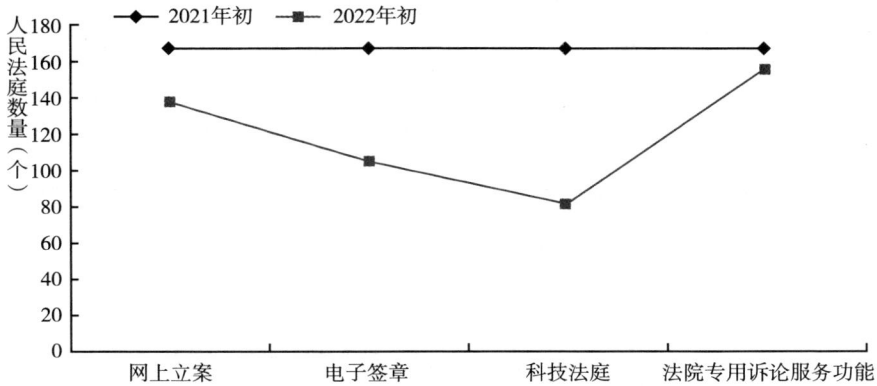

图 10　人民法庭诉讼服务功能情况

第三，从解纷机制看，2021 年初，人民法庭对接基层解纷力量 955 人，2021 年 1~6 月前端多元化解纠纷 15790 件。2022 年初，210 个人民法庭入驻人民法院调解平台诉源治理模块，集约集成各类解纷力量 2623 人，诉前化解纠纷较 2021 年同期上升 32.05 个百分点。特别是昌吉州、阿勒泰地区、乌鲁木齐市等地中心法庭均配备特邀调解员，多元共治、前端解纷的诉源治理成效不断呈现（见图 11）。

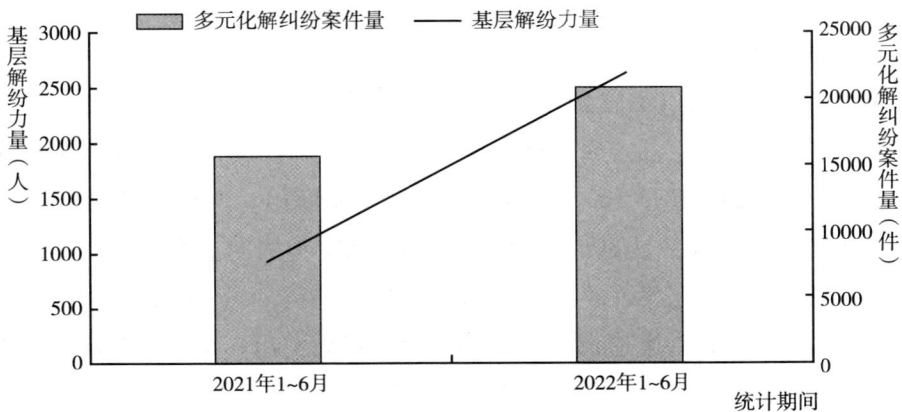

图 11　人民法庭多元解纷机制情况

第四，从驻庭条件看，2021 年以来，新疆高院更加注重重心下移，为39 个基层法院拨付专项经费，巴音郭楞蒙古自治州焉耆县人民法院试点为人民法庭干警发放工作补贴和差费补贴。积极争取各级地方党委支持，投入数千万元加强人民法庭基础建设，为干警提供安心、安业的工作生活环境，为各族群众提供舒适、便捷的司法服务，各地（州、市）人民法庭庭容庭貌、办公环境、服务设施、居住条件不断优化。

二 新疆法院人民法庭工作成效初显

（一）司法审判取得新成效

1. 司法为民更有力量

审判质效持续向好，2021 年，人民法庭受理纠纷案件 82293 件，达2020 年的 2.44 倍，2022 年上半年受理纠纷案件 45518 件，较 2021 年同期增长 3.63%；诉前调解成功率 96.64%，诉讼案件调撤率 83.21%，一审服判息诉率 97.91%，最大限度在基层实质解纷。化解矛盾持续加力，166 个中心法庭受理纠纷案件 32616 件，占人民法庭受理纠纷案件总数的 71.66%，"主力军"作用明显；77 个"枫桥式"人民法庭受理纠纷案件 22252 件，占人民法庭受理纠纷案件总数的 48.89%，"排头兵"作用突出。特别是伊犁州清水河人民法庭以霍城县人民法院 15% 的力量，审结该院 40% 的民商事案件，乌鲁木齐市、昌吉回族自治州、阿克苏地区人民法庭办案数量最多的员额法官化解纠纷超过 500 件，最大限度为群众解困。诉源治理持续深化，2022 年上半年，人民法庭诉前化解纠纷较 2021 年同期上升 32.05 个百分点；同时，受理诉讼案件较 2021 年同期下降 6.38 个百分点，诉前调解纠纷与诉讼审结案件比基本达到 1∶1，源头解纷成效突出。尤其是乌鲁木齐市基层解纷力量协助人民法庭化解矛盾纠纷人均 74.23 件，铁厂沟人民法庭特邀调解员成功调解纠纷 174 件。新疆法院人民法庭辖区万人起诉率、诉讼案件收案数实现双下降，最大力度为治理加劲。

2. 司法为民更有温度

2022 年上半年，人民法庭化解矛盾纠纷 41814 件，其中，类型较为集中的民间借贷纠纷 8329 件，占比 19.92%，买卖合同纠纷 7974 件，占比 19.07%，婚姻家庭纠纷 6434 件，占比 15.39%，劳务劳动纠纷 4350 件，占比 10.40%（见图 12）。紧盯四级法院审级职能定位改革后，基层法院一审收案标的提升，案件数量上升现状，积极探索纠纷高效化解机制。立足简易纠纷多的实际，将小额诉讼程序适用率纳入评估指标，阿勒泰地区、博尔塔拉蒙古自治州、克拉玛依市已全面适用，喀什地区、阿克苏地区适用小额诉讼程序审理案件 2486 件、1650 件，审判效率大幅提高。立足纠纷类型集中的实际，昌吉回族自治州三工人民法庭加挂金融法庭，集中审理金融纠纷 1244 件；铁路法院奎屯法庭 10 个巡回审判工作站审结环资案件 1194 件，为热力企业和用热群众提供便捷服务；哈密市伊州区人民法院探索审执"分离+融合"工作机制①，高效兑现胜诉权益。立足地域特征明显的实际，

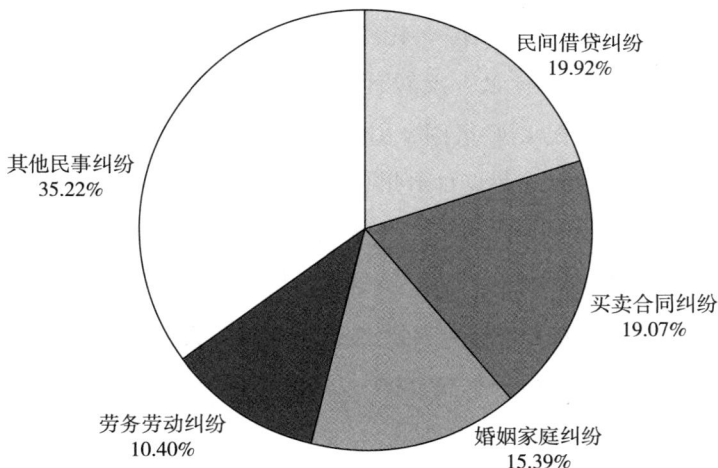

图 12　2022 年上半年新疆人民法庭受理案件类型构成

---

① "分离+融合"工作机制：基层法院 5 个执行团队对口 5 个中心法庭，对人民法庭审结、当事人申请执行的案件在人民法庭直接执行。

阿克苏地区托依堡人民法庭创新婚姻家事纠纷调解"五部曲",成效显著,离婚纠纷较 2021 年同期下降 36.25%;乌鲁木齐市头屯河人民法庭设立"妇女儿童保护驿站"化解家事纠纷,调处成功率 93%,调解和好率 64%;喀什地区健全家事审判"三访"机制①,妥善化解家事纠纷,以"小家庭"和谐促进"大社会"稳定。

3. 司法为民更有是非

新疆法院人民法庭立足本职、深耕本业,充分发挥人民司法价值引领作用,积极推动《中华人民共和国民法典》走进千家万户,走进群众心里。依托各级各类媒体平台、报刊期刊举办"人民法庭宣传月""人民法庭巡礼""讲好人民法庭故事"等宣传活动,各族群众对人民法庭的知晓度、认可度、赞誉度明显提升;聚焦各族群众普遍关心关注的土地流转、邻里纠纷、婚姻家庭等易发多发纠纷和急难愁盼问题,广泛开展"农忙法庭""巴扎法庭""假日法庭""旅游法庭"宣讲活动,用通俗易懂的语言,以"鲜活小案件"讲述"法治大道理",让各族群众真切感受《中华人民共和国民法典》坚持什么、倡导什么、反对什么、抵制什么,推动形成人人知法、人人守法、人人护法的良好氛围,引导培育文明乡风、良好家风、淳朴民风。阿勒泰地区、伊犁哈萨克自治州、吐鲁番市等地人民法庭建设经验、典型案例、感人故事被《人民日报》、《人民法院报》、最高人民法院微信公众号刊发;昌吉回族自治州北五岔人民法庭、阿勒泰地区可可托海人民法庭、乌鲁木齐市安宁渠人民法庭工作经验入选最高人民法院第三批新时代人民法庭建设案例,人民法庭服务平安乡村、法治乡村、和谐乡村建设的氛围日渐浓厚。

(二)服务人民群众高品质生活需要取得新进展

新疆地处祖国边陲,少数民族众多,人民法庭工作在边远地区、民族地

---

① "三访"化解家事纠纷的工作机制:诉前初访、暗中查访、案后回访。

区具有代表性。① 近年来，新疆法院人民法庭更加注重发扬人民司法优良传统，把司法便民利民摆在首要位置，想方设法、探索创新，切实解决好人民群众日常生活中的烦心事、揪心事，努力让人民群众及时感受到公平正义就在身边。

1. 北疆牧区人民法庭逐步探索形成特色鲜明的"马背法庭+品牌调解室"工作模式

伊犁哈萨克自治州那拉提人民法庭"公共法律服务工作站"、特克斯县"毡房调解室"、尼勒克县"奶茶调解室"把法庭"搬到"牧区草场，为人民群众化解纠纷。塔城地区依托历史文化，融合模范力量，在村级法官工作站设立"江格尔②调解室""四胜调解室""巴梅兰③调解室"，为各族群众提供"家门口"司法服务。阿勒泰地区喀拉玛盖人民法庭创新"冬不拉调解法"④，培育"热庭长调解室""努尔曼法官调解室"，创新"牧区三办工作法"⑤，为集中居住、流动转场、分散居住牧民提供"订单式"司法服务。博尔塔拉蒙古自治州发挥退休老法官优势，培育大河沿子人民法庭"老吐调解室""六心工作法"⑥，哈日布呼人民法庭"老马调解室""老马调解法"，为各族群众提供"零距离"司法服务。乌鲁木齐市永丰渠人民法庭首创引进汉哈维三语智能翻译系统，科技赋能智慧法庭建设，并定期深入百公里外的村镇牧场开展巡回审判，打通司法服务群众"最后一公里"，"马背法庭"底色更亮，"草原轻骑兵"成色更足。

---

① 最高人民法院党组书记、院长周强署名文章《新疆法院基层人民法庭蹲点手记》。

② 江格尔：新疆维吾尔自治区地方传统民间文学，国家级非物质文化遗产，描述了以江格尔为首的 12 名雄狮大将和数千名勇士为保卫宝木巴家乡而同邪恶势力进行艰苦斗争最终取得胜利的故事。

③ 巴梅兰：2015 年退休，曾任新疆塔城地区塔城市人民法院民事审判庭审判员，2016 年被塔城市人民法院聘为特邀调解员，2020 年被司法部授予"全国模范人民调解员"称号。

④ "冬不拉调解法"：将调解工作比作弹奏冬不拉，调解双方就像冬不拉的两根琴弦，法官就像弹奏的阿肯，只要耐心了解琴弦，找对弹奏方法，必定会演奏出美妙的"和弦"。

⑤ "牧区三办工作法"：集中片区代办、分散片区约办、远征牧场跟办，把司法服务送到"最远一家人"。

⑥ "六心工作法"：接待热心缓解情绪，聆听专心构建信任，分开谈心掌握诉求，抓住核心明理释法，当面交心达成共识，处理公心握手言和。

2. 南疆乡村人民法庭逐步探索形成多元共治的"前端解纷+司法指导"工作模式

巴音郭楞蒙古自治州充分发挥人民法庭纽带作用，不断深化"一村一法官+县、乡、村三级联调"的"721 工作机制"①，以点带面、以面促点，力促矛盾纠纷化解在萌芽。阿克苏地区库车市人民法院巩固拓展哈尼喀塔木人民法庭"老艾法律巴扎"党建品牌，探索构建"5+9+N"流动法庭服务机制②，指导基层组织前端解纷 1700 余件。克孜勒苏柯尔克孜自治州"天门调解室""爱国戍边调解室"将民族谚语编制成册，用各族群众听得懂的"包谷馕"③语言，让人民法庭调解更接地气。喀什地区疏附县人民法院以"纠纷联调"为载体，联合 6 个基层部门打造专业调解团队，推动实现矛盾纠纷"一站式"接收、一揽子调处、全链条解纷。和田地区推行"车载巡回法庭"，开展"案例进百村"活动，为边远地区各族群众提供"立案—审理—裁判"一站式服务，切实把"机关大院的法院"搬到人民群众身边。

3. 城乡接合法庭逐步探索形成特色鲜明的"传统+现代"相融合工作模式

乌鲁木齐市"现代园区法庭""传统稻香法庭""钢城片区法庭""高铁巡回法庭""首府牧区法庭""乡村振兴法庭"各具特色、亮点纷呈，及时守护群众安宁，助力平安首府建设。昌吉回族自治州"盖碗茶调解室""五丰调解室"等传统调解室紧贴民心，及时化解乡村邻里争议；率先开展金融巡回审判、商事巡回审判，以点带面整体化解乡村振兴过程中的矛盾纠纷。哈密市伊州区人民法院石油法庭探索形成"八位一体"多元解纷模式④，并充分发挥线上多元调解室作用，诉前诉中、庭内庭外、线上线下

---

① "721 工作机制"，县乡村三级矛盾纠纷联调机制，力求实现 70%纠纷化解在村级，20%纠纷化解在乡镇，10%纠纷化解在县市。
② "5+9+N"流动法庭服务机制：库车市人民法院辖区 5 个人民法庭为中心，9 个乡镇法官工作室为依托，乡镇派出所、司法所、基层调解组织协调联动化解纠纷的工作机制。
③ "包谷馕"：维吾尔谚语，延伸意思为辅助调解。
④ "八位一体"多元解纷模式：人民法庭与派出所、司法所、乡镇街道、村社区、联户长、"访惠聚"驻村工作队、行业协会联动调处化解纠纷的工作机制。

精准施策，"大数据+网格化+铁脚板"合力推动矛盾纠纷源头化解。吐鲁番市高昌区人民法院在人民法庭辖区设立36个"诉源治理工作站"，通过周联系、月驻站、季培训，最大限度汇聚解纷合力，推动实现"小事不出村"。

（三）服务基层治理展现新作为

新疆法院坚持把抓基层、打基础作为长远之计和固本之策，在"枫桥式"人民法庭"一庭一品"培育过程中，重点探索人民法庭融入基层治理、服务基层治理、促进基层治理的工作路径，形成三种较为成熟的系统模式。

1.昌吉回族自治州"1+2+3+4+N"模式

坚持以人民法庭建设为支点，主动争取州党委支持，推动实现人民法庭工作从"法院主推"升级为"党委主抓"，纳入州党委基层治理大格局。全面分析司法实践，总结提炼8个"枫桥式"人民法庭特色经验，培育形成"紧扣实现一审诉讼案件数量持续下降目标，突出万人起诉率和司法确认适用率两个抓手，促进人民调解、行政调解、司法调解三调联动，构建庭站点员四位一体服务网络，打造若干样板法庭"的"1+2+3+4+N"服务基层治理新路径。2021年，昌吉回族自治州13个人民法庭收诉讼案件2579件，较2020年同比下降17.76%；2022年上半年，收诉讼案件较2021年同期下降11.28%，万人起诉率同期下降7.53个万分点，诉源治理成效明显，成为新疆法院人民法庭系统服务基层治理工作样板。

2.阿克苏地区"43221"模式

立足辖区乡村法庭实际，试点培育托依堡人民法庭与乡镇矛调中心互嵌的"43221"工作模式，即"完善'一站式'诉服、调解、诉讼、培训4大功能，统筹人民调解、行政调解、司法调解3项职能，突出选聘人民调解员、人民陪审员2个重点，实现申请执行率、万人成讼率下降目标，推动构建党委领导下的多元共治体系"，得到当地党委政法委充分肯定，并在辖区复制推广。① 目前，阿克苏地区将"矛调中心+人民法庭"建设列为市域治理的重要指标，30个人民法庭完成与矛调中心互嵌，创新案件"360"分流机制，探索"红黄绿"预警方案，完善"日分析、周研判、月评估"工作措施，辖区90%的矛盾纠纷在村一级化解，人民法庭服务基层治理经验更加全面，成为新疆法院乡村法庭服务基层治理工作样板。

3. 和田地区"三调联动"模式

根据辖区矛盾纠纷多样化、复杂化、综合化特点，地区党委政法委整合资源、融合力量、聚合功能、综合手段，构建"三调联动"大调解工作格局。成立以乡镇党委书记任组长、人民法庭庭长任副组长的领导小组，设立"三调联动"工作室，集人民调解、行政调解、司法调解于一体，采取首站调解、委托调解、特邀调解、联合调解4种模式，畅通窗口接待、走访发现、平台推送、移交办理4个渠道，落实专人接访、定期会商、联动排查、联合化解4项措施，打造"一站式"矛盾纠纷化解阵地。和田市在255个村（社区）设立法官工作室，26名法官分片包联13个乡镇（街道），同时，组建120人调解员队伍，与"三调联动"工作室互为补充，努力实现"小事不出村，大事不出镇"。

（四）服务乡村振兴彰显新担当

新疆法院249个人民法庭扎根乡村，在"枫桥式"人民法庭"一庭一品"培育过程中，紧盯稳粮、优棉、强果、兴畜目标，积极对接司法需求，为辖区支柱产业、优势产业、特色产业提供"全链条"司法服务，不断巩固拓展脱贫攻坚成果，全面助力乡村振兴。

1. 助力现代产业发展

昌吉回族自治州五彩湾人民法庭、大西渠人民法庭为辖区内两个国家级

---

① 《阿克苏地区法院人民法庭拓宽诉源治理路径　助力矛盾纠纷共治》，澎湃新闻网，2021年8月2日，https：//www.thepaper.cn/newsDetail_forward_13863078。

工业园区提供司法智库，以"七大暖心举措"服务园区发展，推动创建"无讼企业""无讼园区"。乌鲁木齐市铁厂沟人民法庭、塔城地区哈图布呼人民法庭分别在甘泉堡经济技术开发区、马吉克自治区重点工业园区设立巡回审判站点，为新材料、新能源、新型煤化工、生物医药等新型产业及机械制造、农副产品加工、服装纺织等传统产业提供"菜单式"司法服务。博尔塔拉蒙古自治州小营盘人民法庭、大河沿子人民法庭主动走访辖区家庭农场、养殖场、扎花厂，了解企业需求、引导非诉解纷、提供法治服务、发出司法建议，精准服务民营企业发展。

2. 助力乡村产业振兴

哈密市花园人民法庭针对"哈密瓜合同"多发纠纷情况，创新示范性诉讼机制；吐鲁番市鲁克沁人民法庭打造"特色农副产品"调解室，倡导诚信经营，助力特色果业健康发展。昌吉回族自治州北五岔人民法庭立足服务棉农、助力棉企，培育"棉乡"法庭，助力新疆棉花产业发展；老奇台人民法庭主动摸排涉农村土地纠纷，成功化解48户村民土地"一女二嫁"纠纷，避免600余亩土地延误春播。巴音郭楞蒙古自治州七个星人民法庭立足葡萄酒产区发展，实地走访酿酒葡萄种植农户、葡萄酒生产企业，提供司法服务、提示法律风险、提出司法建议，"酒乡法庭"助力"红酒之都"产业发展。

3. 助力旅游产业发展

新疆高院不断深化与自治区文化和旅游厅联动协作，签订《规范旅游市场秩序合作框架协议》，细化服务旅游业健康发展工作措施，以"司法保障+旅游监管"立体服务、科学保障"旅游兴疆战略"实施。在喀纳斯、天山大峡谷、巴音布鲁克等94个景区设立"旅游巡回法庭"，适用"110司法新模式"快速化解涉旅游纠纷；针对价格欺诈、霸王条款、旅游宰客等行为，及时发出司法警告，堵塞监管漏洞，规范经营秩序。立足当地旅游资源，培育"火洲""童话小镇""西部乌镇"等特色司法服务品牌，阿勒泰地区、伊犁哈萨克自治州、克拉玛依市探索形成较为系统的工作经验，助力擦亮"新疆是个好地方"靓丽名片。

三 人民法庭工作存在的不足

在自治区党委坚强领导、最高人民法院精心指导、社会各界关心支持和全区各级法院共同努力下，新疆法院人民法庭建设取得显著成效和长足进步，但是，与自治区党委工作部署、各族群众关切期盼、高质量发展任务要求还有一定差距。

（一）地区发展还不平衡

新疆法院人民法庭工作历经恢复建设、实质运转，稳步迈入高质量发展阶段，但是与国内其他省市先进经验还有差距，且地区之间发展不平衡，地区内部建设有差距，整体效能尚未充分释放。

（二）综合质效还不全面

新疆法院人民法庭司法能力不断增强、审判质效逐步提升，但是裁判理念还不够先进，类案经验还不够成熟，优秀司法产品还不够丰富，示范引领作用还不够充分，为民情怀还未充分彰显。

（三）系统经验还不完备

新疆法院人民法庭"三个服务"方面地区经验不断完善，但是人民法庭人员力量相对薄弱，基层解纷力量专业水平参差不齐，遇事找法院现象未根本转变，多元共治前端治理体系的系统作用未充分发挥。

四 进一步加强新时代新疆法院人民法庭工作展望

（一）正确认识形势任务

习近平总书记深刻指出"要聚焦新疆工作总目标，推动事关长治久安的根本性、基础性、长远性工作"。当前，完整准确贯彻新时代党的治疆方略最广泛、最深厚的基础在基层，最细微、最繁琐的任务在基层，最大有可为的司法实践也在基层。新疆各级法院要充分认识加强新时代人民法庭工作，是深入贯彻习近平法治思想，贯彻落实习近平总书记关于做好新时代新疆工作重要指示批示精神的重大举措，切实将人民法庭工作置于落实依法治疆、维护社会稳定、助力乡村振兴的大局中思考谋划、推进落实，以"三个面向""三个便于""三个优化"原则为引领，扎实推进人民法庭工作，以高质量发展的新成效为建设新时代中国特色社会主义法治新疆提供坚强司法保障。

（二）准确把握工作原则

1. 树牢正确的政绩观

各级法院院领导要常态开展驻庭调研，整体确立并适时调整符合时代需求、人民期待和司法规律的人民法庭工作思路，指导人民法庭实事求是、扎实有序开展工作，确保人民法庭工作跟上时代步伐，迎来新的发展活力。

2. 坚持以人民为中心

聚焦"让人民群众及时感受到公平正义就在身边"工作目标，围绕审执中心工作，深入落实"三个便于"，主动回应各族群众司法新需求新期待，努力让人民群众的司法获得感、幸福感、安全感更加真切。

3. 坚持以需求定供给

综合考虑地域特征、城乡差异、社情民情，发挥面向乡村优势，积极服务全面推进乡村振兴；发挥面向基层优势，积极服务基层社会治理；发挥面向群众优势，积极服务人民群众高品质生活需要。

（三）高质高效促进发展

1. 进一步完善工作机制

立足职能定位，巩固建设成果，强化上下联动，提升整体效能；持续优化布局模式，优化队伍结构、优化专业素养，增强标准化、规范化建设水平；拓展"枫桥式"人民法庭"一庭一品"经验，推进中心法庭高质量运行，确保巡回法庭实质发挥作用，切实把人民法庭打造为彰显司法公信的最前沿，诉源治理的主力军，维护社会稳定的压舱石。

2. 进一步增强司法能力

发扬优良作风，优化裁判理念，运用法治思维和法治方式解决涉及群众切身利益的矛盾和问题；紧盯群众急难愁盼，围绕集中多发案件，深入开展"三进"工作，汇聚合力把矛盾调处在萌芽、化解在基层；适应时代要求，创新工作方法，积极培育优质司法产品，广泛拓展宣传阵地，努力让人民群众的安全感更加充实、更有保障、更可持续。

3. 进一步强化服务效能

积极争取党委支持，主动融入中心工作，推进完善区域统筹、条块协同、共建共享的基层治理格局；发挥桥梁窗口作用，延伸司法服务触角，全面培育普适性措施和个性化路径，有效服务基层治理，服务乡村振兴；持续推动更多法治力量向引导端和疏导端用力，更好服务保障政治更安全、社会更安定、人民更安宁的平安新疆建设。

B.16
新疆未成年人检察工作的实践与思考

新疆维吾尔自治区人民检察院*

摘　要： 党的十八大以来，新疆检察机关立足新时代党的治疆方略，不断完善制度机制，独立的未成年人检察部门从无到有，依托"四大检察"职能不断更新司法理念，依法严惩侵害未成年人犯罪，最大限度挽救失足少年，全方位推动未成年人全面综合司法保护取得新进展、新成效。本报告梳理了近年来新疆未成年人检察工作情况，对实践工作进行了总结思考，并以新时代法律监督工作新要求为出发点，提出强化政治引领，践行以人民为中心；围绕综合司法保护，深入开展未成年人检察业务统一集中办理工作；依法能动履职，更加自觉融入其他"五大保护"体系等工作努力方向，以期推动新疆未成年人检察工作科学发展。

关键词： 新疆　未成年人检察　司法保护

让孩子们安全、健康成长，关系到千千万万个家庭的幸福，关系到国家和民族的未来，司法机关责无旁贷。新疆未成年人检察工作始终坚持以习近平新时代中国特色社会主义思想为指导，牢固树立最有利于未成年人原则，充分发挥法律监督职能，既履行好未成年人司法保护的职责，又践行融

---

* 执笔人：买吐送·吐地买买提，新疆维吾尔自治区人民检察院党组成员、副检察长，一级高级检察官；钟媛媛，新疆维吾尔自治区人民检察院第九检察部主任，三级高级检察官，新疆维吾尔自治区妇联挂职副主席；刘清洋，新疆维吾尔自治区人民检察院办公室主任；纪晓霜，新疆维吾尔自治区人民检察院第九检察部检察官助理。

入式监督，推进家庭保护、学校保护、社会保护、网络保护、政府保护整体落实，为未成年人健康成长保驾护航。①

一 新疆未成年人检察工作整体情况

未成年人是国家的未来、民族的希望，我们党历来重视未成年人保护，并为未成年人的健康成长创造良好的条件和环境。新疆检察机关在全区未成年人保护大局中发挥着特殊作用，具有重要地位。

（一）完善工作机制

党的十八大以来，对完善未成年人保护相关法律法规、改进未成年人保护工作不断提出新要求。从最初的在公诉部门设置未成年人检察办公室或指定未成年人检察专干到设置独立机构，新疆未成年人检察工作在摸索中不断发展。2019 年 4 月，在检察机关内设机构改革中，新疆维吾尔自治区人民检察院（以下简称"自治区人民检察院"）成立独立的未成年人检察部门，全区 10 个分州市院、1 个基层院单设未成年人检察机构，其他检察机关成立以员额制检察官为主的未成年人案件办案组，并配备辅助人员协助办理未成年人案件。2021 年，新修订的《中华人民共和国未成年人保护法》《中华人民共和国预防未成年人犯罪法》（以下简称"未成年人'两法'"）正式实施，明确了检察机关对涉及未成年人的诉讼活动等依法进行法律监督的职责。同年，全区检察机关全面推进未成年人检察业务统一集中办理工作，从最初的刑事诉讼监督，逐步发展为监督纠正涉未成年人刑事、民事、行政和公益诉讼过程中的违法行为。

（二）更新司法理念

未成年人检察是以未成年人这一特殊群体为对象建立起来的检察业

---

① 《最高人民检察院关于加强新时代未成年人检察工作的意见》，最高人民检察院官网，2020 年 4 月 30 日，https://www.spp.gov.cn/spp/xwfbh/wsfbt/202004/t20200430_ 460261. shtml#2。

务，其内在规律、职责任务、诉讼程序等与成年人司法有着显著区别，要牢固树立最有利于未成年人原则，深化"捕、诉、监、防、教"一体化工作机制①，充分发挥法律监督职能。对侵害未成年人合法权益的各类刑事犯罪坚持"零容忍"，从严从重从快打击，加大监督力度，坚决纠正有案不立、有罪不究和量刑有误的案件。积极贯彻"教育、感化、挽救"方针和"教育为主，惩罚为辅"原则，②严格落实未成年人刑事诉讼特别程序。积极适用附条件不起诉③，贯彻宽严相济刑事政策，依法宽缓到位，促其健康成长。推行对未成年被害人"一站式"询问、救助机制④，强化双向保护⑤。加强社会化支持体系建设，促进专业化办案和社会化服务有机衔接，助推未成年人保护社会治理体系和治理能力现代化。

（三）办理案件情况

1. 涉未成年人刑事案件情况

一是未成年人犯罪呈上升趋势。其中，2021 年共受理审查逮捕未成年犯罪 668 人，同比上升 24.63%；受理审查起诉 1153 人，同比上升 27.83%。

---

① "捕、诉、监、防、教"一体化工作机制，是指未成年人检察部门的检察官每接手一起未成年人刑事案件，就要负责该案件的审查批捕、审查起诉、出庭公诉、诉讼监督、犯罪预防、教育挽救工作，实现专人审查、全程办理，为涉罪未成年人提供全面高效、协调一致的检察保护工作机制。

② 童建明：《以向全国人大常委会报告工作为契机　努力推动未成年人检察工作高质量发展》，《未成年人检察》2022 年第 2 期。

③ 附条件不起诉制度，是在 2012 年修改《中华人民共和国刑事诉讼法》时所确立的一项制度，是检察机关对未成年犯罪嫌疑人实施侵犯公民人身权利、民主权利罪、侵犯财产罪和妨害社会管理秩序罪应当负刑事责任的，并且是依法可能被判处一年以下有期徒刑、管制、拘役或单处罚金的犯罪，给其设立一定考察期，如其在考察期内积极履行相关社会义务，并完成与被害人及检察机关约定的相关义务，足以证实其悔罪表现的，检察机关在征询公安机关、被害人的意见后依法做出不起诉决定。

④ "一站式"询问、救助机制，是指集对被害人取证、询问、身体检查、心理疏导等于一体的"一体化"工作机制，促进询问、取证等工作一次性完成，防止在办案中给被侵害的未成年人造成"二次伤害"。

⑤ 双向保护，是指在检察办案中，既最大限度教育、感化、挽救涉罪的未成年人，也竭尽所能关爱救助未成年被害人。一方是犯罪的未成年人，另一方是未成年的被害人，做好双向司法保护。

2022年上半年，受理审查逮捕未成年犯罪301人，同比上升0.3%；受理审查起诉641人，同比上升17.2%。同时，未成年人犯罪主体呈低龄化趋势，全区检察机关受理审查起诉不满16周岁未成年犯罪嫌疑人数占受理审查起诉未成年人犯罪总数的17.2%。二是侵害未成年人犯罪案件不断增多。2021年，全区检察机关对侵害未成年人犯罪提起公诉人数同比上升4.7%，2022年上半年，同比上升11.1%。

2. 未成年人民事检察、行政检察、公益诉讼检察情况

2021年以来，新疆检察机关加快推进未成年人检察业务统一集中办理。截至2022年6月，未成年人保护公益诉讼共立案147件，其中，民事公益诉讼18件，行政公益诉讼129件。未成年人民事检察案件29件，向"问题家长"制发督促监护令252份。在行政诉讼监督中纠正违法行为1件。

3. 未成年人特殊司法政策落实情况

2022年上半年，全区检察机关批准逮捕未成年犯罪嫌疑人同比下降46.8%，起诉未成年犯罪嫌疑人同比下降2.34%。不批准逮捕未成年犯罪嫌疑人188人，同比增加34.75个百分点；不起诉未成年犯罪嫌疑人153人，同比增加27.28个百分点；附条件不起诉134人，同比增加17.54个百分点。

二 新疆未成年人检察工作主要成效

新疆检察机关未成年人检察工作以督促落实"一号检察建议"[①] 为牵引，以贯彻未成年人"两法"为重点，深化未成年人检察业务统一集中办理工作，主动融入其他"五大保护"[②]，努力实现"1+5>6＝实"，不断推动未成年人检察工作取得新的进展。

---

① "一号检察建议"，是指2018年10月最高人民检察院向教育部发送的高检建〔2018〕1号检察建议书。这是最高检认真分析办理的性侵幼儿园儿童、中小学生犯罪案件，针对校园安全管理规定执行不严格、教职员工队伍管理不到位，以及儿童和学生法治教育、预防性侵害教育缺位等问题，历史上首次以最高检名义发出的检察建议。
② 未成年人保护法提出未成年人"六大保护"，即家庭保护、学校保护、社会保护、网络保护、政府保护和司法保护。

（一）以积极能动履职为动力，不断强化未成年人全面综合司法保护

1. 严格落实未成年人刑事案件特别程序，最大限度教育感化挽救失足少年

一是全区各地加大适用附条件不起诉力度，2021 年附条件不起诉率为 25.85%，2022 年上半年附条件不起诉率为 23.2%。通过社会调查全面了解涉罪未成年人的日常表现、家庭情况等，为是否采取强制措施及能否适用附条件不起诉等提出建议。如昌吉回族自治州人民检察院将未成年人犯罪案件社会调查全覆盖作为考核指标之一，2021 年以来开展社会调查 33 次。二是切实发挥合适成年人制度效用，联合公安、法院等建立合适成年人队伍，共同做好教育、感化、挽救工作。如布尔津县人民检察院、富蕴县人民检察院、阿勒泰市人民检察院相继组织当地教育局、妇联、团委、关工委等部门召开联席会议，建立了合适成年人到场机制。三是大力推动落实认罪认罚从宽制度，提高未成年人刑事案件办案效率，2021 年，阿克苏地区、阿勒泰地区、昌吉回族自治州等地检察机关认罪认罚从宽适用率达到 100%。

2. 依法严厉惩治侵害未成年人犯罪，强化诉讼监督职能

对侵害未成年人合法权益的刑事犯罪及时介入引导侦查，从严从快批捕、起诉，加大对性侵、拐卖、绑架、遗弃、虐待、暴力伤害未成年人的暴力极端犯罪的指控力度。为严厉打击性侵害未成年人犯罪，2021 年，自治区人民检察院积极争取自治区党委政法委支持牵头，部署全区 11 家单位开展为期一年的"护蕾行动"，凝聚各方力量全力以赴遏制侵害未成年人犯罪势头。全区各级"护蕾行动"领导小组办公室均设置在检察机关。自治区人民检察院未成年人检察部对某教职员工性侵幼女一案，向法院发出再审检察建议，法院采纳检察机关意见对被告人顶格重判。

3. 全面推开未成年人检察业务统一集中办理工作，构建全面综合司法保护

2021 年，自治区人民检察院全面部署未成年人检察业务统一集中办理工作，整体推进未成年人刑事执行检察、落实抓好监护侵害和监护缺失监督、积极稳妥推进未成年人民事行政检察，加大支持起诉工作力度、持续推进未成年人公益诉讼检察。确定由乌鲁木齐市、昌吉回族自治州、巴音郭楞

蒙古自治州和喀什地区四个地（州、市）的 11 家基层检察院试点开展工作。通过前期试点，全区未成年人检察业务已初步形成了有别于成年人刑事执行检察、民事行政检察的未成年人检察业务统一集中办理特色，为全面推开积累了宝贵经验和实践基础。麦盖提县、叶城县、巴楚县人民检察院等试点单位在看守所成立未成年人检察部门派驻检察室，形成定期巡查机制，积极开展入所帮教、出所教育工作。

（二）以开展专项工作为契机，推动形成未成年人保护大格局

1. 持续发力，推动"一号检察建议"落到实处

一是建立长效机制。自治区人民检察院联合多家单位共同建立侵害未成年人案件强制报告①联席会议制度、教职员工入职查询工作规定，为持续贯彻落实"一号检察建议"提供制度遵循。2022 年，全区对密切接触未成年人行业人员 34 万余人开展入职查询工作，对 29 名人员不予录用，解聘或者开除 58 名人员。二是加强联合督导。自治区人民检察院与自治区教育厅组成联合督导组，先后对阿克苏、阿勒泰、巴州、博州、伊犁州、哈密等 6 个地州 10 个县（市、区）的教育行政部门进行督导检查，对 20 余所中小学幼儿园周边安全开展督导。各级检察机关针对校园周边进行安全治理及文化市场整治，共查访学校、幼儿园 300 余所，通过查访发现各类问题 70 余个，针对娱乐场所、网吧、酒吧、宾馆等违规接待、容留未成年人等重点问题，提出检察建议百余份，持之以恒把"一号检察建议"做成刚性、做到刚性。

2. 以推进"检爱同行 共护未来"未成年人法律监督专项行动为抓手，深入贯彻落实未成年人"两法"

检察机关对法律监督与诉讼办案一身二任、职能一体两面。2021 年，自治区人民检察院召开全区检察机关贯彻落实"两法"暨开展"检爱同行 共护未来"未成年人法律监督专项行动部署会，统一全区在督导而不

---

① 侵害未成年人案件强制报告，是指国家机关、法律法规授权行使公权力的各类组织及法律规定的公职人员，密切接触未成年人行业的各类组织及其从业人员，在工作中发现未成年人遭受或者疑似遭受不法侵害以及面临不法侵害危险的，应当立即向公安机关报案或举报。

替代的前提下，助推各有关单位依法履职尽责，共同关注并解决涉及自治区未成年人保护领域的难点和痛点问题。在办案中发现问题并依法开展法律监督。2021年，昌吉回族自治州两级检察机关结合个案反映出的热点问题，通过走访校园周边、营业性娱乐场所等，梳理所发现线索，共向有关单位或部门发出各类治理类检察建议324份，督促责任单位整改到位。

3. 强化双向保护，以机制建设推进"一站式"办案区建设

为积极推进"一站式"取证、救助机制建设，自治区人民检察院与相关单位联合制定会签操作指引，为未成年被害人"一站式"办案机制提供制度保障。一是采取调研先行、制度保障、高位推动、全面铺开、择优设立的方式，推进未成年被害人"一站式"办案区建立。全区14个地（州、市）已建成"一站式"办案场所69个，实现地（州、市）全覆盖，为进一步强化对未成年被害人司法保护，依法惩治侵害未成年人犯罪，保护未成年人合法权益奠定坚实基础。二是强化双向保护，在打击犯罪的同时更加注重保护未成年被害人。克孜勒苏柯尔克孜自治州、和田地区、喀什地区等多地检察机关针对暴力犯罪案件中确有困难的未成年被害人，主动上门服务、启动国家司法救助程序，防止因案致贫。

4. 持续做好未成年人犯罪记录封存工作

自治区人民检察院等8家单位联合制定下发《未成年人犯罪记录封存操作规范》，规范和细化未成年人犯罪记录封存办法。2020年，全区检察机关在高考季协调相关部门落实未成年人犯罪记录封存制度，对222名涉罪未成年人未依法封存案件进行封存，让他们在升学过程中免受影响。通过依法限制查询未成年人的犯罪记录，减轻罪错未成年人心理负担，为他们顺利生活、就业奠定基础。阿克苏地区两级检察机关统一部署集中开展未成年人犯罪记录封存"扫雷"行动，联合刑事检察部门对2014年以来的全部公诉案件进行自查，确保不漏一人，切实保证涉罪未成年人在升学、就业等方面的合法权益，对符合封存条件的534人依法封存犯罪记录。

（三）以创新法治宣传为抓手，打通未成年人普法教育"最后一公里"

1. 以法治副校长为依托，常态化开展"法治进校园"活动

一是认真贯彻"谁执法谁普法"普法责任制。自治区人民检察院制定检察官担任法治副校长工作规范，截至 2022 年 9 月，全区共有 1126 名检察官在 1240 所学校担任法治副校长，常态化开展宪法、法律法规、犯罪预防、安全自护等内容的法治宣传教育。二是扎实推进检察机关"法治进校园"活动，积极构建未成年人法治教育长效机制，2017~2019 年自治区人民检察院联合新疆维吾尔自治区教育厅开展为期三年的"法治进校园"活动，2022 年重点开展"法治进乡村"活动。阿克苏地区在"e 检阿克苏"微信小程序一站式检察服务平台中设专区公示"法治副校长"基本信息，接受学生、家长的监督及在线法律咨询。全区法治副校长利用线上、线下、抖音直播、宣讲小程序等方式，送法进校园千余次，受众师生百万人。

2. 创新活动载体，打造未成年人检察工作品牌实现新特色

一是按照"一院一品牌，一院一特色"工作要求，注重打造新疆未成年人检察工作品牌。阿克苏地区整合八县一市优势资源打造的"诉心工作室"、特克斯县人民检察院"检察官驻校工作室"、奎屯市人民检察院"护苗工作室""护苗热线"、伊宁市人民检察院"蓝丝带工作室"、巩留县人民检察院的"蓝天护苗行动"、霍城县人民检察院驻校检察室、乌鲁木齐市检察机关"雪莲花工作室"等均取得了良好效果。二是创新宣传方式，增强宣传效果。通过微电影、广播、电视等多种形式，开展宣传。乌鲁木齐市天山区人民检察院的"法眼看天下"、米东区人民检察院创作的剧本《小幸运》、沙依巴克区人民检察院制作的微电影《雨后晨曦》，伊犁哈萨克自治州特克斯县人民检察院校园法治微广播"辰语"、尼勒克县人民检察院微电影《明天会更好》，昌吉回族自治州玛纳斯县人民检察院微信平台"玛检说法"均获得师生家长的一致好评。三是构建社会化支持体系。克拉玛依市检察机关联结专业社会组织进行项目化运作，自 2020 年以来，面向家长开展线上亲职教育"正面管教"专题课堂 180 次，累计收听次数 6830 次。

3. 优化法治宣传产品，切实加强未成年人犯罪预防工作

2021 年，自治区人民检察院组织开展全区精品微法治课评选，共评选出涉及各类课程主题的 15 节法治课，已在全区进行全覆盖循环播放。2022 年，自治区人民检察院结合自治区真实案例，制作预防未成年人遭受性侵害普法宣传材料《让祖国的花朵向阳而生 尽情绽放》，并同步制作了维吾尔语版本，便于各族群众学会如何帮助孩子们提高自护意识。为克服疫情期间无法走进校园与同学们面对面普法问题，自治区人民检察院组织"法治空中课堂"，这一做法荣获《人民日报》全国党媒信息公共平台等多家单位联合颁发的"运营协同——优秀案例"奖。2022 年，全区有两个检察院荣获"全国青少年普法教育先进集体"称号。

（四）以推动专业队伍建设为抓手，提升未成年人检察工作新质效

1. 人员配备系统培训得到新强化

自治区人民检察院每年定期开办全区检察机关未成年人检察业务培训班，探索研讨式教学方式，采取"案例研讨分析+法律文书制作"式教学，努力提高未成年人检察干警的思想政治素质和业务水平。同时注重培养案例意识，强化典型案（事）例的示范引领作用，通过制发检察机关全面保护未成年人合法权益典型案（事）例，提升全区办案质效。结合新疆实际，多地专门配备业务素质较高、工作耐心细致的多民族未成年人检察干警承担未成年人检察工作。同时，定期举办全区检察机关未成年人检察业务岗位练兵和业务竞赛，推动全区未成年人检察队伍专业化发展。

2. 规范化办案水平得到新提升

一是严格依法把握逮捕、起诉标准，强化规范化办案水平。积极使用不起诉、附条件不起诉及非监禁量刑建议措施，降低对未成年人的批捕率、起诉率和监禁率。近年来，全区检察机关对未成年人提出适用缓刑的量刑建议逐年上升。二是严格执行分案起诉模式。凡是未成年人与成年人共同犯罪的案件，均采取"分别起诉""分别审理""分别宣判"的办案模式。三是进一步规范未成年人检察办案行为。根据未成年人相关法律法规，建立完善律

师介入、未成年人检察讯问、询问、社会调查、附条件不起诉、出庭支持公诉、帮教考察、犯罪记录封存等工作的标准、程序，增强可操作性，提高办案质量和效果。

3. 社会化体系建设得到新开拓

一是建立协作监督机制。注重加强检察机关同外部相关部门的沟通与交流，形成对未成年人权益保护的有效合力。落实量刑建议制度，预防和纠正侵犯未成年被告人合法权益的错误判决、裁定。加大对刑事执行监督，防止侵犯未成年合法权益的事件发生。二是联合工青妇组织、党政职能部门、企事业团体，采取共签协议等方式，构建帮教、关护未成年人社会化体系。与多家单位签订了涉罪未成年人观护帮教实施意见，同爱心企业等共同成立观护帮教基地，为涉罪未成年人提供常态化帮教平台。三是借力社会资源，护航涉罪未成年人无痕回归。以全区首个未成年人检察社会支持体系全国试点单位——克拉玛依"擦亮星星"建设为契机，构建未成年人检察社会化支持体系，通过政府购买服务转介检察需求，进行项目化运作，加强对涉罪未成年人的定期回访和跟踪帮教，促进专业化办案和社会化服务的有机衔接，努力营造共建共治共享的社会治理格局。

三 新疆未成年人检察工作努力方向

新疆未成年人检察工作将深入贯彻习近平法治思想，聚焦新疆工作总目标，从满足新时代人民群众更高需求的高度，真正形成全社会保护合力。

（一）强化政治引领，更加生动践行以人民为中心

一是服务更高水平的法治新疆建设。严厉打击组织、教唆、利用未成年人实施违法犯罪活动等行为。严惩各类侵害未成年人合法权益的犯罪活动，加强对未成年人双向司法保护，推动将未成年人检察重点工作纳入平安建设评价指标体系。二是认真贯彻"八五"普法规划要求，抓实专项工作。常态化开展"法治进校园"活动，持续深化"检察为民办实事"，举行"检爱

同行——法治进乡村"系列巡讲活动，开展具有新疆特色的法治宣传教育。围绕"检爱同行 共护未来"未成年人保护法律监督专项行动和"护蕾行动"重点任务，持续推广各地成熟制度机制和经验做法，引领两个专项行动走深走实。三是精准帮教涉罪未成年人。坚持"最有利于未成年人"原则，严格落实未成年人刑事案件特别程序，进一步规范社会调查工作，将家庭教育状况评估纳入社会调查范围。加强未成年人国家司法救助工作，会同有关部门或借助专业力量，提供多元综合救助。

（二）围绕综合司法保护，更加深入开展未成年检察业务统一集中办理工作

一是规范推进。发挥未成年检察业务统一集中办理优势，系统审查个案，挖掘案件背后的突出问题，融合运用"四大检察"职能，推动实现涉未成年人法律监督的最大治理价值。加强统筹推进和对下指导，突出强基导向，重点帮助基层解决遇到的困难和问题。二是全面展开。推开未成年人民事检察、行政检察、公益诉讼检察工作。结合办案，规范开展监护侵害和监护缺失监督工作；探索开展有关促进行政争议实质性化解工作；依法开展支持起诉工作；加大对食品药品安全、未成年人网络安全等重点问题公益诉讼案件办理力度。三是突出重点。注重从办案中发现问题线索，推动未成年人检察业务统一集中办理工作精细化、高质量发展。加强涉罪未成年人羁押必要性审查，加大依职权主动审查力度，减少非必要羁押。强化在押未成年人监管活动监督，配合做好在押未成年人帮教工作。

（三）依法能动履职，更加自觉融入其他"五大保护"体系

一是助力发挥家庭保护基础作用。认真落实家庭教育促进法，准确把握赋予检察机关的职责任务。因案施策，制发"督促监护令"，加强跟踪指导，避免"一发了之"。依法惩处因家庭教育不当引发的暴力伤害、虐待等监护侵害行为。二是督促完善学校保护工作机制。加大对农村留守儿童较多地区中小学校、幼儿园的监督力度，确保"一号检察建议"发挥实效。促

推学校建立完善校园安全工作机制。依法惩治校园欺凌和暴力犯罪行为，会同相关部门做好学生欺凌治理工作。三是构建未成年人保护社会治理体系。以办案为切入点，推进校园安全治理，推动解决不适宜未成年人活动的场所在学校、幼儿园周边违法设置以及允许未成年人进入、招用未成年人等问题。加大侵害未成年人案件强制报告制度宣传力度，加强线索处置情况的跟踪监督，切实让强制报告制度"长出牙齿"。四是融入网络保护与政府保护。以涉未成年人网络保护公益诉讼案件中暴露的问题为重点，向相关部门制发检察建议，推动网络空间治理。同时，会同相关部门建立完善未成年人食品包装等重点领域相关制度规范，提升保护质效。

B.17
公民法治认同调研报告

——基于昌吉回族自治州五县二市的调查*

孜里米拉·艾尼瓦尔　菲尔达维斯·亚力麦麦提**

摘　要：　法治认同是公民对法治的认可态度、支持法治的行为以及产生的对法治的心理归属感。法治认同是全面推进依法治国的重要社会心理基础。昌吉回族自治州五县二市公民法治认同现状的实证调查结果反映，昌吉回族自治州通过多种形式，在全社会形成了学法、尊法、守法、用法的良好氛围，公民政策法律知晓度明显提高，对法治意义的认识不断深化，权利观念逐步增强。其中新媒体的及时性、便利性、多样性为普法工作带来了新活力，拓宽了普法路径。同时，调研也反映基层公民对法律的认可度，以及选择法律解决纠纷的主动性有待进一步提升。公民法治认同的培育需要人们知晓、尊重、认可、践行法治文化形态。加强普法工作力度、加强基层社会治理法治化、完善社会纠纷矛盾解决机制、提供优质的公共法律服务、营造崇法向善的法治文化环境是培育和提升公民法治认同的有效路径。

关键词：　法治文化　法治认同　基层治理

---

* 调查时间为 2022 年 1~6 月。
** 孜里米拉·艾尼瓦尔，法学博士，中国社会科学院法学所暨新疆社会科学院法学研究所联合培养博士后，新疆社会科学院法学研究所助理研究员，研究方向为知识产权法；菲尔达维斯·亚力麦麦提，新疆社会科学院法学所实习研究员，研究方向为国际法。

一 调研情况概述

昌吉回族自治州（以下简称"昌吉州"）作为第一批新疆维吾尔自治区法治政府建设综合示范创建州，是考察新疆基层社会法治建设的最佳样板。课题组以昌吉州五县二市为调查对象，通过实地走访和问卷调查的方式了解昌吉州基层公民学法、知法、信法、尊法、用法、守法等情况，综合分析公民法治认同现状。

（一）法治认同培育的重要意义

1. 法治认同是全面推进依法治国的心理自觉

认同是人的一种心理状态。法治认同包括对法治外在规范的认同与法治内在价值的认同两个层次。法治外在规范的认同是对法治呈现载体法律的认同，而法治内在价值的认同是法治认同产生的本质。① 法治认同是公民法治观念、法治意识及法治素养等形成的重要心理基础，为法治社会建设奠定坚实的情感认同基础。因此，全面推进依法治国的实践离不开全体社会公众的支持和认同。法的价值追求依赖于社会成员的主动服从并积极参与法治实践而呈现出来的良好的法律秩序状态。公民法治认同的提升，对推动法治社会建设具有凝聚力量的重要作用。党的十八届四中全会做出的全面推进依法治国的决定中指出："法律的权威来自人民内心的拥护和真诚信仰"。从这个意义上讲，尽管全面推进依法治国的实现需要依托完善的法律制度层面的支撑，但同时也需要来自公民对法治的社会心理态度的支持。公民对法治的拥护和尊重直接影响法治水平和进程，良好的法治认同不仅凝聚法治共识，将制度规范内化于心，还能有效促进法治国家、法治政府、法治社会三位一体的法治中国建设。

---

① 张德森、高颖：《新媒体对中国公众法治认同的消解及其应对》，《云南社会科学》2018 年第 3 期，第 28 页。

2. 法治认同是践行社会主义核心价值观的现实基础

社会主义核心价值观是社会主义法治建设的灵魂。培育公民的法治认同是践行社会主义核心价值观的现实基础。公民对法治的认同是对法治文化中正义、平等、良好的社会秩序观念达成的共识。[①] 同时公民对法治的认同体现在公民对法律制度的遵守和发自内心的服从认可上。目前，宪法、民法典等众多法律将社会主义核心价值观写入法律文本之中，在法律规范体系层面确立了社会主义核心价值观的重要地位。公民对法治的认同能够自觉引导他们的行为，起到疏导、规制、规范其行为的作用。这有利于培育社会主义核心价值观的良好的法治环境，促进社会主义核心价值观由观念层面的倡导转化为行为层面的落实，更好树立法治信仰，凝聚核心价值。

3. 法治认同是维护社会稳定和长治久安的有力保障

公民的法治认同能够极大程度地提高公民个人的综合素养，能够形塑公民的社会行为。[②] 公民法治思维方式的确立、法治行为模式的选择，是维护社会稳定和长治久安的有力保障。中华民族共同体是一个以维护统一、民族平等、社会公平公正、保障各族群众合法权益等为价值追求的自觉存在。法治为铸牢中华民族共同体意识提供保障和规范路径。因此，要铸牢中华民族共同体意识，充分发挥法治的保障作用，就要培育公民法治认同，可使公民法治意识内化于心，进而引领和引导公民自觉拥护中国特色社会主义法治道路，自觉遵守铸牢中华民族共同体意识的规范，促进社会公平正义和民族大团结。

（二）调研基本情况介绍

1. 调研对象及地点

本研究选择昌吉州五县二市（昌吉市、阜康市、玛纳斯县、呼图壁县、吉木萨尔县、奇台县、木垒哈萨克自治县）作为调研地点基于以下几点因素。

---

① 龚廷泰：《法治文化的认同：概念、意义、机理与路径》，《法制现代化研究》2014 年第 4 期，第 4 页。
② 丁相丽：《新时代公民法治认同的问题与培育路径研究》，《山东青年政治学院学报》2018 年第 6 期，第 80 页。

一是，昌吉州从东、西、北三面环抱首府乌鲁木齐市，是建设新疆"丝绸之路经济带"核心区的重要组成部分，农业现代化水平处于全国中上水平，是北疆第一经济强区。二是，2022年1月，昌吉州被划为自治区法治政府建设示范创建地区，是观测新疆法治建设发展现状，特别是公民法治认同现状的最佳样板。三是，昌吉州是多民族聚居区，生活着汉族、回族、维吾尔族、哈萨克族等42个民族。2021年1月，昌吉州在全国30个少数民族自治州中脱颖而出，被认定为首个"全国民族团结进步创建活动示范州"。因此，本次调研选择昌吉州五县二市为公民法治认同的调查区域，主要以昌吉州五县二市乡镇（街道）、村（社区）干部、村（居）民等基层干部和群众为调查对象，充分反映基层公民的法治认同情况。

2. 调研手段和方法

本次调研主要以发放调查问卷、组织访谈等方式展开。在设计问卷和访谈提纲的过程中，考虑了以下因素。首先，对调查对象进行分类，将设计的调查问卷和访谈提纲分为两组，分别是面向基层干部的调查问卷和面向村（居）民的调查问卷。其次，课题组召开4次小型会议，对两组调查问卷的内容进行讨论。考虑到昌吉州是多民族聚居区，在设计调查问卷和访谈提纲时，针对少数民族受访者同时准备了维吾尔语、哈萨克语版的调查问卷和访谈提纲。最后，为了消除受访者的顾虑，问卷调查采取无记名的方式进行，问卷汇总情况仅作为调研报告写作的参考材料。此外，采取当场填写当场收回的形式。另外需要说明的是，由于疫情防控的原因，大多数调查地域课题组无法亲自进行调研，因此与昌吉州司法局协商之后，委托各地司法局工作人员，在昌吉州司法局在各地进行法治大培训期间代为发放并收集调查问卷。

3. 调研内容

课题组主要围绕以下几个方面进行数据采集。（1）受访者基本信息；（2）受访者获取法律知识的途径、对法律知识获取的兴趣、法律知识掌握和了解程度；（3）受访者对法律的评价、对法律作用的认识；（4）受访者法律运用的情况，包括遇到法律纠纷所采取的措施；（5）法律援助的情况等；（6）了解基层治理工作开展现状和存在问题的情况，政府法定程序履行情况，群众对"两委"工作评价、了解依法行政和民主决策情况；（7）政务村（居）务公开的关注度、公开的程度、村（居）务公开存在的问题、了解村（居）民在基层治理工作中的参与情况和权力监督情况；（8）法律在基层治理中的作用和公信力情况；（9）基层常见的法律纠纷的类型等。

二　昌吉回族自治州五县二市公民法治认同调研数据综合分析

昌吉州党委、人民政府始终坚持以习近平新时代中国特色社会主义思想为指导，认真学习贯彻习近平法治思想和全面依法治国重要论述，贯彻落实党的十九大和十九届历次全会精神，贯彻落实新时代党的治疆方略和中共中央、国务院"一规划两纲要"的要求，把依法治州作为关键工程来抓，充分发挥法治固根本、稳预期、利长远的保障作用，以健全基层立法、提升依法行政能力、健全纠纷解决机制、建强法治文化阵地、培育法治宣传队伍、强化法律服务为抓手，在全社会实现法律知识的普及、法治理念的强化，形成学法、尊法、守法、用法的良好氛围以及办事依法、遇事找法、解决问题用法、化解矛盾靠法的良好法治环境。在昌吉州公民法治认同现状的调研中，根据系统随机抽样原则，采用随机抽样的方式，针对村（居）民共发放问卷640份，回收有效问卷609份，回收率为95.16%；针对基层干部发放问卷600份，回收有效问卷557份，回收率为92.83%。根据已收回的1166份有效问卷对昌吉州公民法治认同现状进行综合分析，分析结果如下。

（一）公民学法、知法现状分析

"认同是在知晓的基础上产生的。"[1] 因此，法律知识的学习是公民法治思维与法律素养的前提与基础，公民掌握一定程度的法律知识或对获取法律知识具有一定的兴趣往往是公民对法治认同形成的前提。昌吉州在"七五"

---

[1]　林坤：《论法律认同》，《湖北社会科学》2012年第12期，第145页。

普法期间，分层分类开展精准普法教育，不断增强普法工作的针对性和实效性，使公民学法、知法工作逐步走向了常态化和制度化。

一是公民获取法律知识的途径多样化。在关于昌吉州公民学法、知法现状的调查中，在被问及"您主要通过什么方式获得法律知识？"这一问题时，有85%的受访者表示通过参加普法活动了解法律知识；83.6%的受访者表示会利用传统媒体（电视、广播、报纸等）获取法律知识；78.5%的受访者表示通过网络媒体（微信、抖音、微博等）获取法律知识；有22.8%的受访者表示会在工作和生活中接触和了解法律知识（见表1）。调查结果表明，首先，昌吉州政府推进的普法工作是公民了解法律知识的主要途径；其次，网络媒体的及时性、便利性、多样性为昌吉州开展普法工作带来了新活力，进一步拓宽了公民学法的途径。随着网络媒体的发展，公民学习法律知识的途径呈现多元化。

表1 昌吉州公民获取法律知识的途径

	参加普法活动	电视、广播、报纸等传统媒体	微信、抖音、微博等网络媒体	工作和生活中接触和了解	其他方式
人数（人）	518	509	478	139	12
比重（%）	85	83.6	78.5	22.8	1.9

二是公民对普法活动的整体评价良好，学法意愿较强。在被问及"您希望了解更多的法律知识吗？"这一问题时，有82%的受访者表示很希望学习法律知识；11%的受访者表示希望了解但没时间学；另外有7%的受访者表示希望了解但没机会学（见图1）。调查结果表明，昌吉州通过开展法治讲座、分发普法小册子等方式，利用传统媒体，借助新媒体的力量，丰富普法的手段和形式，使法律知识能够得到普及，深入人心。调查中，八成以上的公民认可了昌吉州在"七五"普法期间开展的普法活动的成效（见图2）。同时，公民学法意愿高涨，超过八成的受访者主观意愿上希望进一步学习、掌握法律知识。这表明昌吉州在全社会开展普法工作成效显著，营造了良好的学法氛围，为培育公民法治认同打下了基础。

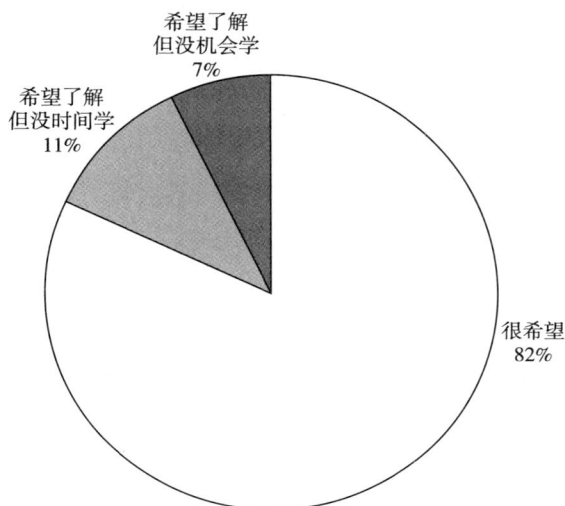

图1 昌吉州公民对学习法律知识的态度

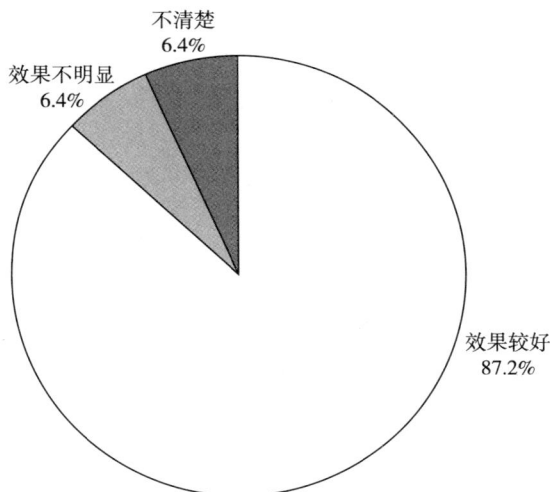

图2 昌吉州公民对普法活动的评价

三是公民对法律知识的兴趣增加,但掌握的法律知识的深度有限。在被问及"您认为自己现在掌握的法律知识与以前相比有何变化?"这一问题时,有82%的受访者选择了"更感兴趣了,掌握的法律知识更多了";17%

的受访者选择了"比较感兴趣，但学完就忘了"；1%的受访者选择了"不感兴趣，法律太难了学不会"（见图3）。调查结果表明，"七五"普法期间，通过多种形式，公民政策法律知晓度明显提高，超过八成的受访者表示对学习法律知识更感兴趣，并且认为现在所掌握的法律知识有所增长，掌握法律知识的兴趣亦不断增强。但同时反映，由于法律这一门学科的专业性强、内容丰富、体系庞杂，部分公民在学法过程中学习难度大，往往不知道生活中或者工作中需要用什么法律、学什么法律、怎么学法律，这直接导致公民学法的效果不佳。同时，从受访者对"您知道或了解的法律有哪些?"的回答可以看出，公民掌握和了解的法律知识呈现不均衡状态，公民普遍掌握和了解的法律集中于与自身日常生活、工作有密切关系的领域，包括婚姻、土地承包、合同、外出务工、侵权、道路交通安全等方面。此外，访谈中了解到，尽管大多数公民普遍说出自己所了解的法律的名称，却不知道其具体的内容。由此可知，公民虽然具备一定程度的法律知识，但掌握的法律知识深度有限。

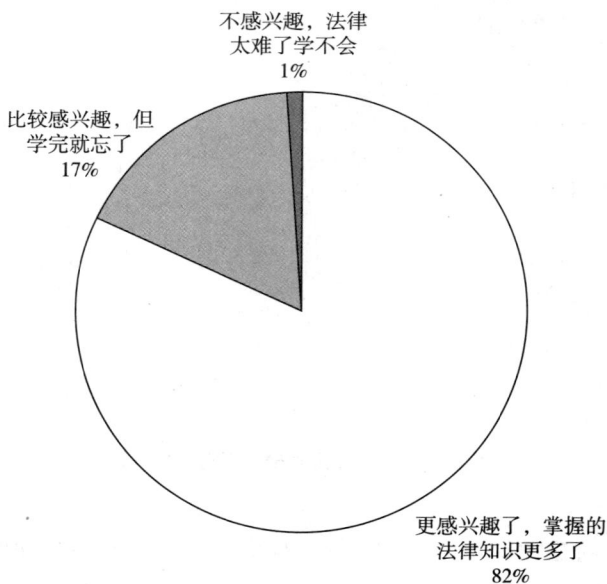

图3　昌吉州公民对法律知识的兴趣和掌握情况

四是公民参与普法活动的主动性和积极性不足。在关于昌吉州公民学法、知法现状的调查中，在被问及"您参加普法活动是出于下列哪种情形？"这一问题时，有45%的受访者选择了"按要求参加"；35%的受访者选择了"自愿参加"；19%的受访者选择了"有时按要求参加，有时自愿参加"（见图4）。这一问题反映尽管昌吉州公民表现出较强的学法意愿，但基层开展的普法活动通常以开展法治讲座、发放普法小册子等形式展开，缺乏创新，未能充分激发公民的学法热情，未能让公民深切感受到学法的重要性，懂法的必要性，导致近五成的受访者表示不会自愿参加普法活动。

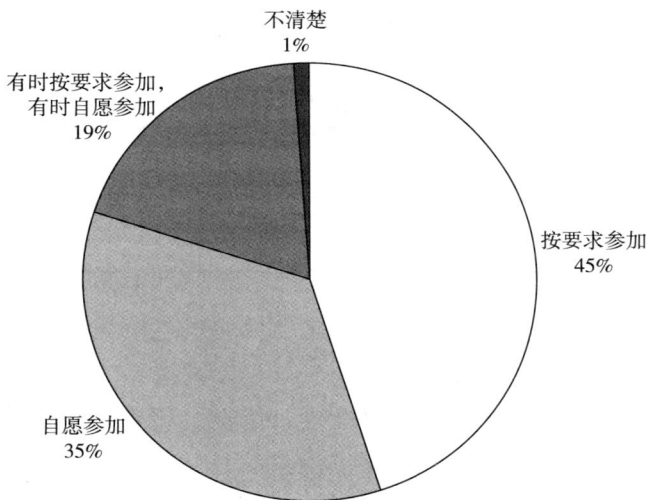

图4　昌吉州公民参与普法活动的积极性

（二）公民尊法、信法现状分析

尊重法律、信任法律，是法治认同的前提条件。公民在掌握一定程度的法律知识并对法律产生某种程度的法律情感之后，会对法律价值进行评价，包括法律的意义、作用等，从而对法律产生信服感，逐渐确立对法律的认同。因此公民认可法律，形成对法律的信任感是法律认同的关键所在。

一是公民对法律的性质、作用的认识不断深化，对法治的期望值普遍较高。在关于昌吉州公民尊法、信法现状的调查中，在被问及"您认为法律主要是用来做什么的？"这一问题时，有73.5%的受访者选择了"规范公民的行为"；68.3%的受访者选择了"维护公平正义的"；61.5%的受访者选择了"规范政府行为"；51.5%的受访者选择了"惩罚违法犯罪的"（见表2）。调查结果反映，公民对法治价值的认识比较理性，不是法律、法治万能论，更不是法律、法治无用论，而是希望法治更加完善。另外，在公民关于法律作用的认识的调查中，近九成的受访者肯定法治对当地经济和社会发展的作用；近七成的受访者对当地的法治建设很满意。这说明公民对法律作用的认识在逐步形成，对法治建设的理解和认同也在逐渐深化。

表2 昌吉州公民认为法律的作用

	规范公民的行为	维护公平正义的	规范政府行为	惩罚违法犯罪的	用来管老百姓的	老百姓来管国家的	不清楚
人数(人)	448	418	375	330	73	55	6
比重(%)	73.5	68.3	61.5	51.5	11.9	9	0.9

二是公民对法律的信任感、认可感有待强化。当公民遇到纠纷的时候，当人们的权利受到不法侵害的时候，是相信法律，用法治手段排解纠纷、维护权益，还是相信关系和权力，这是衡量一个社会法治信任度的标尺。在被问及"您认为现在办事（靠什么)？"的回答中显示，仍有近三成的受访者认为办事首先还是要找熟人打招呼。另外，尽管在被问及"您认为目前的法律公正吗？"这一问题时，七成的受访者选择了"非常公正"（见图5）。当被问及"如果您听说周围有人占理的官司却输了，您还会选择相信法律吗？"这一问题时，有一成的受访者选择了"相信法律，但不是首选"，甚至也有少部分受访者选择了"不相信法律，但不会采取违法手段解决问题"的做法（见图6）。上述调查结果进一步反映，一方面，仍有部分公民受长期以来在"熟人社会""人情社会"普遍存在的"权大于法""打官司就是打关系"等传统观点的影响，认为法律的实际效力一般，权威性不高，因此在发生纠纷时选择在法律面前却步。另一方面，不能排除仍有少部分公民对法律适用上的公正

性持怀疑的态度，实践中仍存在执法不严、司法不公等现象。在法治实践中感受到法律的公正有助公民产生积极的法律情感，有助于其尊重法律、信任法律、认可法律；反之，助长特权等不公正的法治实践将会产生消极的法律情感，公民难以相信法律会满足他们的期待与需求，会导致其轻视法律。

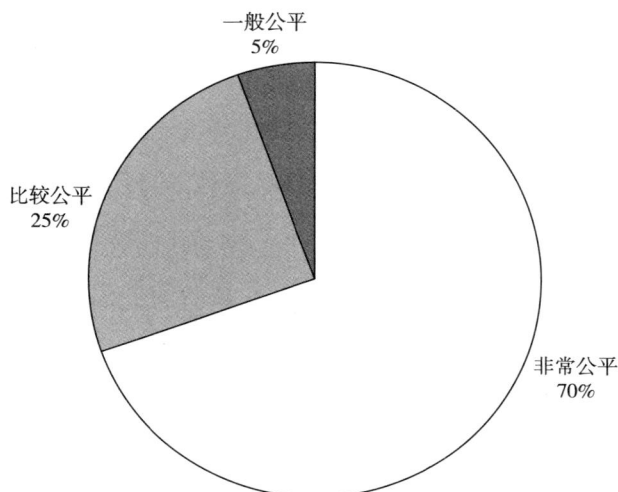

图 5　昌吉州公民对法律公正性的评价

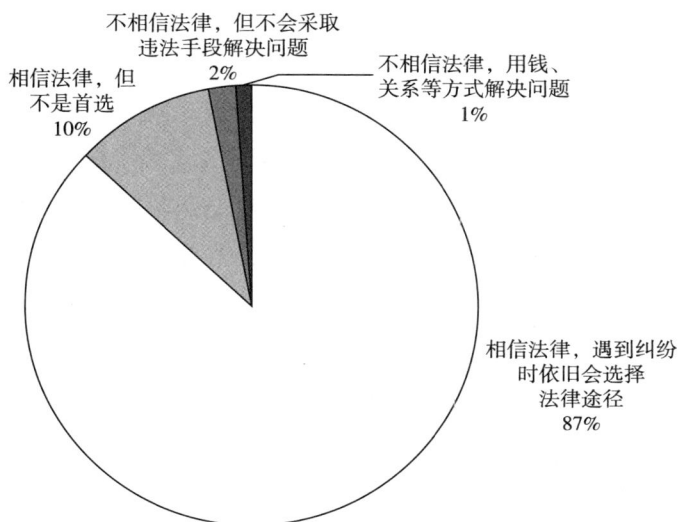

图 6　昌吉州公民对法律的信服度

（三）公民用法、守法现状分析

法治认同需要公民尊重、认可法律，主动选择守法的法律行为，最终实现内化于心、外化于行的状态。因此，法治认同的落脚点在于公民选择法律的行为。随着昌吉州法治建设步伐的加快，逐步带动和提高了公民在法律框架下处理解决问题的意识和能力，公民开始接受法律、运用法律的方式来处理纠纷。

一是公民权利意识逐渐凸显。培育公民的法治认同，需要公民确立权利观念。公民权利观念的形成主要体现在公民关注、维护个人利益和民事权利上。公民对自身正当权益的承认和维护，是法治认同形成的现实基础。在关于昌吉州公民用法、守法现状的调查中，在被问及"您最想掌握哪方面的法律知识？"这一问题时，有83.6%受访者选择了"公民的基本权利和义务"；42.9%的受访者选择了"国家安全、反恐维稳"；37.9%的受访者选择了"劳动就业"；32.0%的受访者选择了"婚姻继承"；21.1%的受访者选择了"土地流转"；20.3%的受访者选择了"疫情防控"；18.9%的受访者选择了"宗教法治"；3.9%的受访者选择了"社会保障"等（见表3）。由此可见，公民的基本权利与义务是公民最关心的法律知识，这说明"七五"普法宣传的效果明显，公民通过对宪法的学习逐渐意识到公民基本权利与义务的重要性。另外，在被问及"当合法权益长期受到侵犯，您可能会采取什么办法？"这一问题时，有88%的受访者表示会"寻求法律帮助，以法治方式理性解决"；7%的受访者表示"现在已经是法治社会，相信这种情况很少见，即使有也能得到合理解决"；4%的受访者表示会"通过信访的方式解决问题"；极少数的受访者表示会"以牙还牙，不排除采取极端手段或途径解决"（见图7）。调查结果表明，在经济和社会活动中，昌吉州公民逐渐开始相信通过法律手段可以更好地保障自己的权利，尤其是当民事权益遭受侵犯时，公民开始愿意通过法律的方式来保护自己的权益。但需要注意的是，调查结果同时反映，当公民合法权益长期受到侵犯时，不排除仍有极少数的公民采取极端行为的可能。

表 3　昌吉州公民想要掌握的法律知识

法律种类	公民(人)	占比(%)
公民的基本权利和义务	509	83.6
国家安全、反恐维稳	261	42.9
劳动就业	231	37.9
婚姻继承	195	32.0
土地流转	129	21.1
疫情防控	124	20.3
宗教法治	113	18.9
交通安全	96	15.7
社会保障	24	3.9
合同纠纷	16	2.6
维权技巧	16	2.6
其他	2	0.0

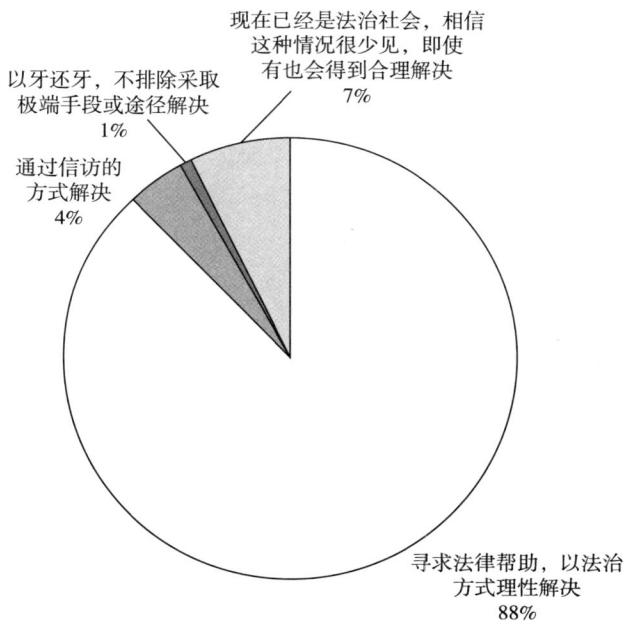

图 7　昌吉州公民合法权益长期受到侵犯时的解决办法

二是公民选择法律解决纠纷的主动性有待进一步激发。调查中发现，在被问及"发生纠纷时，据您了解首先会想到找谁解决?"这一问题时，无论是基层干部还是群众在遇到纠纷时，首先寻找的帮助解纷的对象是村干部，不会优先选择利用法律来解决纠纷。调查中，接近四成的受访者表示会优先通过现有人际关系，包括村干部、亲朋好友及村里有威望的人等来解决纠纷（见图8）。这一方面反映，基层纠纷解决方式过分依赖基层干部和单位领导，而法律在解决群众之间的纠纷与冲突中的作用尚未充分发挥出来，忽视了法律程序的严谨性和法律的专业性，忽略了纠纷解决中法律的作用。另一方面反映，在熟人社会关系结构中普遍存在的"以和为贵"的传统观念的影响下，公民更加重视互相之间所谓的"和气"，这也导致公民对"司法"有着一定的排斥心理。希望尽力通过调解、和解等方式消除纠纷，以达到"和"的要求，甚至出现了群众信"访"不信"法"的现象。这种心理在问题"当地解决土地承包纠纷的途径有哪些?"的回答中得到进一步体现，选择"村委会或乡人民政府调解""当事人之间协调"的受访者分别占77.6%、69.1%。

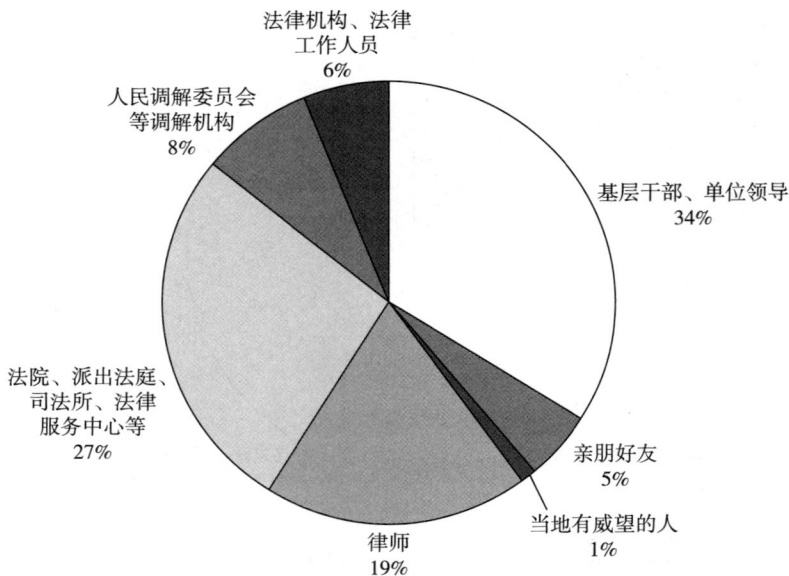

图8 解决纠纷的主要途径

调查研究结果充分表明，昌吉州"七五"普法工作卓有成效，各县（市、区）基层各部门精心策划，积极组织开展多种形式的普法活动，着力打造上下联动、广泛参与的普法格局，全社会法治观念明显增强，新时代中国特色社会主义法治思想逐步得到公民较高的认可，公民法治获得感、幸福感、安全感不断提升，预示着全面推进依法治国具有了良好的公众社会心理基础。

三　培育公民法治认同的有效路径

法治认同是一个从感性上升到理性、从理念外化为实践的过程。公民法治认同的培育需要人们尊重、认可、践行法治这种文化形态，需要经过公民思想上的认知、情感上的接受、行为上的认同三个阶段，才能达到真正意义上的法治认同。因此，培育公民法治认同应该从以下几点着手。

（一）加强普法工作力度

一是加强普法内容的针对性。首先，做好"八五"普法工作，要把学习宣传习近平法治思想作为法治宣传教育的首要任务，深入学习领会习近平法治思想的核心要义、精神实质、丰富内涵和实践要求。"八五"普法规划特别强调在法治需求与普法供给之间形成更高水平的动态平衡。因此全民普法的内容要坚持实用性，选择公民"兴趣点"来增强普法的吸引力。针对公民法治需求的多样性，在制定普法计划时，既"求同"也"存异"，既要开展《中华人民共和国宪法》《中华人民共和国民法典》《中华人民共和国土地管理法》《中华人民共和国治安处罚法》等共性内容的宣传，又要因人、因岗、因需而异，例如重视《中华人民共和国村民委员会组织法》《中华人民共和国劳动合同法》《中华人民共和国农业法》等个性内容，按需施教，学以致用，时刻把脉不同层次公民的法治需求，教育引导公民自觉依法守法。其次，通过普法教导公民学会善于运用法律武器保护自己的合法权益，让公民亲身感受到普法的重要性，懂法的必要性，以此来激发群众的学法热情、用法原动力，增强普法的吸引力，使基层普法逐步由"要我学"的被动状态转变为"我要学"的主动状态，使普法真正进村入户，深入人心。

二是创新普法的方式。借助新兴媒体的力量，持续推出短视频、网络直播、动漫等个性化的普法产品，提高普法产品供给的趣味性、精确性，让全民普法更加生动、形象、直观，使宣讲内容更近民生、接地气、达民听。最后，通过把全民普法融入立法、执法、司法与法律服务全过程，坚持与法治实践深度融合，实现执法办案的全员宣传、全程宣传来增强宣传的实效性。

（二）加强基层社会治理法治化

一是科学立法。要以问题为导向，提高立法供给的准确性。地方立法就是要基于地方现实需求，制定最符合地方治理现状、最切合地方发展前景的法规，切实回应社会治理的现实实践问题。

二是严格执法。完善联动执法机制，释放综合执法效能。持续加大行政执法力度，依法惩处各类违法行为。规范行政裁量权，坚持严格依法办事，按照标准化、流程化、精细化要求，对执法具体环节和有关程序做出具体规定。全面落实行政执法责任制，进一步明确执法责任。

三是公正司法。公民认同法治自然应当是一种发自内心的意愿，要实现这一目标，法治首先要做到公开、公正，实现看得见的正义，提高司法公信力。[①] 首先，社会矛盾的化解离不开维护权利、主张公正的法律。提供畅通的维护权利途径，更好地服务群众是提高司法公信力的重要手段。其次，提高司法人员素质。司法队伍人员素质直接决定着司法公正的实现。因此，提高司法人员的法律素养，提升司法人员的职业道德素质，使其形成与职务相匹配的司法职务能力，是维护司法公正的必要。

---

① 朱国良：《当代公民法治认同和法治政府权威提升研究》，《东岳论丛》2016 年第 6 期，第 108 页。

（三）完善社会纠纷矛盾解决机制

一是发挥自治组织靠前解决纠纷作用，激发群众解决纠纷活力。村委会、居委会、网格、社区等基层群众自治组织，广泛根植于群众沃土，在夯实社会和谐根基、开展源头治理、前端治理方面具有天然优势。要弘扬新时代"枫桥经验"，灵活、创新开展群众自治解决纠纷工作，充分发挥群众自治促成和解、化解纠纷作用，使群众自治解决纠纷方式在新时代重焕光芒。

二是发挥行政力量主导作用，凝聚多元解决纠纷合力。多元化纠纷解决机制和格局的构建，重点在于统筹纠纷解决的资源和力量，形成从顶层设计到具体落实的体系和合力，这就需要以政府为主导，合理统筹和调配各方资源和力量，综合考量调解场所安排、人员安排、经费保障和工作考核评价等内容，将各自为政的各解决纠纷主体和纠纷解决方式整合起来，形成相互配合、协调，相互支持补充的纠纷化解大格局。对于重大矛盾纠纷，必要时采取多部门联合化解、联合听证等形式共同探讨纠纷化解的良策，避免责任推诿，防止群众在各部门之间徒劳奔波。

（四）提供优质的公共法律服务

一是要扩大政府公共法律服务供给。以实体、热线和网络三大平台为框架，平衡法律服务供需的既定目标，提供更加专业、更加标准的公共法律服务。

二是加强公共法律服务市场供给。必须打造多维度、立体化的产品供给体系，高质量供给诸如法律顾问、司法鉴定等公共法律服务产品，提供多样化的公共法律服务，满足不同经济文化水平、不同年龄阶段、不同民族等各群体的需求。通过"政府+市场"二者相结合的方式，共同满足群众实际法律服务需求。

（五）营造崇法向善的法治文化环境

一是培育公民法治思维。通过落实"常态化普法"，吸引群众丰富、传递法治文化，上好全民法治教育公开课，让法治意识在每一个公民的日常行动中得以体现。在耳濡目染中养成公民以法治为信仰、以法治为底线的潜在意识，自觉主动学法尊法守法用法，避免以"找关系""花钱摆平"等不合法的方式处理自身纠纷。

二是加强弘扬社会主义核心价值。宣传鼓励践行社会公德、个人品德、职业道德等德行教育，将和谐共处、文明有序等中华民族传统美德融入社会治理各个方面，渗透进入立法、执法、司法、守法各个环节。以道德作为法治的底色，进一步描绘社会治理"刚柔并济"的缤纷画卷。

B.18
新疆民族团结进步模范区创建
法治保障实证研究

阿力木·沙塔尔　蒲翠月*

摘　要： 法制是民族团结进步模范区创建的有力保障。中华人民共和国成立以来，新疆不断以法制手段加强民族团结进步模范区创建的顶层设计，注重模范区示范引领作用，促进民族交流交融，依法推进民族团结进步模范区创建。为进一步推进新疆民族团结进步模范区创建法制建设，应坚持党的领导，以习近平法治思想为引领，形成党委领导、政府负责、社会协同、公众参与、法治保障的多元机制，以铸牢中华民族共同体意识为主线加强民族团结法制宣传教育，为新疆民族团结进步模范区创建提供理论基础与发展方向。

关键词： 中华民族共同体意识　民族团结进步模范区　新疆法治

民族团结是新疆各族人民的生命线，依法保障新疆民族团结进步模范区创建是新疆持续和谐稳定发展的现实需求。2019年10月，中共中央办公厅、国务院办公厅印发《关于全面深入持久开展民族团结进步创建工作铸牢中华民族共同体意识的意见》，该意见对新时代民族团结进步，创建模范区的建设提出了新的任务和目标。面对国内外复杂的地缘政治环境带来的挑

---

* 阿力木·沙塔尔，法学博士，新疆大学法学院副教授，硕士生导师，研究方向为宪法学、立法学；蒲翠月，新疆社会科学院法学研究所研究实习员，研究方向为法律史学。

战，党和国家的民族理论和民族政策为建设新疆民族团结进步事业提供了创造性的指南和坚实的保障。建设新疆民族团结进步模范区的实践也证明，民族团结进步模范区创建法制保障具有时代意义。

一 新疆民族团结进步模范区创建法制保障发展历程

（一）1949~1978年：法制建设的萌芽与发端阶段

1. 国家层面

1949 年 9 月 29 日，《中国人民政治协商会议共同纲领》（以下简称《共同纲领》）作为新中国的建国纲领、政治蓝图，在中国人民政治协商会议第一届全体会议上通过。《共同纲领》在总结和继承中国共产党新民主主义革命时期以来民族政策的基础上，进一步丰富了民族团结进步创建的内涵。[①] 1950 年，中央人民政府政务院（以下简称"政务院"）批准《新疆省人民政府委员会目前施政方针》，该方针强调新疆域内各民族一律平等，要实行团结互助。[②] 1953 年 12 月 22 日，政务院批复同意了《新疆省人民政府关于新疆民族区域自治实施计划》和《新疆省人民政府关于新疆民族区域自治实施办法》，为新疆的民族团结进步创建提供了更为具体和可操作性的法律规范。

"五四宪法"是我国民族团结进步创建法制建设的新起点，对我国民族团结进步创建法制建设做出了更为全面的规定。如"五四宪法"第三条规定："各民族一律平等。禁止对任何民族的歧视和压迫，禁止破坏各民族团结的行为。"这些关于民族关系、民族团结的规定，为加强新疆各民族的民族认同和国家认同提供了宪法规范依据。

2. 地方层面

1956~1966 年，全国人民代表大会常务委员会先后批准《新疆维吾尔

---

① 熊文钊：《中国民族法制 60 年》，中央民族大学出版社，2010，第 6~7 页。
② 张建江：《身份认同中的法律与政策研究》，中国政法大学出版社，2014，第 174 页。

自治区各级人民代表大会和各级人民委员会组织条例》等地方性法规。这些地方性法规对国家机关和地方政府民族团结进步创建工作中的职责做出了较为详细的规定，为新疆民族团结进步事业提供了地方立法依据。

1966~1976 年，新疆民族团结法制建设呈现曲折性发展的特点。国家和地方颁布的法律法规、民族政策，为后来的民族团结进步模范区创建提供了必要的基础。

（二）1979~2009年：法制保障和政策引导并重阶段

此一阶段，新疆民族团结进步事业进入了探索新发展之路，新疆民族团结建设表现出从政策指导为主转向法制保障和政策引导并重的特点。[①]

1. 国家层面

1982 年 12 月 4 日，第五届全国人民代表大会第五次会议通过了《中华人民共和国宪法》（以下简称"八二宪法"），开启了我国民族团结法制建设的新征程。"八二宪法"有 28 条涉及民族政策和民族关系，为新疆的民族团结进步事业提供了根本的法律保障。1984 年 5 月，作为我国第一部解决民族问题的基本法——《中华人民共和国民族区域自治法》通过，进一步明确了国家机关在维护民族团结中的职责，为民族团结进步模范区（单位）创建法制建设提供了更为具体的法律保障。1988 年 3 月，时任国家民委主任司马义·艾买提首次提出巩固和发展各民族的团结进步事业。1988 年 4 月，国务院首次召开全国性民族团结进步表彰会议，表彰促进民族团结和发展的先进集体和公民。民族团结进步创建事业进入了新的发展阶段。1992 年，中共中央、国务院以"加强各民族的大团结，为建设有中国特色的社会主义携手前进"为主题，召开第一次中央民族工作会议，大会在总结民族团结建设经验的基础上确定了 20 世纪 90 年代我国民族工作的大政方针和主要任务。

2. 地方层面

1982 年 5 月，新疆维吾尔自治区颁布《关于在全区进行贯彻党的民族

---

① 张建江：《身份认同中的法律与政策研究》，中国政法大学出版社，2014，第 175 页。

政策增强民族团结教育的通知》，该通知提出自 1983 年起，将每年 5 月确定为民族团结教育月，开创了民族团结教育事业先例。[①] 1997 年，新疆维吾尔自治区发布了《新疆维吾尔自治区创建民族团结进步模范单位和争当民族团结进步模范个人活动管理办法》（以下简称《活动管理办法》），《活动管理办法》首次明确民族团结进步模范单位个人的评选标准，为新疆民族团结进步模范区法制建设提供了蓝图。

（三）2010~2020年：地方立法"先行"阶段

于 2010 年 2 月 1 日起实施的《新疆维吾尔自治区民族团结教育条例》是我国首部关于民族团结进步创建的专门性地方性法规。2010 年，新疆维吾尔自治区对《活动管理办法》进行修改，颁布了《新疆维吾尔自治区民族团结进步模范单位和模范个人创建表彰管理办法（试行）》（以下简称《新办法》），在民族团结进步模范单位创建方面做出了更为具体的规定，明确了创建民族团结进步模范单位要按照自愿申报、逐级推荐、择优评选、公示命名的基本程序评选，赋予了各级民族事务部门对民族团结进步创建活动的管理、考核、验收、命名的职责。《新办法》将民族团结进步创建模范建设作为一项日常性和长期性的工作，实行动态管理。2013年 9 月，国家民委决定将新疆伊犁哈萨克自治州等 13 个地方作为开展创建全国民族团结进步示范区试点，掀起了一轮民族团结进步示范区创建新高潮。[②] 2015 年 12 月，《新疆维吾尔自治区民族团结进步工作条例》正式颁布，提出民族团结工作要牢牢把握"依法治疆"等新理念新举措，明确了民族团结进步模范区创建的保障和监督制度机制。

（四）2021年至今：全面法制化阶段

以铸牢中华民族共同体意识为主线，不断巩固各民族大团结是新时代新

---

① 张建江：《身份认同中的法律与政策研究》，中国政法大学出版社，2014，第 175 页。
② 陈乐齐：《在民族团结进步创建活动中如何将"三化"落到实处》，《中国民族》2015 年第 1 期，第 12~14 页。

疆民族团结进步模范区创建的总纲领。2020 年 5 月 27 日，新疆维吾尔自治区民族事务委员会印发了《自治区民族团结进步示范区示范单位命名办法》，该办法进一步规范了新疆民族团结进步示范区示范单位命名、评选标准等重要问题。

2021 年 2 月 5 日，《新疆维吾尔自治区民族团结进步模范区创建条例》（以下简称《模范区创建条例》）公布，开启了新疆民族团结进步模范区创建的法治化时代。《模范区创建条例》明确了在民族团结进步模范区创建中，新疆县级以上各级政府的责任和要求，确定了各企事业单位、团体、社会组织的社会责任、宣传教育制度、创建表彰制度。[1]《模范区创建条例》将新疆关于民族团结进步工作的经验做法和重要成果用地方性法规予以固化，[2] 对新时期推进新疆民族团结进步模范区创建的法治化进程具有重要的实践意义。2021 年 8 月 15 日，中共新疆生产建设兵团党委办公厅印发《新疆生产建设兵团民族团结进步模范评选表彰办法》，详细规范民族团结进步模范评选表彰具体工作事务，促进了民族团结进步事业发展。

二 新疆民族团结进步模范区创建法治保障成效

（一）高位推动，规范民族团结进步模范区创建工作体系

新疆维吾尔自治区将民族团结进步模范区创建工作纳入重要议程，深入开展民族团结进步创建工作。高位推动，全疆形成党委统一领导、党政齐抓共管、统战民宗部门牵头抓总、其他部门各司其职、社会广泛参与的民族团

---

[1] 《新疆维吾尔自治区民族团结进步模范区创建条例》，《新疆日报》（汉）2021 年 2 月 10 日，第 5 版。

[2] 《新疆维吾尔自治区民族团结进步模范区创建条例》，《中国民族》2021 年第 2 期，第 16 页。

结进步创建工作格局;① 构筑社会联动、全民参与的"全疆一盘棋"宣传大格局;推进品牌创建格局,形成地区特色,突出典型引领,发挥引导作用。加强新疆各族群众在文化、情感、理想信念上的团结统一,铸牢中华民族共同体意识。

1. 民族团结进步模范区创建格局规范化、体系化

第一,依法创建。2021 年 3 月 1 日施行的《新疆维吾尔自治区民族团结进步模范区创建条例》是自治区民族团结进步模范区创建的主要法律依据,除此之外,各地区结合本地实际情况,制定民族团结进步模范区创建相关条例、办法,以适应地区实情。大致可分为两类,一类具有具体操作程序和强制约束力,如《克拉玛依市民族团结进步创建示范单位(点)动态管理办法(试行)》;一类类似文明公约形式,进行民族团结进步模范区创建积极引导,如《喀什地区民族团结进步公约》,详情如表 1 所示。

表 1 新疆民族团结进步模范区创建相关地方立法和规范性文件(部分)

地区	民族团结进步模范区创建相关地方立法和规范性文件
新疆维吾尔自治区	《新疆维吾尔自治区民族团结进步模范区创建条例》《自治区民族团结进步示范区示范单位命名办法》
乌鲁木齐市	《乌鲁木齐市民族团结大院(小区)创建活动管理办法》
克拉玛依市	《克拉玛依市民族团结进步创建示范单位(点)动态管理办法(试行)》《克拉玛依市民族团结进步示范区示范单位命名办法》
吐鲁番市	《吐鲁番市民族团结进步示范区示范单位命名办法》
哈密市	《哈密市民族团结进步示范区示范单位命名办法》
阿克苏地区	《创建全国民族团结进步示范地区工作方案》《阿克苏地区 2022 年民族团结进步创建工作要点》
喀什地区	《喀什地区民族团结进步公约》
昌吉回族自治州	《昌吉市关于创建"自治区民族团结进步示范市"和"全国民族团结进步示范市"的实施方案》

---

① 吴雪莲:《"青色草原"凝聚"筑梦"合力》,《新疆日报》(汉)2019 年 3 月 18 日。

续表

地区	民族团结进步模范区创建相关地方立法和规范性文件
博尔塔拉蒙古自治州	《博尔塔拉蒙古自治州民族团结进步创建表彰管理办法(试行)》
伊犁哈萨克自治州	《阿勒泰地区民族团结进步示范点建设工作方案》《阿勒泰地区开展民族团结创建工作的思考》

第二，全域创建。抓好"全国民族团结进步创建示范州（地、市）""全国民族团结进步创建示范单位"与自治区及各地（州、市）、县（市、区）"民族团结进步模范单位""民族团结进步模范个人"评选、宣传，让创建成效突出、群众认可的先进典型发挥示范引领作用。[①] 截至 2021 年 1 月 12 日，新疆已有伊犁哈萨克自治州、昌吉回族自治州、克拉玛依市、阿克苏市等 8 个"全国民族团结进步示范州（市）"；乌鲁木齐市第六十六中学、拜城县团结小学、阿勒泰喀纳斯酒业集团等 69 家"全国民族团结进步示范单位"。[②] 2021 年 10 月，在自治区第八次民族团结进步模范集体和模范个人表彰大会上，有 150 家单位获得自治区民族团结进步模范集体称号，299 名个人获得自治区民族团结进步模范个人称号，其中包括 109 名女性模范个人。[③] 2022 年，自治区命名民族示范区示范单位 179 个（包含新疆军区、中央驻疆单位等），喀什地区以 22 家地方单位在列其中，拔得头筹（见表 2）。[④]

[①] 陶晶、宋新伟：《民族团结进步视域下新时代党的治疆方略的伟大实践》，《新疆大学学报》（哲学社会科学版）2022 年第 3 期，第 73~79 页。

[②] 米日古力·吾：《新疆三地被命名为全国民族团结进步示范州（市）》，《新疆日报》（汉）2021 年 1 月 22 日。

[③] 《向自治区第八次民族团结进步模范个人中的 109 名优秀女性致敬》，"新疆女声"微信公众号，2021 年 10 月 17 日。

[④] 《2022 年自治区民族团结进步示范区示范单位拟命名公示名单》，新疆维吾尔自治区民族事务委员会官网，2022 年 5 月 30 日，http://mwzjswj.xinjiang.gov.cn/xjmzw/gsgg/202205/cf44cf353115 4a1aa556a67a66fb175b.shtml。

表2 新疆辖区全国范围、自治区范围内民族团结进步模范区创建示范地（州、市）、示范单位、示范区、模范集体、模范个人

新疆辖区		全国级别		自治区级别		
		全国民族团结进步示范/创建示范地（州、市）	全国民族团结进步创建示范区示范单位（包含第七、八、九次）	自治区民族团结进步示范区示范单位（2022年）	新疆民族团结进步模范单位（第八次）	新疆民族团结进步模范个人（第八次）
4个地级市	乌鲁木齐市	1（2021年）	5	11	11	21
	克拉玛依市	1（2021年）	2	6	3	5
	吐鲁番市	1（2017年）	2	6	5	11
	哈密市	1（2019年）	2	5	5	11
5个地区	阿克苏地区		4	14	9	18
	喀什地区		2	22	9	29
	和田地区		3	14	8	19
	塔城地区		6	11	7	13
	阿勒泰地区		5	10	5	12
5个自治州	昌吉回族自治州	2（2014年、2021年）	5	8	9	19
	博尔塔拉蒙古自治州	1（2019年）	2	6	6	10
	巴音郭楞蒙古自治州	1（2018年）	3	13	10	16
	克孜勒苏柯尔克孜自治州		3	7	5	8
	伊犁哈萨克自治州	2（2015年、2021年）	8	17	11	25

注：未包含新疆军区、中央驻疆单位数据。

2. 形成以点串线、线面结合的宣传格局

第一，党委领导，高位推动的重点创建。坚持各级党委在各地区民族团结进步模范区创建工作中的主导地位，突出政治责任，统筹大局，推动民族团结进步模范区创建工作领导有责，提档升级。如昌吉回族自治州坚

持和完善党委领导、人大监督、政府负责、部门协作、社会参与、兵地联合的大创建格局。[1] 博尔塔拉蒙古自治州建立领导责任制，强化各级党委和政府的主体责任，建立州、县、乡、村四级党组织书记抓民族团结进步创建工作的领导体系。[2] 伊犁哈萨克自治州成立以州党委书记为组长的"双创建"工作领导小组，配强州、县两级创建机构。

第二，针对社会各行业、不同部门的专项，线性创建。兼顾行业特点、个体差异、地区特色，开展"民族团结"活动，以线带面，多层创建。推进社区、学校、宗教活动场所等重点场所创建与"一地一特色"实际分析结合；坚持每年5月集中进行民族团结进步活动月的宣传以及各高校采取的民汉互补的"三进两联一交友"活动，即"进班级、进宿舍、进食堂，联系学生、联系家长，与学生交朋友"活动；坚持干部结亲全覆盖，开展各族干部职工与结对亲戚同庆传统节、同吃团结饭、同照全家福、同建好友群等联谊活动。

第三，在社会范围内进行民族团结宣传、教育。从不同的角度、以不同的方式在各族人民群众中营造一种共同体意识，通过交流、互动和融合，进一步加强不同民族之间多样化的政治、经济、文化和心理联系，促进相互信任和情感亲近。例如，阿图什市开展新疆"四史"宣传展览以及"我和我的祖国"宣讲活动，强化爱国教育，塑造正确价值观。2021年以来，阿图什市累计开展民族团结进步宣传教育2.3万场次，覆盖89.6万人次，利用微信公众号、抖音号发布信息213条，点击量达1169万次。[3] 又如，昌吉回族自治州以基层为轴心向社会其他层面覆盖，坚持分级联创、分级创建，激活民族团结进步模范区创建的"末梢神经"，健全完善民族团结的"细胞工程"。评选"民族团结进步示范家庭""民族团结进步示范小区"等各类

---

[1] 《昌吉州全方位常态化多形式促进民族交往交流交融》，搜狐网，2022年5月11日，https：//m. sohu. com/a/546003844_ 121072318？ _ trans_ =010004_ pcwzy。

[2] 《团结花开博州 凝聚筑梦伟力》，《中国民族报》2019年12月3日。

[3] 《"三措并举"精心培育民族团结进步创建"石榴花"》，克孜勒苏柯尔克孜自治州人民政府网，2022年8月12日，https：//www. xjkz. gov. cn/xjkz/c101647/202208/398bca4a8baf4b 2ab31ba4b7e196a6a0. shtml。

"民族团结进步微示范"，使得民族团结进步模范区创建活动深入全州社会肌理，渗透各个"细胞"，成为昌吉州民族团结进步模范区创建活动的最强保障。[①]

3. 培育创建品牌，树立先进典型

自治区、各地（州、市）及县（市、区）充分利用党报、党刊等主流媒体与"三微一端"等网络媒体进行一体化、齐联动创建，同时各地区结合实际，打造自己的"创建+地区特色"工作模式和品牌。

38个民族聚居的阿勒泰地区，民族团结进步模范区创建别具特色，尤其是群众文化活动形式丰富、多姿多彩，打造了"石榴籽""白桦""蒲公英""宣讲达人"的千人宣讲团，还具有百支"冬不拉"小分队，充分满足了人民群众的文化需求。[②] 为增进民族团结交流，同时开展多样化融情活动，包括"交流谈心融情""政策互学融情""技能互比融情""好事互做融情""困难互助融情""节日互贺融情""活动互乐融情""氛围互营融情"等。[③] 昌吉回族自治州依托传统媒体与网络媒体，通过开展民族团结歌曲唱起来、民族团结舞蹈跳起来等"十个起来"和"感动庭州"先进典型评选，"最美石榴籽"主题宣讲，"我邀亲戚+"品牌活动，打造全州民族团结进步模范区创建浓烈氛围。[④] 博尔塔拉蒙古自治州从小处着眼，号召发起身边的"微行动"，倡导"尽小者大，积微者著"，民族团结进步模范区创建从身边做起。以"编辑小故事、寻找小典型、搭建小舞台"等"微故事"来表达民族交融之中的真情实感，以"微走访、微传播"等"微宣传"来进行润物细无声的文化、情感滋养。以"解决小难题、调解小纠纷"等"微手段"进行纠纷矛盾的无声化解。

（二）融合嵌入，夯实民族团结进步模范区创建社会基础

互嵌式社会结构是新时代推进民族团结进步工作迈向高质量发展的重要

---

① 《书写新时代民族团结进步昌吉新篇章》，《亚洲中心时报》（汉）2021年1月31日。
② 常轶茹：《阿勒泰：奋力谱写民族团结时代新篇章》，《阿勒泰日报》2021年6月9日。
③ 常轶茹：《阿勒泰：奋力谱写民族团结时代新篇章》，《阿勒泰日报》2021年6月9日。
④ 《书写新时代民族团结进步昌吉新篇章》，《亚洲中心时报》（汉）2021年1月31日。

模式，有助于促进各民族交往交流交融。近年来，新疆各地在结合本地区特色基础之上，不断探索创新，形成了具有地域特点的民族融合互嵌模式。

1. 以点串线、以线连片、以片带面模式

阿克苏地区形成以点串线、以线连片、以片带面示范创建格局，以群众日常生活为切入点，深入推进教育等重点行业建设，进而全面覆盖经济、社会、文化等领域，创造各民族共居共学共事共乐的社会条件，促进各民族交往交流交融。从小到大，层层递进，打造村民小组、行政村、小区、社区等空间互嵌共融示范区以及民族团结特色商贸街、娱乐街、市场、各民族共建农牧业合作组织等，完成经济和生活的全领域创建嵌合；表彰模范个人、模范集体、民族团结进步模范区创建教育基地、民族团结示范区和示范单位。

阿克苏地区库车市新城街道清风苑社区是典型的民汉互嵌式居住社区，将各民族守望相助作为社区精神支柱，以服务为本，以党建引领警社联动，打造"共建、共治、共享"社区服务新格局，将社区和便民警务站深度融合，改变以往社区警务与网格事务双向并存的状态，实现社区、警务站阵地、资源、力量、职能从碎片化到规范化的转变，促进社区、警务站力量共融、资源共享、责任共担、协调联动，以团结、便民、互助不断提升基层服务水平。在倡导民族团结方面，创建民族团结"三个六"机制，加深各族人民深度交融、互帮互信、互相学习，在清风苑社区宣传栏，倡导各民族共同学习，内容包括"互学一句话""共学惠民政策""共学党史""共学白皮书""共学法律法规""共学社会主义核心价值观"；倡导各民族共同工作，包括共做"服务员"、共做"宣讲员"、共做"防疫员"、共做"劝导员"、共做"监督员"、共做"调解员"；倡导各民族生活互助，包括"共购一次物""互做一次客""同看一场电影""同唱一首歌""互发一条疫情防控信息""互送一份礼物"等。各民族共同学习、共同工作、共同生活，在潜移默化之中加深民族情感，共创团结和谐的社区氛围，不分你我的邻里关系。

2. 全方位互嵌模式

全方位互嵌是指居住、教育、生产、经济、文化等各方面的融合互嵌。

乌鲁木齐市是典型全方位互嵌模式模板，立足全局、精准发力、创造条件、搭建平台，全力构建"民族团结+"工作模式。居住领域，市委市政府进行统筹规划，制定购房补贴、物业费暖气费补贴、落户就业等惠民政策，推动嵌入式居住，在经济适用房、公租房等保障性房源上进行嵌入式分配；教育领域，推动教育资源向嵌入式小区倾斜，倡导各民族学生互学语言、混合编班，促进师生族际互动磨合、交流交融。生产领域，共建农牧业、林果业生产合作组织，旅游业注重品牌效应，加强城市间合作，打造国际大巴扎、天山大峡谷等精品景区和 25 条精品旅游线路，大力发展"旅游+现代农业""旅游+文化产业""旅游+休闲康养"。经济领域，按照"区内协作，北疆帮南疆，先富帮后富"要求，稳步推进喀什、和田等地区农村少数民族富余劳动力有组织到国有大中型企业、非公企业转移就业。文化领域，不断丰富民族团结联谊活动形式和内容，开展形式多样的文娱活动，弘扬中华优秀传统文化，传承红色基因革命文化。

克孜勒苏柯尔克孜自治州阿图什市也是另一典型。近年来，阿图什市构建互嵌融合体系，尤其在涉及公租房、经济适用房、城乡改造等民生工程时，充分进行空间"互嵌共融"，层层递进，由空间互嵌拓展到生产、经济、文化等全方位嵌入；搭建互嵌交流平台，开展"三进两联一交友"活动，推进民汉学生混合编班、住宿，截至 2022 年 8 月 12 日，共有 180 余名领导、6000 余名教师与 7.1 万名学生结对。① 同时，开展"中华韵·国学情"文化经典诵读比赛、"乡村振兴杯"赛马刁羊比赛、"团结杯"足球比赛，创造全市上下"人人关注创建、支持创建、投身创建"良好氛围。②

3.重点建设模式

重点建设即将资源集中，分配或民生或文化等具有一定优势基础领域，以优带劣，进行全方位创建。例如，博尔塔拉蒙古自治州便是以经济生产及

---

① 《"三措并举"精心培育民族团结进步创建"石榴花"》，《克孜勒苏日日报》（汉）2022年 8 月 12 日。

② 《"三措并举"精心培育民族团结进步创建"石榴花"》，《克孜勒苏日日报》（汉）2022年 8 月 12 日。

社区治理为先，优先在经济生产、基层治理领域进行互嵌融合。为牧民合理规范居住区域，实现三区（生活区、养殖区、种植区）分离。充分发挥养殖优势，成立养殖合作社，建立肉质工厂，实现增收；建设特色旅游项目，发挥少数民族文化特色，打造以"羊文化、鱼文化"为特色的旅游饮食文化；开展社区精细化"网格化"管理，构建"领导+场所+平台+网格治理中心"的四级治理模式；将经济生产和基层治理等民生领域作为嵌入优先选择，资源倾斜，在此基础之上，进一步向全社会层面拓宽覆盖。①

又如，阿克苏市英巴扎社区阳光里小区，是以展示优秀传统文化为重点来加强民族团结进步模范区创建的小区。阿克苏市英巴扎社区阳光里小区，原是老旧小区改造而成，由汉族、维吾尔族等6个民族构成，60岁以上人口占31%，属于"老龄化"小区，以群众需求为导向，在社区内改建1800平方米的党群服务中心，设置便民服务、文化活动、休闲娱乐、政策宣讲四个功能区。令人印象深刻又最具特色的是社区内的阿克苏地区历史及文物展览区，重点介绍历史上一些存续时间长、对阿克苏发展有着重要贡献的组织团体，包括艺术团体、地质勘测队伍、邮政公司等。除此之外，还有专门为本社区民间艺人开辟的文化角，让民间艺人可以在闲暇之余将自己的毕生绝学传承下去，独具特色的葫芦雕刻、书画等以一种润物细无声的方式被继承和发扬。这种将历史文化与生活居住构筑联系进而融为一体的社区模式，可以说是"文化润疆"的创新之举，民族团结的主要基础便是具有共同的文化认同，将历史、文化、生活融合，共同推进，不失为民族团结进步模范区创建的富有成效之举。

（三）文化引领，激发民族团结进步模范区创建内生动力

1. 以"文"化人，文化传承凝心聚力

文化是民族之魂，文化认同是凝聚民族团结最强的力量。文化认同与民族团结进步模范区创建具有内在的一致性，是相互作用、互相嵌合的关系。

---

① 《团结花开博州　凝聚筑梦伟力　博州创建办》，《中国民族报》2019年12月3日。

文化认同是通过个体对文化的理性审视形成一定的文化心理，从而塑造个人价值观念，进而影响个体对于社会环境以及与其他主体相处认知的思维模式。而民族团结需要社会个体对主流文化价值有着认同和自觉，在认同的基础之上与不同民族团结、和谐相处。新疆各地积极开展文化润疆工程，大力推动文化传承与文化创新，积极阐释新疆各族人民群众命运与共、休戚与共的血肉联系，涌现了一批批具有地域特色、独树一帜的文化精品，生动阐释文化引领在民族团结进步模范区创建中的重要作用。

例如，昌吉回族自治州积极实施文化惠民项目，在全疆率先打造6个城市"智慧书屋"、10座红色影院和首个盲人图书馆。昌吉回族自治州积极进行以民族团结为核心要素的文学艺术创作，代表作有文艺作品《金色的鱼钩》《乘风破浪的红船》，小品《社区帮我脱了贫》，快板《党的政策亚克西》，油画长卷《天山画卷·丝路昌吉》，新疆曲子现代戏《金子般的心》等；成立北庭学研究院，举办六届新疆北庭学术研讨会，出版《北庭史论集》《北庭钱币研究》等书籍，不断进行北庭故城、烽燧群等遗址考古发掘。①伊犁哈萨克自治州拥有诸多的历史文化遗迹，历史悠久，文化荟萃，着重培育"文化体验+教育"路线，将伊犁将军府、林则徐纪念馆、汉家公主纪念馆、察布查尔锡伯民族博物院、乔尔玛烈士陵园、王蒙书屋等打造成民族团结及铸牢中华民族共同体意识的实践教育基地，让人民群众亲自感知当地的历史文化，树立文化自觉、文化自信。除此之外，其他地区也有诸多表现形式，在喀什古城景区"入城式"上演员穿着汉服，演绎张骞、班超等人在新疆的故事。阿克苏地区第十八届"多浪·龟兹"文化旅游节暨温宿县第十届天山托木尔文化旅游节开幕式上演绎婺剧《天女散花》、杂技《风光无限》、舞蹈《天山情长》等，在那拉提景区上演的实景演出《守望那拉提》，这些传统文化结合现代艺术，讲述着各民族荣辱与共、命运与共的过去与未来。

---

① 《五指攥成拳　合力共创建——昌吉市民族团结进步创建工作综述》，"昌吉州民族团结一家亲"微信公众号，2022年8月18日。

2. 加强文化交流，促进融合发展

新疆积极推进民族团结进步模范区创建经验、民族文化特色进行地区间交流合作，将新疆优秀的做法、特色文化带出去，将其他地方精华吸取回来，推动地区间文化交流交融，促进民族团结进步模范区创建向好发展。

以博尔塔拉蒙古自治州（以下简称"博州"）为例，湖北是其对口援疆省份，多年来，两地积极开展文化艺术交流。如让"长江讲坛"走进博州，体悟长江文化；开展"喜迎二十大·石榴籽一家亲"鄂博·楚星少年手拉手融情夏令营，让博州、第五师的 200 余名学生到湖北开展文化交流，体验"汉式"热情；组织"茶道万里情　鄂博一家亲"新疆深度特色旅游团，重走丝绸路，领略阳关情；促成湖北省大型红色经典民族歌剧《洪湖赤卫队》在博州演出。推动鄂博两地在民族团结创建文化领域深度、多层合作。

除地区交流以外，新疆在文物方面有着得天独厚的优势，干燥的气候让掩埋地下的文物历经千年而不腐，成为古文物发掘的富庶之地，也是文化交流的重要阵地。以国宝"五星出东方利中国"锦护臂为例，1995 年 10 月，中日尼雅联合学术考察队在新疆民丰县尼娅遗址的黄沙之下发现了此物。织锦是五重平纹经锦，由蓝、绿、红、黄、白五组经线和一组纬线织就祥云、日月、麒麟、孔雀、仙鹤、虎纹兽等祥瑞图案，并将青底白色的"五星出东方利中国"八个汉隶字巧妙排列其中，根据织锦的工艺和年代，专家推断其为汉代蜀锦。这件织锦被誉为 20 世纪中国考古学最伟大的发现之一，也是第一批禁止出国展览的 64 件国宝之一，现收藏于新疆博物馆，是镇馆之宝。根据"五星出东方利中国"锦护臂创作出诸多文艺作品，最为有名的是大型舞剧《五星出东方》，将历史与艺术结合，用舞蹈讲述文物的故事，展现文化的碰撞与交流，诠释新疆各族人民"像石榴籽一样紧紧抱在一起"，彰显中华民族命运共同体的主题。《五星出东方》舞剧于 2021 年 6 月 19 日至 21 日在北京天桥艺术中心大剧场展开了首轮演出，获得好评无数，2022 年踏上了全国巡演之路。《五星出东方》舞剧让大众记住了这件国宝级文物，也潜移默化地传承了中华文化和民族精神，加强了民族团结。

三 新疆民族团结进步模范区创建法治保障发展建议

（一）坚持党对新疆民族团结进步模范区创建的领导地位

中国共产党的领导既是创建民族团结进步模范区的核心，亦是推进民族团结进步模范区创建的政治保证。为此，新疆民族团结进步模范区创建必须坚持党的领导。在民族关系的处理上，中国共产党成立伊始便视正确解决国内民族问题为革命要务之一，并以马克思主义民族观为思想指导，结合不同历史时期的中国实际，探索出具有中国特色的处理民族事务的理论、制度与道路。[①] 党政军民学，东西南北中，党的领导是党和国家事业不断发展的"定海神针"[②]，更是新疆民族团结进步模范区创建的精神引领。只有在党的领导下，将新疆民族团结进步模范区创建放在党和国家事业发展全局中来谋划、来推进，新疆的民族团结进步模范区创建才能发生历史性变革、取得历史性成就。

（二）以习近平法治思想引领新疆民族团结进步模范区创建法治保障

习近平法治思想蕴含深邃的政理、法理、学理，[③] 是依法治疆的行动指南和根本遵循，也是创建民族团结和进步模范区的行动方针之一。首先，坚持新疆民族团结进步模范区创建为了人民、依靠人民。习近平法治思想明确全面依法治国最广泛、最深厚的基础是人民，必须坚持以人民为中心，坚持为了人民、依靠人民。[④] 各族人民才是新疆民族团结进步模范区创建的力量源泉，新疆民族团结进步模范区创建中应依法保障新疆各族人民的权益，坚

① 张炜达、郭朔宁：《中国共产党百年民族法制建设：实践探索、基本经验、时代回应》，《西北民族大学学报》（哲学社会科学版）2021 年第 4 期，第 1~9 页。
② 《习近平法治思想概论》编写组：《习近平法治思想概论》，高等教育出版社，2021，第 80 页。
③ 《习近平法治思想概论》编写组：《习近平法治思想概论》，高等教育出版社，2021，第 9 页。
④ 中共中国法学会党组：《用习近平法治思想引领法治中国建设》，《中国法学》2021 年第 1 期，第 11~14 页。

持民族团结进步模范区创建为了人民、依靠人民、造福人民。其次，坚定不移走中国特色社会主义法治道路。民族团结进步模范区创建要重点突出中国鲜明的实践特色、时代特色，新疆民族团结进步模范区创建的法治化之路应紧紧围绕党和国家民族政策、民族理论的最新成果，结合新疆实际，开展既符合新疆特色，又符合中国特色社会主义法治道路价值理念的法治建设。最后，坚持建设德才兼备的高素质民族团结法治工作队伍，为新疆民族团结进步模范区创建注入现代化人力资源。新疆要在国内外复杂的地缘政治环境中稳定发展，并全面推进新疆民族团结进步模范区创建法制建设，须加强法治工作队伍思想政治建设、管理监督制度建设、业务素质能力建设、职业激励保障体系建设，① 为新疆民族团结进步模范区创建提供强有力的革命化、正规化、专业化、职业化组织和人才保障。

（三）构建民族团结进步模范区创建法治保障多元协同机制

民族团结进步模范区创建法制建设是一个庞大的系统工程，为适应新时代更加复杂化、多元化、立体化的时空条件，需要多元主体在法治保障下共同参与，即形成党委领导、政府负责、社会协同、公众参与的多元机制。② 新疆民族团结进步模范区创建必须由党来全面统筹，以强化党的领导为基本前提条件，不仅可使新疆民族团结进步模范区创建完整显现地方特色，也可通过新疆民族团结进步模范区创建的实践维护党的权威。政府是民族团结进步模范区创建的责任主体。各级政府部门要把服务党和人民作为第一职责，以人民为中心主动做好民族团结进步模范区创建的政务工作。③ 各级政府部门应科学规划与建设民族团结进步模范区，为民族团结进步模范区的建设与

---

① 《习近平法治思想概论》编写组：《习近平法治思想概论》，高等教育出版社，2021，第223~224 页。

② 《习近平在第三次中央新疆工作座谈会上强调：坚持依法治疆团结稳疆文化润疆富民兴疆长期建疆努力建设新时代中国特色社会主义新疆》，《人民日报》2020 年9 月27 日，第1 版。

③ 黄小军：《多元共治：边疆治理现代化的路径选择》，《云南社会科学》2021 年第1 期，第46~52、187 页。

发展提供切实的保障与服务。社会协同是化解民族团结进步模范区创建供需矛盾的现实路径选择。《新疆维吾尔自治区民族团结进步模范区创建条例》规定，民族团结进步模范区创建是全社会的共同责任。社会团体、组织、企业等主体是民族团结进步模范区创建的重要力量，不仅能缓解公共资源、公共服务的供需矛盾，还能充分调动社会力量参与民族团结进步事业建设，促进社会稳定和谐发展。公众参与是民族团结进步模范区创建的基础性力量。新疆各族人民群众作为新疆的主人，也是民族团结进步模范区创建和享用的主体，充分调动公众力量参与民族团结进步模范区创建是民族团结事业的必然要求。

（四）加强民族团结进步模范区创建法治宣传教育

法制宣传教育是促进各族人民自觉维护民族认同、国家认同的重要途径之一。新疆民族团结进步模范区创建法制建设，应当始终以铸牢中华民族共同体意识为主线加强民族团结教育。一是以铸牢中华民族共同体意识为主线强化各族领导干部民族团结法制教育责任意识。领导干部作为"关键少数"要发挥关键作用，需要强化主体责任意识，不断强化效能意识，建立正确的绩效观，加强学习，增强本领。① 各级领导干部应树立责任意识，紧跟党中央、国务院关于民族团结政策的决策、决议，主动学习党中央的民族团结进步模范区创建的政策精神，增强自身能力。二是以铸牢中华民族共同体意识为主线向社会公众宣传民族团结进步模范区创建的法理和理念。社会公众是民族团结进步事业的参与者、建设者、享用者，凝聚全体社会成员的力量才能更好地推进民族团结进步模范区创建。

结　语

依法推进民族团结进步模范区创建是依法治疆的基本要求之一。随着社

---

① 赵桂英、田雪梅：《论新时代领导干部责任担当意识的强化》，《学校党建与思想教育》2022年第8期，第35~37页。

会主义法治建设的有序推进，新疆民族团结进步模范区创建逐渐步入法治化、规范化的轨道。高举中华民族大团结旗帜，以全面促进新疆各民族大团结与维护中华民族大团结为初心，以全面准确落实党的民族理论和民族政策为出发点，坚持党对新疆民族团结进步模范区创建的领导，依法深化民族团结进步教育，引导各族人民共同参与民族团结进步模范区创建，是实现中华民族伟大复兴的重要途径。

B.19
伊犁河流域湿地法律保护的现状、
问题与思考

郭 虹*

摘 要： 伊犁河流域湿地是我国湿地的重要组成部分，具有其他系统不可替代的环境功能、生态效益及经济价值。近年来，伊犁哈萨克自治州高度重视伊犁河流域湿地保护建设工作，出台了一系列政策法规，有力指导了伊犁河流域湿地保护与修复实践，取得了明显成效，为湿地中央立法积累了有益的经验。目前，伊犁河流域湿地法律保护在立法、执法、司法上均存在有待完善的问题。应在习近平生态文明思想的指导下，完善地方立法、引入联席会议制度，由湿地保护机构统一执法，拓展法律责任，以实现伊犁河流域湿地的专业性法律保护，为我国湿地资源保护性开发提供示范。

关键词： 伊犁河流域湿地 法律保护 立法

湿地①是珍贵的自然资源，被誉为"地球之肾""气候变化调节器""淡水之源"。加强湿地保护是贯彻落实习近平生态文明思想的重要内容，

---

* 郭虹，伊犁师范大学法学院副教授，伊犁州法学会首席法律咨询专家委员会会员专家，研究方向为环境法、环境刑法。

① 根据《中华人民共和国湿地保护法》的规定，湿地是指具有显著生态功能的自然或者人工的、常年或者季节性积水地带、水域，包括低潮时水深不超过六米的海域，水田以及用于养殖的人工水域和滩涂除外。

是构建人与自然和谐发展的生态系统、建设美丽家园的重要途径。伊犁河①（中国段，下同）湿地是伊犁哈萨克自治州（以下简称"伊犁州"）重要的生态涵养区，是欧亚大陆重要的鸟类迁徙通道。河流湿地是伊犁州直的重要湿地类型，是伊犁州直湿地的骨架，对于连通州直县市各类湿地、补给水源、蓄洪防旱、维系伊犁河流域生物多样性和支撑区域经济社会高质量发展等具有重要作用。有研究指出天然河流岸边带湿地系统具有改善水体环境和削减河水中氮、磷等无机污染物浓度的作用②，亦有研究表明湿地对改善局地小气候和城市的大气环境质量（主要是通过削减周边大气环境中的细颗粒物浓度来改善）有着重要作用③。长期以来，由于人们对湿地的功能和作用的模糊认识，以及法律上缺少对湿地明确的界定及保护责任的规定，我国湿地面积日益减少、功能退化的趋势尚未得到根本扭转，不少地方湿地面临被过度利用、占用及改造等问题，湿地保护面临保护法规建设空间有待提升，部分湿地保护修复"矫枉过正"和一些地区缺少动态监测系统三大掣肘。④ 伊犁河流域湿地位于天山西部，受上游水利工程、农田灌溉用水量激增、河谷降雨持续偏少等因素影响，存在水量减少、面积缩小、河滩干涸等现象以及随意开垦土地、侵占湿地、排放污染物等破坏湿地资源的行为。据2022年1月自治区兵团第一、第二生态环境保护督察组的反馈，伊犁庆华能源开发有限公司露天煤矿工业场地存在清洗废水直排伊犁河一级支流皮里

---

① 伊犁河是我国与哈萨克斯坦共和国之间的国际河流，属于中亚内流河，发源于天山（中国部分，下同）西部北坡山脉，在我国境内全长442km，平均年径流量约为158.6×108m³。伊犁河有大小支流122条，主要由特克斯河、喀什河以及巩乃斯河三大支流组成。其中上游的特克斯河是主源，它自西向东穿过昭苏盆地和特克斯谷地，沿途接纳阔克苏河、大吉尔尕郎河和小吉尔尕郎河水后转向北，与巩乃斯河汇合。

② 王朝旭、祝贵兵、王雨：《岸边带湿地对富营养化河流的净化作用研究》，《环境科学学报》2021年第1期，第55页。

③ 莫丽春等：《北京湿地削减大气PM2.5的生态系统服务流研究》，《生态学报》2021年第14期，第5571页。

④ 李金红、徐润南、董小红：《湿地保护全面推进仍面临三大掣肘》，《经济参考报》2020年7月20日，第2版。

青河的问题。① 这些现象和行为直接导致河流水质下降、湿地面积萎缩、景观斑块破碎化、湿地生态功能下降。对比该地区 2000 年和 2018 年的人为土地利用斑块和景观斑块可知，斑块数由 258 增加至 460，面积大于 10000 公顷的景观斑块数由 7 减至 4。②

伊犁州一直重视湿地保护工作，把湿地保护摆在生态伊犁建设的突出位置。但从整体上看，国家对伊犁河流域湿地保护的相关立法尚不完善，而地方性相关的法律法规政策存在制度框架体系不完整、制度配套不齐全、部分制度有待完善等问题，因此对伊犁河流域湿地的法律保护亟须加强。目前学界对于伊犁河流域湿地保护的研究主要集中于伊犁河流域湿地资源的调查、保护及合理利用方面，而专门针对伊犁河流域湿地保护进行法律问题分析的文献尚未检索到，这也为本报告的研究提供了空间。通过调研伊犁河流域湿地概况，梳理出伊犁河流域湿地法律保护的实践探索，归纳近年来伊犁河流域湿地法律保护实践的基本情况与取得的成效，分析目前存在的问题，提出伊犁河流域湿地保护的法律对策，为今后伊犁河流域湿地保护修复提供法律依据。

一　伊犁河流域湿地概况

（一）湿地面积及类型

伊犁河流域湿地号称"伊犁绿肾"，是新疆重要湿地，位于新疆伊犁州伊宁市东南部，湿地范围与伊犁州（不含塔城、阿勒泰地区）的行政区所辖三市八县范围（包括兵团）一致。2022 年 1 月 11 日，自治区人民政府新闻办公室召开新闻发布会，自治区自然资源厅介绍新疆第三次全国国土调查

---

① 《中央第五生态环境保护督察组向新疆维吾尔自治区和新疆生产建设兵团反馈督察情况》，新疆维吾尔自治区人民政府网，2022 年 6 月 1 日，http：//www. xinjiang. gov. cn/xinjiang/xjyw/202206/04c6afebed6748008c1c72992cc0fa0f. shtml。
② 袁新龙、沙尼娅·哈力霍加、加尔肯居马肯·爱特：《新疆伊犁河谷湿地鸟类多样性及其栖息地变化》，《水生态杂志》2021 年第 3 期，第 57 页。

（以下简称"三调"）主要成果时指出，伊犁州直湿地（不含可克达拉市和胡杨河市行政区域面积，含各县市行政区域内团场面积）面积为 5.06 万公顷（75.89 万亩）[①]，占新疆湿地总面积的 0.332%。伊犁州直湿地主要分布在昭苏县、新源县、尼勒克县和察布查尔县，占全州湿地面积的 68.45%。根据三调调查结果，伊犁州共有 7 个二级地类，其中，伊犁州湿地共有 5 个二级地类。

在伊犁州直所有湿地类型中，面积最大的为内陆滩涂，面积为 2.33 万公顷（34.99 万亩），占全州湿地总量的 46.11%；其次为灌丛沼泽，面积为 1.07 万公顷（16.12 万亩），占全州湿地总量的 21.24%；第三为沼泽草地，面积为 0.91 万公顷（13.72 万亩），占全州湿地总量的 18.08%；沼泽地 0.66 万公顷（9.88 万亩），占全州湿地总量的 13.01%；面积最小的为森林沼泽，面积为 0.08 万公顷（1.18 万亩），占全州湿地总量的 1.56%（见表 1、图 1）。

表 1　伊犁州直主要湿地面积及占比

一级		二级			
编码	名称	编码	名称	二级地类面积	占全州湿地比(/%)
00	湿地	0303	红树林地	/	/
		0304	森林沼泽	0.08 万公顷(1.18 万亩)	1.56
		0306	灌丛沼泽	1.07 万公顷(16.12 万亩)	21.24
		0402	沼泽草地	0.91 万公顷(13.72 万亩)	18.08
		0603	盐田	/	/
		1105	沿海滩涂	/	/
		1106	内陆滩涂	2.33 万公顷(34.99 万亩)	46.11
		1108	沼泽地	0.66 万公顷(9.88 万亩)	13.01

资料来源：《伊犁哈萨克自治州第三次全国国土调查主要数据公报》，伊犁哈萨克自治州人民政府网，2022 年 4 月 13 日，http：//www.xjyl.gov.cn/xjylzc/c112816/202204/582693d4871f44088e3951e3524d8b1c.shtml。

[①] 新疆"二调"15.51 万公顷比新疆"三调"2.33 万公顷多了近 6 倍，这是因为湿地定义不同。"二调"采用接近《湿地公约》中较广义的定义，把陆上包括湖泊、河流的水域，以及浅海水域都算作湿地；"三调"统计的"湿地"，属狭义定义只包括沼泽、泥炭地、滩涂、红树林等几种土地。

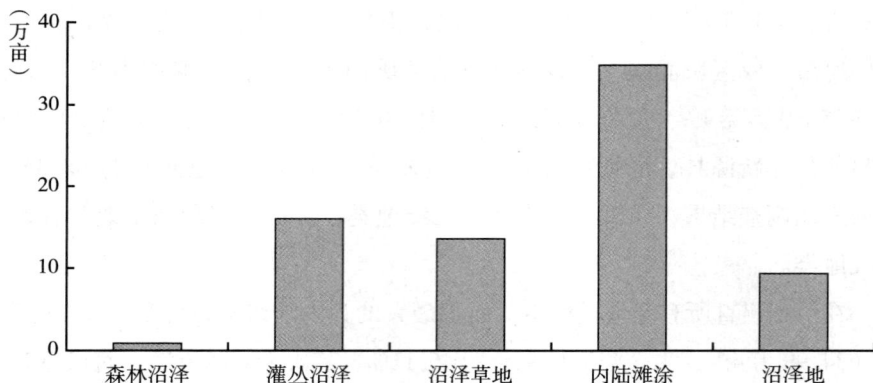

图 1　伊犁州湿地类型和面积

资料来源：《伊犁哈萨克自治州第三次全国国土调查主要数据公报》，伊犁哈萨克自治州人民政府网，2022 年 4 月 13 日，http：//www. xjyl. gov. cn/xjylz/c112816/202204/582693d 4871f44088e3951e3524d8b1c. shtml。

（二）湿地水资源现状

水是湿地的灵魂，保护湿地水环境至关重要。伊犁河流域湿地的水源补给类型由大西洋等水域水汽补给及永久性冰川和积雪融水补给构成。伊犁河由喀什河、巩乃斯河、特克斯河等汇集而成，水量居新疆众河之首，年径流量 153 亿立方米（已扣除从哈萨克斯坦流入的 14 亿立方米水量），占新疆地表径流总量的 19%；年均径流深 268 毫米，为新疆平均值的 5.7 倍，接近于全国年均径流深值。[①] 鉴于水电站的建设可能会导致诸如湿地生态系统功能退化、生物多样性下降、面积缩减、污染严重等问题，为保护伊犁河流域湿地生态系统，2010 年，伊犁州党委、政府重新优化、论证所有伊犁河流域水电规划项目，停建了 30 余个小水电项目，拒绝了一批有投资意向的小水电项目。[②] 例如，国电曾计划在喀什河上开展"3（水）库 15 级（水电

[①] 王海林、刘政印：《伊犁河流域城镇生活污水处理厂提标改造效果初探》，《化学工程与装备》2020 年第 9 期，第 264 页。

[②] 潘从武、王维：《新疆环保"约谈"为环境污染套上紧箍咒》，《法制日报》2013 年 2 月 27 日，第 004 版。

站）"梯阶开发，后被压缩为"1（水）库8级（电站）"，① 这表明伊犁州党委、政府坚持"生态立州、环境第一"的执政理念，走出了一条以绿色为底色的高质量发展之路。

（三）湿地生物资源现状

伊犁河河道内有许多季节性滩地，滩地植被丰茂，是多种水禽的繁殖地、栖息地和迁徙途经地，是新疆生物多样性最丰富的地区之一。据调查统计，该区域有鸟类物种99种，隶属于17目40科，其中雀形目、鸻形目、雁形目是湿地的优势群类，有国家Ⅰ级保护动物黑鹳、白尾海雕2种，Ⅱ级保护动物角䴙䴘、小苇鳽、疣鼻天鹅、长耳鸮、红隼、猎隼、大白鹭等；有鱼类60多种，隶属于6目9科23属，属国家Ⅱ级保护动物的有裸腹鲟（俗名青鳇鱼）、斑重唇鱼2种，属自治区Ⅰ级保护动物的有伊犁裂腹鱼。同时，这里还生长着3000多种种子植物，占全疆90%以上，属国家Ⅱ级保护植物的有麻黄、野核桃、野杏、野苹果等，属国家Ⅲ级保护植物的有伊犁贝母、新疆贝母等，河岸带植被也占伊犁河景观区的60%～70%。②

二 伊犁河流域湿地法律保护的实践探索与成效

2022年7月，习近平总书记在新疆视察时指出，要"建设团结和谐繁荣富裕文明进步安居乐业生态良好的美好新疆"。③ 生态环境是最普惠的民生福祉。④ 湿地保护事关中华民族子孙后代的生存福祉。加强保护和合理利

---

① 《新疆经济报年终特刊推出2012新疆十大生态新闻》，新浪网，2012年12月28日，https：//news.sina.com.cn/c/2012-12-28/011925911346.shtml。

② 袁新龙、沙尼娅·哈力霍加、加尔肯居马肯·爱特：《新疆伊犁河谷湿地鸟类多样性及其栖息地变化》，《水生态学杂志》2022年第3期，第57～62页。

③ 杜尚泽、杨明方、张晓松、朱基钗：《"我一直关心新疆的建设发展"——记习近平总书记在新疆考察》，《人民日报》2022年7月17日，第1版。

④ 《良好生态环境是最普惠的民生福祉——论生态文明建设》，《光明日报》2014年11月7日，第1版。

用伊犁河流域湿地资源对推动州直县市建设、实现高质量发展意义重大，这已成为州直各族人民的广泛共识与州直各县市的历史责任。伊犁州在推进法律制度建设、编制完善湿地规划、依法治理伊犁河流域湿地、严格执行法律、探索湿地资源司法保护等方面取得了积极成效。

（一）伊犁河流域湿地法律保护的实践探索

1. 积极推进立法

目前，伊犁河流域湿地保护的法律、法规，中央层面的有《中华人民共和国水法》《中华人民共和国草原法》《中华人民共和国森林法》《中华人民共和国环境保护法》《中华人民共和国野生动物保护法》《中华人民共和国矿产资源法》《湿地保护管理规定》《中华人民共和国自然保护区条例》《中华人民共和国湿地保护法》（以下简称《湿地保护法》）等法律法规；自治区层面的有《新疆维吾尔自治区湿地保护条例》《新疆维吾尔自治区湿地公园管理办法》《新疆维吾尔自治区湿地保护小区管理办法》《新疆维吾尔自治区危险废物污染环境防治办法》《新疆维吾尔自治区环境保护条例》《新疆维吾尔自治区大气污染防治条例》《新疆维吾尔自治区重要湿地确认办法》《新疆维吾尔自治区湿地名录管理办法（暂行）》《新疆维吾尔自治区重要湿地名录评估报告》《新疆生产建设兵团重要湿地确认办法（暂行）》《新疆生产建设兵团湿地名录管理办法（暂行）》；① 伊犁州层面的有《伊犁河流域土地开发管理条例》《伊犁河流域生态环境保护条例》《新疆天山阿合牙孜国家湿地公园管理保护办法（试行）》《伊犁河谷生态环境保护条例》《伊犁河谷新疆黑蜂资源保护条例》《伊犁哈萨克自治州渔业资源保护条例》等富有地方特色的法规。

从国家到地方层面一系列专门保护湿地的条例及含有湿地保护内容的法规的出台，为伊犁河流域湿地保护有效构建起政策支撑和法律保障框架体

---

① 《新疆发布第一批重要湿地名录》，新疆维吾尔自治区人民政府网，2021 年 10 月 28 日，http：//www.xinjiang.gov.cn/xinjiang/bmdt/202110/4f3eb4bd1ff346eead01ee5bc27f8326.shtml。

系，使湿地的保护工作有法可依，为保护及合理利用伊犁河流域湿地奠定了坚实的基础。

2. 编制完善湿地规划

新疆各相关政府部门以精细化的顶层设计为湿地保护、管理和可持续利用制定了一系列中长期规划，其中有《新疆湿地保护工程规划（2004～2010年）》《新疆湿地保护工程规划（2008～2010年）》《新疆湿地保护与修复工作实施方案》《新疆湿地保护修复工程"十三五"规划》《新疆湿地保护工程长远规划（2005～2030年)》《新疆湿地保护恢复工程"十三五"规划（2016～2020）》《新疆重要生态系统保护和修复重大工程规划（2021～2035年）》等。此外，伊犁州各相关政府部门也制定了相关规定，包括《伊犁河流域湿地保护与恢复工程总体规划》《关于切实做好草原生态保护补助奖励机制实施工作的通知》《关于规范伊犁河谷水电开发的建设管理暂行办法》《2012年伊犁州直"新疆天山"申报世界自然遗产综合整治工作方案》《伊犁河流域水污染防治规划（2011～2020）》《关于批准伊犁州生态文明示范区建设规划（2013～2024）的决议》《伊犁州直水污染防治工作方案》《伊犁州直生态环境保护总体规划（2014～2030年）》《伊犁州直生态功能区划》《2017年度水污染防治重点工作要点》《伊犁州直十四五水安全保障规划》《伊犁州直打赢蓝天保卫战三年行动计划实施方案》《伊犁州直区域空间生态环境评价暨"三线一单"》《伊犁河流域生态保护与修复及高质量发展规划（2020～2035）》等，对伊犁河流域湿地的保护和修复工作进行规划。

3. 加强执法

近年来，伊犁州政府加大了对伊犁河流域湿地的保护执法力度，如开启2022年"清风行动"，排查餐馆、酒店等场所利用野生动物的非法经营行为，严厉打击破坏野生动物资源的违法犯罪行为，全链条协同推进打击破坏野生动植物违法犯罪活动工作部署。[①] 伊犁州政府及州直各县市水务局、州

---

① 卢钟：《湿地，让城市生活更美好——伊宁伊犁河国家湿地公园保护记》，《伊犁日报》（汉）2022年4月7日，第1版。

森林支队、林草局、森林公安局、安监局、国土资源局、环保局等多职能部门联动，多策并举，围绕伊犁河流域环境风险防控采取了多项执法行动。2017年，伊宁市巡查伊犁河流域重点河段、水源地、湿地并进行联合执法，拆除采砂船7艘，进行渠道清淤及河道环境整治300余公里；① 全面启动伊犁河、皮里青河、吉尔格朗河、北岸干渠"三河一渠"防洪景观综合整治工程，有序推进水生态保护修复工作。伊犁州森林公安局在全州范围内组织开展为期70天的"2017利剑行动"，在此次专项行动中全伊犁州直共出动警力1011人次，车辆377台次，森林刑事案件立案18起，破案13起，其中破重大案件3起，破特大案件1起，查处林政案件74起。② 霍城县农业农村局结合"中国渔政亮剑"专项执法行动，开展多部门联合执法，组织实施违规渔具三年清网行动，以达到保护伊犁河渔业资源，维护生物多样性和生态平衡，促进渔业可持续发展的目的。目前相关长效机制建设和执法制度建设正在不断完善中。

4. 积极探索湿地资源司法保护

自治区高级人民法院积极探索湿地保护资源案件由乌鲁木齐铁路运输中级法院集中管辖改革。2021年6月8日，自治区高级人民法院与自治区人民检察院、纪委监委、公安厅、司法厅、乌鲁木齐海关缉私局会签并印发《关于铁路运输法院、检察院疆域内跨行政区划管辖环境资源类刑事案件的规定（试行）》，发布了一批环境资源审判典型案例，涉及环境污染、非法占地等领域。据不完全统计，乌鲁木齐铁路运输检察机关2021年共办理环境资源类刑事案件524起，其中有不少涉及破坏湿地的犯罪案件。③ 伊犁州人民检察院积极发挥环境公益诉讼和水行政执法协作机制，探索创新"河湖长（林长）＋检察长"协作机制促进依法治河护河、保林护林新模式。霍城县人民检察院积极发挥检察职能作用，加大力度保护伊犁河流域生态环境，与霍城县水利局联合发起"保护母亲河"专项行动。

---

① 刘东莱：《明年6月起新疆全面推行河长制》，《新疆日报》（汉）2017年10月2日，第4版。
② 伊犁哈萨克自治州森林公安局内部工作资料。
③ 何海燕：《524起案件见证了这项改革》，《检察日报》2022年2月14日，第1版。

（二）湿地保护管理工作取得的成效

自党的十八大以来，人民群众对美好生活环境的期待在不断增强，伊犁州党委、州政府高度重视生态环境保护工作，自觉肩负生态环境保护政治责任，通过争取国家山水林田湖草沙冰一体化保护和修复工程项目，落实河湖长制、林长制措施，对湿地资源加强调查监测和严格执法，走出了一条生态可持续发展道路，不断夯实"生态伊犁"底色，各族群众获得感、幸福感显著增强，人与自然和谐共生的现代化建设取得丰硕成果。

1. 强化机构建设，建立完善湿地保护长效机制

伊犁州于 2005 年设立的伊犁河流域湿地保护管理局（挂靠州林业局）①，是全疆唯一一个副县级建制湿地保护管理机构。伊犁州还积极申请创建国家湿地公园，成立 8 个国家湿地公园管理站，是全疆创建并管理国家级湿地公园最多的地州之一。通过建立国家湿地公园管理机构，形成了较为完善的湿地保护和监测网络，湿地保护管理基础设施和管理能力得到加强。通过开展恢复、禁牧、退牧还湿等湿地恢复和保护工程，落实湿地生态效益补偿等措施，有效扩大了湿地面积，恢复了一批局部萎缩和退化湿地，改善了部分重要湿地的生态状况和区域生态环境，减少了因保护候鸟等野生动物而造成的损失，协调了湿地保护相关利益关系，调动了地方政府和基层保护管理机构保护湿地的积极性，形成了全社会支持湿地保护的良好氛围。伊犁州还在全疆率先推行河长②制，设立了州级河长制工作领导小组及办公室，任命 247 名州级、县（市）级、乡级总河长，328 名分级分段河（库）长，725 名村级河长。③ 州直属的 3 市 8 县均从所辖的林草局抽调人员组建湿地

---

① 伊犁河流域湿地保护管理局主要职责是指导全州湿地保护和恢复等工程项目建设和管理，制定各项湿地管理制度，开展湿地保护宣传、调查、科研、监测等工作，依法组织和管理湿地资源的合理开发与利用。这项创新管理机制体制走在了全疆前列。

② 河长由党政"一把手"担任，也是辖区内河湖管护第一责任人。

③ 《伊犁州绘制生态文明美好蓝图》，新疆维吾尔自治区人民政府网，2018 年 6 月 28 日，http://www.xinjiang.gov.cn/xinjiang/hbxd/201806/510d168c6fb44b6994ae2c301a61f771.shtml。

保护管理站（点），形成市（州）、县两级湿地保护管理网络体系。此外，还配备专职护林员，负责防火、劝阻非法捕猎和捕鱼、观测野生动物种群及数量、开展湿地巡护等工作。①

2. 注重项目申报，湿地保护和管理水平有较大提升

2012 年以来，伊犁州共实施湿地保护工程项目 33 项，中央财政累计投资 10520 万元，地方财政拨付配套资金 1567 万元。党的十八大以来，伊犁州累计投入环保专项资金 1.03 亿元，对州直 241 个村庄实施环境综合整治。② 通过项目的实施，州直属湿地共 14 万公顷不同程度上得到了保护和建设，完成退牧还湿 1.6 万亩，强化了湿地保护管理基层设施建设，进一步建立完善了伊犁河流域湿地保护与恢复工作体系。2021 年，伊犁州落实 7 个湿地保护恢复项目的实施，总投资 2542 万元，完成退化湿地修复 1188.37 亩，退牧还湿 5000 亩，封育围栏 68 公里，使湿地生态保护修复能力得到明显提升，湿地生态环境质量持续改善，湿地主体水质各项指标保持良好，湿地各类独特的动植物资源得到保护。③ "十四五"期间，伊犁州将继续加大湿地保护恢复项目申报和实施力度。

3. 湿地公园宣教功能得到发挥，群众湿地生态保护意识提高

为保护伊犁河流域湿地并进行合理开发，伊犁河流域湿地保护管理局积极申报国家湿地公园建设项目，④ 自 2013 年以来，伊犁州共申报批建 8 处（不含天西局 1 处）国家级湿地公园（试点），其中那拉提、霍城伊犁河等 5 处国家湿地公园（试点）顺利通过国家林业局验收，成功跻身"国家湿地公园"行列，另有 3 处待验收。⑤ 结合每年 2 月 2 日"世界湿地

---

① 卢钟：《湿地，让城市生活更美好——伊宁伊犁河国家湿地公园保护记》，《伊犁日报》（汉）2022 年 4 月 7 日，第 1 版。

② 加孜拉·泥斯拜克、贺江：《生态立州　绿色发展》，《新疆日报》（汉）2021 年 5 月 17 日，第 5 版。

③ 韩莎莎、李三鹏：《湿地生态美　候鸟来栖息》，《伊犁日报》（汉）2021 年 12 月 23 日，第 5 版。

④ 孙新友：《伊犁河谷获批五处国家湿地公园》，《伊犁日报》（汉）2015 年 6 月 3 日，第 1 版。

⑤ 《伊犁河谷获批五处国家湿地公园》，凤凰网，2015 年 6 月 4 日，https://news.ifeng.com/a/20150604/43901736_0.shtml。

日"和 5 月 25 日"自治区湿地保护宣传日"以及"野生动物宣传周"等活动，通过多种形式广泛宣传湿地法律法规和科普知识，进一步增强全社会湿地保护和生态保护意识。特别是国家湿地公园的建设，为宣传湿地功能价值、普及湿地科学知识、展示本地湿地资源特色和价值提供了很好的宣传平台，如昭苏特克斯河国家湿地公园、尼勒克喀什河国家湿地公园充分与旅游相结合，在旅游接待区域建立湿地宣教中心和宣教长廊，在人员集中区域展示湿地内特有动植物资源，这对持续增强当地群众的湿地保护意识具有重要作用。

4. 加强科技支撑，进一步完善湿地动态监测

州各直属湿地公园长期与国家林业局调查规划设计院、西北林业调查规划设计院、自治区林业勘察设计院、自治区林科院、新疆农业大学和中国科学院新疆生态与地理研究所等设计、科研单位保持着不间断的科研协作关系。科研和监测内容涉及湿地公园保护建设工程规划、湿地生物多样性本底资源调查、资源动态、生态功能、野生动物、水质、水位和生物多样性等多个学科领域。科技支撑对湿地保护与管理工作的积极影响已经初步显现。如在 2019 年湿地本底资源调查中，察布查尔伊犁河国家湿地公园内植物由过去的 88 种增加到 189 种，增加了 1.15 倍。[1]湿地公园的植物多样性有利于生态系统的发育和发展，为动物的迁徙、迁移、生栖等关键生活史过程提供了物质基础，在维持区域生态安全上发挥着重要作用。

5. 立足保护优先原则，发挥湿地社会价值和经济价值

州党委、政府高度重视国家湿地公园试点建设，除中央财政补助资金外，要求各县市紧紧围绕"绿水青山就是金山银山"生态环保理念，积极开展村（社区）共建，不断探索发挥湿地的社会价值和经济价值，不断加大湿地公园投资力度，仅尼勒克喀什河国家湿地公园建设 5 年多来，就投入

---

① 《察布查尔县：湿地生态保护成效显著》，新华网，2023 年 8 月 19 日，http：//xj.news.cn/zt/2023-08/19/c_1129811499.htm。

资金近 8000 万元用于公园的修建和设施完善。① 通过合理利用湿地公园五个功能分区，开展湿地生态体验旅游和湿地保护宣教，让群众在充分感受大自然的同时了解湿地知识、湿地文化，生态红利不断释放，带动周边群众就业百余人，伊犁河流域湿地真正成为农牧民增收致富的"聚宝盆"。目前，尼勒克喀什河国家湿地公园和昭苏特克斯河国家湿地公园先后被自治区文化和旅游厅评定为 4A 级景区；察布查尔伊犁河国家湿地公园和伊宁伊犁河国家湿地公园已成为周边群众的主要游娱目的地。据不完全统计，2019 年，尼勒克县湿地古杨风景区接待游客 30 万余人次，实现经营收入 400 万余元，带动周边乡镇农家乐、牧家乐、民宿、餐饮等业态发展，实现农牧民增收 3亿元；② 2019 年，州直 8 个国家湿地公园（试点）年接待游客 44 万余人次，实现经营收入 810 万余元，每年带动区域经济发展 1.64 亿元。③ 从顶层设计到全面部署，从严格的制度到更严厉的法治，湿地保护与修复工作扎实有序推进，决策者和湿地周边社区群众的资源忧患意识和湿地保护意识增强，越来越多的百姓深刻认识到，保护与发展并不矛盾，青山和金山可以"双赢"。

三 伊犁河流域湿地法律保护存在的不足

伊犁州地处中亚干旱内陆地区，生态环境脆弱。伊犁河是国内为数不多的国际河流，是新疆流量最大的内陆河，被誉为伊犁的母亲河。伊犁河流域湿地的存在对于河谷内自然生态系统和城市生态系统的平衡和维护影响深远且不可替代。然而伊犁河流域湿地的法律保护仍然问题重重，严重阻碍了湿地保护与经济高质量发展的有效融合。

---

① 伊犁河流域湿地保护管理局内部工作资料。
② 《推动高质量发展调研行伊犁：湿地公园带动农牧民旅游增收》，天山网，2020 年 10 月 27日，http://news.ts.cn/system/2020/10/27/036479567.shtml。
③ 伊犁河流域湿地保护管理局内部工作资料。

（一）立法方面

《中华人民共和国湿地保护法》首次对"湿地"予以明确定义[①]，对湿地资源管理、湿地保护与利用、湿地修复、相关的责任权属和违法惩戒措施等基本问题进行了界定，为湿地资源的保护性开发提供确实依据，也为保护和修复伊犁河流域湿地提供了法律依据。但《中华人民共和国湿地保护法》作为基本立法，条款只做了原则性的规定，缺乏可操作性的细则，实效性不足，针对性弱；新疆的湿地保护法规则严格程度、完备程度一般。[②] 伊犁州在对伊犁河流域湿地保护的法律制定上仍停留在总体规划的层面上，如《伊犁河流域湿地保护与恢复工程总体规划》《新疆伊犁那拉提沼泽国家湿地公园总体规划》，其法律效力低，对违法行为缺乏制裁和威慑功能。而省级层面的江西省、湖南省等，以及市级层面的常德市、周口市、商丘市、咸阳市等均出台了河流或者湖泊湿地保护的专门性法规，如《江西省鄱阳湖湿地保护条例》《湖南省洞庭湖保护条例》《常德市西洞庭湖国际重要湿地保护条例》《周口市淮阳龙湖国家湿地公园保护条例》《商丘市黄河故道湿地保护条例》《咸阳市渭河湿地公园保护条例》。此外，虽然伊犁州人大、政府也颁行了与保护湿地相关的系列地方性法规，但只是侧重于湿地构成要素中的某一部分，且立法偏于粗化，没有配套实施细则，难以满足实践的需要。就《新疆维吾尔自治区湿地保护条例》而言，虽对伊犁河流域湿地保护有着重要的指导作用，但其条款数量有限且可操作性有待扩展。此外，该条例采用了简易体例，即不分章节，直接以条的形式进行规范，这种结构框架逻辑尽管比较精干简约，但个别条款规定过于笼统模糊，难以在湿地保护执法过程中起到威慑效果。

---

① 《中华人民共和国湿地保护法》在结合《湿地分类》《湿地保护管理规定》对湿地定义的基础上，增加了湿地的"生态功能"，注重对湿地的生态研究和调查，兼顾生态和管理两方面，更加切合湿地保护法的立法初衷。

② 《新疆湿地保护条例》完备程度指数值为0.693、排序12，严格程度附加指数为0.545、排序14，严格程度指数为0.644、排序12；参见王会等：《我国省级湿地保护法规完备程度及严格程度评估》，《林草地政策研究》2021年第3期，第43页。

国家法律法规难以照顾到每个地方的个性化需要，就需要地方立法予以规范、细化和落实。① 所以，地方湿地保护立法是对国家湿地保护立法的重要补充。目前 27 个（黑龙江省、江西省、甘肃省、北京市、重庆市等）现行有效的省（自治区、直辖市）级湿地保护法，内容上多是对上位法的直接重复或与其他同类立法高度同质化，未突出"本行政区域具体情况和实际需要"，导致可操作性较差。例如《新疆维吾尔自治区湿地保护条例》与《中华人民共和国湿地保护法》差异甚微。鉴于国家湿地保护立法与地方湿地保护立法的现状，为有效解决湿地面积萎缩、功能退化、生物多样性减少等突出生态问题，有必要尽快制定国家层面的"湿地保护法实施细则"，为解决具体问题提供操作性强的法律依据。在此基础上，对《新疆维吾尔自治区湿地保护条例》进行相应改善，对上位法中诸多一般性规定进行补充细化，使其更加具备可操作性，如应明确和细化湿地分类保护机关的权限，同时还应针对性解决应对本地突出问题的条款少等问题，在增加地方特色上下功夫。

（二）执法方面

湿地是由各种不同权属的自然资源要素构成的。国务院最新一轮机构改革后的水利、畜牧、住房和城乡建设、生态环境和农业农村、公安、林草、发展和改革、国土资源、财政等行政机关部门，各有一部分涉及湿地保护的重要职能。多头管理、政出多门一直是湿地保护与修复管理的难题。尽管《中华人民共和国湿地保护法》第五条规定国务院林业草原主管部门负责湿地资源的监督管理，负责湿地保护规划和相关国家标准拟定、湿地开发利用的监督管理、湿地生态保护修复工作。国务院自然资源、水行政、住房城乡建设、生态环境、农业农村等其他有关部门，按照职责分工承担湿地保护、修复、管理有关工作。国务院林业草原主管部门会同国务院自然资源、水行

---

① 许安标：《我国地方立法的新时代使命——把握地方立法规律提高地方立法质量》，《中国法律评论》2021 年第 1 期，第 3 页。

政、住房城乡建设、生态环境、农业农村等主管部门建立湿地保护协作和信息通报机制。实现了历史性的突破。但实践中"统管"机关（林草部门）与"分管"机关（自然资源、水行政、住房和城乡建设、生态环境和农业农村等有关部门）处于同等法律地位，容易出现各分管部门适用各自的法律，造成部门间执法交叉，执法权划分不清，"统管"机关不能发挥协调作用，导致其成为事实上的一个弱势部门。所以在上位法没有明确"统管"机关职权界限的情况下，容易造成各"分管"机关各行其是，从部门利益最大化而不是国家利益最大化出发的情形。以森林公安为例，在新一轮改革中转隶公安机关统一领导，森林公安有防范和打击破坏湿地资源的违法犯罪行为的重要职责，然而，相关法规却未赋予湿地保护管理局执法权。在处理破坏伊犁河流域湿地资源的违法行为案件时，伊犁河流域湿地保护管理局不得不向州天西林业局、州森林公安局等林草执法部门请求联合执法，这在无形中削弱了伊犁河流域湿地保护管理局的执法效果和工作职能，[①] 统一管理难以真正实现，而缺乏各"分管"部门的协调配合，湿地保护工作效率将大打折扣，《中华人民共和国湿地保护法》设定的湿地保护模式目标也难以实现。

地方多头管理是对中央层面多头管理的"复制"。《新疆维吾尔自治区湿地保护条例》第六条虽明确规定县级以上人民政府林业和草原行政主管部门为湿地保护的主管部门，负责本行政区域内湿地保护的组织、协调、指导和监督管理工作。由于伊犁河和草原湿地线长面广、产权复杂，生态十分脆弱，需要强化各政府部门间的统筹协调力度。为此，在伊犁州林草局之下设立了伊犁河流域湿地保护管理局，州直属的3市8县也都组建了湿地保护管理站。同时还规定，湿地保护由政府各职能部门分管行使职权，州直林草部门主要对伊犁河流域范围内湿地，特别是国家湿地公园进行保护和管理，水田、人工养殖水域、江河湖泊分别由农业农村部门和水利部门进行管理，

---

① 郭虹:《湿地法律保护的困境与出路——以完善伊犁河流域湿地保护为视角》,《陕西行政学院学报》2022 年第 2 期, 第 97 页。

在职责上有重叠交叉时，共同协商管理。但同时，受制于湿地保护观念不成熟、各相关职能部门制定的湿地保护政策不完善以及地方机构改革不够彻底等，伊犁河流域湿地保护管理仍存在职责模糊、疏于管理、遗漏管理等问题。

此外，在伊犁河流域湿地的保护法规上，出台了一些自治区级层面的湿地修复管理办法及伊犁河流域湿地生态修复的规划纲要，对伊犁河流域湿地的生态恢复起到了一定的作用。湿地资源包括土地资源、野生动植物资源以及生态资源等，我国已出台相关法律对这些要素予以监管。在制定湿地保护相关法律法规的时候，要考虑和现存法律的衔接，同步求得统一和谐，① 法律不配套、不协调甚至相互冲突，也会给实际执法带来很多障碍。②

（三）司法方面

《中华人民共和国湿地保护法》在法律责任章节充溢着大量的行政责任规定，由县级以上人民政府林业草原等有关主管部门对企业和个人的违反本法规定行为做出行政处罚，并对不停止违法行为的企业和个人依法申请人民法院强制执行，对于违反规定的政府部门的工作人员和湿地主管机构的管理人员给予内部行政处分，只是笼统规定了情节严重构成犯罪的追究刑事责任。从条款数量看，涉及法律责任的条款共有 12 条，其中 10 条涉及行政处罚，1 条涉及行政处分，1 条涉及刑事处罚，显然行政处罚条款占据多数，这么做固然有利于提高行政效率，但是缺乏公正性和威慑性，且实施行政处罚的机关又多为部门主管机关，他们集管理者、服务者、裁判者于一身，裁判的中立性、执法的公正性难以保障，这也是检察机关开展环境公益诉讼的重要原因之一，其目的在于通过司法监督行政。相较于行政处罚，《中华人民共和国湿地保护法》对行政处分的规定明显偏轻，且未列出具体的处分规定，执法的公正性受到质疑。此外，《中华人民共和国湿地保护法》加大

---

① 朗胜：《采取这样的形式解决法律间的衔接问题具有非常重要的意义》，中国人大网，2011 年 4 月 21 日，http://www.npc.gov.cn/npc/c1621/201104/dd40693fcf0a448682ed3d21c6f62939.shtml。

② 王硕：《留住水乡泽国》，《人民政协报》2015 年 4 月 2 日，第 5 版。

了对破坏湿地行为的处罚力度，不仅考量湿地资源的实物价值，也更加注重生态价值，虽然对违法者起到威慑作用，但对违法者的处罚（主要是行政处罚）相对轻缓，与其危害后果不相匹配，即所获利益与付出的违法成本不成正比。尽管《中华人民共和国湿地保护法》第六十二条指出"构成犯罪的，依法追究刑事责任"，却未列出具体罚则内容，对于破坏湿地造成严重损害的行为，并不能适用这一条款追究刑事责任。可见，《中华人民共和国湿地保护法》对刑事责任制度的规定只是在形式上概括性地重申了刑法的相关内容，属于指引性条款。① 行政处罚如果低于违法成本，高于守法成本，对违法者的处罚太轻，罚款数额很小，就会成为非法行为"合理的许可费"，这种行政处罚也不利于对湿地的保护。②

四　完善伊犁河流域湿地保护的路径

法律规范是实现治国之道的重器，保护伊犁河流域湿地同样需要发挥法律保障作用，所以完善伊犁河流域湿地法律保护之路径，发挥河流生态廊道作用，营造全社会保护湿地的良好氛围，是当前和今后摆在伊犁州政府面前一项重要的理论和现实课题。

（一）专项立法是解决湿地问题的发力点

目前我国已经构建起以《中华人民共和国湿地保护法》为主干，包括湿地保护修复制度方案、地方性湿地保护条例、法规等规范性文件在内的湿地保护法律体系，但是伊犁河流域湿地保护具有特殊性，《中华人民共和国湿地保护法》又缺乏具体的实施细则、办法，地方立法还没有主动做好与上位法的衔接。保护湿地要推进高质量立法落地生根。习近平总书记指出：

---

① 陈甦：《析"构成犯罪的，依法追究刑事责任"》，《人民法院报》2005 年 8 月 10 日，第 B04 版。
② 袁雪石：《〈行政处罚法〉修改的"新原则"》，《华东政法大学学报》2020 年第 4 期，第 19 页。

"只有实行最严格的制度、最严密的法治，才能为生态文明建设提供可靠保障。"① 伊犁河是我国为数不多的国际河流，不仅在中国新疆范围内有影响，对哈萨克斯坦乃至中亚国家也有重大影响；② 伊犁河流域湿地是中国乃至国际上重要的生态湿地，对确保我国西北生态环境安全有着十分重要的作用，制定一项旨在保护伊犁河流域湿地的地方性法规，是对伊犁河流域湿地为维护西北生态安全做出贡献的一种坚强的法治保障。鉴于伊犁河流域湿地保护的特殊性，考虑到《中华人民共和国立法法》赋予地方在环境保护方面的立法权限，伊犁州人大和政府应组成一个立法专家组，酝酿制定综合性的"伊犁河流域湿地保护条例"（以下简称"条例"）立法工作，及时把有关伊犁河流域湿地保护和建设方面的立法项目，纳入常委会的立法规划和立法计划，不断提高伊犁河流域湿地保护立法在立法规划中的权重，为伊犁河流域湿地资源的严格保护和管理提供扎实有效的法律依据。

具体路径在《中华人民共和国湿地保护法》《新疆维吾尔自治区湿地保护条例》等法律、地方性法规的指导下，整合现有的《伊犁河流域生态环境保护条例》《天山阿合牙孜国家湿地公园管理保护办法（试行）》《伊犁河谷生态环境保护条例》《伊犁哈萨克自治州生态环境损害赔偿制度改革实施方案》等并注重相互间的衔接，对与伊犁河流域湿地相关的现行法律规章制度进行全面清理和完善，避免相互冲突，借鉴河南周口与商丘、陕西咸阳的立法经验，以及《淮安市湿地保护条例》的特色条款，形成一套保护伊犁河流域湿地的法律体系，及时制定出台配套规定，努力增强法规的针对性、可操作性和实效性。有了这样一部地方性法规作引领，就能实现湿地保护、高质量发展和民生改善的有机结合，有效整合各方力量，产生综合效能。

---

① 《习近平在中共中央政治局第六次集体学习时强调坚持节约资源和保护环境基本国策努力走向社会主义生态文明新时代》，《人民日报》2013 年 5 月 25 日，第 1 版。

② 王峻蓉、王友文：《伊犁河流域生态环保与民生改善互动及法治建设基本方略》，《中共伊犁州委党校学报》2014 年第 3 期，第 21 页。

（二）联席会议制度实现统一执法

由于湿地保护管理权属多元，有的划归水利部门管理，有的归环保部门管理，有的由自然资源部门管理，有的归土地部门管理，一些行政执法权在横向上交叉较为严重，部门之间职责不明、权限不清，常常出现某些领域的交叉执法、重复执法等问题，容易造成执法冲突，甚至出现推诿扯皮的工作局面。由于伊犁河流域湿地资源的分散性、生态系统的一体性以及保护的复杂性，以及伊犁州直各族群众对于湿地在生产和生活中所起的作用、湿地保护的重要性认识尚不足，未能形成全社会的关注，因此需要建立部门间联席会议制度。联席会议具有指导广泛、针对性强、解决问题快捷迅速等特点，推行联席会议制度，将有力拓展宣传层面，促进伊犁河流域湿地保护，全面加强工作落实，形成湿地保护长效机制，优化环境，助推伊犁州生态文明和经济建设良性发展。其中，林草部门在积极履行对伊犁河湿地保护工作的指导、监督和管理之外，还应该结合具体情况定期或不定期牵头相关主管部门，开展湿地保护联合执法或专项行动，形成打击合力，建立伊犁河流域湿地保护协作、信息通报等可操作性的机制。在此可以借鉴《淮安市湿地保护条例》第十八条的规定①，该条款将现代科技手段应用于管理协作中，将各个部门链接，细化并具体明确职能，高效地核查检测湿地图斑，逐步建立湿地智慧监测系统，共享检测结果，加强了各部门之间的联动保护机制。2021 年，自治区发展改革委、自然资源厅联合印发《新疆重要生态系统保护和修复重大工程规划（2021~2035 年）》，提出了到 2035 年推进森林、草原、荒漠、河湖、湿地等自然生态系统保护和修复的主要目标、重点任务、重大工程及保障措施，这一规划是当前和今后一段时期内推进新疆重要生态系统保护和修复工作的重要依据，为伊犁河流域湿地保护和部门管理完善提供了实践导向。

---

① 市、县（区）自然资源主管部门应当会同有关部门对湿地进行实时动态监测，定期向社会发布监测结果，逐步建立湿地智慧监测系统，实现数据共享。

（三）拓展法律责任落实最严格保护要求

破坏湿地违法行为不仅是对湿地所有者和使用者权益的损害，也是对国家利益、社会公益的一种侵害，所以现行立法注重设置以行政责任和刑事责任为主的公法方面的法律责任。随着湿地保护新模式的不断探索、"企业＋农户"模式的引入、社会各界的积极参与，保护主体的多元化新格局取代了原有法律关系主体的单一性，在湿地保护中形成了多个法律关系，如民事法律关系①和行政法律关系②，所以有必要进一步拓展法律责任。一是当破坏者损害了对伊犁河流域湿地享有权利的个人和企业的权益时，应该明确权利人可以通过法院追究破坏者的民事责任。同时还应明确，无过错责任原则是破坏湿地民事责任的归责原则，将其归属于环境侵权责任的一种特殊形式比较合适。③ 二是出于对伊犁河地处西北内陆干旱区，湿地不仅具有特殊价值，而且一旦破坏难以恢复方面的考虑，有必要适当加重行政处罚，对于行政机关工作的责任范围和形式的规定应尽快予以明确化、具体化，在违法行为是由单位决策做出时，应采取双罚制④，追责机构应为上级湿地保护管理部门。在责任落实方面，实行湿地保护目标责任制管理，压实地方政府责任让湿地不再"失地"。

现行法律规定的破坏湿地环境行为所承担的刑事责任范围比较模糊，所以在制定伊犁河流域湿地保护条例时应明确规定行政责任和刑事责任的衔接机制，以此来增强追究刑事责任的可操作性。法律的作用和价值需要在实施中彰显。公正的裁判是最好的法律宣传。要发挥检察公益诉讼在湿地保护中的积极作用，强化湿地保护中的行政执法与刑事司法、检察公益诉讼的衔接。建议伊犁州直检察机关开展公益诉讼专项监督，在"专业化监督＋恢复

---

① 个人、企业间因湿地开发利用形成的民事法律关系。
② 行政机关在对企业、个人进行执法的过程中所形成的行政法律关系。
③ 王利、郑自彤：《河南黄河湿地保护法治化的障碍及对策研究》，《青岛科技大学学报》2022年第1期，第97页。
④ 双罚制即追究直接主管人员责任的同时追究单位责任。

性司法+社会治理"检察工作机制与"河长制+检察长""林长+检察长"配合机制的基础上，办理一批典型案例，同时还应会同州林业和草原局、水利局等部门，联合成立伊犁河流域湿地公益诉讼保护基地，共同研究制定协作机制，进一步强化检察机关与行政机关的协作配合，并建立环境保护、林业和草原等行政机关专业人员兼任公益诉讼特约检察官助理制度，把湿地保护工作落到实处。

B.20
新疆城市社区志愿服务法治保障调研报告

张晶晶*

摘　要： 近几年，志愿服务组织在诸多领域开展了形式多样的志愿服务活动，取得了良好效果。与此同时，数量巨大的志愿者及志愿服务组织在发展中产生的诸多问题引起了社会的广泛关注。志愿服务平台不统一、志愿服务经费缺乏、志愿者基本权益保障不到位、激励与回馈措施不完善等问题摆在面前。正视志愿服务发展中存在的法治保障问题，分析并解决这些问题有利于志愿服务事业健康、有序发展。本报告以新疆城市志愿服务存在的法治问题为研究对象，从多个方面摸清城市社区志愿服务法治保障现状，分析存在的突出问题及原因，尝试提出通过完善志愿服务的地方立法、配套制度等相关保障措施，为志愿服务事业的发展保驾护航，助推志愿服务参与社会治理、城市精神文明建设。

关键词： 城市社区　志愿服务　法治保障

志愿服务是社会文明进步的重要标志，是培育和践行社会主义核心价值观的重要抓手，是创新社会治理的重要手段，[1] 党和政府一直以来高度重视

---

　*　张晶晶，新疆农业大学法学院讲师，研究方向为行政法、行政管理。

　[1]　《〈河南省志愿服务条例〉发布会召开　志愿服务有法可依》，中国文明网，2018 年 12 月 12 日，http://www.wenming.cn/zyfw/rd/201812/t20181212_ 4933905. shtml。

志愿服务事业的发展。党的十八大报告提出，要"深化群众性精神文明创建活动，广泛开展志愿服务"。① 党的十九大报告进一步指出，"推进诚信建设和志愿服务制度化，强化社会责任意识、规则意识、奉献意识"。②《中华人民共和国国民经济和社会发展第十四个五年规划和 2035 年远景目标纲要》提出要"健全志愿服务体系"，为志愿服务在"十四五"时期高质量发展提供了科学指导。与此同时，民政部、全国妇联等多个部门，广东、四川、北京、上海等多个省市也将志愿服务纳入"十四五"规划内容。③ 习近平总书记也曾多次给志愿者回信，对我国志愿服务活动给予充分肯定并提出殷切期望。这些指示意见为志愿服务活动的制度化、法治化、现代化发展指明了方向。

近年来，新疆志愿者在社区服务、助老助残助医、青少年培养、城市管理、大型展会、扶贫攻坚、应急救援等领域开展了形式多样的志愿服务活动，在推进城市社区精神文明建设、推动社区治理创新、维护社会秩序等方面发挥了重要作用。新疆志愿服务队伍近年来不断发展壮大，截至 2021 年 12 月，新疆注册志愿者已有 337 万余人，各类志愿服务组织有 1.8 万余个。④ 新疆生产建设兵团已建成近 30 万人的志愿服务队伍。⑤ 新疆志愿服务品牌逐步建立。从 2015 年开始，新疆连续 6 年开展推选全国学雷锋志愿服务"四个 100"先进典型活动，以及岗位学雷锋标兵活动，新疆共有 32 个典型分别荣获"全国最美志愿者""最佳志愿服务组织""最佳志愿服务项目""最佳志愿服务社区"称号，涌现出如克拉玛依市"铁老

---

① 应松年：《构建志愿服务法治体系时机已成熟》，中国文明网，2015 年 7 月 3 日，http：//www.wenming.cn/zyfw_ 298/yw_ zyfw/201507/t20150703_ 2710610.shtml。

② 《习近平：坚定文化自信 推动社会主义文化繁荣兴盛》，中国网，2017 年 10 月 18 日，http：//www.china.com.cn/19da/2017-10/18/content_ 41751662.htm。

③ 《2021 年中国志愿服务十大事件》，腾讯网，2022 年 1 月 21 日，https：//xw.qq.com/cmsid/20220121A09OWR00。

④ 《新疆注册志愿者 337 万余人 各类志愿服务组织 1.8 万余个》，天山网，2021 年 12 月 5 日，http：//news.ts.cn/system/2021/12/05/036743276.shtml。

⑤ 《新疆生产建设兵团志愿服务联合会成立》，中国文明网，2020 年 12 月 14 日，http：//www.wenming.cn/ziliao/jujiao/202012/t20201214_ 5884548.shtml。

汉"志愿者协会、乌鲁木齐市"六点半课堂"、库车县"金胡杨"青年志愿者服务队等一批优秀志愿服务团队。[1] 新疆察布查尔锡伯自治县喜利妈妈社会服务中心党支部书记、主任谭振莲 2021 年作为志愿者受到全国表彰。[2]

志愿者已经成为城市社区一个庞大的群体，但志愿服务在规范化、制度化、法治化方面还存在诸多问题。例如，在疫情防控中，志愿者除了面临既往的工作量大、疲劳过度、无保险、激励与回馈措施不足等共性问题，还面临被病毒感染风险、夏季穿防护服高温风险、不被理解或被歧视等个性问题，志愿者与社区居民及社区组织的矛盾也时有发生。这些问题已不能依靠临时的激励、道德的约束或志愿服务组织的自律来解决。保障新疆城市社区志愿服务事业的稳定健康发展，提高城市社区志愿服务的专业化、规范化水平，加强城市社区志愿服务的法治保障，是规范当今城市社区志愿服务工作的当务之急。

一 新疆城市社区志愿服务法治保障调查

（一）调研方法及对象

2022 年 1~6 月，项目组主要以志愿服务组织机构负责人为访谈对象，以乌鲁木齐社区志愿者为问卷调查对象，走访了自治区团委、自治区民政厅慈善工作处。与西部计划新疆项目办公室、新疆维吾尔自治区青少年发展基金会、新疆生产建设兵团红石慈善基金会、新疆 949 交通广播爱心献血联盟等志愿服务组织负责人、新疆智源社会工作服务中心负责人、中华全国青年联合会委员、新疆维吾尔自治区青年联合会委员进行了座谈。走访了乌鲁木

---

[1] 《从这个数据看，新疆人都是热心肠!》，网易新闻网，2021 年 2 月 9 日，https://www.163.com/dy/article/GQOAO000I0515GFNQ.html。

[2] 《新疆注册志愿者 337 万余人 各类志愿服务组织 1.8 万余个》，天山网，2021 年 12 月 5日，http://news.ts.cn/system/2021/12/05/036743276.shtml。

齐市东门社区、幸福路社区、东泉中路社区管委会等，并与社区干部进行座谈。

调查问卷主要用于群体数量较大的城市社区志愿组织。致力于了解目前城市社区志愿者的基本情况及权益保障情况。问卷主要针对参与志愿组织的志愿者进行了发放，涉及 15 个社区。共回收问卷 922 份，有效问卷 922 份。

（二）调查样本基本情况

乌鲁木齐市作为新疆首府城市，志愿服务工作始终走在自治区前列。近几年，乌鲁木齐市在持续深化全国文明城市创建中，充分发挥新时代文明实践中心（所、站）作用，积极整合优势资源，推动志愿服务活动常态化。[①] 截至 2022 年 3 月，乌鲁木齐已有注册志愿者 47.64 万人，累计服务总时长达 1083.74 万小时。[②] 依托新时代文明实践中心（所、站）的建立，乌鲁木齐市陆续成立并完善了法律普及、文化艺术、全民健身、医疗卫生及困难帮扶等志愿服务专业队伍，并建立各类志愿服务组织 1780 个。[③] 同时，围绕全国文明城市创建工作，乌鲁木齐深入普及志愿者理念，打造品牌志愿服务队伍，多样化开展"新时代学雷锋""文明实践日"等志愿服务活动。[④] 志愿服务已经成为乌鲁木齐市的一张城市名片。如发端于 2013 年实现白血病患儿生日愿望的公益项目"欢乐天山梦"；在餐厅吃饭时，多付一份钱，留给需要的人的"墙上便饭"项目；新疆助学志愿者联盟发起的"照亮牧区的帐篷"公益项目的"暖童计划"等。2020 年 3～8 月，疫情

[①] 《微光成炬，传递文明——乌鲁木齐市常态化开展各类志愿服务活动》，乌鲁木齐文明网，2021 年 8 月 13 日，http://wlmq. wenming. cn/zyfw/202108/t20210813_ 7266185. shtml。

[②] 《乌鲁木齐市注册志愿者逾 47 万人 累计服务时长达 1083.74 万小时》，乌鲁木齐市人民政府网，2022 年 3 月 6 日，http://www. urumqi. gov. cn/sy/jrsf/500921. htm。

[③] 《乌鲁木齐市注册志愿者逾 47 万人 累计服务时长达 1083.74 万小时》，乌鲁木齐市人民政府网，2022 年 3 月 6 日，http://www. urumqi. gov. cn/sy/jrsf/500921. htm。

[④] 《乌鲁木齐市注册志愿者逾 47 万人 累计服务时长达 1083.74 万小时》，乌鲁木齐市人民政府网，2022 年 3 月 6 日，http://www. urumqi. gov. cn/sy/jrsf/500921. htm。

期间，乌鲁木齐有 2000 余支志愿者服务队为居民购物、送餐、送医、收集垃圾。① 目前乌鲁木齐市在现有的志愿者服务团队基础上，正在打造 47 个品牌志愿项目。已经形成了市直机关工委的"党员速达"机关党员为民办实事志愿服务项目、市总工会的"工益行"生活类爱心便民帮助志愿服务项目等 8 个品牌志愿项目，其余 39 个品牌志愿项目正在逐步完善，形成了以项目为依托，以打造知名志愿服务品牌为抓手的志愿服务工作新局面。②

针对乌鲁木齐市庞大的志愿者及志愿组织群体，项目组就志愿服务法治保障的现状开展了调查，具体调查项目及内容如表 1 至表 6 所示。

表 1 问卷调查对象的性别比例

单位：人，%

选项	小计	比例
男	344	37.31
女	578	62.69
合计	922	

注：本报告图表数据均来源于问卷调查及访谈。下同。

表 2 问卷调查对象的年龄结构

单位：人，%

选项	小计	比例
10~18 岁	7	0.76
19~30 岁	771	83.62
31~40 岁	74	8.03
41~50 岁	43	4.66
50 岁以上	27	2.93
合计	922	

---

① 《乌鲁木齐：2000 余支志愿者服务队为居民购物、送餐、收集垃圾》，新浪网，2020 年 8 月 7 日，https://tech. sina. cn/2020-08-07/detail-iivhuipn7411322. d. html。

② 《乌鲁木齐打造 47 个品牌志愿项目》，新浪网，2021 年 11 月 8 日，http://k. sina. com. cn/article_ 7517400647_ 1c0126e4705901nyu9. html。

表3　志愿者参加志愿服务的年限

单位：人，%

选项	小计	比例
6 个月以下	341	36.98
6 个月至 1 年	171	18.55
1 年至 2 年	263	28.52
2 年至 3 年	66	7.16
3 年以上	81	8.79
合计	922	

表4　志愿者参加志愿服务的种类

单位：人，%

选项	小计	比例
助医	121	13.12
助残	81	8.79
助老	128	13.88
（体育）展会	77	8.35
环保	191	20.72
突发事件应急（如疫情防控、灾害救援）	233	25.27
宣讲	126	13.67
其他（如西部计划志愿服务、流浪动物救助、交通安全文明岗等）	576	62.47

表5　志愿者参与志愿组织的情况

单位：人，%

选项	小计	比例
未参加，自主开展志愿服务	141	15.29
参加志愿服务组织	781	84.71
合计	922	

表6 志愿者注册情况

单位：人，%

选项	小计	比例
是	738	80.04
否	184	19.96
合计	922	

调研结果显示，目前乌鲁木齐市社区志愿服务的领域主要涉及助医、助残、助老、（体育）展会、环保、突发事件应急、宣讲、西部计划志愿服务、流浪动物救助、交通安全文明岗、扶贫助学、图书馆志愿服务等领域，服务范围广且种类丰富。被调查对象年龄大多集中在19～30岁，约占调查总数的83%。接近85%的志愿者服务年限在2年以下，女性志愿者约占被调查对象的2/3，主要通过参与志愿服务组织的方式提供志愿服务。可以看出，从事志愿服务的人数在不断增加，普遍年轻化，女性志愿者明显较多，整体参与志愿服务活动的时间不长，但组织化程度较高。

（三）调查数据汇总

通过问卷及访谈，项目组主要对志愿服务的组织保障、平台建设、经费支持、志愿者基本权益保障、激励与回馈措施等展开调查。

1.志愿服务指导机构及引领组织现状

专门且正式的志愿服务指导机构有利于推动志愿服务工作的顺利开展。2017年国务院颁布的《志愿服务条例》（以下简称《条例》）明确规定，由国家和地方精神文明建设指导机构负责全国志愿服务指导工作，民政部门负责志愿服务行政管理工作，工会、共青团、妇联仅在各自的工作范围内开展工作。①

————————

① 《志愿服务条例》第五条　国家和地方精神文明建设指导机构负责建立志愿服务工作协调机制，加强对志愿服务工作的统筹规划、协调指导、督促检查和经验推广。国务院民政部门负责全国志愿服务行政管理工作；县级以上地方人民政府民政部门负责本行政区域内志愿服务行政管理工作。工会、共产主义青年团、妇女联合会等有关人民团体和群众团体应当在各自的工作范围内做好相应的志愿服务工作。

立法明确了各级党委精神文明办公室为志愿服务工作的指导机构。从调研的情况看来，2017年以前，按照2009年颁布的《新疆维吾尔自治区志愿服务条例》要求，新疆志愿服务指导机构设在自治区团委，2017年以后，根据新颁布的《条例》，自治区团委负责的志愿服务协调及指导工作逐步移交给自治区精神文明办公室。

《中国志愿服务联合会章程》规定志愿服务联合会是由志愿服务组织、志愿者以及相关单位、组织和个人自愿结成的全国性、联合性、非营利性社会组织。该组织能积极履行引领、联合、服务、促进志愿服务事业发展的职责。为了加快自治区志愿服务的常态化、规范化、专业化发展，自治区准备筹建新疆志愿服务联合会。新疆各地也先后成立了地区性的志愿服务联合会，如乌鲁木齐市志愿服务联合会、昌吉回族自治州志愿服务联合会、新疆生产建设兵团志愿服务联合会，为新疆成立自治区级的志愿服务联合会奠定了基础。

2. 志愿服务信息平台建设

全面准确归集志愿服务信息，实现数据互联互通，对加强志愿服务统筹管理、信息共享交换、制定和完善相关政策措施至关重要。目前，新疆志愿者注册的平台主要有两个，一个是民政系统负责的全国志愿服务信息系统，另一个是自治区团委负责的新疆志愿者协会注册平台。新疆生产建设兵团有自主的志愿服务注册平台。此外，文旅部、中国科协、中国文联等也有各自的志愿服务信息平台。伴随新时代文明实践站所的建立，社区还专门设立了志愿者录入平台。

3. 志愿服务资金保障情况

《条例》明确规定县级以上人民政府应当将志愿服务事业纳入国民经济和社会发展规划。目前，乌鲁木齐市志愿服务组织资金主要来源于政府支持、社会捐赠、基金收益和其他合法收入。从调研的情况来看，团中央及自治区团委负责的志愿服务活动经费保障充足，如团中央"大学生志愿服务西部计划"、自治区团委"共青团红领巾（双语）小课堂"、"阳光巴郎"青少年之家等项目经费均有保障。自治区团委已经开始通过政府采购志愿服务活动的方式开展志愿服务工作。但还有相当一部分志愿服务组织缺乏稳定的经费来源，经费大多数情况下依靠一些社会爱心企业、人士捐助，或借助组织负责人的个人影响力从不同渠道获取。

4.志愿者基本权益保障落实情况

志愿者基本权益主要包括志愿者对志愿活动的选择权、知情权，培训获得权，志愿服务活动中人身权、财产权、志愿服务记录证明获得权等。

（1）选择权保障情况

志愿者参加志愿服务活动是自愿的、无偿的，对是否参加志愿服务工作有选择参加或不参加的权利。《条例》明确规定，任何组织和个人不得强行指派志愿者、志愿服务组织提供服务。

调研结果显示，绝大多数的志愿者是自愿参与志愿服务活动的，认为通过参与此类活动使自我价值得以实现，并表示今后还愿意参与。但也有15.18%的志愿者表示自己是非自愿参加志愿服务活动的（见表7）。通过访谈了解到个别单位在提倡员工参与志愿服务活动时存在沟通不到位的情况。

表7 是否存在非自愿参与志愿服务活动的情况

单位：人，%

选项	小计	比例
是	140	15.18
否	782	84.82
合计	922	

（2）知情权保障情况

真实、准确的信息告知有助于志愿者合理安排时间，了解志愿服务存在的风险并及时采取必要措施预防或规避风险。《条例》明确规定志愿服务组织招募志愿者开展志愿服务活动时，应当说明与志愿服务有关的真实、准确、完整的信息以及在志愿服务过程中可能发生的风险。

调研结果显示，接近90%的参与调查志愿者表示志愿组织在开展志愿活动前会告知活动的内容和时长，超过70%的志愿者对自己要从事的工作比较清楚，但接近 30% 的志愿者大多数情况下不清楚自己的职责。接近 85% 的参与调查志愿者表示志愿组织会将活动中可能存在的风险告知志愿者，但也依然存在志愿服务活动信息、风险告知不明的情况（见表 8、表 9、表 10）。

表 8　志愿服务之前活动内容、时长等相关信息告知情况

单位：人，%

选项	小计	比例
几乎每次都有	506	54.88
大部分会告知	308	33.41
偶尔被告知	57	6.18
没有	51	5.53
合计	922	

表 9　开展志愿服务前，志愿者工作职责的明确情况

单位：人，%

选项	小计	比例
清楚	668	72.45
有时清楚，有时不清楚	189	20.50
不清楚，安排干什么就干什么	65	7.05
合计	922	

表 10　志愿组织开展志愿服务前风险告知情况

单位：人，%

选项	小计	比例
是	781	84.71
否	141	15.29
合计	922	

（3）培训获得权保障情况

志愿者来自各行各业，专业背景不同，开展培训工作将不断提高其志愿服务的质量、保障志愿者快速适应工作并能在一定程度上避免不必要的风险。《条例》规定志愿服务组织安排志愿者参与的志愿服务活动需要专门知

识和技能的，应当对志愿者开展相关培训。

从问卷结合访谈调研的情况来看，超过 80%的参与调查志愿者表示志愿服务组织在开展志愿服务之前会开展不同程度的培训（见表11）。

表 11　开展志愿服务前，志愿服务组织对志愿者的培训情况

单位：人，%

选项	小计	比例
几乎每次都有	459	49.78
大部分有	301	32.65
偶尔	105	11.39
没有	57	6.18
合计	922	

调研结果显示，超过 60%的参与调查志愿者感到开展的相关培训正式且专业，但超过 30%的调查对象认为培训的专业程度不足（见表12）。结合访谈，了解到一些专项的志愿服务活动培训较为正式且专业，比如西部计划志愿服务活动，汉语教师志愿服务活动等。一般的志愿服务活动志愿组织会根据活动评估培训的必要性，开展基础性培训。培训主要通过活动组织负责人以简单会议方式、现场的简单告知等方式进行，通常没有专业的培训人员、手册及测评。应急志愿服务对志愿者的专业性要求更高，但调研结果显示，城市社区志愿者在疫情初期接受的培训不专业，主要以简单会议、视频资料、口口相传等方式进行。

表 12　开展培训的正式及专业程度

单位：人，%

选项	小计	比例
正式且专业	596	64.64
正式但不够专业	232	25.16
不正式但专业	40	4.34
不正式且不专业	54	5.86
合计	922	

（4）人身权保障情况

志愿者在开展不同的志愿服务活动时会遇到不同的风险，这些风险可能会对志愿者的人身、财产造成不同程度的影响。

生命健康权保障情况。志愿者在参与志愿服务的过程中身心可能会受到来自各方面的伤害。

调研结果显示，志愿者参与志愿服务活动遇到的风险种类不少。接近50%的参与调查志愿者认为自己在志愿服务活动中会受到身体伤害，超过50%的参与调查志愿者认为自己在志愿服务活动中会受到精神伤害，23.54%的被调查者认为可能会产生财产损失（见表13）。

表13　您认为志愿者服务主要存在哪些风险？

单位：人，%

选项（多选）	小计	比例
身体伤害	442	47.94
财产损失	217	23.54
精神伤害（如受到歧视，不被理解、尊重）	465	50.43
个人信息被泄露	307	33.30
其他	189	20.50
合计	922	

目前相关立法主要通过在特定情况下为志愿者购买保险的方式保护志愿者人身权。《条例》明确规定，志愿服务组织安排志愿者参与可能发生人身危险的志愿服务活动前，应当为志愿者购买相应的人身意外伤害保险。

调研结果显示，接近60%的参与调查志愿者表示志愿组织在开展志愿服务活动前会为志愿者购买保险，接近30%参与调查志愿者表示志愿组织未购买保险（见表14）。通过访谈项目组得知，自治区团委指导下的志愿者组织为志愿者购买保险的落实情况较好。在"是否需要为志愿者购买保险？"的问题中，受访志愿者中，接近70%的志愿者认为有必要购买保险，超过25%的志愿者认为需要根据具体工作情况确定是否购买保险，接近4%的志愿者认为不需要购买保险（见表15）。

表14　开展志愿服务活动前志愿服务组织是否为您购买了相关保险？

单位：人，%

选项	小计	比例
是	536	58.13
否	263	28.52
偶尔有	123	13.34
合计	922	

表15　您认为是否有必要为志愿者购买保险？

单位：人，%

选项	小计	比例
有必要	640	69.41
根据具体工作情况确定	246	26.68
没必要	36	3.9
合计	922	

　　针对志愿者在志愿活动中受伤，志愿组织没有为志愿者购买相关保险的情况该如何处理，有学者认为可通过以下三种途径获得帮助。一是根据《中华人民共和国慈善法》规定，志愿者在参与慈善服务过程中，因慈善组织过错受到的损害，由慈善组织依法承担赔偿责任；损害是由不可抗力造成的，由慈善组织给予适当补偿。[①] 二是如志愿者与某单位存在劳动关系，可认定为工伤。《工伤保险条例》《最高人民法院关于审理工伤保险行政案件若干问题的规定》中规定，职工在参加用人单位组织或者受用人单位指派参加其他单位组织的抢险救灾等维护国家利益、公共利益活动中受到伤害的，视

[①] 《慈善法》第一百零六条　慈善服务过程中，因慈善组织或者志愿者过错造成受益人、第三人损害的，慈善组织依法承担赔偿责任；损害是由志愿者故意或者重大过失造成的，慈善组织可以向其追偿。志愿者在参与慈善服务过程中，因慈善组织过错受到损害的，慈善组织依法承担赔偿责任；损害是由不可抗力造成的，慈善组织应当给予适当补偿。

同工伤。① 三是如志愿者不具有职工身份，可尝试依据《最高人民法院关于审理人身损害赔偿案件适用法律若干问题的解释》中关于"帮工人"的规定，志愿活动大多是由相关单位、组织发起的，志愿者可被认定为志愿服务组织的"帮工"，在帮工过程中遭遇人身伤害，可以要求被帮工人志愿服务组织赔偿。②

人格权保障情况。志愿者在志愿服务过程中，有可能遭遇精神伤害，人格权受到侵犯。高达50%的受访者认为在志愿服务活动中会遭遇精神伤害，会面临歧视、不被理解不被尊重的风险。

（5）志愿者财产权保障情况

志愿者参与志愿服务活动中，会产生一些交通、伙食费用，有时存在志愿者垫付相关费用的情况。这些费用是否可以予以补贴或补偿，关系到志愿者财产权益的保障。2020年以来，很多志愿者奋战在社区防疫第一线，舍小家为大家，炎热的夏季也需要长时间穿防护服协助做检测或为居民提供上门服务，甚至面临被感染的风险。是否应该为志愿者发放补贴，如果拿了补贴是否违背了志愿服务无偿提供服务的精神，为什么有的地方为志愿者发放了补贴有的地方却没有，如发放补贴有没有统一的标准等问题在公众及志愿

---

① 《工伤保险条例》第十五条 职工有下列情形之一的，视同工伤：（一）在工作时间和工作岗位，突发疾病死亡或者在48小时之内经抢救无效死亡的；（二）在抢险救灾等维护国家利益、公共利益活动中受到伤害的；（三）职工原在军队服役，因战、因公负伤致残，已取得革命伤残军人证，到用人单位后旧伤复发的。《最高人民法院关于审理工伤保险行政案件若干问题的规定》第四条 社会保险行政部门认定下列情形为工伤的，人民法院应予支持：（一）职工在工作时间和工作场所内受到伤害，用人单位或者社会保险行政部门没有证据证明是非工作原因导致的；（二）职工参加用人单位组织或者受用人单位指派参加其他单位组织的活动受到伤害的；（三）在工作时间内，职工来往于多个与其工作职责相关的工作场所之间的合理区域因工受到伤害的；（四）其他与履行工作职责相关，在工作时间及合理区域内受到伤害的。

② 《最高人民法院关于审理人身损害赔偿案件适用法律若干问题的解释》第十三条 为他人无偿提供劳务的帮工人，在从事帮工活动中致人损害的，被帮工人应当承担赔偿责任。被帮工人明确拒绝帮工的，不承担赔偿责任。帮工人存在故意或者重大过失，赔偿权利人请求帮工人和被帮工人承担连带责任的，人民法院应予支持。第十四条 帮工人因帮工活动遭受人身损害的，被帮工人应当承担赔偿责任。被帮工人明确拒绝帮工的，不承担赔偿责任；但可以在受益范围内予以适当补偿。帮工人因第三人侵权遭受人身损害的，由第三人承担赔偿责任。第三人不能确定或者没有赔偿能力的，可以由被帮工人予以适当补偿。

者内部产生了诸多争议。

调研结果显示，对于志愿者支出的额外费用志愿组织是否应予以补助的问题，志愿者们大多持肯定态度，超过20%的参与调查志愿者认为应当发放的补助未能如愿发放（见表16）。在访谈中了解到，很多志愿者是自愿承担交通及伙食费用的。疫情期间，城市社区志愿者免费为居民提供车辆服务，并表示不需要补助，这一点难能可贵，但无法默认所有的志愿者都持相同的看法。《条例》《新疆维吾尔自治区志愿服务条例》等未强制要求志愿服务组织必须给予志愿者一定的补助，实践中一些志愿服务组织也因经费不足难以发放。

表16 是否存在您感到应当发放志愿者交通、伙食等补助而未发放的情况？

单位：人，%

选项	小计	比例
有	216	23. 43
无	706	76. 57
合计	922	

此外，志愿者在志愿服务过程中车辆、设施设备等财产受到损害时有发生。《条例》《新疆维吾尔自治区志愿服务条例》均未规定当产生上述费用一定可以获得补偿。实践中，如志愿服务活动中有受益人，可依据《中华人民共和国民法典》第九百七十九条请求受益人给予适当补偿。[①]

（6）志愿服务记录证明获得权

志愿服务记录证明是记载志愿者身份、志愿服务时间和服务内容等信息的重要载体，也是志愿者获得社会认可、获得奖励的证明资料。《条例》规定，志愿者需要志愿服务记录证明的，志愿服务组织应当依据志愿服务记录无偿、如实出具[②]。《志愿服务记录与证明出具办法（试行）》明确了记录

---

① 《中华人民共和国民法典》第九百七十九条 管理人没有法定的或者约定的义务，为避免他人利益受损失而管理他人事务的，可以请求受益人偿还因管理事务而支出的必要费用；管理人因管理事务受到损失的，可以请求受益人给予适当补偿。

② 《志愿服务条例》第十九条第二款 志愿者需要志愿服务记录证明的，志愿服务组织应当依据志愿服务记录无偿、如实出具。

主体、记录内容、记录方式及相关监管措施。[1]

调研结果显示，有接近 90% 的参与调查志愿者表示志愿服务组织会为志愿者提供志愿服务记录证明，能够有效保障志愿者获得志愿服务记录证明的权利（见表 17）。为适应不断壮大的志愿者队伍，民政部组建了全国志愿者队伍建设信息系统，为志愿者在线打印志愿服务证明提供便利。

表 17 志愿服务活动后，志愿组织提供志愿服务记录证明的情况

单位：人，%

选项	小计	比例
提供	582	63.12
申请了会提供	235	25.49
未提供	105	11.39
合计	922	

（7）获得激励、表彰的权利

志愿者在志愿服务过程中，无偿贡献了自己的时间、精力、金钱甚至是生命，社会的认可是对他们最大的认同。对志愿者的奖励分为物质奖励与精神奖励。目前，新疆主要以精神奖励为主。

调查结果显示，超过 60% 的参与调查志愿者受到过不同部门的表彰或者奖励（见表 18）。特别是新冠疫情期间，乌鲁木齐市的很多志愿者受到了市政府的证书表彰。对志愿者的激励除了表彰还有回馈，《条例》规定对有突出贡献的志愿者和志愿服务组织进行奖励，鼓励企业和其他组织优先招用有良好记录的志愿者，在公务员考录、事业单位招聘中可以考虑将志愿服务情况纳入考察范围。[2]《新疆维吾尔自治区志愿服务条例》规定了类似内容。乌鲁木齐市借助商家力量为志愿者提供各类免费服务以鼓励社会回馈志愿

---

[1] 《志愿服务记录与证明出具办法（试行）》，中国文明网，2021 年 1 月 27 日，http://www.wenming.cn/zyfw/zl/202101/t20210127_5931443.shtml。

[2] 《志愿服务条例》第三十二条 对在志愿服务事业发展中做出突出贡献的志愿者、志愿服务组织，由县级以上人民政府或者有关部门按照法律、法规和国家有关规定予以表彰、奖励。

者，如提供节假日免费的电影票、餐食、理发服务等。此外，志愿服务组织也通过微信公众号、自媒体等途径广泛宣传志愿者典型事迹，给予志愿者更多的精神支持，均为有益的尝试。

表 18　您从事志愿服务是否获得了相关部门奖励或表彰

单位：人，%

选项	小计	比例
有	575	62.36
无	347	37.64
合计	922	

（8）志愿服务协议签订情况

志愿服务协议的签订是明确志愿组织与志愿者权利义务的证明。《新疆维吾尔自治区志愿服务条例》明确列举了志愿组织安排志愿者从事志愿服务，应当签订书面协议的情形。①

《条例》并未强制要求志愿服务组织必须与志愿者签订志愿服务协议。②《新疆维吾尔自治区志愿服务条例》细化了这一规定，明确了特殊情况下必须签订志愿服务协议的情形，特别是志愿活动对人身安全和身心健康有较高风险、从事志愿服务连续三个月以上、为大型社会活动提供志愿服务等情况下必须签订。从问卷反馈的情况来看，接近25%的参与调查志愿者从未与志愿服务组织签署过志愿服务协议，还有接近30%的受访者在部分情况下会签订（见表19）。

---

① 《新疆维吾尔自治区志愿服务条例》第十条　志愿者组织安排志愿者从事志愿服务，有下列情形之一的，志愿者组织与志愿者、志愿者组织与志愿服务对象之间应当签订书面协议：（一）对人身安全、身心健康有较高风险的；（二）连续三个月以上专职服务的；（三）为大型社会活动提供志愿服务的；（四）组织志愿者在本行政区域以外开展志愿服务活动的；（五）涉及外籍人员的；（六）任何一方要求签订书面协议的。

② 《志愿服务条例》第十四条　志愿者、志愿服务组织、志愿服务对象可以根据需要签订协议，明确当事人的权利和义务，约定志愿服务的内容、方式、时间、地点、工作条件和安全保障措施等。

表 19　志愿服务的过程中签订相关协议的情况

单位：人，%

选项	小计	比例
几乎每次都有	393	42.62
有时有	250	27.11
没有	227	24.62
有承诺书,无协议	52	5.64
合计	922	

（9）志愿者对相关立法、制度的了解情况

志愿者权益保护的内容主要体现在志愿服务相关立法、志愿组织章程中。志愿者对相关立法、制度的了解程度关系志愿者权利的保护。

调查结果显示，有超过 65% 的参与调查志愿者并不清楚相关立法内容，接近 30% 的志愿者不清楚志愿者组织的内部管理章程（见表 20、表 21）。可见，志愿服务相关立法及制度普及程度不足。

表 20　对《志愿服务条例》或《新疆维吾尔自治区志愿服务条例》的了解程度

单位：人，%

选项	小计	比例
清楚知道内容	318	34.49
了解,但不知道具体内容	446	48.37
不了解	158	17.14
合计	922	

表 21　对志愿者组织内部管理章程的了解情况

单位：人，%

选项	小计	比例
知道	665	72.13
不知道	257	27.87
合计	922	

413

（10）志愿者救济途径

畅通的救济渠道、及时有效地解决各类纠纷有助于保障志愿者合法权益。志愿者们遭遇不同的纠纷通常会采用不同的方法来解决。

调查结果显示，在诸多途径选择中，通过志愿组织解决、通过政府工作人员调解来解决纠纷是占比最高的。超过80%的志愿者会选择通过志愿组织来解决纠纷，也有超过60%的志愿者会寻求政府工作人员的帮助（见表22）。这也反映出在志愿服务活动中，绝大多数的纠纷可以通过这两种途径有效解决。

表22　您在志愿服务中遇到纠纷寻求解决途径的情况　（多选题）

单位：人，%

选项	小计	比例
通过政府工作人员调解	559	60.63
通过司法渠道解决	336	36.44
通过志愿组织解决	747	81.02
忍气吞声	95	10.3
其他方式	80	8.68

二　城市社区志愿服务法治保障存在的问题

目前自治区志愿者服务活动中的法治保障在组织机构建设、平台建设、经费保障、志愿者权益保护、激励与回馈措施方面还存在诸多问题。

（一）组织机构建设方面存在的问题

1. 对志愿服务重视程度不够

《新疆维吾尔自治区国民经济和社会发展第十四个五年规划和2035年远景目标纲要》提出"推动大学生志愿服务西部计划扩面提质"，但仅涉及西部计划志愿服务，未将城市社区诸多志愿服务列入发展规划。志愿服务事业目前尚未纳入各级政府经济社会发展的总体规划，对志愿者组织的资助也未纳入政府经费预算。政府长期投入不足，志愿服务组织后续发展乏力。实践中存在对志愿服务重使用、轻支持的现象。有些部门和单位依然认为共青团组织、民政部门才是志愿者及志愿者服务组织的领导、协调部门，与其他部门无关，不能充分认识志愿服务在社区治理中的重要作用。

2. 社会对志愿服务认识不到位

一些人认为志愿者参与志愿服务是为了私利，为了出名。还有一些人认为志愿者只是从事一些无关紧要的工作，一些社区干部则把志愿者当作"免费劳动力"。更有一些人不考虑志愿者的切身利益和真实感受，对志愿者提出不切实际的要求，认为志愿者就应当是"崇高的""毫不利己的"，不能喊累、抱怨。

3. 志愿服务指导机构作用未凸显

由于《新疆维吾尔自治区志愿服务条例》未能及时跟进修订，出现了在志愿服务指导机构的规定上与《条例》不符的情况。目前，自治区团委已按《条例》要求将志愿服务工作的指导与协调工作移交给自治区精神文明办公室。但由于人员缺乏，很多工作还未能顺利开展。此外，自治区志愿服务联合会还未能顺利建成，志愿服务指导机构与志愿服务组织之间的关系尚未理顺。

4. 志愿服务平台不统一

新疆存在多个志愿者注册平台，这些平台由多个部门管理，信息数据标准不同，志愿服务资源难以整合，无法共享，难以互联互通。实践中存在志愿者在不同平台重复注册，志愿服务活动记录不真实、不准确、不完整等情况。

5. 志愿者队伍不稳定

志愿者队伍主要以青年人为主，来源单一；志愿者骨干更替过快，人才结构不合理，专业人才匮乏；高收入群体参与志愿服务的比例小；志愿者流动性大、队伍不稳定。

（二）经费保障方面存在的问题

政府资助的资金通常固定且长久，但与当地经济发展水平有关。目前，由于财政紧张，政府统筹很难兼顾，自治区财政没有专项的经费用于志愿服务活动。社会捐赠往往倾向于知名度高、规模较大的志愿服务组织，尤其是企业捐赠，会针对对自己有利或有合作的组织捐赠。从志愿组织了解到的情况是，大多数的志愿服务活动依赖志愿者自掏腰包。志愿服务活动产生的交通费、油费、食宿费用一般自理，难以维系志愿服务活动长期有效地开展。在对3%不愿意再次参与志愿服务活动的志愿者的原因调查中，超过30%的志愿者表示没有补偿及补助是不愿再次参与志愿服务活动的主要原因。资金的缺乏还有可能导致一些小的志愿服务组织为了运转、生存做出一些违法的营利活动。此外，对于社会捐赠财物的管理还存在制度缺漏，一些志愿服务组织经费募集的登记与监管尚存在一定的问题。

（三）志愿者权益保障方面存在的问题

实践中志愿者权益保障的状况并不乐观。一是选择权受到一定程度的侵害。在一些志愿服务活动中，有非自愿成为志愿者的情况。二是知情权保障不能全面到位。存在志愿服务组织不能明确告知志愿者活动内容、时长等相关信息的情况。三是培训获得权保障不到位。很多志愿服务组织还没有形成系统的培训体系，且缺乏大型活动及赛事、突发事件应急（如疫情防控、灾害救援等）等志愿服务的专业培训。四是人身权保障存在诸多隐患，相关保险不到位。志愿者在志愿服务活动过程中可能遭受人身伤害和财产损失，也可能会给他人造成损失，但由于部分志愿者未能获得相应的保险，遭受风险后权益往往无法保障。虽然有学者认为志愿者人身受到伤害后可通过享受工伤保险待遇或基于民法关于人身损害赔偿的解释从志愿服务组织或第三人处获赔，但通过上述两种途径获得赔偿都需要先将志愿者身份确认为"劳动者"或"帮工"，目前关于志愿者的社会属性还未有明确规定，实践中是否能通过上述途径获得赔偿尚有争议。① 五是财产权利保护缺乏法律依据。志愿者在志愿服务中因交通、饮食等产生的费用是否能够获得补偿没有强制性规定。在志愿服务过程中车辆、仪器、其他设备等财产受到损害，如无法确认受益人或受益人无力承担补偿的情况下该如何处理，没有明确规定。

（四）促进措施方面存在的问题

激励措施单一，回馈措施操作性不强。从目前新疆城市社区志愿服务激励与回馈现状来看，主要以精神奖励为主，多为发放荣誉证书予以表彰。虽然也有社区自主探索志愿者回馈方式，以志愿者享受一定社区服务作为回馈，但并未形成长期有效的机制在全区推广。较之国内部分地区丰富且详细的志愿服务促进措施，如落户、助学、助医、时间银行等，新疆志愿服务激励与回馈措施稍显不足。《新疆维吾尔自治区志愿服务条例》号召国家机关、社会团体、企业、事业单位在录用公务员、招聘人员以及学校招生时，在同等条件下优先录用、聘用、录取优秀志愿者。② 但在公务员招录资格审查、面试中，企事业单位录用标准及参考标准中并未突出同等条件下重点考虑志愿者的情况，这一条款的可操作性不强。

三　新疆城市社区志愿服务法治保障存在的问题

重视城市社区志愿服务法治保障存在的问题，认真分析并找出影响志愿服务参与城市社区共建共治共享的原因是寻求对策的唯一途径。

（一）志愿服务精神弘扬不到位，缺乏广泛认同

志愿服务的整体发展，离不开政府的重视、支持和社会各界的广泛参与，

---

① 《志愿者服务中受伤　法院判决分担损失》，澎湃新闻网，2020 年 9 月 3 日，https：//www. thepaper. cn/newsDetail_ forward_ 9037239。

② 《新疆维吾尔自治区志愿服务条例》第三十条　国家机关、社会团体、企业、事业单位在录用公务员、招聘人员以及学校招生时，在同等条件下优先录用、聘用、录取优秀志愿者。

离不开良好的社会环境。目前，从政府的角度对志愿服务存在重使用、轻资助的情况，对志愿者组织的资助也未纳入政府经费预算。从社会基层角度来讲，社会支持力度不足。党政机关、企业在招聘中往往忽视党员、学生志愿者的经历。企事业单位也未将志愿服务文化纳入单位文化建设范畴，未形成企业对志愿服务组织资助的激励机制，全社会还未形成通过共同捐赠来支持志愿者组织、帮助弱势群体的良好氛围。自治区尚未形成从娃娃抓起的志愿服务精神培养的模式，志愿服务尚缺乏广泛的社会认同。

（二）组织、重视力度不足

一是尚未成立新疆志愿服务联合会。志愿服务联合会的成立将有利于志愿服务组织的联合、交流、促进立法及相关研究，推动当地志愿服务事业的发展。目前，乌鲁木齐市及昌吉回族自治州均成立了区域志愿服务联合会，但自治区层面的志愿服务联合会还尚未成立。二是缺乏有效的经费保障机制。从调研情况来看，政府经费支持力度弱，志愿服务经费来源渠道窄。《条例》第四条要求县级以上人民政府要合理安排志愿服务所需资金。但"合理"一词使用模糊，不能有效保障志愿服务经费来源。三是尚未建立全疆范围的志愿服务基金会。目前志愿服务组织的队伍不断发展壮大，但各有其明确的服务对象，如新疆维吾尔自治区青少年发展基金会主要业务是助学，资金很难用于其他志愿服务。目前新疆缺乏能够覆盖诸多志愿服务领域的全疆范围的基金会，很多志愿服务项目难以得到资金支持。

（三）地方立法修订不及时

为了与2017年颁布的《条例》接轨，北京、上海、江苏等地均对地方志愿服务条例进行了修订，进一步调整了志愿服务法律关系，新增了促进措施，如新增志愿者回馈机制、救助制度等。《新疆维吾尔自治区志愿服务条例》自2009年颁布实施后至今未修订，有关志愿者的权利与义务规定相对保守，相关制度缺失，一些条款与《条例》不一致，有的操作性不强，已经在多个方面跟不上新疆志愿服务发展的步伐。

（四）志愿者权益保障缺失

1. 对志愿者权益的保护规定笼统

《条例》对权利、义务做出了原则性的规定，但各地在地方立法中明确的志愿者权益内容并不统一。由此出现了在一个地方规定的志愿者权利在其他地方无法实现的情况。比如，广东、河南、北京等地方立法中规定志愿者在自身遭遇意外，生活困难时有获得救助及优先获得志愿服务的权利，而新疆、上海等地立法中没有此项明确规定。这在一定程度上影响了志愿者跨区域提供志愿服务的积极性。

2. 志愿服务协议签订率低

《新疆维吾尔自治区志愿服务条例》虽然明确列举了应当签订志愿服务协议的情形，但实践中，志愿组织与志愿者签订志愿服务协议的比例并不高。一些志愿者不了解志愿服务协议的作用，有些志愿服务组织为避免麻烦、规避责任亦未主动与志愿者签订志愿服务协议。

3. 志愿培训标准不明确

《条例》《新疆维吾尔自治区志愿服务条例》均规定，志愿服务组织安排志愿者参与的志愿服务活动如需要专门知识、技能的，应当对志愿者开展相关培训。但如何界定《条例》中提出的"专门知识""技能"培训，均没有明确的标准，通过何种形式培训，培训到何种程度没有具体要求。这使得对志愿服务组织是否举办培训，培训的形式、师资、效果等难以监督。

4. 缺乏风险评估机制

相关立法均规定当志愿服务组织开展可能存在人身伤害的活动时，应当为志愿者购买人身意外伤害保险，但并未明确列举哪些活动属于"可能存在人身伤害"或"危险性"的活动，这导致购买保险的情形不确定，是否为志愿者购买保险由志愿服务组织"根据志愿活动的需要"权衡，实践中因对"危险性"程度理解不同，会出现志愿者实际有危险却未能获得保险的情况。还有一些组织由于缺乏风险意识，尚未建立风险评估机制，加之经费缺乏，为志愿者购买保险的志愿服务组织数量较少。

5. 志愿者救助制度不明确

在志愿者从事志愿服务活动受伤因不是职工不能认定为工伤，或因认定为"帮工"有困难，无法依据民法规范获得志愿组织的赔付，且无第三人或有第三人但无能力赔偿，家庭又遇到困难的情况下，如何解决基本生活问题，目前《条例》没有明确规定。《新疆维吾尔自治区志愿服务条例》规定，因从事志愿服务活动遇到特殊困难的志愿者可以获得自治区依法设立志愿服务基金的救助，① 但目前新疆志愿服务基金会尚未成立。

6. 未建立志愿者补助制度

由于立法缺乏强制性的补助制度，没有明确的补贴标准，地方政府及志愿组织对是否能够发放补贴，发多少不确定。对志愿者遭受的财产损失虽然可依据《中华人民共和国民法典》请求受益人偿还，但在没有受益人或受益人无力承担时未规定其他补救措施。

7. 缺乏志愿者人格尊严保护措施

现有的志愿服务立法对志愿者人格权利的保障力度偏弱，缺乏明确的规定及可操作性的措施。《条例》《新疆维吾尔自治区志愿服务条例》要求志愿服务组织、志愿服务对象应当尊重志愿者的人格尊严，② 但均未明确哪些属于侵犯志愿者人格尊严的行为，如有侵犯该如何处理。

8. 对侵犯志愿者权益的行为缺乏有效监管

《条例》授权民政部门和其他有关部门及其工作人员在志愿服务组织出现侵犯志愿者隐私、变相收取报酬、不依法记录志愿服务信息或者出具志愿服务记录证明、以志愿服务名义进行营利性活动时有监管义务。但未将志愿服务组织为志愿者提供培训、购买保险纳入监管的范围。这也使得一些志愿服务组织视法律于不顾，出现不履行法定义务的情况。

---

① 《新疆维吾尔自治区志愿服务条例》第二十一条　自治区依法设立志愿服务基金。志愿服务基金应当用于：（一）对志愿服务活动的资助；（二）对因从事志愿服务活动遇到特殊困难的志愿者的救助。

② 《志愿服务条例》第二十条　志愿服务组织、志愿服务对象应当尊重志愿者的人格尊严；未经志愿者本人同意，不得公开或者泄露其有关信息。

（五）激励与回馈措施单一、缺乏可操作性

《新疆维吾尔自治区志愿服务条例》第三十条属于对志愿者的激励回馈措施，该条规定"国家机关、社会团体、企业、事业单位在录用公务员、招聘人员以及学校招生时，在同等条件下优先录用、聘用、录取优秀志愿者。"首先，值得注意的是，《条例》在这一规定中采用"可以"二字，属任意性规定，但新疆现行条例未采用"可以录用"或"应当录用"，与国务院规定不一致，究竟属于任意性规范还是强制性规范有待进一步明确。如相关组织在人员招录中未将拟录用人员从事志愿服务的情况纳入考察范围是否违法就值得商榷。其次，对于如何"优先录用"并没有给出具体的落实措施，实践效果与立法意图有偏差。目前只有西部志愿者有明确的可落地的激励措施，其他志愿者还未能获得该类奖励。对比来看，新疆志愿服务激励政策操作性不强，缺乏实施的具体程序，相对国内其他省市内容丰富的回馈措施，新疆对志愿者的回馈机制还未系统建立。

（六）志愿者权利保护意识缺失

权利意识的缺失会导致志愿者忽略对自身权益的保护。志愿者对是否需要接受培训、是否会面临风险、是否需要购买保险等问题不敏感、回答模棱两可都凸显了志愿者权利保护意识的缺失。主要表现在以下几个方面。

1. 对权益保护的相关立法了解不到位

一些志愿者缺乏法律常识，往往不清楚作为志愿者的基本权益，绝大部分志愿者不知道有《条例》《新疆维吾尔自治区志愿服务条例》等法律规范，对相关立法规定的权利不清楚，而主办方、志愿服务组织大多未提供法律法规方面的基础培训。

2. 对志愿服务协议的重要性认识不足

签订志愿服务协议有利于明确志愿者及志愿服务组织的权利与义务，但实践中协议签订率并不高，很多志愿者并不知道有志愿协议一说，一些志愿者对志愿服务协议的重要性认识不足，甚至认为参加志愿活动是自发的，签订协议

太官方，如果签订协议自愿的性质就改变了，对协议签订的目的产生了错误认识。

3. 对维权途径缺乏了解

志愿者遇到纠纷绝大多数情况下会选择通过志愿组织或政府工作人员调解解决纠纷。一旦出现志愿者人身伤害及财产损失，究竟是该找志愿组织解决还是找服务对象解决，通过何种途径解决，很多志愿者并不清楚。

四　新疆城市社区志愿服务法治保障对策

坚持以习近平新时代中国特色社会主义思想为指引，进一步认真贯彻落实党中央关于志愿服务工作的决策部署。[①] 在对比、借鉴国内外志愿服务法治保障经验基础上，秉承促进立法、修法思路，激发新疆志愿服务活力，弘扬新时代志愿服务精神，促进新疆城市社区志愿服务事业高质量发展的理念，尝试提出新疆城市社区志愿服务法治保障的对策建议，为志愿者参与城市社区志愿服务营造良好法治环境，不断提高共建共治共享的社会治理能力和水平。

（一）强化志愿服务的社会认同

习近平总书记指出，"志愿者事业要同'两个一百年'奋斗目标、同建设社会主义现代化国家同行。"[②] 我国一直以来都育有志愿服务发展的土壤，学雷锋做好事是中国老百姓心中最朴实的志愿服务精神。近些年新疆志愿者组织在各领域的突出表现，吸引了各种层次、各种行业人员积极参与，特别是新冠疫情以来，大量居民参与疫情防控志愿服务，已经初步形成了崇尚志愿服务的价值认同、群众积极参与的良好社会氛围。这一认同来之不易，需

---

① 《推动新时代志愿服务事业持续健康发展》，人民网，2020 年 6 月 6 日，http：//politics. people. com. cn/n1/2020/0606/c1001-31737302. html？ form＝rect。

② 《发扬志愿服务精神　提升社会文明治理》，中国文明网，2019 年 3 月 26 日，http：//www. wenming. cn/zyfw/rd/201903/t20190326_ 5055239. shtml。

抓住时机，强化认知。应通过不断提高志愿服务组织地位，强化组织认同；各级党委及政府应充分发挥指导作用，积极宣传当地典型的志愿者及志愿服务组织事迹，不断提高志愿者地位，强化社会认同。

（二）立法保障志愿服务事业发展

一是积极推动《新疆维吾尔自治区志愿服务条例》的修订。充分发挥地方立法优势，立足自治区志愿服务的工作实际，对接《条例》，借鉴其他省市志愿服务立法的经验，加快推进《新疆维吾尔自治区志愿服务条例》的修订。二是建立健全志愿者参与社区治理的保障性立法。结合新疆城市社区志愿者队伍发展实际，通过建立健全志愿者参与社区治理的保障性立法，加强对志愿者的引导、鼓励和支持，规范和推进志愿者参与社区治理。[①] 三是把坚持党的领导写入地方志愿服务立法。充分认识志愿服务是党和国家事业的重要组成部分，坚持党对志愿服务事业的统一领导。《新疆维吾尔自治区志愿服务条例》修订工作中首先要明确党对志愿服务的领导，把党的立场主张贯彻到志愿服务的全过程，确保中国特色志愿服务的正确政治方向、价值取向、工作导向。四是将"弘扬志愿服务精神"写入立法目的。以奉献、友爱、互助、进步为核心的志愿服务理念是志愿服务事业持续发展的不竭动力。《新疆维吾尔自治区志愿服务条例》的修订可参考北京、江苏等地志愿服务条例的修订经验，通过立法明确弘扬志愿服务精神的重要性，通过志愿服务培育和践行社会主义核心价值观，提高社会对志愿服务精神的广泛认同，形成服务他人、奉献社会的价值理念。五是统一志愿服务领导机构。2017 年后，新疆志愿服务领导已根据《条例》规定由各级各地精神文明建设委员会负责，这就需要在《新疆维吾尔自治区志愿服务条例》修订的过程中确立精神文明建设委员会对志愿服务的统一领导。六是加强党委和政府对志愿服务的重视程度。通过地方立法把志愿服务融入城乡社区治理，作为精神文明建设的重

---

① 团内蒙古自治区委《保障性立法 规范性推进——关于加强青年志愿者参与城乡社区治理的制度保障的提案》，《中国共青团》2021 年第 5 期，第 22 页。

要任务提上议事日程。各级各地精神文明建设委员会要依法加强总体规划、协调指导、督促检查。文明办要发挥好牵头作用，推动志愿服务制度化发展。

（三）法治保障志愿服务的组织建设、经费保障

一是推动设立新疆志愿服务联合会。建议由自治区文明办牵头，积极联合区内志愿服务组织成立新疆志愿服务联合会，通过发挥志愿服务联合会"联合、服务、促进、交流"的平台作用，促进地区志愿服务联动、推动地方志愿服务立法、加强志愿服务研究、强化志愿服务宣传。二是统一志愿服务平台管理。借鉴上海、江苏的经验，建议以民政部志愿服务信息系统为唯一注册平台，其他多个部门的志愿服务信息接入统一平台，未来可遵照《志愿服务信息元数据》国家标准，实现信息统一归集和管理的标准化，实现地方与兵团、不同志愿服务管理部门的数据共享与交换。三是立法强化经费保障。积极落实《新疆维吾尔自治区志愿服务条例》，保障县级以上人民政府将志愿服务事业纳入国民经济和社会发展规划，明确政府以依法购买志愿服务的方式，支持志愿服务运营管理、教育培训、事业发展。同时借鉴《北京志愿服务条例》修改经验，依照国家有关规定向社会公开政府购买服务的项目目录、服务标准、资金预算等相关情况。设立新疆志愿服务基金会，畅通企业、社会人士支持与捐赠志愿服务活动的渠道。做好各类基金会的财产使用和监管工作，做到科学管理、合理使用、规范运作、消除社会各界捐赠志愿服务活动的后顾之忧。

（四）法治保障志愿者基本权益

志愿者基本权益的保障有赖于不断完善的制度建设。调研数据显示76.03%的志愿者希望保障志愿者从事志愿活动期间的基本权利，71.69%的志愿者希望优化志愿者福利待遇，如优化工作环境，进行表彰、奖励等。一是立法明确志愿协议签订情形。《新疆维吾尔自治区志愿服务条例》修订应以《志愿服务组织基本规范》为依据，参照《志愿服务记录与证明出具办法（试行）》，再次明确并细化必须签订志愿服务协议的志愿服务活动类

型，明确志愿服务组织风险告知的义务，列举志愿服务信息内容，完善志愿服务协议内容，并将签订情况纳入监督的范围。地方指导机构或志愿服务联合会可制定志愿服务协议的范本供相关组织选择适用。积极宣传协议签订的重要意义，鼓励、引导双方签署协议。二是建立志愿服务培训体系。充分借鉴国内外经验，通过制度建设或立法完善志愿服务培训体系。搭建培训平台，开展分层、分级、分类培训工作。科学研究制定相应的培训内容、方法和路径；推动形成科学的教材体系、教法体系和师资队伍，建立志愿者培训师资库；明确培训原则、重点培训对象、培训责任及监督机构。三是创新志愿者保险制度。参考《志愿服务组织基本规范》，通过立法列举必须为志愿者提供保险的志愿服务活动类型；鼓励志愿服务组织建立风险评估机制，对服务项目进行风险管理；鼓励保险公司开发专门面向志愿者的保险险种，例如第三者责任险。形成以意外伤害保险等商业保险为主要形式、社会保险兜底、政策保险为补充的志愿者保险体系；健全志愿服务保险资金保障机制，加大政府财政保障力度。四是确立志愿服务补偿制度。明确要求志愿服务组织积极协调志愿者在志愿服务活动中支出的交通、食宿、通信等费用，必要时给予适当补贴；对志愿服务期间非志愿者本人及第三人造成的车辆、设备等财产损失予以补偿；通过地方政策协调免除志愿者一定的费用，例如景区门票费、过路费、公交费等；通过立法倡导特殊情况下对志愿者付出的劳动按日或一次性予以补偿，并明确补偿标准。五是确定志愿者救助制度。将志愿者纳入社会救助范围，对在志愿服务中发生意外、遭遇困难的志愿者进行救助和帮扶。建立新疆志愿服务基金会，创设志愿者救助基金，积极引导企业进行捐赠。六是强化权利意识、明确救济途径。不断强化志愿者自我保护意识，及时有效解决各类纠纷。建议志愿服务行政管理部门、志愿服务组织对志愿者进行相关法律法规的培训。通过签订志愿服务协议，进一步确定具体救济途经。在志愿者服务平台开通投诉举报专栏，依法受理相关投诉、举报。

（五）落实、细化、创新志愿者激励及回馈机制

借鉴国内外丰富经验，积极探索、建立有效的激励及回馈机制，让志

愿者在服务中获得满足、获得回馈。[①] 一是积极落实现有激励措施，落实《新疆维吾尔自治区志愿服务条例》具体要求，建议自治区文明办与党委组织部、自治区人社厅进行充分沟通协商，把参与志愿服务纳入公务员面试、事业单位、社会团体、企业招聘考察内容;[②] 二是进一步优化精神激励，对在志愿服务事业发展中做出突出贡献的组织和个人进行奖励，并将该奖励纳入党员、团员评优评先体系;三是制定符合实际情况的回馈措施，可通过在一些条件成熟的市县以试点的方式建立志愿服务奖励及回馈制度，明确并细化精神奖励与物质奖励相结合的志愿者激励与回馈机制，如将"信用激励"或"时间银行"纳入志愿服务体系，建立切实可行的志愿服务时长兑换教育优先权、就业指导培训、享受社区其他服务等回馈机制;四是采取有效措施鼓励大学生群体积极参与，借鉴国内外经验，鼓励自治区高校建立大学生志愿服务评价体系，积极鼓励高校大学生参与到志愿服务中来。

结　语

新疆的志愿服务事业正在蓬勃发展，社会蕴含着深厚的志愿服务文化底蕴，城市社区拥有着丰富的志愿服务力量，大力促进和发展志愿服务事业机会已经成熟。通过制度设计、立法保障畅通志愿者参与城市社区治理渠道，规范和推进志愿者参与社区治理势在必行。通过推动《新疆维吾尔自治区志愿服务条例》修订，强化党对志愿服务工作的领导，明确具体的志愿服务指导机构、统一志愿服务平台，强化经费保障、明确志愿者各项权益保障、丰富激励与回馈措施、强化法律责任。在全社会不断弘扬志愿服务精神，不断推进新时代精神文明建设，形成"人人为我，我为人人"的志愿文化氛围，不断推动自治区志愿服务管理工作上新台阶。

---

① 丁元竹、江汛清、谭建光:《中国志愿服务研究》，北京大学出版社，2007，第70~71页。
② 《〈河南省志愿服务条例〉新闻发布会》，河南省人民政府网，2018年12月13日，https://www.henan.gov.cn/2018/12-13/725922.html。

参考文献

应松年：《构建志愿服务法治体系时机已成熟》，《人民政协报》2015 年 7 月 3 日。

莫于川：《我国志愿服务立法的若干基本问题——志愿服务法的立法宗旨、法律定位和基本原则》，《中国法学会行政法学研究会 2010 年会论文集》2010 年 7 月。

莫于川：《推动志愿服务法治化》，《光明日报》2014 年 12 月 18 日。

李敏：《深入推进志愿服务制度化建设》，《中国特色社会主义研究》2019 年第 3 期。

党秀云：《论志愿服务可持续发展的价值与基础》，《中国行政管理》2019 年第 11 期。

杜青云：《社区工作机构志愿者管理研究——以 LZ 社工机构为例》，沈阳化工大学，硕士学位论文，2019。

许莲丽：《论我国志愿服务的法律适用》，《青年探索》2019 年第 3 期。

浙江省团校课题组等：《浙江省志愿服务制度化建设的演进与发展趋势研究》，《青少年研究与实践》2019 年第 1 期。

张晓瑜：《〈北京市志愿服务促进条例〉修订研究》，贵州民族大学，硕士学位论文，2019。

张明锁、陈舒雯：《志愿服务有效供给机制构成要素分析——基于河南省志愿者组织的调查与思考》，《广东工业大学学报》（社会科学版）2014 年第 2 期。

杨静：《社会工作机构的志愿者管理研究——以昆明市×社工中心的志愿者管理为例》，云南大学，硕士学位论文，2016。

潘君：《政府越位与缺位：助残志愿服务"志愿失灵"的原因及对策研究》，武汉理工大学，硕士学位论文，2019。

B.21
企业法治建设评价指标体系建设研究

——以中国石油新疆油田公司为例

沈 田　孜里米拉·艾尼瓦尔　热夏提·亚力坤*

摘　要： 依法治企是依法治疆的重要组成部分，也是开创企业高质量发展
的重要路径，尤其在优化法人治理、有效应对各类风险与挑战方
面起到重要作用。企业法治建设评价作为衡量法治建设成果的技
术工具，适应了法治建设工作的现阶段发展需要。中央企业作为
国民经济的标杆，率先把依法治企纳入考核评价体系，中国石油
新疆油田公司近些年对企业法治建设评价机制的构建进行了探索
尝试。构建了一套适合企业的法治建设评价指标体系，有益于提
升新疆企业的法治化水平，引领带动企业运用法治思维和法治方
式深化改革、防范风险。

关键词： 企业法治建设　依法治疆　国有企业

党的十八届三中全会、四中全会提出"建立科学的法治建设指标体系
和考核标准"，为法治建设评价指标体系建设提供了重要的政策支持。在法
治建设中，评价法治成果能极大地提升治理的科学性和治理效果，[1] 因此，

---

* 沈田，南昌职业大学人文学院副教授，博士，研究方向为宪法学；孜里米拉·艾尼瓦尔，
中国社会科学院法学所暨新疆社会科学院法学研究所联合培养博士后，新疆社会科学院法
学研究所助理研究员，研究方向为知识产权法；热夏提·亚力坤，新疆社科院实习研究员，
研究方向为刑法学。

[1] 杜维超：《国际法治评估中的技术政治及中国立场》，《法学》2021 年第 2 期。

法治建设评价指标体系建设成为法治建设研究的焦点。2022 年，新疆召开国企改革发展推动会，强调进一步推动国企高质量发展，完善企业治理，推动实施一批变革性、牵引性改革举措，坚定不移做强、做优、做大国有资本和国有企业，努力建设一批世界一流企业，更好发挥国有经济主导作用和战略支撑作用，服务新疆改革发展稳定大局。为推进企业法治工作和贯彻落实《法治民企行动方案（2021～2025 年）》，新疆以大型民企和工商联执委所在企业作为重点突破口，发挥引领示范作用，促进法治民企建设不断深化。

一 新疆油田公司法治建设评价指标体系建设实践

2015 年底，国务院国资委印发了《关于全面推进法治央企建设的意见》明确"法治央企"目标的核心内涵为"治理完善、经营合规、管理规范、守法诚信"，实现路径为推进"一个升级、两个融合、三个转变、五个突破"。2021 年，国资委印发了《关于进一步深化法治央企建设的意见》，强调着力健全法治工作体系、全面提升依法治企能力、保障任务顺利完成。中国石油新疆油田公司（以下简称"新疆油田公司"）根据"十四五"时期法治建设指导思想，结合企业法治与合规工作的目标，建立并实施评价机制，对企业法治建设评价进行了尝试。

（一）普法评分机制的建立

新疆油田公司依据自身实际，制定了《企业"十三五"法治建设暨"七五"普法验收评分标准》（以下简称《标准》）。目前，普法验收评分考核已成为企业法治领域的工作日常。《标准》鼓励在广泛开展普法宣传教育活动的同时，把普法工作纳入各部门、各单位年度工作任务，每年对各机构进行定期考核，并与业绩考核挂钩。组织落实"法治进企业"活动实施方案及考核。在具体操作上，对不同人群加以区分，因地制宜，将考核内容与法治宣传相结合，衡量普法工作的成效。几年间，公司组织的法律法规知识考试大大提高了普法的效率，使全体员工法律意识得到进一步增强。此普法验收评分标准引导和促进了公司推进法治企业工作。

（二）法治建设领导职责评价机制的建立

2018年，根据《新疆油田公司领导人员履行推进法治建设职责实施细则》，在年度工作考核中增加了《新疆油田公司领导人员推行法治建设职责情况检查评分标准》，进一步明确各级领导人员法治建设职责，落实管业务管合规，管业务管普法。建立二级单位领导人员推进法治建设领导职责评价机制，建立述职述廉述法三位一体机制，充分发挥好"领头雁"作用。评分标准内容由32个评价事项组成，每个评价事项各有相应的分值权重，按照自评标准和自评依据，自行评价打分。参与评价的主体按照自评标准和自评依据给自己打分，大多数评价事项的权重一致，所占据的分值在2~4分。评价事项包含成立法治建设领导机构、出台领导人员履行推进法治建设职责实施细则、制定法治工作年度计划等内容。制定的内容主要从相关文件精神的落实情况，以及部分任务目标的达成率来把握衡量标准，其中还附加了落实整改情况一栏，主要对评价事项所对应的后续整改情况进行说明。整体上，《标准》的制定推进了法治央企建设，促进了组织领导责任制度的具体落实，基本形成了企业法治建设领导职责评价机制的框架，监督并强化了主要负责人在法治企业建设中的履职情况。

（三）总法律顾问履职规范的建立

根据中石油集团公司2020年法治工作部署，全面覆盖企业法律顾问。促进工作职责全面落实；法律顾问介入生产经营，突出重点领域和关键环节法律论证，法律支持保障作用有效发挥。根据新疆油田公司《总法律顾问履职规范》，总法律顾问为企业高级管理人员，统一协调处理经营管理中的法律事务，全面参与重大经营决策，领导企业法律事务机构开展相关工作。为了充分发挥法律审核把关作用，设立的指标中还明确指出"重大涉法事项必须由集团公司总法律顾问审核签字后，进入下一流程"。这进一步完善了总法律顾问审核机制，充分体现了总法律顾问年度述职、评价和结果反馈职能，充分发挥了总法律顾问和法律事务机构作用，健全了法律风险防范机制和内部控制体系。

（四）企业内部监督评价机制的建立

国务院国资委印发了《关于加强中央企业内部控制体系建设与监督工作的实施意见》，要求进一步完善企业内部管控体制机制。新疆油田公司贯彻文件精神设立考核指标，完善中央企业的内控体系。2020年，公司根据要求，制定实施《违规经营投资责任追究工作管理规定》，明确了18个方面诸多种责任追究情形。通过"以查促改"，动态强化整改措施。通过"以改促建"，积极推进责任追究机制。重点抓手监督问责，加大对出资人和企业的监督力度。

二　企业法治建设评价指标体系完善的必要性

企业法治建设是法治社会的重要组成部分，进一步完善法治建设评价指标体系十分重要。现阶段，新疆油田公司的法治建设评价指标体系框架还未成熟，缺乏全面、多元化的体系设计，评价体系的指标内容有待体现新时期的战略部署要求。

（一）全面依法治企的要求

新时期，企业面临的外部环境错综复杂，法治建设成为企业重要的应对策略之一。国资委在"十四五"时期对央企法治工作进行部署，指导央企努力做到"实现一个目标、健全五个体系、提升五种能力"。[①] 国务院国资委《关于开展对标世界一流管理提升行动的通知》中提到，到2022年部分

[①] 《关于印发〈关于进一步深化法治央企建设的意见〉的通知》，国资委官网，2021年11月1日，http://www.sasac.gov.cn/n2588035/c21487848/content.html。

国有重点企业管理达到世界一流水平。一流的企业不仅要有一流的技术、一流的产品这种"硬实力"，也要有一流的法治工作这样的"软实力"作为支撑保障。① 央企以强法治、促管理、防风险等一系列"硬核"举措，确保法治不断深化改革、防范风险，实现在高质量发展的道路上稳步前进。央企在改革发展中承担的任务重、面临的风险高，推进企业法治的需求迫切。贯彻落实企业法治建设任务、完善企业法治建设评价指标体系是推动新疆油田公司企业战略升级和改革发展的重要保障。

伴随着企业法治建设成为应对内外部挑战的重要举措，对推进落实法治工作的要求也在日益提高。近些年来，党中央持续从战略层面注重法治建设。党的十八大把"法治"纳入社会主义核心价值观；十八届四中全会做出全面推进依法治国重大战略部署；党的十九大把坚持全面依法治国确立为新时代坚持和发展中国特色社会主义的基本方略之一。2020 年，党的历史上首次召开中央全面依法治国工作会议，确立习近平法治思想。在公司层面，对法治建设的重视程度也是前所未有的。2021 年，中国石油集团公司年度工作会议中明确将依法治企作为"四个坚持"兴企方略之一。与此同时，提出至 2025 年法治企业建设取得明显进步的要求，逐步实现世界一流法治企业的战略目标。无论是党中央的部署，还是企业层面的规划，对法治建设的重视程度都是前所未有的。

自 2108 年起，中国石油集团公司建立企业法治建设年度评价机制，内部考核评价渐趋细致。2020 年，根据上级要求，新疆油田公司制定《违规经营投资责任追究工作管理规定》，明确责任追究情形，确立组织处理、扣减薪酬、禁入限制、纪律处分、移送处理多个责任追究形式。公司与被追究刑事责任的员工解除了劳动合同，部分员工法治意识仍有待提高。可见，公司法治建设工作仍面临着新挑战，企业重大纠纷之多前所未有，违规追责之严也是前所未有，考核之细也前所未有。

---

① 《国务院国资委有关厅局负责人就〈关于进一步深化法治央企建设的意见〉答记者问》，国资委官网，2021 年 11 月 1 日，http：//xxgk.sasac.gov.cn：8080/gdnps/pc/content.jsp？id=22328644。

（二）企业管理数字化转型需求

自 2015 年《促进大数据发展行动纲要》提出了"建立用数据说话、用数据决策、用数据管理、用数据创新"的管理机制以来，部分国有企业利用信息化手段在企业合同管理、诉讼管理等基础建设上开展了积极探索，为基于大数据、人工智能等现代信息技术的智慧法务发展提供了铺垫。国资委在《关于进一步深化法治央企建设的意见》中也提出了提升数字化管理能力的思路。

企业法务管理不仅涉及传统法律事务，还对行业规章和立法发展具有一定促进作用。[①] 为了保障企业的合法经营权益并且使企业具有一定的竞争优势，优化法务管理，提高依法合规能力非常重要。中国石油集团公司"十四五"时期推进依法治企思路措施提出，优化案件管理体系、优化合同管理体系，强调推进信息化建设是重要的工作方向，深入推进法治建设管理标准化、规范化、信息化建设，促进管理质量和工作效率提升。一方面，要着力打造"智慧法务"系统。"智慧法务"能够有效应对依法治企过程中面临的工作量大、风险防范要求高的问题，通过大数据分析，开发上线"智慧法务"系统，实现法律信息化管理，全面提高法律风险管控能力。[②] 另一方面，需要认真研判外部法治环境和数字化转型对合规管理的新要求。通过建立数据库，识别合规风险、深化法务合规管理体系建设，实现依法合规管理组织体系健全、制度体系完备、工作流程规范、管控措施到位，有效增强企业合规风险防控能力。数字化管理转型背景下，评价方法可以有效固化管理成果，使企业管理与法治企业评价机制形成完美衔接。

（三）实现企业目标的需求

在新发展阶段，新疆油田公司围绕集团公司"十四五"法治企业建设目标和重点任务，研究公司法治央企建设目标及路径，制定综合全面的企业

---

① 宋昭君：《政府数字化转型内涵和对策研究》，《中国建设信息化》2020 年第 20 期，第 62~63 页。
② 薛兴华：《"十四五"全面推进依法治企行动方案探讨》，《通讯企业管理》2021 年第 1 期，第 46~48、431 页。

规划及年度方案，确保法治建设取得实质性提升。围绕增强全员法治意识、合规意识，结合企业内"重点领域"，创新法治建设方法，落实管业务管法治宣传责任，健全新法收集机制，确保法治建设的针对性。围绕夯实法治建设基础，按照"多层次，分类别"规划整体制度框架，搭建和优化体系，开展综合体系建设专题研究，优化基层单位工作落实，推进制度体系更加高效。围绕依法运营，以推进招标合同一体化管理为手段，完善管理制度，严控合同签订流程，防范和控制经营风险，提高经营质量和效率。围绕新的改进思路，规范化纠纷案件信息管理，科学研究应对策略，及时开展典型案例分析，实现突出纠纷案件有效应对。增强企业经营责任意识和责任约束，修订实施公司考核细则，依法依规追究问责，确保监督工作的完成。围绕打造抑制规模适宜、业务精湛的专业化、职业化法律从业队伍，加强法务人员的配备，建立内部法律人才交流机制，持续培养既精通法律又熟悉企业经营管理的复合型人才。

（四）提高法治评价质量的需求

随着时代的发展，对持续提高法治评价质量和水平的需求愈来愈大。近年来，国内出现众多有关法治政府和法治社会的指标先例，指标设计理论与方法不断更新。构建全新、科学的企业法治评价体系，选择和确定具有代表性的重要指标，综合测算企业法治建设的短板，提高法治建设的质量，可以更好地应对国内外市场变化引来的诸多风险和挑战。目前，新疆油田公司的法治建设评价标准虽然包含了普法、领导职责、总法律顾问履职、内部管理等内容，但所涵盖的法治概念不全面，维度单一。而作为国内早期的法治指标的余杭法治指标，设定指标层级多、内容丰富，其中一级指标均来自法治政府建设目标总纲文件，二级指标分化为50多个，评估体系涵盖了文化、经济和社会建设多个领域，做到了宏观指标与微观指标相结合。[1] 因此，一套全

---

① 钱弘道：《中国法治指数报告（2007~2011年）——余杭的试验》，中国社会科学出版社，2012，第75页。

面综合的企业法治建设评价指标体系的制定，需同时涵盖法治概念和具体变量，既要全面又要有特色，要结合国务院和国资委发布的规范性文件、行业规范、国家标准及国际标准等，进行多元化设置。新疆油田公司法治建设评价指标内容的选取应根据中石油集团公司提出的"优化八个体系，提升八种能力"的企业法治与合规工作的展望目标，聚焦法律支持体系、案件管理体系、合同管理体系、工作组织体系、领导责任体系、依法治理体系、规章制度体系、合规管理体系八大领域，同时进一步对新疆油田公司法治建设的目标进行分解、细化、量化。这样的法治建设评价指标才能以"法治GDP"① 科学客观评估法治建设的状况和水平，及时发现法治建设中的薄弱环节以及主要问题，有利于国有企业的改革、发展、创新，进一步提高新疆油田公司法治建设的针对性和实效性。

三 企业法治建设评价指标体系的功能与内容

通常认为，法治建设评价指标体系是由一系列具体评价指标所构成，其以量化的技术手段，判断和衡量一个国家或地区的法治状况。② 指标工具在近 30 年来崛起为全球治理的新兴技术，指标方法有力地支撑数据驱动型决策发展，以及基于证据的稳健的政策评估文化，从而极大地提升了全球治理的科学性和治理效果。③ 法治建设评价指标体系具有运用跨学科的研究方法科学把握法治运行动态变化的功能。企业法治建设评价指标体系是，为建立一套符合企业法治发展，以追求实现治理现代化、合规能力高、规范化管理、诚实信用的企业为目标，能够衡量法治建设成效而构建的标准。通过体系化设置分层次描述指标内容，体现评价对象，量化法治建设具体成效。整

---

① 法治 GDP 是将政府法治化水平作为一项指标纳入 GDP 计算中的一种测量方法。法治 GDP 被广泛应用于法治研究和发展指标的制定，逐渐形成了一种理论框架，并在实际应用中取得了显著的效果。

② 鲁楠：《世界法治指数的缘起与流变》，《环球法律评论》2014 年第 4 期，第 118~133 页。

③ 杜维超：《国际法治评估中的技术政治及中国立场》，《法学》2021 年第 2 期，第 130~145 页。

个体系包含设计理念、指标内容、指标权重以及末端指标表述等内容。企业法治建设评价指标体系构建主要围绕法治的概念、操作、测量及解释等几个方面进行。法治评估工作不但要确定测量实质对象，还要有确定测量对象的指标。企业法治建设评价指标体系的具体外延究竟为何，如何科学构建，体现什么功能，这些都是亟待明确的重点。

（一）企业法治建设评价指标体系的功能

企业法治建设评价指标体系作为一种重要的指标工具应用形式，在法治建设中的地位日益凸显。构建企业法治建设评价指标体系，应准确把握企业法治建设评价指标体系的功能。企业法治建设评价指标体系具有以下功能。

第一，企业法治建设评价指标体系是通过完善治理、经营合规化、管理规范化等手段，达到法治企业目标的重要路径。通过在特定法治领域制定指标，引起各企业对法治建设短板的重视，设定分项目分阶段议程的优先级；通过指标评分凝聚企业共识，提供法治建设的具体路径；为实现法治企业目标提供数据依据，明确措施和目标，同时将法治建设评价结果作为下一阶段工作开展的依据。

第二，企业法治建设评价指标体系可以作为流程和绩效的管理工具。在企业法治建设中，主导方通过法治建设评价指标体系控制下属单位的法治建设进度，并根据评价结果进行资源配置，以决定下一步项目推进和资源配置方向，以实现组织激励效果。

第三，企业法治建设评价指标体系建设可以作为优化企业决策依据。法治指标测评提供了企业法治领域的精确数据，法治建设与企业经营发展之间因果关系的计量研究得以广泛展开，企业决策层得以检验法治企业建设与其他变量之间的相关性，从而为企业经营决策提供定量依据，并形成"数据驱动型"的决策模式。

第四，企业法治建设评价指标体系对标国内外一流企业管理。法治建设评价体系建设促进了企业内部、各企业之间、法治领域学者、政府部门以及社会群体就法治主题进行互动和交流的公共空间的建成。企业法治建设评价指标体系运用科学的标准，选择和确定能够反映法治建设成效和发展的代表性指标，组成一套指标体系，综合测算企业依法治企的水平，发现依法治企过程中企业面临的问题和短板，为寻求解决对策提供了科学依据。全面推进依法治企亟待探索建立一套全新的法治建设评价体系、数据收集方法与机制，形成可量化、科学的、具有操作性的企业法治建设标准化评价指标体系和考核标准；全面对法治建设状况进行系统、科学评估，推动企业在促进建章立制、治理完善、决策合规、规范运行、合规管控、法治文化等方面实现新突破，为对标国内外一流依法治理企业树立新标杆。①

（二）科学构建企业法治建设评价指标体系内容

构建评价体系时，内容要科学并反映客观。科学性不仅要在理论层面准确把握，还需与实践结合。评价对象体现的是客观事实，理论作为评价客观事实的基点，内容上要求准确，所用理论不仅可靠，还要符合事实发展的规律。评价体系中评价指标需设置严谨，定义清楚，合理反映评价客体的内涵。此外，需要突出评价客体的特征，体现一定的针对性，在描述上抓住具有代表性的内容。总之，客观事实的匹配度越高，越符合科学性要求。

评价对象与评价指标有内在联系，不同指标针对不同的对象，评价指标受制于评价对象。横向看，各个指标的内容需呈现连贯的关系，但反映的侧面不同，彼此受制。纵向看，上级指标与下级指标，需反映同一对象，是彼此包含关系。但在具体内容上彼此需有区别，界限清晰，避免偏向单一。总的来说，指标内容的逻辑需有序，既相互联系又受制于彼此。

系统性上统筹兼顾，又彼此体现独立的价值目标是指标体系应有的特点。指标内容要简而精，避免过于庞杂，相反也要避免过于单一。评价体系

---

① 薛兴华：《"十四五"全面推进依法治企行动方案探讨》，《通讯企业管理》2021 年第 1 期。

要统筹兼顾，考虑法治建设每一个方面，这体现在法治建设总体目标中，要考虑结构的合理性和多元性，不断更新优化，与时俱进。

评价体系要讲究客观上的可行性和可操作性。评价体系作为量化工具，在实践中必须满足简便可行的需要，可以舍去一些对结果影响微小的内容。最重要的还是操作方法不含糊，数据易采取且来源可靠，能够准确评分，即评分标准清楚，所得分数能够直观呈现客观事实。目的上的准确性能够引导评价实践走向正确方向，把握法治评价的实质用义，通过评价工具发现法治建设的短板，及时改进短板才能体现评价体系的真正作用。实践中，辩证地操作运用企业法治建设评价指标体系，是检验可行性与可操作性最直接的方法。不仅要注重逐项打分和评分考核，更要重点考虑整体评价体系的可操作性是否符合实际需求。内容合理、逻辑连贯、操作简便是科学构建企业法治建设评价指标体系的重要原则。

四　企业法治建设评价指标体系的再设计

（一）指标选取标准

企业法治建设评价指标内容的选取，首先要考虑国家法律法规，内容不能与法律法规相冲突，企业的成立和运行在法律规定的轨道上进行，权利和义务的享用与承担也应在法律范畴之内，在企业经营和管理上弘扬法治精神。

中共中央和国务院的决策文件是企业法治建设评价指标体系建设的重要依据。2020年以来，中共中央和国务院印发了多份文件，从国家、政府和社会层面指引企业法治建设。这些都是企业法治建设，尤其是国有企业法治建设须达到的重要目标，是企业法治建设评价指标体系的核心内容。《法治社会建设实施纲要（2021～2025年）》中多处涉及社会组织、慈善、社会工作、志愿服务、企业社会责任等领域，还列出了推动全社会增强法治观念、加快社会主义法治文化的建设、推进社会诚信建设等方面的要求。据此，普法责任、法治文化建设、社会责任等内容是现阶段企业法治建设的重要指标。企业合规经营理念、法商素养、法治思维能力、化解矛盾和应对风险能力、内部科学治理、企业管理法治化水平提升等内容是企业法治建设的核心内容，是企业法治建设评价指标体系的重要组成部分。

（二）企业法治建设评价指标体系内容与权重设置逻辑

"企业法治建设评价指标体系"由六个一级指标与一个附加项①组成，涉及法治建设领导人员的职责、企业内部机制建设、合规管理与风险管理、社会主义法治文化建设等方面。二级指标有 30 个，三级指标有 176 个。评价体系权重用百分制法；评分标准设四个等级，分别是 90 分及以上优秀、75～89 分良好、60～74 分一般、60 分以下较差；内容涉及企业组织领导、管理、经营、体制建设、法治文化等多个领域，做到了实践性、指导性鲜明。具体评价内容如下。

第一，对组织领导和规划的考核，下设 4 个二级指标，分值占比 20%。领导机构和法治建设第一责任人机制的成立充分体现了关于贯彻落实法治建设的总体要求。目前，国有企业发展面临的挑战错综复杂，为了提高应对风险能力，要加强组织领导。对主要负责人履职监督是目前国有企业第一责任人制度的主要内容，领导带头事前把关，在过程中监督管控，事后继续评估监督，及时排查处置重大法律风险。

第二，制度建设与体系融合，由 3 个二级指标和 16 个三级指标组成，分值占 18%。制度建设与体系融合是优化企业内规章，优化操作规范，提高企业管理能力的有效途径。积极推进企业内部规范建设，使企业能够有规可依，形成企业主要负责人负责、总法律顾问牵头、法律事务管理部门具体实施、各部门共同参与的工作体系。进一步完善规章体系，进一步形成现代化的制度体系，通过制度手段落实体系建设。

---

① 附加项分值占比 2%。

　　第三，合规管理与风险管理，由 10 个二级指标组成，项下的三级指标内容多，但分值占比适中，是总分值的 25%（见表1）。我国 2018 年颁布的《中央企业合规管理指引（试行）》中，企业合规管理包括企业制度制定、风险识别、合规审查、风险应对、责任追究、考核评价、合规培训等管理活动。① 企业合规形成一个体系化管理制度，法务部门主动负起带头作用，其他相关部门积极协作，分工齐抓体系的建设。始终做到"决策先问法，违法不决策"，在做重大决策之前进行合法合规性审查。规范决策程序，使经营行为合规化，树立源头治理理念，源头上减少风险。重点改善合同审核流程，对合同审核严格把关，全过程关注合同的审查流程，降低合同存在的风险。提前评估经营活动中存在的风险，提高应对风险能力，提升企业合规经营水平。

表1　企业法治建设评价指标体系——合规管理与风险管理部分

单位：%

一级指标	二级指标	三级指标	属性	权重	备注
合规管理与风险管理(25)	健全依法决策机制(2.5)	实现可行性研究与决策审批、决策审批与执行、执行与监督检查等岗位职责的分离	+	1.25	
		健全重大决策规则	+	1.25	
	合规管理运行(2.5)	宣传贯彻、培训总公司法律合规风险防控规范	+	0.1	
		制定合规管理办法或实施细则	+	0.2	
		法律合规环境分析	+	0.2	
		法律合规风险评估预警	+	0.7	
		全员合规培训率	+	0.2	
		员工合规评价率	+	0.2	
		编制合规报告	+	0.2	
		当年未因违法违规接受司法处罚和行政处罚	+	0.7	

---

① 《国资委印发〈中央企业合规管理指引（试行）〉》，国资委官网，2018 年 11 月 9 日，http://www.sasac.gov.cn/n2588025/n2588119/c9804522/content.html。

一级指标	二级指标	三级指标	属性	权重	备注
合规管理与风险管理（25）	重大事项法律参与（2.5）	制定集团公司《重大涉法事项法律论证管理办法》配套的专项指引和管理标准等	+	0.2	
		诚信合规手册	+	0.1	
		反商业贿赂手册	+	0.1	
		反垄断合规指引	+	0.1	
		通用法律禁止性规范指引	+	0.1	
		成品油销售企业法律合规风险防控指引	+	0.1	
		年度法律风险工作计划包括量化指标 重大项目法律参与工作指南、专项指引	+	0.1	
		"三重一大"（重大事项决策、重要干部任免、重要项目安排、大额资金的使用）事项实行前置法律论证	+	0.3	
		涉及法律风险的重大事项尽职调查	+	0.2	
		重大事项法律审核率100%	+	0.2	
		重大案件建立专家组	+	0.2	
		内控部门对执行合规风险防控措施情况测试	+	0.1	
		年度法律风险自查	+	0.1	
		法律部门发布重大风险警示	+	0.2	
		重点工程、重大项目、重要项目谈判档案的保存和管理制度健全并有效实施	+	0.1	
		每半年报送重大事项参与情况	+	0.1	
		当年未发生重大风险管控情况	+	0.2	
	合同管理（2.5）	制定企业合同管理办法实施细则	+	0.3	
		制作、修订合同示范文本	+	0.3	
		合同管理人员配备到位	+	0.1	
		对合同确定风险等级	+	0.1	
		合同授权规范	+	0.1	
		合同签订率	+	0.1	
		使用合同示范文本	+	0.1	
		合同审核率	+	0.1	
		合同专用章使用	+	0.1	
		合同变更、解除、转让规范	+	0.1	
		合同归档规范	+	0.1	
		客户信用管理及评级	+	0.1	
		发生合同纠纷及时救济	+	0.5	
		实施合同管理信息系统	+	0.4	

续表

一级指标	二级指标	三级指标	属性	权重	备注
合规管理与风险管理(25)	加大知识产权管理和维护力度(2.5)	专门机构、管理机制与工作规划	+	1.0	
		知识产权动态监测台账记录	+	0.6	
		商标管理与维权	+	0.3	
		专利管理与维权	+	0.3	
		商业秘密、域名等其他知识产权管理与维权	+	0.3	
	生态环保节能减排(2.5)	环境管理体系	+	1.0	
		企业承诺	+	0.2	
		自行监测(污染防治清单)	+	0.2	
		台账记录	+	0.2	
		执行报告	+	0.2	
		信息公开	+	0.2	
		节能减排	+	0.5	
	公平竞争(2.5)	监督管理机制	+	1.0	
		年度目标	+	0.5	
		出台企业标准	+	0.5	
		公平竞争内部审查机制	+	0.5	
	产品质量(2.5)	产品均符合通用安全标准	+	1.0	
		风险信息披露、告知义务	+	0.5	
		安全监管及相关记录	+	0.5	
		产品质量纠纷	+	0.5	
	劳动用工(2.5)	劳动用工风险评估	+	1.0	
		内部人员流通激活机制	+	0.3	
		劳动用工检查	+	0.3	
		"假外包、真劳务"?	+	0.3	
		劳动用工协调机制	+	0.3	
		职代会作用	+	0.3	
	海外业务法律支持(2.5)	对外贸易、境外投资、对外承包及境外日常经营的合规要求掌握	+	0.3	
		合规管理委员会、合规管理部门	+	0.2	
		法律事务负责人或风险防控负责人等担任合规负责人	+	0.2	
		聘请境外法律顾问	+	0.5	
		识别和评估与企业境外经营相关的合规风险	+	0.4	

一级指标	二级指标	三级指标	属性	权重	备注
合规管理 与风险管 理(25)	海外业务 法律支持 (2.5)	特定主题或特定风险领域制定的具体合规管理办法	+	0.3	
		合规考核结果作为企业绩效考核的重要依据，与评优评先、职务任免、职务晋升以及薪酬待遇等挂钩	+	0.2	
		合规信息举报体系	+	0.2	
		合规风险应对机制	+	0.2	

第四，监督问责，下设 3 个二级指标，分值占比 10%。监管企业制度的执行情况，用法治化思维进行经营管理，依法依规监督，使运营管理的每一个环节充满法治的气息。监督机制不仅要建立监督制度，还要重点把握制度的执行。监督检查职能部门作为执行主体，要主动发挥职能作用，准确落实监督工作。监督问责的对象不仅针对经营与管理，还包括各级员工的履职情况。

第五，平安企业建设，下设 3 个二级指标，分值占比 15%（见表 2）。企业统筹发展和安全，符合建设更高水平的平安中国的目标要求。平安企业建设要求国有企业主动参与平安中国建设任务，牢固法治基础，提高平安建设能力，主动出招并运用综合手段，整合自身资源、融合力量、聚合功能，完善矛盾纠纷解决机制；以化解矛盾的和调处信访做导向，通过加强不同部门间的协同，明确权责清单，落实平安建设任务。

表 2 企业法治建设评价指标体系——平安企业建设部分

单位：%

一级指标	二级指标	三级指标	属性	权重	备注
平安企业 建设(15)	健全平安 企业建设 机制(3)	确立平安企业创建的各项制度	+	2	
		依法安全用网	+	0.5	
		应急管理运行机制完善	+	0.5	
	健全预防 和化解矛 盾纠纷制 (6)	突发事件的排查、预警、监测、处置等机制健全并有效实施	+	2	
		纠纷处理制度	+	1.5	诉讼非诉讼

续表

一级指标	二级指标	三级指标	属性	权重	备注
平安企业建设(15)	健全预防和化解矛盾纠纷制(6)	注重运用"枫桥经验"解决争议	+	1	
		没有劳资纠纷、越级上访和群体性上访事件	+	1.5	
	案件管理(6)	制定法律纠纷案件管理制度	+	0.8	
		制订案件处理规范性指引	+	0.7	
		案件信息录入准确、完整、合规	+	0.3	
		及时报送案件发案信息	+	0.3	
		案件材料归档、移交	+	0.3	
		案件材料保密	+	0.6	
		重大案件集中管理	+	0.7	
		建设典型案例库(定期开展案例汇编)	+	0.7	
		领导干部出庭(旁听)率	+	0.3	
		案件年结案率	+	0.2	
		案件非诉讼结案率	+	0.2	
		案件存量下降	+	0.4	
		生效法律文书履行	+	0.5	

　　第六，社会主义法治文化建设下设 3 个一级指标，分值占比 10%（见表 3）。法治文化是现代化企业的代表性特征。结合社会主义法治文化建设，企业内部形成一种公平公正的氛围，给予企业发展的活力。方法上与普法相结合，深入挖掘社会主义法治在企业层面的意义。用专题普法学法，丰富员工法治知识，提升员工的法治意识，提高其法治素养。设计企业社会主义法治文化建设指标时还应注重法治与德治相结合，从社会公德、职业道德、家庭美德、个人品德等方面评估道德规范建设。评价指标还增加了"完善激励机制，褒贬善行义举"的子项，视履行情况而得分；推动发展行业协会，发挥行业自律，依法规范捐赠、受赠行为。企业全力奉行法治文化建设，弘扬法治精神，增强法治理念，努力使全体员工成为法治的忠实崇尚者、自觉践行者、坚定捍卫者。

表3　企业法治建设评价指标体系——社会主义法治文化建设部分

单位：%

一级指标	二级指标	三级指标	属性	权重	备注
社会主义法治文化建设（10）	普法（4）	制订"八五"普法规划	+	1	
		制订年度普法计划	+	1	
		建立普法或法治宣传教育领导小组	+	0.3	
		建立普法教育工作机制	+	0.3	
		领导干部、管理层、员工普法全覆盖	+	0.7	
	法律学习和培训（4）	国家、集团公司普法任务承担	+	0.7	
		开展工作人员法律和风险管理培训工作	+	1.5	
		组织法治知识考试	+	0.3	
		中层以上干部每年开展一次法治知识考试	+	0.7	
	加强道德规范建设（2）	初任工作人员法律知识培训与考试	+	1.5	
		推进社会公德、职业道德建设，深入开展家庭美德和个人品德教育	+	0.7	
		发展行业协会，发挥行业自律	+	0.4	
		依法规范捐赠、受赠行为	+	0.3	
		完善激励机制，褒奖善行义举	+	0.6	

　　首先，企业法治建设评价指标体系可用于评价企业总体法治水平或法治成熟度，以及各下级指标领域的法治状况，是诊断企业法治水平的有效工具。其次，企业法治建设评价指标体系可用于诊断企业法治工作短板。通过对各个评价指标进行对比，可以预估下级子项指标的变化趋势。运用评价指标内容，将诊断的短板导入到下一步目标体系中，可实现有效输入。为了使企业法治建设评价指标体系发挥最大的效用和价值，建议将其分为三个阶段进行推广应用，以此充分发挥评价指标体系在创新领域的领先经验。第一阶段，可以尝试着选择一定的对象进行实践试点。根据现有的应用经验，先在一定范围内开展试点，可向国资管理机构、其他央企和国企等大型企业推荐应用，选择多家单位开展试点工作。第二阶段，根据试点经验分析与完善评价指标体系。在第一步企业试行的基础上改善指标内容，使其更加符合该企业的自身需求，不符合需求的内容可以改善或者

删除。第三阶段进入企业法治建设评价指标体系的普及阶段，配合试点成果进行推广。

结　语

构建科学完备的企业法治建设评价指标体系符合全面依法治国、建设中国特色社会主义法治体系的战略布局，与"法治国家、法治政府、法治社会一体化建设"的要求一致。企业法治建设评价指标体系以优化企业法治建设为目标，拓展法治社会领域研究的深度和广度，给企业法治建设提供新视角。在归纳现有企业法治建设评价指标体系实践特点、共性与差异、优势与不足的基础上，呈现崭新的企业法治建设评价指标体系，为企业法治建设评价提供具有全局性、系统性、协同性的新素材和模本。

附　　录

Appendix

B.22
2021~2022年依法治疆大事记

热夏提·艾山*

2021年

1月1日　《新疆维吾尔自治区乡、民族乡、镇人民代表大会工作条例》《新疆维吾尔自治区气候资源保护和开发利用条例》《新疆维吾尔自治区地质环境保护条例》《新疆维吾尔自治区信访条例》《巴音郭楞蒙古自治州博斯腾湖水生态环境保护条例》《克孜勒苏柯尔克孜自治州乡村环境治理条例》施行。

1月7日　中国（克拉玛依）知识产权保护中心正式通过国家知识产权局验收，成为新疆首家知识产权保护中心。

1月11日　自治区人民政府颁布《新疆维吾尔自治区行政规范性文件管理办法》。

---

* 热夏提·艾山，新疆社会科学院法学研究所助理研究员，研究方向为民商法。

1月18日　自治区党委全面依法治疆工作会议召开。

2月1日　自治区第十三届人民代表大会第四次会议听取并审议了自治区主席雪克来提·扎克尔所做的《政府工作报告》。

2月3日　新疆维吾尔自治区第十三届人民代表大会第四次会议听取和审议了自治区人大常委会工作报告、自治区高级人民法院工作报告和自治区人民检察院工作报告，2月5日表决通过了自治区人大常委会工作报告、自治区高级人民法院工作报告和自治区人民检察院工作报告。

2月5日　自治区第十三届人民代表大会第四次会议通过《新疆维吾尔自治区民族团结进步模范区创建条例》。

3月2日　自治区委员会、全面依法治疆委员会办公室印发《2021年自治区普法依法治理工作要点》的通知。

3月25日　自治区第十三届人民代表大会常务委员会第二十四次会议通过《新疆维吾尔自治区社会科学普及条例》。

4月30日　自治区首个行政争议调解中心昌吉州行政争议调解中心成立。

5月27日　自治区第十三届人民代表大会常务委员会第二十五次会议通过《新疆维吾尔自治区法治宣传教育条例》。

5月27日　自治区第十三届人民代表大会常务委员会第二十五次会议通过《新疆维吾尔自治区旅游促进条例》。

5月27日　自治区第十三届人民代表大会常务委员会第二十五次会议修订《新疆维吾尔自治区实施〈中华人民共和国农村土地承包法〉办法》。

7月5日　自治区党委　自治区人民政府转发了《自治区党委宣传部自治区司法厅关于深入开展法治宣传教育的第八个五年规划（2021～2025年）》，并发出通知，要求全区各地各部门结合实际认真贯彻落实。

7月28日　自治区第十三届人民代表大会常务委员会第二十七次会议通过《新疆维吾尔自治区人民代表大会常务委员会关于在全疆公民中开展第八个五年法治宣传教育的决议》。

7月28日　自治区第十三届人民代表大会常务委员会第二十七次会议

新修订《新疆维吾尔自治区实施〈中华人民共和国测绘法〉办法》。

7月28日　自治区第十三届人民政府第130次常务会议通过《新疆维吾尔自治区实施〈优化营商环境条例〉办法》。

9月28日　自治区第十三届人民代表大会常务委员会第二十八次会议通过《新疆维吾尔自治区平安建设条例》。

9月28日　自治区第十三届人民代表大会常务委员会第二十八次会议通过《新疆维吾尔自治区警务辅助人员管理条例》。

9月28日　自治区第十三届人民代表大会常务委员会第二十八次会议通过《新疆维吾尔自治区促进政务服务便利化条例》。

9月28日　自治区第十三届人民代表大会常务委员会第三十五次会议通过《新疆维吾尔自治区地方储备粮管理办法》，条例于11月1日起施行，是新疆专门保障粮食安全的第一部省级地方性法规。

10月18日　自治区第十三届人民政府第139次常务会议修订通过《新疆维吾尔自治区地方储备粮管理办法》。

10月18日　中央政治局委员、新疆维吾尔自治区党委书记陈全国主持召开自治区党委全面依法治疆委员会会议。

10月29日　《新疆维吾尔自治区司法鉴定行业发展规划（2021～2025年）》印发。

11月18日　第十六届西部法治论坛在乌鲁木齐开幕，主题是"全面贯彻落实习近平法治思想，为西部地区经济社会高质量发展提供法治保障"。

12月21日　自治区人民政府印发《新疆维吾尔自治区本级职工基本医疗保险门诊共济保障实施办法》。

12月26日　自治区第十三届人民政府第145次常务会议讨论通过《新疆维吾尔自治区重大行政决策程序规定》。

2022年（截至10月份）

1月21日　自治区党委全面依法治疆委员会2022年第一次会议召开。

1月23~27日　自治区第十三届人民代表大会第五次会议听取、审议并决定通过了自治区代主席艾尔肯·吐尼亚孜所做的《政府工作报告》。

1月23~27日　自治区第十三届人民代表大会第五次会议听取、审议并批准通过了自治区人大常委会工作报告、自治区高级人民法院工作报告和自治区人民检察院工作报告。

1月27日　自治区第十三届人民代表大会第五次会议通过《新疆维吾尔自治区乡村振兴促进条例》。

2月24日　自治区党委全面依法治疆委员会2022年第二次会议暨述法工作会议召开。

2月16日　自治区政法队伍教育整顿总结会召开。

2月25日　2022年全区"扫黄打非"工作视频会议召开。

3月25日　自治区第十三届人民代表大会常务委员会第三十二次会议通过《新疆维吾尔自治区关键信息基础设施安全保护条例》。

3月28日　中共新疆维吾尔自治区委员会、全面依法治疆委员会办公室发布《关于征集法治建设领域突出问题线索的公告》。

4月6日　自治区人民政府令第227号发布《新疆维吾尔自治区铁路安全管理规定》。

4月21日　自治区高级人民法院召开知识产权司法保护新闻通气会，通报了2021年新疆法院知识产权司法保护状况，发布2021年度知识产权司法保护典型案例。

5月7日　2022年"深入推动环境保护法律法规实施，依法守护绿水青山"天山环保行执法检查启动，这是新疆连续第26年开展天山环保行执法检查。

5月9日　自治区"法治讲堂·逢九必讲"第一讲开讲。全区各级党政领导干部、国家工作人员以及法律服务人员共计11.2万余人，在7300个分会场同上一堂法治课。

5月27日　自治区第十三届人民代表大会常务委员会第三十三次会议通过《新疆维吾尔自治区便民警务站条例》。

5月27日 自治区第十三届人民代表大会常务委员会第三十三次会议修订《新疆维吾尔自治区人口与计划生育条例》。

5月27日 《新疆维吾尔自治区未成年人保护条例》由自治区第十三届人民代表大会常务委员会第三十三次会议修订通过。

6月16日 新疆出入境边防检查总站哈密边境管理支队伊吾边境管理大队下马崖边境派出所举行全国第二批"枫桥式公安派出所"揭牌仪式，这是新疆首个获此殊荣的边境派出所。

6月27日 全区司法所规范化建设现场会暨"乡村振兴 法治同行"活动推进会在阿克苏地区召开。

7月14日 昌吉回族自治州昌吉市"法院+工会"劳动争议诉调对接工作室在昌吉市人民法院揭牌设立，这是全疆设立的首家县级对接工作室。

7月20日 全区政法系统传达学习习近平总书记视察新疆重要讲话重要指示精神视频会议召开。

7月26~27日 第十次新疆律师代表大会召开。

7月28日 自治区全面深化政法改革推进会召开。

7月29日 自治区第十三届人民代表大会常务委员会第三十四次会议通过《关于修改〈新疆维吾尔自治区消防条例〉的决定》。

7月29日 自治区第十三届人民代表大会常务委员会第三十四次会议修订《新疆维吾尔自治区实施〈中华人民共和国土地管理法〉办法》。

8月5日 自治区党委全面依法治疆委员会办公室召开"法治为民办实事"工作推进会。

8月31日 新疆率先在全国建成自治区、地（州、市）、县（市、区）三级集中打击整治危害药品安全违法犯罪工作机制。

9月29日 自治区党委全面依法治疆委员会召开2022年第三次会议。

10月10日 中央全面依法治国委员会办公室公布《第二批全国法治政府建设示范地区和项目名单》，福海县社会矛盾纠纷多元化解的"乌伦古经验"成功入选。

后　记

《新疆法治发展报告（2022）》是党的十八大以来课题组公开出版的第一部展示新疆法治建设全貌的著作，是一次从无到有的尝试。本报告力图客观、真实地记录新疆法治建设进程和边疆法治工作队伍的信仰与坚持，对年度法治实践经验成就进行阶段性总结，对下一年度的法治建设做出展望。

《新疆法治发展报告（2022）》的完成、编辑和出版历时近两年，是一本集体智慧、汗水和时间的结晶。本书的编撰出版得到了新疆法学会重点研究课题项目资助。在编撰过程中，得到了自治区全面依法治疆办、自治区党委政法委、自治区法学会、自治区人大、自治区高级人民法院、自治区人民检察院、自治区司法厅等单位的大力支持。多位领导、专家学者参加了蓝皮书的开题会，并进行多次审稿，对本书的框架、风格、内容提出了很多建设性的意见。在此表示由衷的敬意和感谢！

本书能顺利出版也得益于社会科学文献出版社编辑的精心指导、热情策划和新疆社会科学院相关处室的通力合作，在此给予特别的感谢！

最后，由于时间仓促以及调研、写作时受到疫情影响，加之编者能力有限，本书难免有不当之处，敬请读者批评指正。

《新疆法治发展报告（2022）》课题组

2023 年 11 月

皮书网

（网址：www.pishu.cn）

发布皮书研创资讯，传播皮书精彩内容
引领皮书出版潮流，打造皮书服务平台

栏目设置

◆关于皮书

何谓皮书、皮书分类、皮书大事记、
皮书荣誉、皮书出版第一人、皮书编辑部

◆最新资讯

通知公告、新闻动态、媒体聚焦、
网站专题、视频直播、下载专区

◆皮书研创

皮书规范、皮书选题、皮书出版、
皮书研究、研创团队

◆皮书评奖评价

指标体系、皮书评价、皮书评奖

◆皮书研究院理事会

理事会章程、理事单位、个人理事、高级
研究员、理事会秘书处、入会指南

所获荣誉

◆2008 年、2011 年、2014 年，皮书网均
在全国新闻出版业网站荣誉评选中获得
"最具商业价值网站"称号；

◆2012 年，获得"出版业网站百强"称号。

网库合一

2014年，皮书网与皮书数据库端口合
一，实现资源共享，搭建智库成果融合创
新平台。

皮书网

"皮书说"
微信公众号

皮书微博

权威报告·连续出版·独家资源

皮书数据库
ANNUAL REPORT(YEARBOOK)
DATABASE

分析解读当下中国发展变迁的高端智库平台

所获荣誉

- 2020年，入选全国新闻出版深度融合发展创新案例
- 2019年，入选国家新闻出版署数字出版精品遴选推荐计划
- 2016年，入选"十三五"国家重点电子出版物出版规划骨干工程
- 2013年，荣获"中国出版政府奖·网络出版物奖"提名奖
- 连续多年荣获中国数字出版博览会"数字出版·优秀品牌"奖

皮书数据库　　"社科数托邦"
微信公众号

成为用户

　　登录网址www.pishu.com.cn访问皮书数据库网站或下载皮书数据库APP，通过手机号码验证或邮箱验证即可成为皮书数据库用户。

用户福利

- 已注册用户购书后可免费获赠100元皮书数据库充值卡。刮开充值卡涂层获取充值密码，登录并进入"会员中心"—"在线充值"—"充值卡充值"，充值成功即可购买和查看数据库内容。
- 用户福利最终解释权归社会科学文献出版社所有。

数 据 库 充 值 卡

数据库服务热线：400-008-6695
数据库服务QQ：2475522410
数据库服务邮箱：database@ssap.cn
图书销售热线：010-59367070/7028
图书服务QQ：1265056568
图书服务邮箱：duzhe@ssap.cn

S 基本子库
SUB DATABASE

中国社会发展数据库（下设 12 个专题子库）

　　紧扣人口、政治、外交、法律、教育、医疗卫生、资源环境等 12 个社会发展领域的前沿和热点，全面整合专业著作、智库报告、学术资讯、调研数据等类型资源，帮助用户追踪中国社会发展动态、研究社会发展战略与政策、了解社会热点问题、分析社会发展趋势。

中国经济发展数据库（下设 12 专题子库）

　　内容涵盖宏观经济、产业经济、工业经济、农业经济、财政金融、房地产经济、城市经济、商业贸易等 12 个重点经济领域，为把握经济运行态势、洞察经济发展规律、研判经济发展趋势、进行经济调控决策提供参考和依据。

中国行业发展数据库（下设 17 个专题子库）

　　以中国国民经济行业分类为依据，覆盖金融业、旅游业、交通运输业、能源矿产业、制造业等 100 多个行业，跟踪分析国民经济相关行业市场运行状况和政策导向，汇集行业发展前沿资讯，为投资、从业及各种经济决策提供理论支撑和实践指导。

中国区域发展数据库（下设 4 个专题子库）

　　对中国特定区域内的经济、社会、文化等领域现状与发展情况进行深度分析和预测，涉及省级行政区、城市群、城市、农村等不同维度，研究层级至县及县以下行政区，为学者研究地方经济社会宏观态势、经验模式、发展案例提供支撑，为地方政府决策提供参考。

中国文化传媒数据库（下设 18 个专题子库）

　　内容覆盖文化产业、新闻传播、电影娱乐、文学艺术、群众文化、图书情报等 18 个重点研究领域，聚焦文化传媒领域发展前沿、热点话题、行业实践，服务用户的教学科研、文化投资、企业规划等需要。

世界经济与国际关系数据库（下设 6 个专题子库）

　　整合世界经济、国际政治、世界文化与科技、全球性问题、国际组织与国际法、区域研究 6 大领域研究成果，对世界经济形势、国际形势进行连续性深度分析，对年度热点问题进行专题解读，为研判全球发展趋势提供事实和数据支持。

法律声明

"皮书系列"（含蓝皮书、绿皮书、黄皮书）之品牌由社会科学文献出版社最早使用并持续至今，现已被中国图书行业所熟知。"皮书系列"的相关商标已在国家商标管理部门商标局注册，包括但不限于LOGO（▓）、皮书、Pishu、经济蓝皮书、社会蓝皮书等。"皮书系列"图书的注册商标专用权及封面设计、版式设计的著作权均为社会科学文献出版社所有。未经社会科学文献出版社书面授权许可，任何使用与"皮书系列"图书注册商标、封面设计、版式设计相同或者近似的文字、图形或其组合的行为均系侵权行为。

经作者授权，本书的专有出版权及信息网络传播权等为社会科学文献出版社享有。未经社会科学文献出版社书面授权许可，任何就本书内容的复制、发行或以数字形式进行网络传播的行为均系侵权行为。

社会科学文献出版社将通过法律途径追究上述侵权行为的法律责任，维护自身合法权益。

欢迎社会各界人士对侵犯社会科学文献出版社上述权利的侵权行为进行举报。电话：010-59367121，电子邮箱：fawubu@ssap.cn。

社会科学文献出版社